Adrian Plass
Stürmische Zeiten

Adrian Plass

Stürmische Zeiten

Kraft für jeden Tag

Aus dem Englischen
von Christian Rendel

Brendow
Buch · Kunst · Verlag

Dieses Buch ist dem Andenken an Shelagh Brown gewidmet, Schriftstellerin, Herausgeberin von **New Daylight** und meine gute Freundin, die tragischerweise im Jahr des Erscheinens ihrer Zeitschrift verstarb. Shelagh war für mich und viele andere eine Inspiration. Wir werden sie sehr vermissen.

Die Deutsche Bibliothek - CIP-Titelmeldung

Plass, Adrian:
Stürmische Zeiten: Kraft für jeden Tag / Adrian Plass. Aus dem Engl. von Christian Rendel.
- Moers : Brendow, 1998
(Edition C : C ; 524)
ISBN 3-87067-741-4

ISBN 3-87067-741-4
Edition C, C 524

Einbandgestaltung: Kortüm + Georg, Agentur für Kommunikation, Münster
Die Bibelzitate wurden entnommen aus „Hoffnung für alle • Die Bibel".
Mit freundlicher Genehmigung des Brunnen-Verlages Basel und Gießen.
Satz: CONVERTEX, Aachen
Druck und Bindung: Clausen & Bosse, Leck
Printed in Germany

Inhalt

Wanderst du durch den Sturm,
so erhebe dein Haupt ...
Oscar Hammerstein II

EINLEITUNG

Haben Sie schon einmal jemanden im Himmel ankommen sehen? Ich schon. Die betreffende Person war mein jüngster Sohn David, mit dem ich damals gerade in Liverpool war. Während des größten Teils seiner zwölf Jahre auf Erden war David ein glühender Anhänger des FC Liverpool gewesen, was so weit ging, daß in unserem Haus jedesmal ein Bürgerkrieg ausbrach, wenn Liverpool gegen Manchester United antreten mußte, die Mannschaft, die von Davids älterem Bruder ebenso leidenschaftlich angefeuert wurde. Und nun waren wir in Liverpool und erklommen wahrhaftig die Stufen zur Tribüne des Anfield-Stadions, der Wirkungsstätte der strahlenden Fußballhelden, die David sein Leben lang verehrt hatte. Als wir in die schüsselförmige Arena mit dem säuberlich abgegrenzten, leuchtend grünen Rechteck in der Mitte traten, ließ ich Davids Gesicht nicht aus den Augen. Kein Beobachter einer Heilungs- oder Erweckungsversammlung kann je mehr Freude und Staunen gesehen haben, als ich in diesem Moment auf dem Gesicht meines Sohnes sah. Anfield war Wirklichkeit! Es existierte ganz, ganz wirklich, und er, David Plass, stand nun drinnen, atmete echte Anfield-Luft und wartete darauf, daß elf Supermänner aus dem Gang drüben auf der anderen Seite des Stadions herausgelaufen kämen, um auf dem smaragdfarben schimmernden Teppich zu spielen, der zu unseren Füßen lag. Er war im Himmel – besonders, als die richtige Mannschaft gewann!

Ich war schon immer der Meinung, daß unsere Reise in den Himmel (den richtigen, nicht Anfield, meine ich) auf ganz ähnliche Weise enden wird. Wir werden überwältigt sein von Freude und Erleichterung, wenn wir entdecken, daß der Ort, von dem wir geträumt, dessentwegen wir uns Sorgen gemacht und den wir uns vorzustellen versucht haben, unsere Erwartungen nicht nur erfüllt, sondern sogar bei weitem übertrifft. Und natürlich ist die Spielzeit ein ganzes Stück länger als neunzig Minuten angesetzt. Der Tod Jesu hat sichergestellt, daß für alle Ewigkeit nachgespielt wird.

In der Zwischenzeit reisen wir, so hoffnungsvoll wir können, und dabei stoßen wir auf allerlei interessante Hindernisse und gefährliche Wegstrecken. Wir klettern, wir steigen ab, wir stolpern, wir schlendern fröhlich die seltenen einfachen Strecken entlang, und wenn wir einigermaßen bei Verstand sind, stützen wir uns aufeinander und nehmen gern von unseren Brüdern und Schwestern eine helfende Hand an, wenn der Weg zu knifflig wird, als daß wir ihn allein bewältigen könnten.

Dieses Buch, eine Sammlung von Andachten, die ich während der letzten Jahre für die Bible Reading Fellowship geschrieben habe, und ausführlichen neuen Einleitungen zu den einzelnen Abschnitten, ist eine Hand, ausgestreckt zu denen, die auf derselben schmalen, steinigen Straße unterwegs sind wie ich, und ich widme es mit großer Dankbarkeit all den lieben Leuten, die mir auf der bisherigen Wanderung auf die Beine geholfen und mir die Kleider abgestaubt haben.

Bitte kommen Sie mit mir. Sicher, manchmal wird es schwierig, aber wenn wir Seite an Seite auf den Himmel zugehen und Jesus selbst uns führt, werden wir wie der FC Liverpool sein und nie alleine wandern müssen.

Eine gute, ehrliche und schmerzhafte Predigt.
Samuel Pepys

DIE GESTALT DER WIRKLICHEN WELT

Die Bergpredigt

Wie soll ich mich einem der größten geistlichen Lehrtexte nähern, den die Menschheit je empfangen hat? Die Versuchung ist groß, einfach zu kneifen und davonzulaufen. Die Bergpredigt hat gewiß nicht meine jämmerlichen Fußnoten nötig, um die Tiefe und das Gewicht zu vermitteln, die ihr die zentrale Bedeutung geben, die sie für den christlichen Glauben hat. Man kommt sich vor, als würde man aufgefordert, einen Limerick über den Mount Everest zu dichten. Mir kommt leicht das Selbstvertrauen abhanden, wenn ich vor einer solchen Aufgabe stehe. Diesmal jedoch war mir eine Bemerkung von Red Smith, zitiert nach Frederick Buechner, eine große Hilfe. Smith sagte: „Schreiben ist eigentlich ganz einfach; man muß sich nur vor die Schreibmaschine setzen und eine Ader öffnen."

Mit anderen Worten, kommentiert Buechner, das Ziel ist es, eine Bluttransfusion vom Autor zum Leser herbeizuführen – zum Vorteil oder zum Nachteil. Ich kann durchaus verstehen, daß das vielleicht affektiert und ziemlich übertrieben klingen mag, aber mir sagt es wirklich etwas. Ich finde, die Vorstellung, sich im übertragenen Sinne eine Ader zu öffnen, ergibt viel Sinn, nicht nur für Schriftsteller, sondern für jeden von uns, der in sich nach einer ehrlichen Reaktion auf einen Bibelabschnitt sucht, der ihn einschüchtert oder ihm allzu vertraut ist. Lassen Sie mich Ihnen zeigen, wie ich das meine.

Wenn ich zu dem Teil dieser großen Rede komme, in dem Jesus von dem breiten Weg spricht, der in die Verdammnis führt, und von dem schmalen Weg, der zum Leben führt, dann sage ich mir: „Oh ja, das ist die Stelle, die mir schon immer Angst eingejagt hat – also, was soll ich nun darüber sagen?" Um ein Haar hätte ich meine erste, echte, furchtsame Reaktion über Bord geworfen, nur weil sie mir zu innerlich, unangemessen, persönlich und (lächerlich) trivial erschien. In Wirklichkeit jedoch war es diese Ader der Furcht, die geöffnet werden mußte, denn dort floß das Leben.

Verzeihen Sie mir den abrupten Wechsel der Metapher, aber warum sollten wir, wenn wir die Bibel lesen, nicht jene verwaisten Reaktionen festhalten, die wie abgerissene, hungrige Kinder hoffnungsfroh vor dem Schaufenster der Bäckerei herumlungern und herausfinden, wie sie aussehen und wozu sie imstande sind, wenn man sie hereinholt, ihnen etwas zu essen gibt und sie ein bißchen wärmt? Gott sagt, daß er uns sein Gesetz in die Herzen schreiben wird. Sicher, andere Menschen werden diesen Prozeß immer wieder unterstützen, aber es ist wesentlich, daß wir nicht einfach denken, was man uns sagt, daß wir denken sollen, und glauben, was man uns sagt, daß wir glauben sollen, solange es nicht Gott selbst ist, der es uns sagt. Vielleicht werden wir überrascht sein, was wir auf eigene Faust alles entdecken.

Dieses Herangehen ist bei der Bergpredigt besonders wichtig, denn hier fordert Jesus seine Zuhörer im Grunde heraus, die Prioritäten, die ihnen eine gottlose Welt eingebleut hat, radikal zu verändern, und ein Bewußtsein für den Zusammenhang zu entwikkeln, den ihre Gedanken, Taten und Einstellungen in der Ewigkeit haben. Das ist kein Spiel. Es geht dabei um Leben oder Tod. Und wenn unsere Reaktion darauf einen kleinen Aderlaß verlangt – dann muß es eben sein. Sein Beispiel steht uns vor Augen.

Übrigens hat die erste der folgenden Andachten für mich durch einen Brief, den ich als Reaktion darauf bekam, eine besondere Bedeutung gewonnen.

Ich habe großes Glück mit meiner Post, nebenbei bemerkt. Die Leute schreiben mir manchmal wunderbare Briefe. Gerade heute morgen zum Beispiel kam ein Brief mit einer österreichischen Briefmarke. Er war mir, wie viele meiner Briefe, über den Verlag Harper Collins zugeleitet worden, der die meisten meiner Bücher herausbringt, doch als ich ihn öffnete, fand ich den Inhalt sehr eigenartig. In dem Umschlag steckte ein zweimal zusammengefaltetes weißes Blatt Papier. Daran war noch nichts Ungewöhnliches, doch als ich das Blatt entfaltete, schien es vollkommen leer zu sein. Warum, fragte ich mich, hatte mir jemand ein A4-Blatt unliniertes Papier geschickt, auf dem nichts geschrieben war? Doch als ich das Blatt näher betrachtete, entdeckte ich, daß es überhaupt nicht leer war. Es stand nur ein einziges Wort darauf, in ganz kleinen Buchstaben oben in der Ecke.

„*Danke.*"

Das war der ganze Inhalt des Briefes, und es reichte vollkommen aus, finden Sie nicht? Aber ich schweife ab …

Die Reaktion, die ich auf die erste dieser Andachten zur Bergpredigt bekam, war mir wichtig, weil sie mich in dem Glauben bestärkte, daß es richtig gewesen war, daß ich Gott einen der größten Schwachpunkte meiner Persönlichkeit zur Verfügung gestellt hatte, nämlich meine krankhafte Neigung zum Witzereißen. An dieser Krankheit leide ich schon, solange ich mich erinnern kann, und alle Leser, die ebenfalls daran leiden, werden wissen, daß die Hauptsymptome dieser Krankheit für die Nächsten und Liebsten des Leidenden nicht immer leicht zu ertragen sind. Unglaublicherweise scheinen sie sogar zu meinen, *sie* seien die Leidenden! Was denken sie sich nur dabei?

Das Schlimme ist, daß diese Symptome jederzeit und an jedem Ort in Erscheinung treten können. Zum Beispiel war ich vor einigen Jahren bei einem Abendessen zu Gast und saß mit einem Bischof im Ruhestand und seiner Frau am selben Tisch. (Ich war von meiner Frau, die nicht mitkommen konnte, mich aber genau kennt, darauf eingeschworen worden, keine Witze zu reißen.) Der Bischof, ein sehr charmanter, angenehm altmodischer Mann, erzählte von den Freuden des Ruhestandes und besonders von den neuen Möglichkeiten, die er und seine Frau jetzt gefunden hatten, sich den Aktivitäten zuzuwenden, die während ihres hektischen Berufslebens mehr oder weniger auf der Strecke geblieben waren.

„Zum Beispiel", sagte der Bischof, „genießen wir es sehr, unser Interesse an der Kunst wieder aufleben zu lassen."

„Oh, das ist gut", erwiderte ich, „das macht Ihnen sicher viel Freude."

„Ja, wirklich, sehr viel Freude. Wir nehmen jetzt sogar regelmäßig an einem Kurs teil, bei dem es jedesmal um ein anderes Thema geht."

„Nun, das hört sich sehr gut an", sagte ich, wobei mir bewußt war, daß meine Konversation nicht gerade vor Geist sprühte. „Das stelle ich mir sehr, äh, gut vor." Wenigstens riß ich keine Witze.

„Ja, es ist sehr gut", bestätigte der Bischof. „Diese Woche zum Beispiel haben wir uns mit Magritte und Monet beschäftigt."

Oje. Ich habe es versucht. Ich schwöre Ihnen, ich habe es versucht. Ich habe gegen die Versuchung gekämpft, aber ich habe verloren. Ich fiel.

„Oh ja", rief ich fröhlich. „Mit den beiden bin ich letzten Freitag in der Bar gewesen. Margit und Moni – sehr nette Mädels."

Im ersten Moment war der Bischof ein wenig entsetzt, doch sobald er merkte, daß es sich hier um ein Späßchen unter Christen handelte, war alles wieder in Ordnung. Schließlich dürfen Christen Späßchen machen.

Auf den ersten Blick sind derartige Albernheiten von sehr geringem Wert, nicht wahr? Aber es ist wirklich erstaunlich, was Gott aus den Broten und Fischen machen kann, die wir in unserer Persönlichkeit haben, vorausgesetzt, wir können uns dazu durchringen, sie ihm zur Verfügung zu stellen. Als ich meine erste Andacht über die Bergpredigt schrieb, hatte ich etwas Sorge, daß manche Leser die einleitenden Bemerkungen als zu leichtherzig für ein so ernstes Thema empfinden würden. Darum hat es mich so gefreut, einen Brief von einer Dame namens Margaret zu bekommen, die mir die folgende Geschichte erzählen wollte. Ich habe ihre Erlaubnis, sie hier zum Nutzen anderer weiterzugeben.

Margarets Mann David, der an MS leidet, wurde während einer Behandlung mit Steroiden sehr gereizt und übellaunig. Eines furchtbaren Sonntags war für Margaret das Ende der Fahnenstange erreicht. Sie weinte sich im Gartenhäuschen aus, wanderte dann ziellos zurück ins Haus und nahm ein Exemplar von *New Daylight* in die Hand, der Zeitschrift, in der die meisten dieser Andachten ursprünglich erschienen sind. In der Andacht für jenen Tag hatte ich mich, wie Sie sehen werden, wenn Sie weiterlesen, darüber beklagt, daß es Jesus seltsamerweise versäumt hatte, den Satz „Selig sind die Reizbaren, denn ihnen wird Bordeaux gegeben werden" in die Seligpreisungen mit aufzunehmen. Sofort erinnerte sich Margaret daran, daß Bordeaux die Lieblingsdröhnung ihres Mannes war (Halleluja – wir sind eins mit dir, Bruder David) und eilte zum nächsten Mini-Supermarkt, wo sie sich um die letzte verbliebene Flasche Bordeaux im Regal anstellte. Als sie sie David überreichte und ihm erklärte, warum sie sie gekauft hatte, lachten sie erst einmal herzhaft miteinander, und, wie Margaret es ausdrückte, „alle Spannung löste sich". Und das war noch, bevor sie den Wein getrunken hatten! Wunderbar.

Machen Sie sich nichts vor. Dieser Jesus, der anläßlich seines Comebacks für seine Freunde Frühstück machte, anstatt den ganzen Himmel mit einem Spielbergschen Spektakel zu überziehen, steht immer noch mit beiden Beinen in der wirklichen Welt, und hier, in der berühmtesten Predigt der Geschichte, sagt er uns, wie diese wirkliche Welt aussehen sollte.

Gebet

Vater, wenn wir uns jetzt an diese bedeutendste aller Predigten herantasten, öffne unsere Herzen und unseren Verstand, so daß wir bereit sind, Gedanken und Lehren aufzunehmen, die unsere gewohnten Reaktionen aus der Vergangenheit vielleicht ins Wanken bringen werden. Wir beten, daß du uns mit echter Begeisterung erfüllst, während wir auf diese Worte hören, die so angefüllt sind mit Bedeutung für die Ewigkeit. Hilf uns dazu, daß wir uns, unsere Schwächen und unsere Stärken dir rückhaltlos zur Verfügung stellen, damit du durch uns unerwartete und wunderbare Dinge im Leben anderer tun kannst. Amen.

Die armen Schafe

Als er aber das Volk sah, ging er auf einen Berg und setzte sich; und seine Jünger traten zu ihm. Und er tat seinen Mund auf, lehrte sie und sprach: „Selig sind, die da geistlich arm sind; denn ihrer ist das Himmelreich. Selig sind, die da Leid tragen; denn sie sollen getröstet werden. Selig sind die Sanftmütigen; denn sie werden das Erdreich besitzen. Selig sind, die da hungert und dürstet nach der Gerechtigkeit; denn sie sollen satt werden."

Matthäus 5, 1-6

Ich habe diesen Abschnitt vergeblich nach einer Aussage durchsucht, die auf meine niedrigeren Schwächen und Neigungen zugeschnitten wäre:

„Selig sind die Reizbaren, denn ihnen wird Bordeaux gegeben werden."

„Selig sind die überdurchschnittlich Großen, denn sie werden eine Vorhand entwickeln, vor der Björn Borg sich ducken müßte."

„Selig sind die aus tiefstem Herzen Faulen, denn ihre Andachten werden durch göttliches Eingreifen für sie geschrieben werden."

Jesus gibt uns keine dieser sehr oberflächlich verlockenden Verheißungen, doch die Verheißungen, die er gibt, sind letzten Endes viel bedeutsamer und ermutigender, als es jedes individuell zugeschnittene Zugeständnis je sein könnte. Als ich diese berühmten Worte wieder einmal las, spürte ich, daß sie mich an etwas sehr Vertrautes erinnerten, doch ich kam nicht recht darauf, was es war. Wo war ich daran gewöhnt gewesen, mit Gruppen von Leuten zusammenzukommen, die geistlich arm, dringend trostbedürftig, von sanftmütiger Natur und voller tiefer Sehnsucht danach waren, gut zu sein?

Die Antwort war natürlich, wie selbst mein beschränktes Hirn schließlich begriff, daß Jesus hier die Gemeinde beschrieb – also die Leute, die seinen Leib auf der Erde bilden –, und zwar genauso, wie ich sie bei meinen Reisen von Stadt zu Stadt und von Land zu Land während der letzten Jahre immer wieder erlebt hatte. Sicher, von Zeit zu Zeit begegne ich auch starken und vitalen Geistern, die nicht in dieses Bild zu passen scheinen, doch die meisten von ihnen – oder besser von uns – sind wie Schafe. Und ob wir nun High-Church-Widder oder Hausgemeinden-Lämmchen sind, diese außergewöhnlichen Aussagen laden uns ein, uns an unserer Schwäche zu freuen, denn gerade diese unsere Schwäche, die nach einem Hirten ruft, bringt Jesus zu uns.

Hunger und Durst nach Gerechtigkeit deuten logischerweise auf einen *Mangel* an Gerechtigkeit hin. Wir haben die Erlaubnis, zu scheitern, solange wir uns aufrichtig nach dem Gelingen sehnen.

Gebet

Herr Jesus, du hast die Welt mit deiner Lehre auf den Kopf gedreht. Drehe mich nun so hin, daß ich der Wahrheit entgegensehe.

Eine beängstigende Verheißung

„Selig sind die Barmherzigen; denn sie werden Barmherzigkeit erlangen. Selig sind, die reinen Herzens sind; denn sie werden Gott schauen. Selig sind die Friedfertigen; denn sie werden Gottes Kinder heißen. Selig sind, die um der Gerechtigkeit willen verfolgt werden; denn ihrer ist das Himmelreich. Selig seid ihr, wenn euch die Menschen um meinetwillen schmähen und verfolgen und reden allerlei Übles gegen euch, wenn sie damit lügen. Seid fröhlich und getrost; es wird euch im Himmel reichlich belohnt werden. Denn ebenso haben sie verfolgt die Propheten, die vor euch gewesen sind."

Matthäus 5, 7-12

Ist Ihnen aufgefallen, wie aggressiv manche Leute heutzutage auf die Nachfolger Jesu reagieren? Anhänger anderer Religionen und Philosophien genießen – völlig zu Recht – den Respekt, den jede aufrichtige Glaubensgemeinschaft verdient, doch der christliche Glaube scheint etwas an sich zu haben, das bei sonst ganz und gar umgänglichen Leuten Irritation, Intoleranz, Hohn und sogar Wut hervorruft. Das hat mich immer verwirrt, denn diese Reaktionen richten sich nicht nur auf die unzulängliche Art und Weise, in der wir Gott repräsentieren – es scheint noch viel tiefer zu gehen. Wenn ich über Abschnitte wie den obigen nachdenke, dämmert mir allmählich, warum die Leute sich an Jesus so reiben.

Denn wissen Sie, er will ihnen ihr Leben wegnehmen.

Im Austausch bietet er ein neues Leben an, das nur im Zusammenhang des Reiches Gottes einen Sinn ergibt. Die göttliche Verrücktheit sagt, daß es gut ist, verfolgt, verhöhnt und verleumdet zu werden, wenn diese Dinge um Jesu willen erlitten werden. Werden Barmherzigkeit, Reinheit und eine Sehnsucht nach Frieden uns in dieser Welt sehr weit bringen? Viele Leute glauben nicht daran. Kein Wunder, daß sie von Furcht und Zorn erfüllt werden. Das Christentum ist kein Plan zur Verbesserung der Lebensqualität –

es ist Gott, der in die tiefsten Tiefen unseres Seins hineinruft. Er ruft, um uns zu sagen, daß wir uns nicht mehr schutzsuchend in den, wenn's hoch kommt, siebzig, achtzig Jahren zusammenkauern müssen, die unser winziger Winkel der Ewigkeit sind. Er ruft uns auf, zu begreifen, daß viele der Dinge, die wir am höchsten schätzen, nur Müll sind. Er ruft uns zu, daß der Tod keineswegs die größte Katastrophe von allen ist. Er ruft uns mit leidenschaftlicher Dringlichkeit, um uns zu sagen, daß der wirkliche Wahnsinn darin besteht, die klaffende Wunde der Sünde, an der die Welt langsam zugrunde geht, mit einem Heftpflaster heilen zu wollen.

Er will uns unser Leben wegnehmen, und ja – wir haben Angst.

Gebet

Öffne unsere Augen für die Ewigkeit, Herr.

Mein Licht, mein Salz

„Ihr seid das Salz, das die Welt vor dem Verderben bewahrt. Aber so, wie das Salz nutzlos ist, wenn es seine Kraft verliert, so seid auch ihr nutzlos, und man wird über euch hinweggehen, wenn ihr eure Aufgabe in der Welt nicht erfüllt. Ihr seid das Licht, das die Welt erhellt. Eine Stadt, die hoch auf dem Berg liegt, kann nicht verborgen bleiben. Man zündet ja auch keine Lampe an und deckt sie dann zu. Im Gegenteil: Man stellt sie so auf, daß sie allen im Haus Licht gibt. Genauso soll euer Licht vor allen Menschen leuchten. An euren Taten sollen sie euren Vater im Himmel erkennen und ihn auch ehren."

Matthäus 5, 13-16

Ich frage mich, ob die Jünger es wohl schwer zu akzeptieren fanden, daß sie das Licht der Welt sein sollten. Mir fällt das sehr schwer, solange ich nicht aufhöre, an mich selbst zu denken, und erkenne, daß alles Licht, das ich ausstrahle, von Gott selbst eingeschaltet und erzeugt wird. Wir Christen haben eine Heidenangst davor, von Gott zu reden, weil die Leute ja denken könnten, wir wollten nur die Aufmerksamkeit auf uns selbst lenken. Das ist ein Jammer, denn gerade in den dunklen Gefäßen unseres Lebens wird das Licht Gottes am deutlichsten sichtbar. Damit will ich keineswegs sagen, daß wir herumlaufen und den Leuten mit der Taschenlampe unserer guten Taten ins Gesicht leuchten sollten, doch es gibt eine Art falscher Bescheidenheit, die zu verpaßten Gelegenheiten führt.

Als ich anfing, zu schreiben und Rundfunksendungen zu machen, konnten es eine Reihe Leute, die mich in sehr viel jüngeren Jahren gekannt hatten, schier nicht glauben, daß ich jetzt ein Nachfolger Jesu sein sollte. Besonders ein Mann, ein Christ, der mit mir zur Schule gegangen war, hatte große Schwierigkeiten, zu glauben, daß der Mann, den er in den sechziger Jahren gekannt hatte, sich tatsächlich so verändert haben könnte. Ich fürchte, seine

Skepsis war nur zu verständlich. Als Jugendlicher hatte ich die Gewohnheit entwickelt, meine tiefe Unsicherheit hinter einem ätzenden Sarkasmus zu verbergen, und ich muß wohl viele Leute verletzt und in Wut gebracht haben, wenn ich die einzige Verteidigungswaffe schwang, die ich hatte. Nun hatte Gott sein Licht auf diesen Sarkasmus scheinen lassen und ihn in Satire verwandelt und (hoffentlich) auf konstruktive Weise zum Nutzen der Gemeinde eingesetzt. Leute wie dieser frühere Mitschüler müssen wirklich lange gebraucht haben, bis sie akzeptieren konnten, daß die Veränderung echt war. Doch als er und andere schließlich überzeugt waren, mußten sie Gott erst richtig loben, denn eine andere Erklärung gab es nicht.

Wir müssen Salz und Licht in der Welt sein, und das ist auch in Ordnung so, solange wir alle nicht vergessen, wem die Salzmine gehört und wer die Stromrechnung bezahlt.

Gebet

Vater, du hast uns die Aufgabe gestellt, Geschmack und Beleuchtung in diese Welt zu bringen. Lehre uns, das auf die richtige Art zu tun.

Begehrlichkeit und echtes Leben

„Wie ihr wißt, heißt es im Gesetz: Du sollst nicht die Ehe brechen! Ich sage euch aber:
Schon wer eine Frau mit begehrlichen Blicken ansieht, der hat im Herzen mit ihr die Ehe gebrochen. Wenn dich also dein rechtes Auge verführt, dann reiß es heraus und wirf es weg! Besser, du verlierst eins deiner Glieder, als daß du heil und unversehrt in die Hölle geworfen wirst. Und wenn dich deine rechte Hand verführt, Böses zu tun, so hack sie ab und wirf sie weg! Es ist besser, ein Krüppel zu sein, als mit Haut und Haaren in die Hölle geworfen zu werden."

Matthäus 5, 27-30

Mein linkes Ohrläppchen könnte es vielleicht gerade noch so in den Himmel schaffen, wenn ich diese Anweisung buchstäblich befolgen würde – aber nur, wenn Gott fünfe gerade sein läßt. Selbst mein linkes Ohrläppchen hat seine schmuddelige Seite. Ich fürchte, selbst die Besten unter uns würden ungefähr so aussehen wie Admiral Nelson, wenn sie in den Himmel kommen.

Als ich ein sehr ernsthafter, junger Christ war, brachte man uns bei, daß *alle* Sünden und Laster, einschließlich der Begehrlichkeit, überwunden werden könnten, und wem es nicht gelänge, all diese Siege zu erringen, der verleugne die Wirksamkeit der Auferstehungskraft Christi. Sie werden mir sicher zustimmen, daß diese Forderung auf den Schultern jedes Menschen sehr schwer lasten würde, wie alt er auch sein mag, um so mehr aber auf denen eines Jugendlichen, der gerade erst heftig auf die Tatsache gestoßen ist, daß die Welt vor begehrenswerten weiblichen Wesen nur so wimmelt. Was die Sache noch schlimmer machte, war, daß unter den glaubensfördernden Taschenbüchern, die ich ständig verschlang, ein Buch irgendeines schillernden amerikanischen Christen war, der tatsächlich behauptete, alle Begehrlichkeit aus seinem Leben ausgemerzt zu haben. Ich weiß nicht mehr, wie dieser Glaubensheld hieß oder welchen Körperteil er sich abgeschnitten hatte, um diese spektakuläre Wirkung zu erzielen, aber ich erinnere mich noch sehr gut daran, wie niedergeschlagen ich mich durch den Kontrast zu meinen eigenen schwächlichen Versuchen fühlte.

Die Ehrlichkeit verlangt, daß wir uns die Tatsache eingestehen, daß die Begehrlichkeit für viele, wenn nicht für die meisten von uns, ein Stachel im Fleisch ist – oder uns viel Streß macht, um einen moderneren Ausdruck zu gebrauchen. Sie kann einem wirklich mächtig auf die Nerven gehen, nicht wahr? Aber lassen Sie uns jetzt nicht alle gleich anfangen, unser Fleisch zu geißeln oder uns die Köpfe abzuschneiden. Diese Dinge sind in ferner Vergangenheit bereits versucht worden, und sie haben nie funktioniert.

Ich glaube, was Jesus meint, ist die Notwendigkeit, Publikationen, Leute, Bilder und andere konkrete Situationen zu umschiffen, von denen wir *wissen*, daß sie gefährlich für uns sind. Die Versuchung ist nur das Tor zur Sünde, aber das Schwelgen darin ist die Skipiste.

Frage

Halten Sie es für möglich, daß wir diesen ganzen Bereich sowohl zu leicht als auch zu ernst nehmen?

Der durstige Bettler

„Es heißt auch: ‚Wer einem anderen ein Auge ausschlägt, muß dafür mit seinem eigenen Auge büßen. Wer einem anderen einen Zahn ausschlägt, dem soll das gleiche geschehen.‘ Ich sage euch aber: Wehrt euch nicht, wenn euch Böses geschieht! Wenn man dir eine Ohrfeige gibt, dann halte die andere Wange auch noch hin! Wenn einer dir dein Hemd nehmen will, so gib ihm auch noch den Mantel! Wenn einer von dir verlangt, eine Meile mit ihm zu gehen, dann gehe zwei Meilen mit ihm! Gib dem, der dich um etwas bittet, und auch dem, der etwas von dir leihen will."

Matthäus 5, 38-42

Spät an einem kalten Abend ging ich mit meinem Freund Ben durch Winchester. Die Straße wirkte verlassen, bis uns plötzlich aus einem Ladeneingang eine abgerissene Gestalt in den Weg trat. Seine langen, verfilzten Haare, sein mit einem Bindfaden zugeschnürter Mantel und seine irreparabel aufgerissenen Schuhe verrieten ihn als das, was wir früher einen „Stadtstreicher" genannt hätten, wenn auch die schwachsinnige „politische Korrektheit" unserer Zeit vermutlich die Bezeichnung „Mitbürger ohne festen Wohnsitz" vorziehen würde.

Sicher war, daß der arme Kerl erbärmlich fror und übel dran war. Mit sichtlicher Anstrengung raffte er sich auf, um nach diesen unerwarteten Passanten zu schnappen.

„Entschuldigen Sie, Sir", begann er seinen vertrauten Text, „dürfte ich von Mann zu Mann mit Ihnen sprechen? Ob Sie mir wohl mit einem bißchen Kleingeld aushelfen könnten?"

Ich weiß nicht, wie es Ihnen geht, aber ich bin in solchen Situationen meistens ein erbärmlicher Versager. Ich zittere und winde mich und schwanke herum und vollführe theologische Purzelbäume im Kopf, um am Ende davonzugehen und zu wünschen, ich hätte getan, was ich nicht getan habe, oder ich hätte nicht getan, was ich getan habe. Bei dieser Gelegenheit war es anders – Gott sei Dank.

„Aber sicher", sagte ich forsch, „das habe ich." Ich streckte ihm meine Hand entgegen. „Ich habe hier einen Fünf-Pfund-Schein, den gebe ich Ihnen."

Mein Mitbürger ohne festen Wohnsitz war sichtlich verdattert. Ein neuer Text! Dennoch reichte seine Geistesgegenwart aus, um das Geld zu nehmen, und er stand da und starrte den Schein wie benommen an.

„Ich gebe Ihnen dieses Geld", fuhr ich fort, „im Vertrauen, daß Sie den bestmöglichen Gebrauch davon machen werden."

„Tja, eigentlich", erwiderte er mit schwacher Stimme, „dachte ich daran, einen trinken zu gehen."

„Exakt", sagte ich, „genau das hätten wir auch mit dem Geld gemacht, wenn ich es behalten hätte. Einen schönen Abend noch."

Gebet

Vater, was für ein herablassender Heuchler bin ich doch manchmal. Hilf mir, andere nicht zu verurteilen oder zu verdammen, nur weil sie in den Augen der Welt weniger zählen. Laß sie mich mit deinen Augen sehen und ihnen auf gleicher Ebene begegnen.

Musik an einem neuen Ort

„Es heißt bei euch: ‚Liebt eure Freunde und haßt eure Feinde!' Ich sage aber: Liebt eure Feinde und betet für alle, die euch hassen und verfolgen! Auf diese Weise handelt ihr nämlich als Kinder eures Vaters im Himmel. Denn er läßt seine Sonne für die Bösen wie für die Guten scheinen, und er läßt es regnen für Fromme und Gottlose. Wollt ihr etwa noch dafür belohnt werden, wenn ihr die liebt, die euch auch lieben? Das tun sogar die, die Gott verachten! Wenn ihr nur euren Freunden liebevoll begegnet, ist das etwas Besonderes? Das tun auch die, die von Gott nichts wissen. Ihr aber sollt so vollkommen sein wie euer Vater im Himmel."

Matthäus 5, 43-48

Meine Erfahrung mit der Feindesliebe deckt sich in etwa mit meiner Erfahrung damit, ganz allein Klaviere von einem Zimmer ins andere zu transportieren. Es ist zermürbend harte Arbeit; auf halbem Wege wünscht man sich, man hätte nie damit angefangen, doch am Ende hört man Musik an einem Ort, wo man bisher nie welche gehört hat.

Was diesen ganzen Bereich so schwierig macht, ist die Tatsache, daß die Grenze zwischen Feinden und Freunden nicht so deutlich ist, wie man annehmen könnte. Freundschaft kann ganz leicht in Feindschaft abgleiten, und in solchen Augenblicken scheitern wir besonders jämmerlich an diesem Grundsatz, von dem Jesus seinen Jüngern sagt, daß sie sich darin von den Heiden unterscheiden sollten. Diese Wandlung im Wesen von Beziehungen ereignet sich gerade innerhalb von Familien sehr häufig, nicht wahr?

Ein Freund erzählte mir von einem Konflikt, der sich zwischen ihm und seiner vierzehnjährigen Tochter entwickelte, die er eigentlich sehr liebte. Nachdem sie sich wegen irgendeiner Kleinigkeit in die Mega-Schmollecke zurückgezogen hatte, verweigerte sie für eine Spanne von mehr als zwei Wochen jede Kommunikation mit ihrem Vater (von gelegentlichen Grunzlauten abgesehen). Die Verletztheit und Wut meines Freundes nahm ein solches Ausmaß an, daß schon der Gedanke an sein „kleines Mädchen" ihn dazu brachte, mit den Zähnen zu knirschen und tonlos vor sich hin zu fluchen.

Der Knall kam eines Abends, als sie gebeten worden war, irgendeine geringfügige Aufgabe zu übernehmen, und daraufhin hinauf in ihr Zimmer stürmte. Er raste hinter ihr her, das Herz voller Mordlust, und war drauf und dran, ihr Zimmer zu stürmen und ihr den Kopf abzureißen, als etwas ihn zum Innehalten brachte. Mein Freund ist Christ, und obwohl er oft scheitert, gibt er niemals auf. Mal wieder Zeit zum Klavierrücken, dachte er. Meine Freundin ist mir zur Feindin geworden. Während die Mordlust noch in ihm kochte, setzte er sich auf das Bett, sprach leise und liebevoll zu ihr und streckte seine Arme aus.

Sie reagierte! Tränen – Musik an einem neuen Ort. Nur gut, sonst hätte er sie aus dem Fenster geworfen.

Gedanke

Feindesliebe – man muß sie nicht fühlen. Man muß sie tun.

Gib mir dein Herz

„Häuft in dieser Welt keine Reichtümer an! Sie verlieren schnell ihren Wert oder werden gestohlen. Sammelt euch vielmehr Schätze im Himmel, die nie ihren Wert verlieren und die kein Dieb mitnehmen kann. Wo nämlich eure Schätze sind, da zieht es euch hin."

Matthäus 6, 19-21

Drei Leute kamen vor dem Tor des Himmels an. Einer von ihnen, ein sehr gut gekleideter Mann, trug einen großen Sack bei sich.

„In diesem Sack", erklärte er, „ist der Reichtum meines ganzen Lebens." Er klopfte liebevoll darauf. „Wenn dieses Sümmchen und ein bißchen geschickte Feilscherei mich nicht durch dieses Tor bringen, dann weiß ich nicht, was sonst. Und um der religiösen Seite auch gerecht zu werden, habe ich auch mein Herz mit hineingelegt, so daß sie alles zusammen haben können, wenn sie wollen. So!"

Die zweite Person war eine fromm aussehende Frau in schlichten, abgetragenen Kleidern. Sie trug einen viel kleineren Sack.

„Ich habe keinen großen Reichtum gesammelt", sagte sie mit schwacher, abgekämpfter Stimme. „Unser Herr hat uns gesagt, daß wir Schätze im Himmel sammeln sollen, und deshalb habe ich mein Leben im Dienst für andere verbracht."

„Was haben Sie in Ihrem Sack?" fragte der reiche Mann.

„Meine Buchhaltung", erwiderte sie mit bescheidenem Stolz. „Notizbücher, Listen und Kontenbücher, in denen jede gute Tat und jede liebevolle Handlung aufgezeichnet ist, die ich je vollbracht habe. Die werde ich zusammen mit meinem Herzen vorlegen, das ich wie Sie mit hineingelegt habe, für den Fall, daß es nötig sein sollte."

Die dritte Person, ein erschöpft aussehender Bursche, der nur einen Lendenschurz trug und mit leeren Händen kam, ergriff nervös das Wort.

„Ich habe nichts mitgebracht", sagte er stockend. „In meinem Leben habe ich weder Reichtümer angesammelt noch mich selbstlos für andere hingegeben wie Sie, Madam. Aber das Schlimmste ist, daß ich auch mein Herz weggegeben habe – ich fürchte, ich werde nicht in den Himmel kommen."

Der reiche Mann und die fromme Frau gingen zusammen voraus zum Tor, kehrten jedoch bald zurück, die Gesichter vor Enttäuschung verfinstert.

„Man darf kein Gepäck mit durch das Tor nehmen", sagte der reiche Mann traurig.

„Und *vor* dem Tor dürfen wir unsere Säcke auch nicht zurücklassen", schluchzte die Frau. „Wir müssen sie für immer behalten!"

Der Mann im Lendenschurz sah den beiden nach, wie sie langsam davongingen, dann machte er sich selbst auf zum Himmelstor. Sicher, Gepäck hatte er keines, aber sein Herz war verloren. Welche Hoffnung gab es schon für ihn?

Der Engel, der ihm das Tor öffnete, winkte ihn mit einer tiefen Verbeugung herein und drückte ihm dann etwas in die Hand, das leuchtete und glitzerte wie der vollkommenste Diamant.

„Das ist deines, glaube ich", sagte er.

Gebet

Herr, hab acht auf unsere Herzen, bis wir zu dir kommen.

Sorgen oder Leben?

„Darum sage ich euch: Sorgt euch nicht um euren Lebensunterhalt, um Essen, Trinken und Kleidung. Leben bedeutet mehr als nur Essen und Trinken, und der Mensch ist mehr als seine Kleidung. Seht euch die Vögel an! Sie säen nichts, sie ernten nichts und sammeln auch keine Vorräte. Euer Vater im Himmel versorgt sie. Meint ihr nicht, daß er sich um euch noch viel mehr kümmert? Und wenn ihr euch noch so viel sorgt, könnt ihr doch euer Leben auch nicht um einen Augenblick verlängern."

Matthäus 6, 25-27

Ein Freund von mir, der Pastor einer kleinen Gemeinde ist, erzählte mir einmal von einem Gespräch mit seinem fünfjährigen Sohn.

„Papa", sagte der kleine Junge eines Morgens bekümmert. „Gott beantwortet meine Gebete nicht mehr."

„Tut mir leid, das zu hören, Tim", sagte mein Freund. „Worum geht es denn genau?"

„Ich habe ihn gebeten, das Fenster zuzumachen", erwiderte Tim mit Empörung in der Stimme, „aber er hat es nicht getan!"

Tims geringfügiges Mißverständnis über die Rolle Gottes in seinem Leben illustriert die Art von Problemen, die sich aus Bibelstellen wie dieser ergeben können. Ich kenne Leute, die diese Verse als Schwelle zu dem Zustand benutzten, der als „Leben aus dem Glauben" bekannt ist. Sie hören auf, sich Sorgen darum zu machen, wo sie die nächste Mahlzeit herbekommen, während ganze Mannschaften anderer Leute anfangen, sich statt ihrer darum Sorgen zu machen. Aber Gott wird nicht meinen Kanarienvogel füttern, während ich in Urlaub fahre, und er wird (in den meisten Fällen) auch nicht die Nöte lindern, die durch Faulheit entstehen. Ich bin sicher, daß manche Leute tatsächlich von Gott dazu berufen sind, nur aus dem Glauben zu leben, aber das muß seine Entscheidung sein, und selbst dann ist es, wie wir aus den Erfahrungen und Berichten des Paulus wissen, nicht unbedingt so, daß die materiellen Bedürfnisse den ersten Platz auf der Prioritätenliste des Heiligen Geistes einnehmen. Was wir in diesem Zusammenhang sagen können, ist, daß immer dann, wenn Gott jemanden bevollmächtigt und beauftragt, eine bestimmte Aufgabe zu erfüllen, er ihm auch alles gibt, was er braucht, um sie zu bewältigen, auch wenn seine und unsere Vorstellung davon, was dazu nötig sei, dramatisch voneinander abweichen können.

Was also sagt dieser Abschnitt zur Gemeinde im allgemeinen? Sie scheint wieder einmal die göttliche Frustration (kann Gott frustriert sein?) über die ständige, kleinliche, möglicherweise katastrophale Fixierung der Menschen auf die leiblichen Dinge zum Ausdruck zu bringen. Die meisten von uns sind immerzu dabei, nicht nur die Deckstühle auf der Titanic zu ordnen, sondern auch den Speiseplan für die nächste Woche und Mannschaften für das Decktennis aufzustellen.

Dabei legen ständig Boote in Richtung Reich Gottes ab. Können Sie sie sehen?

Gebet

Hilf uns, dir zu vertrauen. Lenke unseren Blick auf die wirklich großen Dinge.

Es ist nicht leicht, Jesus

„Hört also auf, voller Sorgen zu denken: ‚Werden wir genug zu essen haben? Und was werden wir trinken? Was sollen wir anziehen?' Wollt ihr denn leben wie die Menschen, die Gott nicht kennen und sich nur mit diesen Dingen beschäftigen? Euer Vater im Himmel weiß ganz genau, daß ihr das alles braucht. Gebt nur Gott und seiner Sache den ersten Platz in eurem Leben, so wird er euch auch alles geben, was ihr nötig habt."

Matthäus 6, 31-33

Lieber Jesus,
während der letzten Tage habe ich sehr positiv über die Dinge geschrieben, die Du in dieser berühmten Predigt zu Deinen Jüngern gesagt hast (ja, ich weiß – *toll, nicht?*), doch heute morgen fühle ich mich erschöpft, und wenn ich jetzt Deine Ermahnung lese, wir sollten uns gerade um die Dinge nicht sorgen, um die uns zu sorgen uns diese Gesellschaft *drillt*, dann bin ich verwirrt. Ein gläubiger Freund von mir hat gerade ohne eigene Schuld sein Ein-Mann-Geschäft verloren, und obwohl seine Gemeinde sich großzügig hinter ihn gestellt hat, machen er, seine Frau und seine vier Kinder sich *große* Sorgen darum, was sie essen, trinken und tragen sollen. Was ist Deine Botschaft an sie und an uns? Ist es Sache Deiner großen Familie, hier praktische Hilfe zu leisten? Offenbart sich darin manchmal das Wunder des Glaubens? Nicht, daß ich diese Art Wunder unterschätze – ich finde es großartig. Aber ist das alles? Wir haben Bücher gelesen, in denen ständig von Deiner wundersamen Versorgung die Rede war, aber in den meisten Gemeinden, die ich kenne, ist das eher die Ausnahme als die Regel.

Du hattest in diesem Bereich nie ein Problem, nicht wahr? Wenn Du Steuern zahlen mußtest, hast Du den alten Petrus losgeschickt, einen Fisch zu fangen, und siehe da, im Maul des Tieres fand sich das benötigte Geld. Wenn Du fünftausend Leuten zu essen geben mußtest, brachst Du einfach Stücke von einer einzigen kleinen Mahlzeit ab, bis jeder mehr als genug zu essen bekommen hatte. Und was das Trinken angeht – nun, auf ein Fingerschnipsen von Dir verwandelte sich Wasser gallonenweise in edelsten Wein.

Andererseits hast Du auch jene zermürbenden vierzig Tage des Prioritäten-Sortierens in der Wüste durchmachen müssen, nicht wahr? Während dieser Zeit hast Du es abgelehnt, Deine geistliche Gold-Kreditkarte zu benutzen, weil (wie Du auch in diesem Abschnitt sagst) das Reich Gottes an erster Stelle kommen muß. Nachdem dieser Kampf gewonnen war, war alles andere wie kleine Brötchen oder kleine Fische oder kleine Wasserfässer oder was auch immer. Das war dann nur noch der leichte Teil.

Ich vermute, die Antwort auf meine Frage ist, daß die meisten von uns diesen Prozeß des Prioritäten-Sortierens einfach noch nicht durchgemacht haben – jedenfalls nicht richtig, und so lange, bis wir durchbrechen in die klare Luft der Priorität des Reiches Gottes, bleiben wir in einem Nebel aus Sorge und Bedürftigkeit stecken.

Es ist nicht leicht, Herr Jesus. Es ist nicht leicht. Hilf uns bitte, die Herausforderung zu verstehen und uns ihr zu stellen. Wir beten für all diejenigen, die wie mein Freund voller Sorge und Verwirrung sind.

Danke.

Alles Liebe, *Adrian*

Schau dir den an . . .

„Urteilt nicht über andere, damit Gott euch nicht verurteilt. Denn so wie ihr jetzt andere verurteilt, werdet auch ihr verurteilt werden. Und mit dem Maßstab, den ihr an andere legt, wird man euch selbst messen. Du regst dich auf über die kleinen Schwächen deines Bruders und erkennst nicht deine eigene, viel größere Schuld. Du sagst: ‚Mein Freund, komm her! Ich will dir die Augen für deine Fehler öffnen!' Dabei bist du blind für deine eigene Schuld. Du Heuchler! Kümmere dich zuerst um deine Fehler, dann versuche, deinem Bruder zu helfen."

Matthäus 7, 1-5

Nur zu wahr, und ich muß es wissen, denn wir haben jemanden in unserem Hauskreis, der genau das tut, wovon Jesus hier redet. Diese Person (deren Name mit „Z" beginnt und die eine wichtige Rolle in der zweiten Riege unserer Gemeindeleitung spielt – was um so überraschender ist, finden Sie nicht?) urteilt ständig über andere und äußert sich ganz allgemein negativ über die Gruppe. Ich habe Stanley Morgan, unseren Hauskreisleiter, gefragt, ob er nicht einmal mit Z reden wolle, aber ich fürchte, der arme Stanley hat immer noch nicht gelernt, mit dem nötigen Nachdruck aufzutreten. Wenn man bedenkt, daß er der guten Eve, deren Bekehrung zumindest fraglich ist, ihre Ansichten, die einer Irrlehre nahekommen, unwidersprochen durchgehen läßt, seit sie sich uns vor einem Jahr angeschlossen hat, dann wird deutlich, daß aus dieser Richtung nicht viel zu erwarten ist.

Das Schlimme ist, daß Z's kritische Haltung und Stanleys Schwäche die denkbar ungünstigste Wirkung auf Jeannette haben, die, nachdem sie ihre Schuld gegenüber der Gesellschaft beglichen und Gottes Vergebung empfangen hat, wohl kaum davon profitieren dürfte, daß ihre antisozialen Neigungen stimuliert werden, wenn Sie meine Anspielung verstehen. Ganz abgesehen davon, daß, sollte Jeannette tatsächlich ihren subversiven Instinkten nachgeben, von Malcolm nur noch eine Staubwolke zu sehen wäre; wohlgemerkt, nicht daß Malcolm (der bis auf den heutigen Tag bei seiner Mutter lebt und ein wahrer „Hercule Poirot“ von einem – nun, ich wollte sagen „Mann“ ist, aber da ist sich keiner so ganz sicher) Staub erkennen würde, wenn er welchen sähe, nachdem er noch nie in seinem Leben einen Staubsauger in der Hand gehabt hat. Ich bezweifle, daß Malcolm an irgendeiner Frau Interesse hätte, geschweige denn an Jeannette, wenn sie richtig in Fahrt ist.

Die einzige, die von Z's Gemeinheiten gänzlich unberührt bleibt, ist Violet Stratton, die freilich, solange ich zurückdenken kann, überhaupt noch nie von irgend etwas berührt war, die arme Seele. Fürs Nicken und Lächeln könnte sie Preise gewinnen, aber seit ihrem „Urlaub“ ist sie geistig nicht mehr so ganz auf der Höhe, wenn Sie verstehen, was ich meine.

Das ist also die Situation. Beten wir, daß Z ein Einsehen hat – und so wird wie ich.

Gedanke

Bauen wir eine Hütte aus all diesen Balken – und setzen wir sie dann in Brand.

Bittet mich ...

„Bittet Gott, und er wird euch geben! Sucht, und ihr werdet finden! Klopft an, dann wird euch die Tür geöffnet! Denn wer bittet, der wird bekommen. Wer sucht, der findet. Und wer anklopft, dem wird geöffnet. Wenn ein Kind seinen Vater um ein Stück Brot bittet, wird er ihm dann einen Stein geben? Wenn es um einen Fisch bittet, wird er ihm etwa eine giftige Schlange anbieten? Wenn schon ihr hartherzigen, sündigen Menschen euern Kindern Gutes gebt, wieviel mehr wird euer Vater im Himmel denen gute Gaben schenken, die ihn darum bitten!“

Matthäus 7, 7-11

Ich will, daß mich Augen voll Liebe anseh'n,
ich will, daß man mich mit Willkommen empfängt,
ich will, wenn ich zweifle, daß mich einer hält,
ich will, daß sich jemand zutiefst um mich sorgt.

Ich möchte bekommen, was keiner mir nimmt,
will, daß ein zerbrechliches Herz mir vertraut,
will schwerelos fliegen auf Schwingen des Traums,
will jemanden lächeln sehn, wenn ich erwach'.

Ich will mit den Weisen die Sonn' sinken seh'n,
Geheimnisse hören, die sonst niemand hört,
behütet sein, wohin auch immer ich geh',
will, daß einer sich vor mich stellt in der Gefahr.

Ich will mit den Freunden verkettet sein,
will, daß man mich will, deshalb und trotzdem,
will in ihrem Kreis, die Arme verschränkt,
Geborgenheit spür'n in der wütenden Nacht.

Ich will akzeptiert sein, auch wenn ich mich irr',
und bin ich im Recht, daß man über mich lacht,
und daß man im himmlischen Lied von mir singt,
und daß ich geliebt, daß ich Salz bin und Licht.

Gebet

Vater, es scheint mir sehr leicht zu fallen, eine Liste von Dingen zusammenzustellen, die ich von anderen Leuten und von dir will. Das Problem fängt an, wenn ich die ganze Sache umdrehe und darüber nachdenke, was es mich kosten würde, zu geben statt zu nehmen. Bitte zeige mir Wege, wie ich dir und den Menschen, denen ich begegne, Freude machen kann, indem ich für sie die Dinge tue, die ich mir von ihnen wünsche. Danke für deine väterliche Liebe. Lehre mich, deine Hand in allem Guten zu sehen, das mir passiert.

Es macht mir Angst ...

„Geht hinein durch die enge Pforte. Denn die Pforte ist weit, und der Weg ist breit, der zur Verdammnis führt, und viele sind's, die auf ihm hineingehen. Wie eng ist die Pforte und wie schmal der Weg, der zum Leben führt, und wenige sind's, die ihn finden."

Matthäus 7, 13-14

Diese Verse haben mir schon immer Angst gemacht. Der erwachsene Adrian Plass, mag er auch noch so ein insubstantielles, gespenstisches Wesen sein, hat eine klare theologische Perspektive zur Frage des Glaubens und der Errettung. Ich bin gerettet. Ich komme in den Himmel. Oh ja – Halleluja!

Der andere Adrian Plass jedoch, etwas formloser, doch authentischer, der dürre Bengel aus den Sechzigern mit den langen grauen Shorts, die nie richtig auf den Hüften hielten, mit dem Blumentopfhaarschnitt und dem ständig sorgenvollen Gesichtsausdruck, der ist ein bißchen in Panik und verspürt das dringende Bedürfnis, mit Jesus zu reden. Er findet ihn am Ufer des Sees Genezareth, wo er alleine sitzt und aufs Wasser hinausblickt.

Adrian: Entschuldige, darf ich dich etwas fragen?

Jesus: *(lächelt)* Nur zu, was du willst.

Adrian: Du kennst doch diese Stelle mit der engen Pforte und dem schmalen Weg, den nur wenige finden, und so?

Jesus: *(ernst)* Ja, ich glaube, die kenne ich.

Adrian: *(holt tief Luft)* Also, die macht mir Angst.

Jesus: *(nickt nachdenklich)* Das kann ich verstehen. Wolltest du mich irgend etwas Bestimmtes fragen?

Adrian: Macht es dir nichts aus?

Jesus: Fragen machen mir nie etwas aus. Machen dir Antworten etwas aus?

Adrian: Weiß ich noch nicht – was ich wissen möchte, ist: Was *ist* denn die enge Pforte, und was *ist* der schmale Weg, und – na ja, bin ich einer von den Wenigen?

Jesus: *(nach langem Schweigen)* Antworten können sehr kompliziert oder sehr einfach sein. Was für eine Antwort hättest du gerne?

Adrian: *(mit sehr leiser Stimme)* Einfach bitte, so, daß ich es verstehen kann.

Jesus: Okay, dann ist meine Antwort auf alle drei Fragen eine Gegenfrage.

Adrian: Dachte ich mir fast.

Jesus: Wenn ich jetzt aufstehen und weggehen würde, ohne dir zu sagen, wo ich hinwill, ob ich je zurückkomme, was ich vorhabe oder wie das Ganze ausgeht – würdest du meine Hand nehmen und mit mir gehen?

Adrian: *(mit plötzlich trockener Kehle)* Jetzt gleich?

Jesus: Jetzt gleich. Würdest du mitkommen?

Adrian: Ich ... ich glaube schon ...

Gebet

Jesus, du hast gesagt, daß du der Weg, die Wahrheit und das Leben bist. Hilf uns, deine Hand zu ergreifen.

Was bin ich, Herr?

„Nehmt euch in acht vor denen, die falsche Lehren verbreiten! Sie tarnen sich als sanfte Schafe, aber in Wirklichkeit sind sie reißende Wölfe. Wie man einen Baum an seiner Frucht erkennt, so erkennt man auch sie an ihrem Tun und Treiben. Weintrauben kann man nicht von Dornbüschen und Feigen nicht von Disteln ernten. Ein guter Baum bringt gute Früchte und ein kranker Baum schlechte. Ein guter Baum wird keine schlechten Früchte tragen, genausowenig wie ein kranker Baum gute Früchte hervorbringt. Jeder Baum, der keine guten Früchte bringt, wird umgehauen und verbrannt. Ebenso werdet ihr auch einen Menschen an seinen Taten erkennen."

Matthäus 7, 15-20

Hat schon etwas Gruseliges, diese Vorstellung einer ungeplanten geistlichen Verkleidungsparty, wo sich inmitten der ahnungslosen Gäste reißende Wölfe als Schafe einschleichen, Disteln sich als Feigen verkleiden und Dornbüsche sich als Weinreben maskieren. Es ist ein grausiges Bild, nicht wahr? Aber lassen Sie uns eines klarstellen: Jesus spricht hier von bewußter, heimtückischer Täuschung durch Leute, die es danach gelüstet, anderen zu schaden. Sich als Schaf unter Schafen zu verkleiden, wenn man in Wirklichkeit ein hungriger Wolf auf der Suche nach Nahrung ist, das ist kein geringfügiges Abirren von der moralischen Rechtschaffenheit, und es kann auch niemals versehentlich geschehen. Es ist das ureigenste Werk des Teufels, und wenn uns das Angst macht, dann ist das nur gut und richtig so.

Ich betone diesen Punkt, weil es viele ängstliche Leute gibt, die sich fragen, ob *sie selbst* vielleicht in Wirklichkeit Disteln seien, die so tun, als wären sie Weinreben. Schließlich, so sagen sie sich voller Sorge, ist die Frucht, die ich hervorbringe, von sehr unterschiedlicher Qualität. Wenn ein guter Baum, wie Jesus sagt, keine schlechte Frucht hervorbringen kann und manche der Früchte, die ich produziere, schlecht sind, dann muß ich logischerweise ein schlechter Baum sein oder vielleicht sogar ein reißender Wolf, ohne es zu merken. *Hilfe!*

Genug von dieser Neurose – ich habe sie selbst auch durchgemacht. Natürlich bringen gute Bäume Früchte von unterschiedlicher Qualität hervor, denn (beuten wir die Metapher ruhig aus, solange wir sie haben) manchmal fehlt der gute Boden der Gemeinschaft oder das lebenspendende Wasser des Gebets ist versiegt oder das warme Klima der Bibel ist – ach was, Sie können es sich schon vorstellen, nicht wahr? Es ist schwer genug, meinen von Jesus gepflanzten Baum richtig zu versorgen, ohne mir dabei auch noch Sorgen zu machen, ich könnte vielleicht insgeheim der Antichrist sein.

Wir müssen auf diese Warnung achten, die Jesus uns gibt. Es sind falsche Propheten unterwegs, und wie die Wölfe versuchen sie zu zerstören (der Teufel erzielt seine größten Erfolge *innerhalb* der Gemeinde), doch wenn wir uns innerlich nach Gott sehnen, auch wenn wir manchmal versagen, dann ist dieses wollige Zeug, mit dem wir bedeckt sind, völlig echt.

Gebet

Määäh!

Gott mit uns

„Nicht, wer mich dauernd ‚Herr' nennt, wird in Gottes Reich kommen, sondern wer den Willen meines Vaters im Himmel tut. Am Tag des Gerichts werden zwar viele sagen: ‚Aber Herr, wir haben doch deine Wahrheit gepredigt! Wir haben doch in deinem Namen Dämonen ausgetrieben und mächtige Taten vollbracht!' Aber ich werde ihnen antworten: ‚Ihr habt nie wirklich zu mir gehört. Was ihr getan habt, das habt ihr ohne mich getan. Geht mir aus den Augen.'"

Matthäus 7, 21-23

Vor einigen Jahren lernten Bridget und ich eine Dame kennen, deren Mann kurz zuvor an einer dieser furchtbaren Krankheiten gestorben war, die zu einer fast vollständigen körperlichen Hilflosigkeit führen. Mary und Chris (die Namen habe ich geändert) hatten eine sehr glückliche Ehe gehabt und waren am Boden zerstört. Ganz abgesehen von dem drohenden Tod war der Alltag nun für Mary zu einer sehr harten Arbeit und für Chris zu einem schrecklichen Frust geworden. Kurz vor Chris' Tod ereigneten sich zwei Dinge, die mit dem heutigen Abschnitt zu tun haben.

Das erste war, daß Chris von einem wohlmeinenden Freund in seinem Rollstuhl zu einer Heilungsversammlung in seiner Stadt gebracht wurde. Als er später am Abend wieder nach Hause gebracht wurde, entdeckte Mary zu ihrem Entsetzen, daß seine beiden Knie blutig aufgeschürft waren. Der beunruhigte Freund erklärte, die „Heiler" hätten Chris zwei- oder dreimal aus seinem Rollstuhl gehoben und ihn, nachdem sie jedesmal laut für seine Heilung gebetet hatten, auf die Knie fallen lassen und ihm gesagt, er könne jetzt wieder gehen. Es war in jeder Hinsicht ein unvorstellbar schreckliches Erlebnis.

Das zweite war, daß eines Tages eine andere gläubige Freundin, die ich Eileen nennen möchte, auf der Matte stand und leise sagte, der Heilige Geist habe sie geschickt, um sich um Chris zu kümmern, so lange es nötig sei. Eileen war selbst verheiratet und hatte eine Familie, doch von diesem Tag an war sie stets zur Stelle, genau wie sie es gesagt hatte. Die Last der Arbeit wurde halbiert, und Chris brauchte sich keine Sorgen mehr zu machen, daß seine Frau sich überanstrengte. Mary konnte sogar einen kurzen Urlaub machen.

Nach Chris' Tod stand Eileen Mary weiterhin zur Seite, und sie war auch bei ihr, als wir uns auf einer Hausparty in Devon kennenlernten.

„Nicht lange, nachdem Chris gestorben war", erzählte uns Mary, „sagte mein Sohn Martin eines Tages zu mir: ‚Mami, war das nicht gut, wie Tante Eileen damals zu uns kam, um für uns Gott zu sein?'"

Es war wirklich gut, daß eine wahre Nachfolgerin Jesu einen Befehl gehört und ihm gehorcht hatte. Es war der schwerere Weg, der mehr Hingabe verlangte, aber es war das, was Gott wollte, und darauf kommt es an. Natürlich heilt Gott auf wunderbare Weise, aber wenn das Verlangen nach geistlicher Gymnastik stärker wird als die Herrschaft der Liebe und des Gehorsams, dann ist Vorsicht am Platz.

Gebet

Binde uns an deinen Willen, Herr. Richte unsere Augen und Ohren auf dich.

Auch eine Warnung

„Wer meine Worte hört und danach handelt, der ist klug. Man kann ihn mit einem Mann vergleichen, der sein Haus auf felsigen Grund baut. Wenn ein Wolkenbruch niedergeht, das Hochwasser steigt und der Sturm am Haus rüttelt, wird es trotzdem nicht einstürzen, weil es auf Felsengrund gebaut ist. Wer sich meine Worte nur anhört, aber nicht danach lebt, der ist so unvernünftig wie einer, der sein Haus auf Sand baut. Denn wenn ein Wolkenbruch kommt, die Flut das Land überschwemmt und der Sturm um das Haus tobt, wird es mit großem Krachen einstürzen."

Matthäus 7, 24-27

Christen reden oft von der Schwierigkeit, Leute, die glücklich und zufrieden sind, davon zu überzeugen, daß sie Gott brauchen. In Gemeindekreisen ist es beliebt, anzudeuten, daß solche Leute in Wirklichkeit gar nicht glücklich sind. Tief im Innern, so die Legende, spüren sie ihr Elend und wissen, daß in ihrem Leben noch etwas fehlt. Nun, solche Leute gibt es tatsächlich – ich weiß es, weil ich ihnen begegnet bin. Aber ich bin auch schon Leuten begegnet, die an überhaupt nichts glauben und dennoch viel beständiger zufrieden und gelassen (und vermutlich auch netter) sind als ich, und die, soweit es sich sagen läßt, nicht das geringste offene oder verborgene Verlangen nach irgend etwas Zusätzlichem haben, geschweige denn nach Gott. Eigentlich sollte uns das nicht überraschen. In dem dramatischen Gleichnis von den zwei Hausbauern (das nicht leicht klar in den Blick zu bekommen ist, wenn man ein Leben lang in der Sonntagsschule und in lustigen Liedchen damit bombardiert worden ist) sagt Jesus uns ganz klar, daß genau das wahrscheinlich der Fall sein wird. Bevor die Stürme kamen, waren die beiden Hausbesitzer vermutlich gleichermaßen glücklich – mag sogar sein, daß der Mann, der sein Haus auf Sand gebaut hatte, sich eine viel schönere Lage dafür ausgesucht hatte. Warum sollte er sich abrackern wie sein Nachbar, nur um ein Fundament zu bauen, das er im milden Klima der Zufriedenheit niemals brauchen würde?

Die Antwort ist natürlich, daß er seine Ansicht vielleicht ändern würde, wenn derselbe Nachbar ihn in das Geheimnis einweihen würde, daß Stürme bevorstehen und daß diese Stürme heftiger und zerstörerischer sein werden als alles, was er sich in seinen wildesten Alpträumen vorstellen kann.

Und vielleicht würde es ihm auch nützen, von einem Mann namens Jesus zu hören, der, erfüllt von Liebe und Aufrichtigkeit, vor zweitausend Jahren auf einem Berghang stand und wie der erste wahrhaft Erwachsene in der Weltgeschichte Männern und Frauen sagte, wie sie Leben finden und den Tod besiegen könnten.

Gebet

Herr, hilf uns, Jesus zu predigen und uns an seine Verheißungen und Warnungen zu halten.

Ein Held ist jemand, der weiß,
wie man eine Minute länger durchhält.
Norwegisches Sprichwort

VORANSTÜRMENDE HELDEN

Einige Gestalten des Alten Testaments

Man fragt sich, warum es den Figuren in langlebigen Seifenopern nie einfällt, sich über die seltsamen Dinge zu wundern, die in ihren kleinen Welten passieren.

Warum zum Beispiel scheinen alle „Ehen" in den Seifenopern dazu verdammt zu sein, in vorzeitigem Tod, unerklärlichen Trennungen nach vorausgegangenen Schwüren unendlicher Liebe und seltsamen Fällen von Verschwinden zu enden, die sich nur dann aufklären, wenn der betroffene Schauspieler es irgendwann leid ist, Talkshows und (wenn es ein Australier ist) Pantomimen in England zu machen und zu der netten kleinen Einkommensquelle zurückkehrt, die ihm bisher so gut gedient hat?

Warum, so könnten Sie sich weiter fragen, zeigen einzelne Figuren plötzlich ein Verhalten, das in einem völlig irrationalen, krassen Gegensatz zu der Persönlichkeit steht, die sie im Laufe der Monate oder Jahre entwickelt haben?

Warum sprechen in Kneipen und anderen belebten Räumen immer nur zwei Personen laut genug, um verstanden zu werden, und warum betreten Dritte immer erst dann den Raum, wenn die erste und zweite Figur das Ende ihres bedeutsamen Gesprächs erreicht haben und dabei sind, in Smalltalk abzugleiten?

Am verblüffendsten ist vielleicht die Tatsache, daß ganze geographische Gebiete im Laufe weniger Jahre ihre gesamte Bevölkerung austauschen. Ein wahrhaft außergewöhnliches soziales Phänomen! Wo gehen all diese verschwundenen Leute hin?

Könnte es sein, daß irgendwo in einer seltsamen Schattenwelt lange vergessene Soap-Stars sich treffen, um in Erinnerungen an die guten alten Zeiten zu schwelgen, als sie tatsächlich existierten, wenn auch nur nach dem Gutdünken von Autoren und mit Kulis spielenden, Büroklammern verbiegenden Teilnehmern an Story-Konferenzen? Hoffen wir, daß solche Begegnungen gut überwacht werden. Einige dieser legendären Soap-Stars waren ziemlich starke Charaktere, nicht wahr? Stellen Sie sich Ena Sharples aus „Coronation Street", Dirty Den aus „EastEnders" und Paul Robinson aus „Neighbours" vor, wie sie sich in der Ecke ihrer Stammkneipe niederlassen (einer bizarren Kombination aus „The Rovers Return", „The Queen Vic" und „The Watering Hole") um über die rivalisierenden Vorzüge ihrer jeweiligen Beiträge zur Geschichte der Seifenoper zu diskutieren. Dabei würden zweifellos die sprichwörtlichen Fetzen fliegen, und es läßt sich nicht leicht abschätzen, wer bei dieser Debatte Sieger bleiben würde. Wenn Sie mich genau fragen, muß ich allerdings zugeben, daß ich mein Geld am ehesten auf Ena Sharples setzen würde.

Ich erwähne dieses unwahrscheinliche Szenario, weil es mir vorkommt, als ob es zwischen den alttestamentlichen Gestalten, von denen Sie im folgenden Abschnitt lesen werden, zu einer ähnlichen Begegnung gekommen sein müßte. Freilich gibt es da einige entscheidende Unterschiede. Denn natürlich sind sie keine Seifenopernfiguren, wenn auch der Umstand, daß ihre Geschichten durch so viele Generationen hindurch auf so vielerlei Weise erzählt wurden, ihnen in den Augen vieler Leute dieselbe Aura pappfigurenhafter Unwirklichkeit verliehen haben mag. Nachdem ich vier Kinder habe aufwachsen sehen, habe ich so viele Helden des Alten Testaments mit Wachsmalkreiden ausgemalt und aus Pappe ausgeschnitten gesehen, mit einem kleinen Stück hinten angeklebt, damit sie aufrecht stehen, daß ich fast vergesse, daß sie wirkliche Menschen waren.

Ich nehme auch an, daß ihre Begegnungen sich wohl kaum in einer Kneipe abgespielt haben dürften, obwohl man so etwas bei Gott wohl nie genau wissen kann.

Der andere große Unterschied ist, daß Abraham und die anderen rückwirkend erlöst worden sein müssen (anders als Ena, Den und Paul, die darauf keinen Anspruch haben, weil es sie in Wirklichkeit gar nicht gibt) und vermutlich ziemlich gut miteinander auskommen.

Trotzdem, stellen Sie es sich einmal vor – wie sie alle zum Mittagessen um einen großen, runden Tisch sitzen. Jeftah wäre dabei, endlich wieder vereint mit seiner Tochter, und käme sich einigermaßen albern vor; Adam und Eva würden die Obstschale stets höflich ablehnen, wenn sie ihnen gereicht würde, und sich überschwenglich bei allen Anwesenden entschuldigen; David, Uria und Batseba machen sich ein bißchen über die schlechten alten Zeiten lustig; Noah und Jona unterhalten sich über ihre sehr gegensätzlichen Erfahrungen, wie sie vor dem Ertrinken errettet wurden; Jakob und Esau teilen sich eine Schüssel Suppe; Simson führt Hiob ein paar Kraftkunststückchen vor, während Hiob eigentlich nur auf eine Gelegenheit wartet, etwas über die sagenhafte Behandlungsmethode für Beulen zu sagen, die er gerade entdeckt hat; Josef, dicht umringt von seinen Brüdern, macht sich Gedanken, ob es nicht einen Weg gibt, einen Anteil an den Tantiemen für das Musical zu beanspruchen; Mose und Josua einigen sich auf Milch und Honig als das ideale Dessert-Erlebnis; Daniel versucht den gutmütigen Zefanja zu bewegen, sich seiner höchst erfolgreichen und königlich genehmigten Veganer-Diät anzuschließen; schließlich und endlich Abraham selbst, für immer mit seinem geliebten Sohn Isaak vereint, wie er freundlich in die versammelte Runde strahlt.

Ist Ihnen klar, daß wir eines Tages bei ihnen sein werden?

Aber im Ernst: Die Geschichten, in denen diese Gestalten des Alten Testamentes vorkommen, sind wichtige Bindeglieder in unserem Verständnis, wie Gott mit denen, die sich zu ihm als ihrem Herrn bekennen, umgeht und umgegangen ist. Die Geschichte des jüdischen Volkes und seines Weges bis zu dem Zeitpunkt, an dem Gottes Gesetz in ihre Herzen geschrieben werden konnte, bietet zahllose Parallelen zu der Reise, die wir heute unternehmen, wenn wir uns entscheiden, Jesus, dem neuen Adam, durch eine Wüste irdischer Probleme in das verheißene Land der vollkommenen Vereinigung mit ihm zu folgen. Wir können viele Lektionen daraus lernen, wenn wir sie nur annehmen.

Und danken wir Gott dafür, daß wir auf dieser Reise nicht wie Figuren aus einer Seifenoper sind. Unsere Echtheit wird nie den Zwängen der Handlung geopfert werden, und wir werden auch nicht aus dem Dasein „gestrichen“ werden, weil dem Autor eine noch bessere Idee gekommen ist. Wir sind wirkliche Menschen, die in die wirkliche Familie Gottes adoptiert worden sind, in genau dieselbe Familie wie jene illustre Gesellschaft, deren Mitglieder um den himmlischen Tisch sitzen, den ich gerade geschildert habe.

Gebet

Vater, hilf uns, tiefer in das Leben dieser Leute hineinzuschauen, deren Namen uns so vertraut geworden sind, daß wir Gefahr laufen, wichtige Aspekte ihrer Beziehung zu dir und zueinander einfach zu übersehen. Wir wissen, daß du uns Aufzeichnungen über deinen Umgang mit ihnen hinterlassen hast, damit wir daraus ein bißchen mehr darüber lernen, was es heißt, in unserer eigenen Zeit mit Jesus zu gehen. Laß diese Lektionen tief in unsere Herzen eindringen und unseren Geist mit ihrer Weisheit bereichern. Amen.

Abraham und Isaak

Als sie die Stelle erreichten, die Gott angegeben hatte, errichtete Abraham aus Steinen einen Altar und schichtete das Brandholz auf. Er fesselte Isaak und legte ihn oben auf den Holzstoß. Dann griff er nach dem Messer, um seinen Sohn zu töten.

1. Mose 22, 9-10

Ich weiß noch, wie ich, als unser erstes Kind geboren wurde, durch die Glaswand der Babystation dieses kleine, zerknitterte Persönchen anstarrte. Die Art von Liebe, die ich in diesem Moment empfand, hatte ich noch nie zuvor erlebt. Sie war anders als alles, was ich für meine Verwandten, meine Freunde oder sogar für meine Frau je empfunden hatte – nicht mehr, aber anders. Sie erfüllte mich mit einer festen Entschlossenheit, mich für alle Zeit um sein Wohlergehen zu kümmern, eine Entschlossenheit, die, wie die meisten Eltern wissen, mit den Jahren nicht geringer wird.

Gleichzeitig war ich geistlich in einem Klima der Selbstaufopferung und Selbstverleugnung aufgewachsen. Gott mußte an erster Stelle stehen, und das Beseiteschieben starker Gefühle für Freunde oder Angehörige wurde als positive Tugend betrachtet. Die Geschichte, wie Abraham aufgefordert wurde, Isaak zu opfern, machte mich einfach krank. Ein Schatten fiel auf das Bild, das ich von meiner Beziehung zu Gott hatte, denn ich wußte, daß ich Matthew niemals opfern würde, weder tatsächlich noch symbolisch. Wie konnte ich auch, wo ich ihn doch viel mehr liebte als den Schöpfer der Welt? Insgeheim flirtete ich mit dem Atheismus, denn die Aussicht auf menschliche Beziehungen, gefolgt von Vergessenheit, war mir lieber als die Verschiebung der Prioritäten, die Gott zu verlangen schien.

Die Reise von meiner Einstellung damals zu meiner heutigen war zu lang und ereignisreich, um sie hier zu schildern, aber es gibt ein paar Dinge, die ich inzwischen begriffen habe. Erstens, daß Gott neben mir vor dieser Babystation stand und genauso begeistert war wie ich von der Ankunft des kleinen Menschen, der für ihn ebenso ein neugeborener Sohn war wie für mich. Auch er ist entschlossen, sich buchstäblich für alle Ewigkeit um Matthews Wohlergehen zu kümmern. Zweitens hat sich meine Liebe zu meinem Sohn verändert. Sie hat jetzt mehr mit ihm und weniger mit mir zu tun. Ich *möchte,* daß er das ewige Leben bekommt. Ich *möchte,* daß er mit einem nagelneuen, unzerstörbaren Körper durch die Straßen des Himmels geht. Ich *möchte* vor allen Dingen, daß er ein Kind Gottes ist. Drittens, und das ist vielleicht das Wichtigste, verstehe ich inzwischen ein bißchen besser, daß Gott durchaus vernünftig ist, wie ich es mit allem Respekt ausdrücken möchte. Er kennt mich und meine Schwächen und Stärken, und das schon seit dem Tag, als er zärtlich schmunzelnd vor der Babystation stand, nachdem *ich* geboren worden war. Er war immer ein guter und überaus weiser Vater, und je deutlicher mir das wird, desto näher komme ich dem Zustand, ihn mehr zu lieben als irgend jemanden sonst auf der Welt.

Gebet

Vater, ich bin weit davon entfernt, dir so zu vertrauen, wie Abraham es tat. Hilf mir, zu lernen, daß Vertrauen der beste Weg für mich ist, und danke, daß du deinen eigenen Sohn geopfert hast, damit meiner leben kann.

David

Doch als David merkte, wie die Hofleute miteinander flüsterten, ahnte er, was geschehen war. „Ist der Junge tot?" fragte er, und sie antworteten: „Ja, er ist gestorben." Da stand David auf, wusch sich, pflegte sich mit wohlriechenden Salben und zog frische Kleider an. Dann ging er ins Heiligtum und warf sich nieder, um den Herrn anzubeten. Danach kehrte er in den Palast zurück und ließ sich etwas zu essen bringen.

2. Samuel 12, 19-20

Davids Reaktion auf den Tod des Kindes, das er bei seinem Ehebruch mit Batseba gezeugt hatte, sagt etwas sehr Tiefgreifendes über seine Sicht Gottes aus. Er betete und weinte sieben Tage und Nächte lang, doch als das Kind starb, nahm er das Urteil des Herrn an. David liebte Gott. Seine Beziehung zu ihm war *wirklich*. Wenn es hart auf hart geht, macht die Wirklichkeit dessen, was wir glauben, einen deutlichen Unterschied aus – oder aber eben nicht. Ein Freund von mir, ein Verkehrspolizist, starb kürzlich im Krankenhaus an Krebs, wobei er seine Besucher im Angesicht des nahenden Todes mit seiner neuen Stärke und Vollmacht in Staunen versetzte. Er sehnte sich sehr danach, geheilt zu werden, aber er war bereit, den Willen seines Gottes anzunehmen, dem er vertraute. Die folgenden Zeilen schrieb ich, um sie auf seiner Beerdigung vorzulesen:

> Mitten auf der Kreuzung seines eigenen Lebens
> stand er und dirigierte den Verkehr,
> das Fühlen, Denken, Tun
> vielleicht zu wachsam hie und da,
> denn weh der vorwitzigen Laune, die aus der Reihe scherte
> in wahnwitzigem Tempo, um die Besonnenheit zu
> überholen.

Er gab sich wirklich Mühe, Unregelmäßigkeiten
auszumerzen,
sehnte den Tag herbei, an dem das Kreuz und Quer
des Lebens
sich ordnete zu einem Paradies aus schnurgeraden Linien,
in dem es keinen Stau mehr geben würde.
Doch aus den Träumen wurde nichts, die Chefs ließen's
nicht zu.
Drei Chefs hatte er,
einen im Himmel, einen in Hastings, einen zu Haus.
Der erste und der letzte unterwiesen ihn in vielen Dingen,
sie lehrten ihn, daß es nicht immer ein Verbrechen ist,
großzügig zärtliche Gedanken durchzuwinken,
ein Auge zuzudrücken, wenn Barmherzigkeit
schamlos den Mittelstreifen überquert und wendet,
daß Fakten und Gefühle oftmals in zwei Reihen parken
müssen.
Am Ende, auf der Hauptspur, floß die Liebe ungehindert.
Zu früh, schon viel zu früh für uns, erstarb der Straßenlärm
und an jenem stillen Tag
fuhr leise, mit Chauffeur, eine Gewißheit vor am Morgen
und trug ihn von uns fort.

Gebet

Vater, hilf uns, ein ebenso großes Vertrauen dir gegenüber zu entwickeln, wie es diese beiden Männer hatten, die denselben Gott verehrten. Wir möchten, daß es echt ist, Herr.

Noah

Es war im 600. Lebensjahr Noahs, am 17. Tag des 2. Monats. Alle Quellen in der Tiefe brachen auf, und die Schleusen des Himmels öffneten sich. Vierzig Tage und vierzig Nächte regnete es in Strömen.

1. Mose 7, 11-12

Ein Freund, den ich Herbert nennen möchte, erzählte mir einmal von einer Begegnung beim Kaffee mit einer Person, nennen wir sie Bertha. Aus irgendeinem Grund wurde bei ihrem Gespräch mein Name oder der eines meiner Kinder erwähnt.

„Kennen Sie die Plasses?" fragte Bertha und setzte sich in „Ich-hab'-was-zu-erzählen"-Positur.

Herbert, der kein Christ ist, uns aber sehr gut kennt, sah sich außerstande, der Versuchung zu widerstehen, zu hören, was Bertha sagen würde, und erwiderte vage: „Nun ja – wissen Sie, ich bin ihnen schon hin und wieder begegnet. Warum fragen Sie?"

„Seien Sie bloß vorsichtig", erwiderte Bertha geheimnisvoll. „Lassen Sie sich bloß nicht weiter mit denen ein, als unbedingt notwendig ist."

Herbert fand es faszinierend, jemanden über uns reden zu hören, als wären wir eine Art politische Untergrundbewegung. „Warum sagen Sie das?" fragte er harmlos. „Stimmt mit denen was nicht?"

„Das sind religiöse Fanatiker!" verkündete Bertha dramatisch. „Sie wollen andere Leute in ihr Netz ziehen, für etwas anderes interessieren sie sich nicht."

„Ich wußte gar nicht, daß Sie sie kennen", sagte Herbert.

„Oh, ich habe noch kein Wort mit ihnen gewechselt", sagte Bertha, „aber das ist allgemein bekannt."

Bertha war sich ihrer Fakten nicht ganz sicher, aber ich fand es interessant, daß es „allgemein bekannt" sein sollte, daß wir Fanatiker seien – Spinner, deren Leben sich um etwas drehte, was außerhalb dieser Welt lag. Es wäre mir zwar sehr unangenehm, wenn Leute, die uns wirklich kennen, uns so beschreiben würden, aber es ist wohl unvermeidlich, daß Leute, die vom Nahen einer großen Katastrophe und der Möglichkeit der Rettung davor gehört und daran geglaubt haben, dem Rest der Welt etwas merkwürdig erscheinen. Darum ist das Namens-Christentum so ein Verbrechen. Wahres Christentum mag in mancher Hinsicht bizarr erscheinen, aber zumindest fällt es den Leuten auf, so daß sie sich fragen, warum es so etwas gibt.

Nur wenigen von uns wird abverlangt, daß wir so lächerlich erscheinen, wie Noah wohl erschienen sein muß, aber wir sollten unser geistliches Narrentum ein wenig höher schätzen, als wir es bisher getan haben. Wenn der große Regen des Gerichts kommt, werden wir auf niemanden mehr komisch wirken, und vielleicht wird es uns sogar gelungen sein, rechtzeitig ein paar geistliche Regenschirme zu verteilen.

Gebet

Vater, es ist so schwer, das richtige Gleichgewicht zwischen der Offenheit über unseren Glauben und dem normalen Kontakt zur Welt zu finden. Gib uns Mut und Urteilskraft dazu.

Hiob

„Ja, auf mich hörten alle Leute, sie warteten schweigend auf meinen Rat. Nach mir sprach kein zweiter mehr; meine Worte sogen sie auf. Sie warteten auf mich wie auf den Regen, lechzten nach meinen Worten wie Felder nach den Frühjahrsschauern. Den Mutlosen lächelte ich aufmunternd zu, und mein froher Blick gab ihnen neue Zuversicht."

Hiob 29, 21-24

Hiob ist einer meiner Helden, nicht nur, weil er trotz Armut, Hautkrankheit und äußerst nervigen Freunden an Gott festhielt, sondern einfach, weil er der Mann war, der er war. Der Inhalt dieses Abschnitts, eine Schilderung von Hiob selbst über die Art und Weise, wie sein Rat von anderen aufgenommen wurde, bevor die Geschwüre seinen Körper befielen, ist das Ziel, das ich mit meinem Schreiben und Reden vergeblich anstrebe. Dieser Diener Gottes gab offenbar drei Dinge direkt aus dem Herzen Gottes an alle weiter, die ihm zuhörten.

(Ich fasse es nicht: Ich bin im Begriff, einen Gedanken in drei Punkten auszuführen. Vielleicht sollte ich die anglikanische Kirche verlassen, bevor es noch schlimmer wird.)

Als erstes sagt er, daß man seine Worte „aufsog" – sie taten den Leuten wohl. Gäbe es doch mehr wohltuende Worte in der Gemeinde! Viele Leute, denen ich begegne, sind angeschlagen durch gebrüllte Anschuldigungen und niedergedrückt durch widerhallende Ermahnungen. Jesus konnte sehr hart sein, aber er empfand großes Mitgefühl mit den Leuten. Das tut er noch immer; und darum lassen Sie uns alle in seinem Namen freundlich sein, solange wir nicht ausdrücklich aufgefordert sind, uns auf irgendeine andere Weise zu verhalten.

Das Zweite ist das mit dem Regen und den Frühjahrsschauern. Hiob half seinen Zuhörern, sich innerlich erfrischt und erleichtert zu fühlen. Nachdem sie ihm zugehört hatten, fühlten sie sich ihrem Alltag *besser* gewachsen, nicht schlechter. Verzeihen Sie, wenn ich eine meiner ständigen Litaneien wiederhole, aber der Segen Gottes entmutigt und lähmt mich nicht, sondern er gibt mir das Gefühl, daß ich vielleicht doch noch an mein Ziel gelangen könnte.

Das letzte Stück ist meine Lieblingsstelle. Wenn Hiob sie anlächelte, dann konnten sie es kaum glauben. Ich habe keine Worte für das schiere Entzücken, das ich bei den wenigen (allzu wenigen) Gelegenheiten empfunden habe, bei denen ich mit ansehen konnte, wie in einem verängstigten Gesicht plötzlich das Bewußtsein aufleuchtete, daß Gott sein nervöses, von Schuldgefühlen geplagtes Kind tatsächlich *anlächelte*. Sie können es kaum glauben! Gott ist nett! Warum hat ihnen das noch nie jemand gesagt?

Gebet

Vater, hilf unseren freundlichen Worten, denen unter deinen Kindern, die es nötig haben, die Erfrischung deines Lächelns zu bringen.

Adam und Eva

Dann wandte Gott sich zur Frau: „Du wirst viel Mühe haben in der Schwangerschaft. Unter Schmerzen wirst du deine Kinder zur Welt bringen. Du wirst dich nach deinem Mann sehnen, aber er wird dein Herr sein!" Zu Adam sagte er: „Deiner Frau zuliebe hast du mein Verbot mißachtet. Deshalb soll der Ackerboden verflucht sein! Dein ganzes Leben lang wirst du dich abmühen, um dich von seinem Ertrag zu ernähren. Du bist auf ihn angewiesen, um etwas zu essen zu haben, aber er wird immer wieder mit Dornen und Disteln übersät sein. Du wirst dir dein Brot mit Schweiß verdienen müssen, bis du stirbst. Dann wirst du zum Erdboden zurückkehren, von dem ich dich genommen habe. Denn du bist Staub von der Erde, und zu Staub mußt du wieder werden!"

1. Mose 3, 16-19

Ich bin mir nicht sicher, ob es legitim ist, Mitleid mit Adam und Eva zu haben, aber ich habe es immer gehabt. Stellen Sie sich vor, Sie und Ihr Ehepartner müßten mit dem Wissen leben, ganz und gar verantwortlich zu sein für jedes einzelne Problem, das in der ganzen Weltgeschichte auf jedem einzelnen der zahllosen Milliarden von Menschen lasten wird. Sehen Sie die beiden nicht förmlich vor sich, wie sie mit ihren Feigenblättern gleich hinter den Himmelstoren stehen und jeden Neuankömmling mit einer Entschuldigung und vielleicht mit einem Apfel begrüßen?

„Tut uns leid", sagen sie, während die Schlange der Heiligen sich langsam an ihnen vorbeischiebt, „es tut uns wirklich *sehr*, sehr leid. Ja, ha, ha, ganz richtig – Adam und Eva, das sind wir. Ja, ja, wir haben da schon ein bißchen Durcheinander angestellt – nun ja, nicht ein *bißchen* Durcheinander, eher ein totales Durcheinander. Aber am Ende ist ja alles doch noch gut geworden, nicht wahr? Na ja, jedenfalls für Sie. Nicht unser Verdienst, völlig richtig – wie gesagt, tut uns leid, wir sehen uns später noch. Guten Morgen! Ich bin Adam, und dies ist meine Frau Eva – wie bitte? Äh, nein, keineswegs, wir sind keine mythischen Schuldsymbole. Schön wär's! Wäre uns selbst lieber, wenn wir nie existiert hätten, um ganz ehrlich zu sein. Beide Weltkriege und jeder eingewachsene Zehennagel, den es je gab – alles unsere Schuld, fürchte ich. Tut uns furchtbar leid. Möchten Sie einen Apfel? Nein? Na ja, kann ich Ihnen nicht verdenken ... Guten Morgen! Dies ist Eva, und ich bin Adam – verantwortlich für den Sündenfall, ganz richtig – genau ins Schwarze! Nun, eigentlich wir beide – Sie werden ja die Schuld nicht aufteilen wollen, oder? Bitte? Sie hatten eine harte Zeit mit Ihrem dritten Kind? Wirklich, das tut uns ganz furchtbar leid ..."

Ob wir uns nun der Ansicht anschließen, daß es wirklich einen Adam und eine Eva gab, die sich mit einem wirklichen Apfel schuldig machten, nachdem sie von einer wirklichen Schlange versucht worden waren, oder nicht – wir täten gut daran, uns auf unseren eigenen wirklichen Beitrag zum gefallenen Zustand dieser Welt zu konzentrieren. Es gibt nur einen offiziellen Sündenbock, und von dem bin ich ganz sicher, daß es ihn wirklich gab. Geben wir zu, daß in jedem von uns ein apfelkauender Schurke steckt, und danken wir Gott für Jesus, den neuen Adam.

Gebet

Danke für Jesus, der für uns alles in Ordnung gebracht hat.

Uria, der Hetiter

Uria antwortete: „Die Bundeslade steht nur in einem Zelt, und auch die Soldaten Israels und Judas müssen mit Zelten auskommen. Selbst der Heerführer Joab und seine Offiziere übernachten auf dem offenem Feld am Boden. Und da sollte ich nach Hause gehen, essen, trinken und mit meiner Frau schlafen? So wahr du, mein Herr, lebst: Niemals könnte ich so etwas tun!"

2. Samuel 11, 11

Es gibt Erinnerungen, denen wir um jeden Preis entfliehen möchten, nicht wahr? Bei mir selbst sind das hauptsächlich Erinnerungen an Vorfälle, bei denen eines meiner Kinder plötzlich durch irgend etwas verletzt oder zutiefst aus der Fassung gebracht wurde, und besonders dann, wenn diese Verletzung eine Aushöhlung ihrer von Natur aus optimistischen Weltsicht mit sich brachte. Ich hasse das. Wenn diese Erinnerungen aufsteigen, besonders spät in der Nacht, dann sinkt mir das Herz, und ich bete, daß bald irgendeine fröhliche Ablenkung mir das Herz erleuchtet.

Andere Erinnerungen dagegen haben mit meinem eigenen Fehlverhalten zu tun. Auch wenn Gott mir gewisse Sünden schon vor langer Zeit vergeben hat, macht es mich immer noch innerlich ganz krank, wenn ich aus irgendeinem Grund gezwungen bin, mir jene dunklen Dinge vor Augen zu stellen.

Ich bin ziemlich sicher, daß die Erinnerung an Urias Begeisterung und Loyalität David für den Rest seines Lebens verfolgte. Er ermordete diesen guten Mann, um seinen eigenen Ehebruch zu vertuschen. Das ist das Schlimme an Sünden, die von großherzigen Leuten begangen werden. Solche Leute stürzen sich in ihre Untaten mit derselben Hingabe, die sich auch in ihren großzügigen, guten Taten zeigt. Schicht um Schicht wird der Betrug aufgetragen, bis nur noch eine Explosion des bösen oder ein unglaublich tapferer Offenbarungsakt die Situation verändern können. David brachte es fertig (wie, ist ein Rätsel, wo er Gott doch so gut kannte) sich selbst weiszumachen, er könnte mit einer Sünde der schlimmsten Sorte davonkommen, nur weil es ihm gelungen war, seine Verbrechen vor den Menschen zu verheimlichen. Am Ende mußte er sich natürlich Gott stellen, der ihn durch den Propheten Nathan zur Rechenschaft zog, und obwohl er Vergebung erlangte, waren die Konsequenzen seiner Sünde entsetzlich. Mir fällt es äußerst schwer, von Davids inneren Qualen über seinen Sohn Absalom zu lesen.

Bitte, wenn Sie dabei sind, ein Unrecht zu tun, das früher oder später unweigerlich Menschen, die Ihnen nahestehen, oder den Gott, der Sie mehr liebt, als Sie sich vorstellen können, verletzen muß, dann *tun* Sie jetzt etwas dagegen. Wählen Sie die tapfere Möglichkeit statt der bösen. Das ist leicht gesagt, ich weiß, aber wir werden jetzt mit Ihnen beten.

Gebet

Vater, manche der Leute, die diese Zeilen heute lesen, sind dabei, sich eine Menge Schwierigkeiten einzuhandeln. Endlose Reue liegt vor ihnen. Bitte gib ihnen den Mut, sich aus der Dunkelheit heraus ins Licht zu kämpfen. Es wird sehr hart sein, aber du wirst bei ihnen sein, und auch wir stehen im Geist hinter ihnen. Danke, Vater.

Jona

Gott sah, daß die Menschen von ihren falschen Wegen umkehrten. Da ließ er das angedrohte Unheil nicht über sie hereinbrechen. – Jona aber ärgerte sich sehr darüber, voller Zorn betete er: „Ach Herr, habe ich das nicht gleich geahnt, als ich noch zu Hause war? Darum wollte ich ja auch so rasch wie möglich nach Tarsis fliehen! Ich wußte es doch: Du bist ein gnädiger und barmherziger Gott. Deine Geduld ist groß, deine Liebe kennt kein Ende. Du läßt dich umstimmen und strafst dann doch nicht. Herr, laß mich sterben, das ist besser als weiterzuleben!"

Jona 3, 10 – 4, 1-3

Unter allen Gestalten des Alten Testaments ist Jona derjenige, mit dem ich mich am liebsten einmal wöchentlich in der Kneipe treffen würde. Ich weiß einfach, daß unser Gespräch über Gott, das Universum und den ganzen Rest so harmonisch verlaufen würde, wie es sich in dieser gefallenen Welt nur denken läßt. Gott war im Leben dieses Propheten wider Willen eine ebenso klare Realität wie ein Laib Brot. Nur der, der wirklich glaubt, wird es je für nötig halten, vor dem, an den er glaubt, davonzulaufen, denn er weiß nur zu gut, was er von ihm in einer gegebenen Situation zu erwarten hat. Und daß er sich wie ein Fünfjähriger in die Schmollecke zurückzog, nur weil *diese blöden Leute in Ninive nicht abgemurkst wurden* – nun, was für ein stärkeres Zeichen des Glaubens könnte es geben? Jona *wußte*, daß Gott da war.

Der Grund, warum ich dies erwähne, ist, daß mir in letzter Zeit sehr bewußt geworden ist, auf welch unterschiedliche Weise Leute über Gott reden, je nachdem, wo sie gerade sind und wer ihnen gerade zuhört. Bei mir ist es sicher nicht anders. In öffentlichen Versammlungen oder Gottesdiensten neigen die meisten von uns dazu, in bestimmten, wohlformulierten Worten und im Brustton der Überzeugung von unserem Glauben zu sprechen, so als wäre der Zweifel eine Krankheit, an der nur ganz wenige Christen litten. Im privaten Bereich dagegen geht man oft auffällig anders an solche Dinge heran, so daß der Eindruck entsteht, daß die öffentlichen Glaubensäußerungen vielleicht eher optimistisch und zweckdienlich als wahrheitsgemäß waren.

Da kann es ein ganz schöner Schock sein, wenn man sich mit jemanden auf ein Gläschen an den Tisch setzt und entdecken muß, daß die Tiefe seiner Hingabe an Gott im privaten Gespräch ebenso deutlich hervortritt wie in einer formellen Situation. Ich finde es großartig, wenn das passiert, aber es passiert nicht sehr oft. Nur wenige Leute sind so eng mit der Person des Vaters verbunden, wie Jona es war, sei es auf positive oder negative Weise.

Leider ist ein solches Bewußtsein nicht so populär, wie man denken könnte. Diese Art von echtem Glauben, die den ganzen Berg erkundet hat, ist eine enorme Herausforderung für jene, die sich schon halb damit abgefunden haben, ihr Leben lang auf den flachen Ausläufern herumzukraxeln. Doch gerade diese Leute, die im selben Atemzug von Gott und den Gemüsepreisen reden, die sind es, die in dieser Generation vonnöten sind.

Gebet

Gib uns mehr Propheten wie Jona, Herr, Leute, die dich kennen und mit dir streiten und für dich sprechen.

Haggai

Im Auftrag des Herrn sollte Haggai verkünden: „So spricht der Herr, der allmächtige Gott: Dieses Volk behauptet, die Zeit sei noch nicht gekommen, den Tempel des Herrn wieder aufzubauen. Aber warum ist es für euch selbst an der Zeit, in Häusern mit getäfelten Wänden zu wohnen, während mein Haus noch in Trümmern liegt? Ich, der Herr, der allmächtige Gott, fordere euch auf: Denkt doch einmal darüber nach, wie es euch geht! Ihr habt viel Saat ausgesät, aber wenig geerntet. Ihr eßt und werdet nicht satt, ihr trinkt und bleibt durstig. Was ihr anzieht, wärmt euch nicht, und das sauer verdiente Geld rinnt euch nur so durch die Finger. Darum sage ich, der Herr, der allmächtige Gott: Begreift doch endlich, warum es euch so schlecht geht! Geht ins Gebirge, schafft Holz herbei, und baut den Tempel wieder auf! Das gefällt mir, so ehrt ihr mich, den Herrn."

Haggai 1, 3-8

Wenn ich in den Himmel komme, werde ich unter den vielen Wohnungen auf die Suche gehen, bis ich die gefunden habe, über deren Tür der Name Haggais steht. Dann werde ich an die Tür klopfen, und wenn Haggai öffnet, werde ich ihm meine Bibel entgegenhalten und ihn bitten, sein Buch für mich zu signieren. Diese Zusammenfassung der Probleme, vor denen eine Gesellschaft steht, die Gott nicht an die erste Stelle setzt, ist ein absolutes Meisterwerk. Wieviel wir auch haben oder bekommen, am Ende ist es nichts wert ohne den, der gibt.

Heutzutage geben wir uns große Mühe, dieser Tatsache auszuweichen, doch Gott hat einen alten, erfahrenen Assistenten in diesem Arbeitsbereich, und der Name dieses Assistenten ist Tod. Bei Leuten wie mir läuft der Prozeß folgendermaßen ab: Eine Kette von Sorgen, Bedürfnissen und Anliegen belegt die meiste Zeit über den größten Teil unserer Aufmerksamkeit. Wir arbeiten hart daran, diese Kette zu verkürzen, nicht zuletzt deswegen, weil es tatsächlich möglich ist, einige der Dinge in den Griff zu bekommen. Geldmangel zum Beispiel kann ein echtes Problem sein, aber mit harter Arbeit und einem bißchen Glück ist es *möglich*, dieses Problem zu lösen, zumindest soweit, daß es erträglich wird. Das nächste Glied in der Kette ist vielleicht unser Scheitern daran, eine Frau oder einen Mann oder vielleicht auch nur einen guten Freund zu finden. Beziehungen können knifflig sein, aber wenn wir die richtigen Orte aufsuchen und echtes Interesse an anderen zeigen – wer weiß?

Zwei erledigt, bleiben noch fünfundachtzig. Nur wenigen von uns gelingt es je, sich bis zum Ende der Kette durchzuarbeiten, denn viele dieser Schwierigkeiten und Herausforderungen sind unglaublich schwer, vielleicht sogar unmöglich zu bewältigen, und wenn sie doch verschwinden, treten schon bald neue an ihre Stelle. Manchmal jedoch – nur manchmal – kommen wir an den Punkt, an dem wir durch irgendein Wunder tatsächlich den allerletzten Punkt auf der Liste vor uns haben. Still und zuversichtlich wartet der Tod, das Problem, das nicht zu lösen ist – wenn nicht der lebendige Gott in uns wohnt.

Gebet

Vater, hilf uns, daß wir zuallererst danach streben, in unserem Herzen ein Haus für dich zu bauen.

Jeftah

Zuvor legte er vor dem Herrn ein Gelübde ab: „Wenn ich die Ammoniter mit deiner Hilfe besiege und heil zurückkehre, dann soll dir gehören, was mir bei meiner Ankunft als erstes von daheim entgegenkommt. Ich will es dir opfern." – Dann kehrte Jeftah nach Mizpa zurück. Als er sich seinem Haus näherte, kam seine Tochter heraus. Sie schlug das Tamburin und lief ihm tanzend entgegen. Sie war sein einziges Kind, er hatte sonst keine Tochter und keinen Sohn. Als er sie sah, zerriß er entsetzt sein Gewand und rief: „Meine Tochter, du brichst mir das Herz! Ausgerechnet du stürzt mich ins Unglück! Ich habe vor dem Herrn ein Gelübde abgelegt – es gibt kein Zurück!"

Richter 11, 30-31. 34-35

Diese selten erzählte Geschichte bildet einen bizarren Kontrast zur Geschichte von Abraham und Isaak, nicht wahr? Was für eine entsetzliche Situation! Je mehr man darüber nachdenkt, desto schlimmer wird es. Mir fällt dazu nichts ein, außer eine Reihe naheliegender Fragen zu stellen.

Erstens – warum mußte Jeftah sein großes Maul aufreißen und voreilige Versprechungen machen, wo er das doch gar nicht nötig hatte? Was war mit ihm los? Es war ja nicht so, als hätte Gott ihn dazu aufgefordert. Wilde Schwüre sind gefährlich, um es vorsichtig auszudrücken.

Zweitens, was dachte er eigentlich, was ihm entgegenkommen würde, wenn er im Triumph nach Hause zurückkehrte – ein Ohrwurm?

Oder rechnete er vielleicht damit, daß irgendein entbehrlicheres Mitglied des Haushaltes sich zeigen würde? Hätte er mich gefragt (zugegeben, ich war ja damals nicht dabei), so hätte ich ihm sagen können, daß es immer die Töchter sind, die ihren Vätern entgegenlaufen, wenn sie von der Arbeit kommen. Er hatte einfach nicht nachgedacht, oder?

Drittens, warum brach er nicht seinen Schwur und trug die Konsequenzen wie ein Mann? Ich denke nicht, daß er wissen konnte, worin diese Konsequenzen bestehen würden, aber wenn er seine Tochter so sehr liebte, wie er sich den Anschein gab, hätte er sich ja entschließen können, es herauszufinden. Statt dessen brachte er sie um!

Und nicht zuletzt, warum sagte Gott nicht zu ihm: „Hör mal, Jeftah, alter Junge, vergessen wir diesen albernen Schwur, den du neulich abgelegt hast, und feiern wir einfach deinen Sieg über die Ammoniter. Ich will nicht, daß du mir deine Tochter als Brandopfer darbringst – für was für eine Sorte Gott hältst du mich denn, meine Güte?"

Das sind meine Fragen, und ich weiß, die Antworten liegen irgendwo im Bereich der fortschreitenden Offenbarung des Wesens Gottes (habe ich das richtig formuliert?), aber – was für eine Geschichte!

Gebet

Vater, hilf uns, den Mund zu halten, wenn wir übermäßig erregt sind, und die Dinge zu durchdenken, bevor wir eine Entscheidung treffen, und immer weiter nach der Wahrheit zu suchen, wer und was du wirklich bist.

Simson

Delila ließ Simson in ihrem Schoß einschlafen. Dann winkte sie einen Mann herbei und schnitt Simsons sieben Haarflechten ab. Während sie es tat, verlor er seine Kraft. „Simson“, rief sie dann, „die Philister sind da!“ Er wachte auf und meinte, er könne sich wieder befreien und losreißen. Er wußte nicht, daß der Herr sich von ihm abgewandt hatte. Die Philister packten Simson und stachen ihm die Augen aus. Dann brachten sie ihn nach Gaza, legten bronzene Ketten um seine Arme und Beine und warfen ihn ins Gefängnis. Dort mußte er die Kornmühle drehen. Allmählich begann sein Haar wieder zu wachsen.

Richter 16, 19-22

Zum Glück ist die Bibel voller guter Nachrichten für Leute, die versagt haben. Ich war nie so mächtig, stark oder clever wie Simson, aber eins habe ich mit ihm gemeinsam: die Erfahrung, nachzugeben, wenn der Druck unerträglich wird. Das gilt an der Arbeit, zu Hause oder in jeder Situation, in der beständige Sorgfalt und Aufmerksamkeit nötig sind, um „die Sache richtigzumachen“.

Es kann so entmutigend sein. Ich habe schon vor vielen Jahren das Rauchen aufgegeben (früher habe ich sechzig Zigaretten am Tag geraucht und jede einzelne davon genossen), aber ich erinnere mich noch gut an meine Versuche, damit aufzuhören, die ich mit Ende zwanzig, Anfang dreißig unternahm. Irgendwie war ich auf den Gedanken verfallen, daß Gott mich „kriegen“ würde, wenn ich nicht mit dem Rauchen aufhörte, und so machte ich mir ständig Sorgen darum. Manchmal gelang es mir, eine Woche, einen Monat oder gar zwei Monate durchzuhalten, doch dann wurde der Druck unerträglich, besonders dann, wenn irgendeine andere Sorge sich in den Vordergrund geschoben hatte, und ich wurde rückfällig und fühlte mich wie ein elender Versager. In jener Zeit hatte ich von Gott noch so gut wie nichts kapiert, so daß ich mir jedesmal ziemlich sicher war, zumindest mein Heil verloren zu haben. Warum sollte er sich mit jemandem abgeben, der sich vom Feind hatte kleinkriegen lassen?

Doch nach jeder dieser Niederlagen, und es waren viele, fing sozusagen mein Haar wieder an zu wachsen, wie das von Simson. Eine Art göttlicher natürlicher Heilungsprozeß stellte sowohl meinen Glauben, daß ich in Gottes Augen etwas wert war, als auch meinen Wunsch, ihm zu gefallen, wieder her, und am Ende gab ich das Rauchen tatsächlich auf, wenn es auch etwa sechs Monate lang die reinste Qual war.

Denken Sie übrigens bitte nicht, daß ich Sie zu etwas drängen will, falls Sie Raucher sind. Gott geht mit jedem von uns anders um, und bei mir war es so, daß ich, wenn die Leute auf mich einredeten, ich solle aufhören, eigentlich nur eines wollte – abhauen und eine rauchen!

Gebet

Vater, manchmal geben wir unter Druck nach, und dann haben wir das Gefühl, als könnten wir dir nie wieder so nahe sein wie bisher. Stelle unser Vertrauen zu dir wieder her, Herr, und hilf uns, dir in Zukunft nahe zu bleiben.

Daniel

Nebukadnezar wandte sich an Daniel, der Beltschazar genannt wurde: „Kannst du mir denn wirklich sagen, was ich im Traum gesehen habe und was es bedeutet?" – „Als du auf deinem Bett lagst, warst du in Gedanken versunken. Dich beschäftigte, was in der Zeit nach deiner Herrschaft kommen würde. Und der Gott, der Geheimnisse enthüllt, hat dich in die Zukunft schauen lassen. Wenn ich dir nun den Traum erzählen kann, dann nicht, weil ich klüger wäre als andere Menschen. Nein, Gott hat es mir offenbart, damit du, mein König, eine Antwort auf das bekommst, was dich so beunruhigt."

Daniel 2, 26. 29-30

Falls Sie es noch nicht getan haben, lesen Sie einmal das ganze Buch Daniel durch wie einen Roman. Es ist eine großartige Erzählung (nein, das soll nicht heißen, daß es nicht wirklich so geschehen wäre; nur daß es sich sehr gut liest) und zeichnet ein überaus klares Bild davon, wie Gott durch ein Menschenleben wirkt, das ganz ihm unterstellt ist. Das Beeindruckende an Daniel in all seinen Begegnungen mit den babylonischen Königen ist seine Weigerung, aus den Situationen, in denen Gott ihm besondere Erkenntnisse verlieh oder besonderen Schutz angedeihen ließ, auch nur das kleinste Stückchen Ehre für sich persönlich einzuheimsen. Auch in diesem Abschnitt ist er bestrebt, deutlich zu machen, daß es Gott ist, nicht er selbst, der letzten Endes die Geheimnisse offenbart, und daß es nicht irgendeine besondere Weisheit seiner selbst ist, die ihn dazu bevollmächtigt, die Weisheit Gottes weiterzusagen. Die beständige Reinheit der Motive Daniels und seiner drei berühmten Freunde machte ihn sehr stark. Niemand kann dem wichtigsten Teil eines Menschen Schaden zufügen, dessen erste Priorität es ist, Gott zu dienen.

In unseren heutigen Gemeindeleitungen könnten wir auch ein paar Daniels gebrauchen. Wenn einer im geistlichen Dienst steht, ist es so leicht, sich selbst ein wenig in ein schmeichelhaftes Licht zu stellen, anstatt einfach weiterzugeben, was immer Gott ihm aufgetragen hat. Das Bedauerliche daran ist, daß durch unnötig dramatische und bizarre Rollenspiele von Leuten, die Macht über andere haben, die herrliche Klarheit und Vernunft Gottes in den Augen von Christen und Nichtchristen gleichermaßen verschleiert werden kann. Ich hoffe und bete, daß die Gemeinde Jesu in diesem Land in eine neue Phase eintritt, in der Gottes Reden und Wirken deutlicher und eindrucksvoller zu sehen sein wird als je zuvor. Und ich hoffe nur, daß wir uns, wenn das geschieht, wie Daniel verhalten und Gott nicht im Weg stehen werden.

Gedanke

Wenn die Zeit kommt, den Löwen gegenüberzutreten, ist Beziehung mehr wert als Religion.

Josua

In der Nähe von Jericho sah Josua sich plötzlich einem Mann mit gezücktem Schwert gegenüber. Josua ging auf ihn zu und rief: „Gehörst du zu uns oder unseren Feinden?“ „Zu keinem von beiden“, erklärte der Fremde, „ich bin hier als Befehlshaber über das Heer Gottes.“ Da warf sich Josua vor ihm zu Boden und betete ihn an. „Ich gehorche dir, Herr!“ sagte er. „Was befiehlst du?“ „Zieh deine Schuhe aus“, antwortete der Befehlshaber über das Heer Gottes, „denn du stehst auf heiligem Boden.“ Josua gehorchte.

Josua 5, 13-15

Dreißig Tage nach dem Tod des Mose wurde Josua, der neue Führer der Israeliten, mit dem Geist der Weisheit erfüllt, und das war auch gut so, denn er würde ihn brauchen. Jedenfalls muß er eine Menge von seinem alten Meister gelernt haben, den der Verfasser des 5. Buches Mose als den größten Propheten bezeichnet, den Israel je kannte. Insbesondere wird er vielleicht gelernt haben, wie töricht es ist, Gott in die Karten gucken zu wollen. Und hier ist ein weiteres gutes Beispiel dafür.

Nur gut, daß er nicht voll Blutdurst auf diesen bewaffneten Mann zustürmte und versuchte, ihn in Stücke zu schlagen. Hätte ja sein können, nicht wahr? Nachdem die Schande Ägyptens von Israel genommen war und sich das Volk nun schon ein Jahr lang von den Erzeugnissen Kanaans ernährte statt von dem Manna in der Wüste, muß sich Josua ziemlich unangreifbar gefühlt haben. Und was für eine interessante Antwort ihm der Befehlshaber über das Heer Gottes auf seine Frage gab. Warum sagte er „zu keinem von beiden“? Warum sagte er nicht: „Ich gehöre natürlich zu euch“?

Vielleicht brauchte Josua eine kleine Erinnerung daran, wer eigentlich das Zepter in der Hand hielt. Vielleicht hätte er besser fragen sollen: „Gehörst du zum Herrn oder zu seinen Feinden?“ Vielleicht war es wichtig, daß er sich wie Mose auf heiligem Boden demütigte, zumal die extravaganten Ereignisse von Jericho unmittelbar bevorstanden.

Wie leicht lassen wir uns von der Begeisterung hinreißen, etwas für Gott tun zu können. Aber wehe uns, wenn wir den Kontakt zu den Wurzeln unserer Begeisterung verlieren und die Welt in Leute, die für *uns* sind, und Leute, die gegen *uns* sind, unterteilen. Wir haben unser eigenes Leben nicht in der Hand, und wenn wir herumlaufen und unsere eigenen Jerichos angreifen, ohne uns dem wirklichen Befehlshaber unterzuordnen, werden die Mauern wohl kaum einstürzen.

Gebet

Begegne uns auf heiligem Boden, Herr, und erinnere uns daran, daß du das Zepter in der Hand hältst.

Zefanja

So spricht der Herr: „Ich bringe alle nach Hause, die traurig sind, weil sie in der Fremde leben müssen und die großen Feste in Jerusalem nicht mitfeiern können. Was für eine Schande ist das für sie! Doch wenn die Zeit reif ist, werde ich mit euren Unterdrückern abrechnen! Ich bringe dich, mein vertriebenes Volk, nach Hause, auch diejenigen, die nicht mehr richtig gehen können. Gerade in den Ländern, in denen ihr jetzt noch gedemütigt werdet, wird man euch achten und euch rühmen. Ja, in jener Zeit werde ich euch sammeln und in euer Land zurückbringen. Ich wende euer Schicksal zum Guten und verschaffe euch hohes Ansehen bei allen Völkern der Erde. Das verspreche ich, der Herr!"

Zefanja 3, 18-20

Ich dachte früher immer, ich wäre der einzige in England, der jemals das Buch Zefanja gelesen hätte, aber es muß wohl doch noch ein paar andere geben, oder?

Dieser Abschnitt hat für mich eine große Bedeutung, und ich hoffe wirklich, daß er auch Ihnen eine Hilfe ist. Er wurde mir besonders wichtig, als ich eine Streßerkrankung durchmachte (ja, genau – dieselbe alte Streßerkrankung, von der ich dauernd am Faseln bin). Ich war so ziemlich am absoluten Tiefpunkt angekommen und konnte mir wirklich nicht vorstellen, wie ich jemals wieder geistliche, emotionale oder finanzielle Stabilität erreichen sollte. Ich hatte mich aus der Arbeit, der Gemeinde und dem Engagement in der Familie in solchem Maße abgeseilt, daß ich den Problemen, vor denen ich stand, nicht einmal ins Gesicht sehen konnte.

Gott benutzte eine Reihe von Mitteln, um mich aus diesem Zustand herauszuhieven, unter anderem Freunde, meine Familie und einige konkrete Erlebnisse seiner Nähe, doch dieser kurze Abschnitt des guten alten Zef, wenn ich ihn mal so nennen darf, war ein kleiner, aber entscheidender Impuls für meine allmähliche

Rückkehr zum normalen Wahnsinn. Fragen Sie mich nicht, warum manche Bibelverse einem so ins Auge springen – ich habe keine Ahnung, wie der Heilige Geist das macht. Was ich weiß, ist, daß die Barmherzigkeit und Liebe, die aus diesen Verheißungen Gottes an sein Volk spricht, zu Verheißungen von ihm an mich wurden, wie Eintrittskarten für ein Liverpool-Manchester-Match, säuberlich verstaut in meiner Innentasche. Besonders lieb wurde mir der letzte Satz. Ich spürte förmlich, wie Gott sich über seine Pläne freute, durch ein Wunder mein Schicksal zum Guten zu wenden.

Ich hoffe sehr, daß diejenigen unter Ihnen, die in derselben Lage sind, wie ich es damals war, diese Freude auch spüren können und diese Verheißungen sorgfältig in Ihrer Tasche verstauen werden, um sie von Zeit zu Zeit hervorzuholen und ein wenig Kraft daraus zu schöpfen.

Gebet

Vater, danke, daß du uns deine Worte erleuchtest, wenn es nötig ist. Sei bei allen, die am Ende ihrer Kräfte angekommen sind. Tu ein Wunder in ihrem Leben.

Jakob und Esau

Kaum war Jakob weitergezogen, da sah er auch schon Esau, wie er mit vierhundert Mann anrückte. Sofort stellte er seine Kinder zu ihren Müttern. Die beiden Mägde mit ihren Kindern mußten vorangehen, dahinter kam Lea mit ihren und ganz zum Schluß Rahel mit Josef. Er selbst lief an die Spitze des Zuges und verbeugte sich siebenmal, bis sie seinen Bruder erreicht hatten. Der rannte Jakob entgegen, fiel ihm um den Hals und küßte ihn. Beide weinten.

1. Mose 33, 1-4

Diese alttestamentlichen Geschichten sind ungemein eindrucksvoll, nicht wahr? Ich habe gerade den Abschnitt gelesen, der dieser historischen Begegnung vorausgeht, und als dann die beiden Brüder weinten, mußte ich auch weinen. Machen Sie es genauso, und Sie werden sehen, warum mir die Knie ganz weich wurden. Jakob raufte sich die Haare aus vor Sorge, daß Esau immer noch an den miesen Streich denken würde, den sein Bruder ihm gespielt hatte, damals, vor vielen Jahren, als Jakob (der Name bedeutet bekanntlich „Betrüger“) sich den Segen Isaaks erschlich, der eigentlich für Esau bestimmt war. Trotzdem war Jakob sehr tapfer, finden Sie nicht? Er war entschlossen, seinem Bruder gegenüberzutreten, welche Folgen das auch immer haben mochte, und ich denke, das zeigt, wie sehr er sich verändert hatte, seit er damals den etwas schwerfälligen Esau so leicht übertölpelte.

Während der Jahre, die sie getrennt waren, war Jakob einem noch schlaueren Betrüger begegnet, als er selbst einer war – seinem Schwiegervater Laban –, und er hatte mit Gott gerungen und humpelte immer noch davon. Es war nicht mehr derselbe Jakob, und vielleicht hätte ihm klar sein müssen, daß Esau den Groll der Vergangenheit inzwischen auch hinter sich gelassen hatte.

So ist es oft mit der Versöhnung. Unsere Furcht vor Ablehnung oder Konflikt kann uns jahrelang von Leuten fernhalten, die wir einmal geliebt haben und immer noch lieben würden, wenn wir nur sicher wären, daß eine Versöhnung möglich ist. Wenn wir den Sprung dann tatsächlich wagen, erleben oft beide Seiten eine überschwengliche Freude darüber, eine Beziehung wiederzuentdecken, die immer größer und wertvoller war als die Gründe dafür, daß sie zerbrochen ist.

Jakobs Mut (trotz aller Furcht) führte nicht nur dazu, daß die beiden Brüder Frieden schlossen, so wichtig das auch war. Seine Rückkehr in das Land seiner Geburt war ein wesentlicher Schritt in der Geschichte und in den Geschicken dessen, was einst als das Volk Israel bekannt sein würde.

Meine Versöhnung mit Tante Ada wegen der dummen Bemerkung, die sie vor fünfunddreißig Jahren über unseren Billy machte, nachdem sie nach dem Sonntagsbraten einen Sherry zuviel intus hatte, gehört vielleicht nicht in dieselbe Kategorie wie Jakob und Esau, aber wer weiß? Sollen wir es versuchen?

Gebet

Vater, manche von uns stehen vor der Aufgabe, Frieden zu schließen. Eine beängstigende Aussicht. Gib uns Mut und Entschlossenheit, und mach uns klar, daß dies zu deinem Plan für die Zukunft gehört.

Josef

„Kommt doch näher!" sagte Josef. Sie kamen zu ihm heran, und er wiederholte: „Ich bin euer Bruder Josef, den ihr nach Ägypten verkauft habt. Aber ihr braucht euch nicht zu fürchten. Macht euch keine Vorwürfe, daß ihr mich hierher verkauft habt, denn Gott wollte es so! Er hat mich vorausgeschickt, um euch zu retten. Schon seit zwei Jahren hungern die Menschen, und auch in den nächsten fünf Jahren wird man kein Feld bestellen und keine Ernte einbringen können. Gott hat mich euch vorausgesandt, damit ihr mit euren Familien überlebt. Nur so kann ein großes Volk aus euren Nachkommen entstehen. Nicht ihr habt mich hierhergeschickt, sondern Gott! Er hat mir diese hohe Stellung gegeben: Ich bin der Berater des Pharao, und ganz Ägypten hört auf das, was ich sage."

1. Mose 45, 4-8

Dies ist eine der großartigsten Geschichten im Alten Testament, aber glauben Sie, daß Josef das alles richtig verstanden hatte? Ich meine – er war offensichtlich überwältigt darüber, seine Brüder wiederzusehen, aber war es wirklich Gott gewesen, der hinter alledem steckte?

War es Gottes Idee gewesen, Josef in einen Brunnen zu werfen, und hatte er irgendwie insgeheim die Brüder überredet, ihn an Sklavenhändler zu verkaufen, damit Jakob und seine Familie viele Jahre später nicht verhungern müßten? Und was ist mit der Tatsache, daß diese Ereignisse später schließlich dazu führten, daß das Volk Israel von den Ägyptern, die es haßten, unterdrückt wurde? War das die ganze Zeit Gottes Plan gewesen?

Wenn es so war, müßten wir uns dann nicht frei fühlen, zu tun, wonach immer uns der Sinn steht, wie sehr wir anderen auch dadurch schaden mögen, in dem zuversichtlichen Wissen, daß in Wirklichkeit Gott hinter unseren Taten steht und wir deshalb die

Verantwortung ihm zuschieben können? Diese Betrachtungsweise hat vielleicht durchaus ihre Reize.

Vergessen Sie es! So verführerisch diese Sicht des christlichen Lebens auch erscheinen mag – wir haben das Vorrecht, die Worte Jesu, der kam, um uns zu zeigen, wie Gott wirklich ist, gehört und seine Persönlichkeit und Gegenwart gespürt zu haben.

Diese alttestamentlichen Berichte sind auf vielen Ebenen ungemein spannend und zutiefst lehrreich (Jesus selbst zitierte sie oft, um seine eigenen Lehren zu stützen), aber wir tun gut daran, sowohl die inakzeptablen als auch die reizvollen Aspekte dieses Teils unserer Bibel in das Licht des Wissens zu stellen, das wir durch die Offenbarung Gottes in Christus gewonnen haben.

Jesus machte deutlich, daß wir für unsere eigenen Taten verantwortlich sind. Zudem zeigte er uns die Tiefe der Liebe Gottes zu uns, indem er ans Kreuz ging. Und das tat er aus gutem Grund, weil nicht ein einziger von uns in der Lage ist, so zu handeln, daß er der Heiligkeit Gottes gerecht wird.

Die Bibel – die ganze Bibel – ist voll von Gott, doch Jesus *ist* Gott.

Gebet

Vater, wir danken dir für die Leidenschaftlichkeit, die Dramatik, den Humor und die Weisheit des Alten Testaments. Mit manchen der unschönen Stellen haben wir unsere Mühe, aber du hast sie dort haben wollen, und darum danken wir dir auch für sie (im Glauben!). Vor allem danken wir dir für Jesus, der gekommen ist, um dich zu offenbaren und uns zu retten.

Das höchste Unglück ist es,
wenn die Theorie die Leistung übertrifft.
Leonardo da Vinci

THEORIE ODER PRAXIS – REDEN ODER HANDELN?

Ein nervöser Blick auf den Jakobusbrief

Vor einiger Zeit telefonierte ich mit einem Freund. Was ich ihm zu sagen hatte, war ungefähr folgendes: „Weißt du, ich habe Tony in der Vergangenheit jede erdenkliche Chance gegeben. Nein, mehr als das – ich habe wirklich hart an unserer Beziehung gearbeitet, weil ich weiß, wieviel sie ihm bedeutet. Ich habe ihm Dinge zugeschrieben, mit denen er kaum etwas zu tun hatte; ich habe Dinge, die er gesagt oder getan hat, geschluckt, so gut ich konnte, um sie in den Hintergrund zu schieben; ich habe stundenlang mit ihm über Dinge geredet, die ihm Sorgen machten, und habe ihm jedesmal vergeben, wenn er irgendein Durcheinander anrichtet und mich hinterher die Suppe auslöffeln läßt. Und jetzt, nach alledem, höre ich, daß er auf einer öffentlichen Versammlung vor Leuten, deren Wohlwollen wichtig – nein, entscheidend – für meine Zukunft ist, übel über mich hergezogen ist. Darum denke ich jetzt, genug ist genug. Ich kann unsere Freundschaft auf dieser Basis nicht fortsetzen. Ich werde ihn anrufen und ihm sagen, daß es mir persönlich lieber wäre, wenn wir uns künftig aus dem Weg gehen."

Ich wartete darauf, daß mein Freund seufzen und mit der Zunge schnalzen und sagen würde, daß er an meiner Stelle ganz genauso handeln würde. Statt dessen schwieg er ein paar Sekunden lang.

„Tja", sagte die Stimme am anderen Ende der Leitung endlich, „dann vermute ich, daß du eine Weile lang einen großen Bogen um das Neue Testament machen wirst, nicht wahr?"

„Was?"

„Ich sagte, ich vermute, du wirst für eine Weile –"

„Ja, ich habe gehört, was du gesagt hast, aber wie meinst du das?"

„Na ja, ich dachte nur daran, daß Jesus irgend etwas davon sagte, daß wir Leuten siebzigmal siebenmal vergeben sollen. Oder habe ich das falsch in Erinnerung?"

„Nein, wie du sehr wohl weißt, hast du das richtig in Erinnerung, aber das spielt keine Rolle, weil ich Tony bereits sehr viel öfter als vierhundertneunzigmal vergeben habe. Er hatte seine Ration, und jetzt mache ich Schluß!"

Wieder Schweigen.

Manchmal ist Schweigen nicht Gold, sondern ausgesprochen ärgerlich.

„Na schön", gab ich zu, „war nur ein Scherz. Ich weiß, es bedeutet, daß es für Vergebung keine Grenze geben sollte, aber ich habe einfach genug. Was ihn betrifft, ist mir die Nächstenliebe ausgegangen. Dabei habe ich mir alle Mühe gegeben. Meinst du nicht, daß irgendwann ein Punkt kommt, wo man einfach – getrennte Wege gehen muß?"

„Willst du denn nicht, daß dir selber vergeben wird?" fragte mein künftiger Ex-Freund.

„Wie bitte?"

„Nun ja, ich dachte gerade an die Stelle im Vaterunser, wo es heißt, daß Gott unsere Sünden vergibt, solange wir auch anderen vergeben, und dann ist da auch dieses Gleichnis, nicht wahr, wo dem Diener seine Schulden erlassen werden, er dann aber seinerseits einem anderen seine Schulden nicht erläßt und schließlich im Gefängnis landet. Und dann sagte Jesus doch auch noch –"

„Jaja, schon gut, du brauchst nicht die ganze Bibel mit mir durchzuarbeiten. Ich denke, ich habe schon verstanden. Du willst mir nicht den Gefallen tun, mein Spielchen mitzuspielen, und du findest, ich sollte Tony vergeben und von vorn anfangen, stimmt's?"

„Tut mir leid, es ist nur, daß ich dachte, du wärst Christ. Muß ich wohl falsch verstanden haben – oder?"

„Meinst du nicht, daß Sarkasmus auch eine Sünde sein könnte?"

„Doch, wahrscheinlich, aber ich weiß ja, daß du mir vergeben wirst ..."

Der Jakobusbrief handelt hauptsächlich von der Tatsache, daß das Christentum nicht nur ein abstraktes Gedankengebäude ist, sondern eine Beziehung, die, wenn sie echt ist, Werke hervorbringen wird, in denen sich die Lehren und Einstellungen Jesu widerspiegeln. Wir westlichen Christen neigen dazu, uns so sehr in Theorie und Theologie und einer Art akademischen Geistlichkeit zu verlieren, daß wir ganz vergessen, wie sehr dem Heiligen Geist daran liegt, ganz praktisch durch uns für andere zu sorgen. In dem Gleichnis Jesu von den zwei Söhnen, die von ihrem Vater gebeten werden, etwas für ihn zu tun, ist es, wenn Sie so wollen, derjenige mit der unzulänglichen Theologie, der gehorsam ist, während der andere, der alle richtigen Antworten parat hat, nichts tut.

Natürlich kann es sehr schwierig sein, so zu sein, wie Jesus uns haben will, anstatt nur darüber zu reden. Alles in mir sagte, daß es mein gutes Recht war, Tony die kalte Schulter zu zeigen, doch wie mein Freund mir deutlich machte (und wie ich ihm bei der ersten sich bietenden Gelegenheit deutlich machen werde, wenn *ihm* eine Sünde unterläuft und er ein wenig Seelsorge von *mir* braucht), sind unsere persönlichen Rechte im Willen Gottes aufgegangen, und das bedeutet, daß wir das Richtige tun sollen, *auch wenn es weh tut.*

Meine Frau lernte diese Lektion vor ein paar Monaten auf die schmerzhafte Art. Eines Morgens wollte sie sich gerade voller Vorfreude auf den Weg machen, um ihre Eltern zu besuchen, als eine ältere Freundin anrief und fragte, ob es Bridget wohl möglich wäre, sie nach Brighton ins Krankenhaus zu fahren, da sie Angst davor hatte, den Weg allein zu machen. Bridget rechnete sich aus, daß sie, wenn sie geradewegs zum Krankenhaus und gleich wieder zurück fuhr, es immer noch gerade so schaffen konnte, zur geplanten Zeit bei ihren Eltern zu sein. Aber natürlich kam es nicht so. Es kommt nie so, nicht wahr? Die ältere Freundin konnte nicht einfach vor dem Krankenhaus abgesetzt werden. Sie mußte in die Station begleitet und ermutigt und beruhigt werden, und was Leute sonst noch so alles brauchen, wenn sie verängstigt und in einer unvertrauten Umgebung sind. Als Bridget endlich wieder nach Hause kam, liefen ihr die Tränen der Frustration übers Gesicht, weil es so spät geworden war und schon dunkel sein würde, wenn sie endlich nach Norwich kam.

Ich bin ziemlich sicher, daß Jesus mit allen drei Hauptfiguren in diesem kleinen Drama großes Mitgefühl hatte (ich meine mich zu erinnern, daß er selbst einmal seine Mutter warten ließ), aber ich glaube auch, daß es seine Idee war, daß Bridget nach Brighton fahren sollte.

Der Jakobusbrief ist eine enorme Herausforderung, und er verbindet Pythonesken Humor mit einer stellenweise fast Basil-Fawlty-ähnlichen Rhetorik (versuchen Sie einmal, die Verse dreizehn bis fünfzehn des fünften Kapitels im Fawlty-Tonfall zu lesen). Die zentrale Aussage, daß Werke ein natürliches Nebenprodukt des Glaubens sind, ist vermutlich diejenige, die die moderne Gemeinde am allernötigsten hat.

Gebet

Vater, hilf uns, uns der Herausforderung zu stellen, nicht nur zu glauben, sondern auch zu „tun". Amen.

Lauter Freude

Liebe Brüder! Ihr braucht nicht zu verzweifeln, wenn euer Glaube immer wieder hart auf die Probe gestellt wird. Im Gegenteil: Freut euch darüber! Denn durch solche Bewährungsproben wird euer Glaube fest und unerschütterlich. Bis zuletzt sollt ihr so unerschütterlich festbleiben, damit ihr in jeder Beziehung zur vollen geistlichen Reife gelangt und niemand euch etwas vorwerfen kann oder etwas an euch zu bemängeln hat. Falls jemand von euch nicht weiß, was der Wille Gottes in einer bestimmten Sache ist, soll er um Weisheit bitten. Ihr wißt doch, wie reich Gott jeden beschenkt und wie gern er allen hilft. Also wird er auch euer Gebet erhören. Betet aber in großer Zuversicht, und zweifelt nicht; denn wer zweifelt, gleicht den Wellen im Meer, die vom Sturm hin- und hergetrieben werden. Ein solcher Mensch kann nicht erwarten, daß Gott ihm etwas gibt. In allem, was er tut, ist er unbeständig und hin- und hergerissen.

Jakobus 1, 2-8

Ein typisches Gespräch im Hause Plass:

Bridget: *(Tritt euphorisch ein)* Du rätst es nie, Adrian!

Adrian: *(Voller Vorfreude)* Was ist los, Bridget?

Bridget: Nun, das Auto springt nicht an, und es sieht so aus, als ob es sich um ein höchst kompliziertes und kostspieliges Problem handelt.

Adrian: *(Klatscht ekstatisch in die Hände)* Das ist ja großartig, Bridget! Und das am selben Morgen, an dem wir eine riesige Stromrechnung bekommen, die wir unmöglich bezahlen können, und an dem im Wohnzimmer die Decke herunterkommt. Ich muß sagen, ich erachte all diese Dinge für lauter Freude, findest du nicht auch?

Bridget: *(Fast tanzend vor Entzücken)* Oh ja! Was für eine wunderbare Gelegenheit für uns, durch die Bewährung unseres Glaubens Geduld zu entwickeln.

Adrian: *(Mit Tränen schieren Glücks in den Augen)* Wahrhaftig! Ich denke, nach diesem kleinen Rückschlag müßten wir so gereift und vollkommen sein, wie es nur möglich ist, nicht wahr?

Bridget: *(Begeistert)* Bitten wir Gott um Weisheit, mit alledem fertig zu werden.

Adrian: *(Fasziniert von dieser völlig neuen Idee)* Ja! Schließlich gibt er jedermann gern und tadelt niemanden, nicht wahr?

Bridget: *(Ihr kommt ein weiterer Gedanke)* Und laß uns nicht zweifeln!

Adrian: *(Schon die Vorstellung amüsiert ihn)* Nein, natürlich nicht! Sonst glichen wir ja einer Meereswoge, die vom Winde getrieben und bewegt wird. Dann dürften wir nicht erwarten, etwas vom Herrn zu empfangen, nicht wahr? *(Beide brechen in herzliches Gelächter aus)*

Bridget: *(Nach Luft ringend vor Heiterkeit)* Wir wollen ja schließlich nicht unbeständig auf allen unseren Wegen sein, oder? *(Beide brechen unter hysterischem Gelächter zusammen)*

Gebet

Geben wir es doch zu, Vater, die Vorstellung, Prüfungen als lauter Freude zu betrachten, ist für viele von uns ein unmöglicher Traum. Aber wir akzeptieren, daß du uns diesen Maßstab vor Augen gestellt hast, und wir bitten dich demütig um deine Hilfe dabei, darauf zuzugehen. Amen.

- Ist es möglich, Prüfungen und Schwierigkeiten als lauter Freude zu betrachten?

Die Krone des Lebens

Ein Bruder aber, der niedrig ist, rühme sich seiner Höhe; wer aber reich ist, rühme sich seiner Niedrigkeit, denn wie eine Blume des Grases wird er vergehen. Die Sonne geht auf mit ihrer Hitze, und das Gras verwelkt, und die Blume fällt ab, und ihre schöne Gestalt verdirbt: so wird auch der Reiche dahinwelken in dem, was er unternimmt. Selig ist der Mann, der die Anfechtung erduldet; denn nachdem er bewährt ist, wird er die Krone des Lebens empfangen, die Gott verheißen hat denen, die ihn lieb haben. – Irrt euch nicht, meine lieben Brüder. Alle gute Gabe und alle vollkommene Gabe kommt von oben herab, von dem Vater des Lichts, bei dem keine Veränderung noch Wechsel des Lichts und der Finsternis. Er hat uns geboren nach seinem Willen durch das Wort der Wahrheit, damit wir Erstlinge seiner Geschöpfe seien.

Jakobus 1, 9-12. 16-18

Ich habe während der Beerdigung eines Freundes über die Krone des Lebens nachgedacht. Stan war schon alt und hatte furchtbar unter einem Emphysem gelitten, und kürzlich war auch Krebs bei ihm diagnostiziert worden. Nun hatte Gott sei Dank die körperliche Qual ein Ende, doch die Familie war am Boden zerstört. Stans Frau Betty, eine Seele von einem Menschen, konnte die Weinkrämpfe nicht beherrschen, die ständig ihren Körper erschütterten, während seine verheiratete Tochter Jane so hemmungslos weinte, daß ihre Gesichtszüge zu schmelzen und sich zu verformen schienen.

Vicky, das jüngste Enkelkind, war ein einziges großes Fragezeichen. Mit weit aufgerissenen Augen sah sie zu, wie der Sarg hinabgesenkt wurde. Opa – in dieser Kiste? Kein Opa mehr? Nicht mehr Oma und Opa? Nur noch Oma? Plötzlich wurde es ihr zuviel. Sie vergrub ihr Gesicht im Pulli ihrer Tante und brach in Tränen aus. Ihr älterer Bruder Sam hielt sich wacker. Erst als die Zeremonie am Grab vorüber war und alle davongingen, schlich er sich leise zurück zum Rand des Grabes und ließ seinen Tränen freien Lauf.

Trauer ist ansteckend. Doch noch während ich mit ihnen allen weinte, glaubte ich Jesus mit einer Stimme voller Mitgefühl und Begeisterung sagen zu hören: „Habt keine Angst – ich habe wirklich den Tod überwunden!"

Gebet

Vater, wir vergessen so leicht, daß die Krone des Lebens – die Ewigkeit bei dir – der Grund ist, warum Jesus kam und starb und von den Toten auferstand. Hilf uns, unsere Prioritäten richtig zu setzen. Amen.

- Möchte ich diese Krone des Lebens haben, und wie gehe ich mit der Unvermeidlichkeit des Todes um?

Der lange Aufstieg

Denkt daran, liebe Brüder: Seid immer sofort bereit, jemandem zuzuhören; aber überlegt genau, bevor ihr selbst redet. Und hütet euch vor unkontrolliertem Zorn. Denn im Zorn tun wir niemals, was Gott gefällt. Deshalb trennt euch ganz entschieden von allem Gemeinen und Bösen. Nehmt vielmehr bereitwillig Gottes Wort an, das er wie ein Samenkorn in euch gelegt hat. Es hat die Kraft, euch zu retten. Nun genügt es aber nicht, sein Wort nur anzuhören; ihr müßt auch danach handeln. Alles andere ist Selbstbetrug! Wer Gottes Wort nur hört, es aber nicht in die Tat umsetzt, dem geht es wie einem Mann, der in den Spiegel schaut. Er betrachtet sich, geht wieder weg und hat auch schon vergessen, wie er aussieht. Wer aber die Botschaft von der Rettung und Befreiung erkannt hat und immer wieder danach handelt, der hat sie nicht vergeblich gehört. Er kann glücklich sein, denn Gott wird ihn segnen und alles, was er tut. Wer sich für fromm hält, dabei aber geschwätzig ist und seine Zunge nicht zügeln kann, der macht sich selbst etwas vor. Seine Frömmigkeit ist nichts wert. Witwen und Waisen in ihrer Not zu helfen und sich vom gottlosen Treiben dieser Welt nicht verführen zu lassen: das ist wirkliche Frömmigkeit, mit der man Gott, dem Vater, dient.

Jakobus 1, 19-27

Als junger Christ habe ich mich gewundert, warum vom Jakobusbrief nie viel die Rede war. Der Grund ist natürlich, daß er von *Taten* handelt statt vom Theoretisieren.

Vor einigen Jahren schrieb ich einen Kurzgeschichtenband mit dem Titel *Warum es kein Verbrechen war, Onkel Reginald zu töten.* (Es wurde in manchen christlichen Kreisen auf den Index gesetzt und in anderen als Diskussionsmaterial für Bibelarbeiten benutzt – wen wundert es da noch, daß ich verwirrt bin?)

Eine der Geschichten, „Brief an William“, schilderte eine fiktive Situation, in der die Errettung durch den Glauben durch ein neues System ersetzt worden war, das besagte, daß die Menschen nur gerettet werden konnten, indem sie dreimal pro Woche den Snowdon bestiegen, einen hohen Berg in Wales. Von diesem Aufstieg nur zu reden zählte nicht, und es reichte auch nicht aus, kleine Modelle des Snowdon zu konstruieren, auf denen die Gemeinde dann jeden Sonntag symbolisch auf- und wieder absteigen konnte. Wer körperlich nicht in der Lage war, hinaufzusteigen, mußte dennoch dreimal in der Woche am Fuß des Berges erscheinen, um mit anderen Mitteln zum Gipfel transportiert zu werden.

Ich bin oft gefragt worden, was diese Geschichte denn genau zu bedeuten habe, und meist trage ich dann lange, komplizierte Erklärungen vor. Jetzt nicht mehr. Von nun an sage ich nur noch: „Lesen Sie den Jakobusbrief."

Gebet

Vater, danke für den Hinweis auf die Witwen und Waisen. Ich weiß, diese Definition der reinen Religion ist in manchen Kreisen nicht beliebt, aber sie ist es bei dir, und nur darauf kommt es an. Amen.

- Wenn Jakobus mit seiner Definition der wahren Religion recht hat, was bedeutet das dann für die Gemeinde?

Wer ist wer?

Stellt euch einmal vor, in eure Gemeinde kommt ein vornehm gekleideter Mann mit dicken, goldenen Ringen an den Fingern. Zur selben Zeit kommt einer, der arm und schäbig gekleidet ist. Wie würdet ihr euch verhalten? Ihr würdet euch von dem Reichen beeindrucken lassen und ihm eilfertig anbieten: „Hier ist noch ein guter Platz für Sie!" Aber zu dem Armen würdet ihr sicherlich sagen: „Bleib stehen, oder setze dich da hinten auf den Fußboden." Dürft ihr als Christen solche Unterschiede machen? Dann wären doch menschliche Eitelkeit und Geltungssucht euer Maßstab. Hört mir einmal gut zu, liebe Brüder: Hat Gott nicht gerade die erwählt, die vor der Welt arm, aber im Glauben reich sind? Sie wird Gott in sein Reich aufnehmen, das er allen zugesagt hat, die ihn lieben. Wie töricht also von euch, daß ihr die Armen verachtet und geringschätzig behandelt. Habt ihr denn noch nicht gemerkt, daß es gerade die Reichen sind, die euch unterdrücken und vor die Gerichte schleppen? Wie oft sind gerade sie es, die Jesus Christus verhöhnen, den Namen, auf den ihr getauft seid. Lebt nach dem wichtigsten Gebot, das Gott uns gegeben hat: Liebe deinen Mitmenschen wie dich selbst! Wenn ihr das in die Tat umsetzt, handelt ihr richtig. Beurteilt ihr dagegen Arme und Reiche nach unterschiedlichen Maßstäben, dann verstoßt ihr gegen Gottes Gebot und werdet schuldig.

Jakobus 2, 2-9

Eines Tages, als wir mit der Familie in Südafrika unterwegs waren, erbot sich ein Mann, der in einer unserer Veranstaltungen gewesen war, uns von einer Stadt in eine andere mitzunehmen. In seinem (riesengroßen) Haus eröffnete er uns am nächsten Morgen, daß sein Gärtner darum gebeten hatte, mitfahren zu dürfen. Ob uns das recht sei?

Gärtner sind in Südafrika schwarz, und trotz der durch ein Wunder friedlichen politischen Veränderung sind die Rollen von

Herren und Dienern immer noch überall anzutreffen. Als wir in den Wagen kletterten, blieb Michael, der Gärtner, unsicher draußen stehen. Katy (acht) zählte die Passagiere durch und machte sich automatisch auf den Weg nach hinten, da sie annahm, daß sie sich wie üblich in den Kofferraum setzen sollte. Doch unser Gastgeber schritt sogleich ein und führte Katy zu dem letzten freien Sitzplatz, während der Gärtner seine hochgewachsene Figur in den Gepäckraum zwängte, wo sonst die Hunde und Koffer Platz fanden. Später gestanden wir uns gegenseitig ein, daß uns allen diese Behandlung eines ausgewachsenen Mannes zutiefst peinlich gewesen war.

Sicherlich hätte uns unser Gastgeber versichert, daß es dem Gärtner mindestens ebenso peinlich gewesen wäre, wenn er einen Sitzplatz im Wagen bekommen hätte, und daß sich diese Dinge mit der Zeit sicher ändern würden usw. Doch in Wirklichkeit glaube ich nicht, daß ihm auch nur der *Gedanke* kam, daß Michael die gleichen Rechte haben könnte wie wir.

Bevor wir nun selbstgefällig werden, sollten wir uns lieber fragen, wen *wir* denn als geringer ansehen, nur weil wir sie schon immer so gesehen haben.

Fragen

Gibt es Leute in meiner Gemeinde, an meinem Arbeitsplatz, in meiner Straße, in meiner Busschlange, die „offensichtlich" weniger wichtig sind als die anderen? Wenn ich sie noch einmal genauer anschaue, könnte es sein, daß ich dann Jesus sehe?

- Bin ich ein geistlicher Demokrat?

Zankereien

Es hilft dann nichts, wenn ihr alle anderen Gebote Gottes genau einhaltet. Wer nämlich auch nur gegen ein einziges seiner Gebote verstößt, der hat das ganze Gesetz übertreten. Denn Gott, der gesagt hat: „Du sollst nicht ehebrechen!", der hat auch bestimmt: „Du sollst nicht töten!" Wenn du nun zwar keine Ehe zerstörst, aber einen Menschen tötest, so hast du Gottes Gesetz übertreten und bist damit schuldig vor ihm. Maßstab eures Redens und Handelns soll das Gesetz Gottes sein, das euch zur Liebe verpflichtet und euch Freiheit schenkt. Danach werdet ihr einmal gerichtet. Ohne Gnade wird dann über den das Urteil gesprochen, der selbst kein Erbarmen gehabt hat. Wer aber barmherzig ist, braucht das Gericht nicht zu fürchten.

Jakobus 2, 10-13

Zanken sich Ihre Kinder? Meine vier haben sich von Anfang an gezankt, zanken sich immer noch und werden sich zweifellos auch in Zukunft zanken. Sie zanken sich zwar nicht *alle* die *ganze* Zeit, aber solange ich mich erinnern kann, gab es immer wechselnd zwei von ihnen, die einander nicht begegnen konnten, ohne aus einem Maulwurfshügel der Meinungsverschiedenheit ein Gebirge wütender, nörgelnder, nervender Konflikte zu machen. Was einen daran wahnsinnig macht, ist, daß man *weiß* – man *weiß* einfach, daß man ihnen nie beigebracht hat, sich auf so hirnlose, primitive Weise zu verhalten. Irgend jemand muß sich nachts unbemerkt hereingeschlichen und seinen negativen Einfluß auf die Kinder ausgeübt haben.

Einer der erbärmlichsten Aspekte dieser erbärmlichen Erfahrung ist die Flut der Anschuldigungen und Gegenanschuldigungen, über die wir leidgeprüften Mütter und Väter dann zu Gericht sitzen müssen. In der Zeit unserer Ahnungslosigkeit, als wir noch keine Eltern waren, schworen wir uns, nicht wahr, daß wir Verhandlungen und Diskussionen mit unserem hypothetischen Nachwuchs stets auf ruhige, sachliche, konstruktive Art und Weise führen würden. Und jetzt bleibt uns meist nur noch die Flucht ins Schreien:

„Wenn ihr beiden nicht SOFORT still seid, dann – dann bringe ich euch beide um! Warum könnt ihr nicht nett zueinander sein?"

Dies ist Gottes grundlegende Botschaft (wenn auch vielleicht nicht ganz so wutschäumend ausgedrückt!) an diejenigen unter uns, seine Kinder, die ständig andere Angehörige des Reiches, das wir alle bewohnen, beschuldigen und verurteilen und verdammen, eines Reiches, in das Sünder nur durch die Macht seiner Barmherzigkeit und Gnade Einlaß finden.

Wir haben es schon oft gesagt, wir werden es noch oft sagen, also sagen wir es auch jetzt: GOTTES GRÖSSTER WUNSCH IST ES, DASS WIR EINANDER LIEBEN.

Gebet

Vater, wir verletzen und erzürnen dich durch unseren negativen Umgang miteinander. Vergib uns, daß wir Überlegenheitsgefühle, Mißgunst oder Groll gegenüber unseren Brüdern und Schwestern bei uns zulassen. Wir werden uns Mühe geben! Amen.

- Was für Leute gehen mir auf die Nerven?

Tanzende Verse

Was hilft's, liebe Brüder, wenn jemand sagt, er habe Glauben, und hat doch keine Werke? Kann denn der Glaube ihn selig machen? Wenn ein Bruder oder eine Schwester Mangel hätte an Kleidung und an der täglichen Nahrung und jemand unter euch spräche zu ihnen: „Geht hin in Frieden, wärmt euch und sättigt euch!", ihr gäbet ihnen aber nicht, was der Leib nötig hat – was könnte ihnen das helfen? So ist auch der Glaube, wenn er nicht Werke hat, tot in sich selber. Aber es könnte jemand sagen: „Du hast Glauben, und ich habe Werke. Zeige mir deinen Glauben ohne die Werke, so will ich dir meinen Glauben zeigen aus meinen Werken." Du glaubst, daß nur einer Gott ist? Du tust recht daran; die Teufel glauben's auch und zittern.

Jakobus 2, 14-19

Manche sind der Ansicht, daß der Mann namens Jakobus, der diesen Brief schrieb, der leibliche Bruder Jesu und möglicherweise einer der wichtigsten frühen Leiter der christlichen Gemeinde gewesen sein könnte. Insbesondere dieser kleine Abschnitt scheint mir diese Ansicht zu stützen. Seine beiden deutlich Monty-Pythonesken Bemerkungen erinnern stark an den trockenen Witz, den Jesus in den Berichten und Dialogen der Evangelien so geschickt einsetzt. Die erste, die Bemerkung über gute Wünsche für hungernde Geschwister, ohne ihnen praktische Hilfe zu bieten, hat mich zum Schmunzeln gebracht, seit ich vor dreißig Jahren zum erstenmal darauf stieß, und Jakobus' sarkastische Beglückwünschung an jene, die an Gott glauben, wie es die Dämonen tun, könnte direkt aus einer unserer modernen Sitcoms stammen (ich meine, aus einer der wenigen, die wirklich witzig sind).

Ich kann nicht umhin, mich zu fragen, ob Jakobus sich diese Pointen vielleicht bei seinem Bruder ausgeliehen hat. Treffender Humor ist sehr einprägsam, finden Sie nicht? Verse wie diese führen in den Gedanken ein endloses kleines Tänzchen auf und ziehen so ständig die Aufmerksamkeit auf sich. Das ist aus zwei Gründen gut und nützlich.

Erstens, weil die Botschaft der Worte selbst so wichtig ist. Noch einmal bleut uns Jakobus die eigentlich selbstverständliche, aber darum nicht minder vernachlässigte Wahrheit ein, daß Glauben ohne Handeln nutzlos ist.

Zweitens, und ich nehme an, daß mir das wegen der Arbeit, die ich tue, besonders am Herzen liegt, erinnern mich diese Verse daran, daß Gott ebenso hintergründig humorvoll wie ernst sein kann und daß ich mich auf den Tag freuen darf, an dem er und ich herzlich miteinander lachen werden.

Dank

Danke für die reiche Vielfalt deiner Persönlichkeit, deiner Schöpfung und deines Umgangs mit uns. Danke, daß du lachst und weinst, lächelst und die Stirn runzelst. Wir freuen uns darauf, dich besser kennenzulernen. Amen.

- Was bringt Gott zum Lachen? Was bringt ihn zum Weinen?

Worte und Taten

Wann endlich wirst du törichter Mensch einsehen, daß der Glaube nichts wert ist, wenn wir nicht auch tun, was Gott von uns will! Erinnert ihr euch nicht daran, daß sogar Abraham, unser Stammvater und Vorbild im Glauben, vor Gott erst Anerkennung fand, nachdem er tat, was Gott von ihm verlangte? Er war bereit, seinen Sohn Isaak zu opfern. Hier wird ganz deutlich: Bei ihm gehörten Glaube und Tun zusammen; und erst durch sein gehorsames Handeln wurde sein Glaube vollkommen. Das meint auch die Heilige Schrift, wenn sie sagt: „Abraham glaubte Gott, und dadurch fand er seine Anerkennung." Ja, er wurde sogar der „Freund Gottes" genannt. Ihr seht also: Wir werden nur dann von Gott angenommen, wenn unsere Taten beweisen, daß unser Glaube echt ist. Anders geht es nicht. Auch die Dirne Rahab ist dafür ein Beispiel. Sie wurde von Gott gerettet, weil sie in Jericho die Kundschafter der Israeliten vor den Soldaten des feindlichen Königs versteckte und ihnen auf einem sicheren Weg die Flucht ermöglichte. So wie der Körper ohne den Geist tot ist, so ist auch der Glaube tot, wenn er ohne praktisches Handeln bleibt.

Jakobus 2, 20-26

In England gab es einmal ein Fernsehquiz, das, glaube ich, *Runaround* hieß.

Dabei wurde eine Frage aus dem Allgemeinwissen gestellt, und dann rannten ungefähr dreißig Kinder über eine offene Fläche, um sich unter einer von drei möglichen Antworten, darunter der richtigen, die hoch oben an der gegenüberliegenden Wand angezeigt wurden, aufzustellen. Wenn eine Sirene ertönte, hatten die Kinder einige Sekunden lang Gelegenheit, die Reihen zu wechseln. Etliche von ihnen taten es auch.

Stellen wir uns vor, daß es am Eingang zum Himmel ähnlich zugeht. Nachdem sie die Strecke zwischen Erde und Himmel zurückgelegt haben, haben sich die Leute vor den Toren aufgestellt, alle in der Hoffnung, die richtige Antwort erwischt zu haben. Schauen wir uns nur zwei dieser Reihen an.

Die erste ist schnurgerade und gelassen, Männer und Frauen mit zerlesenen, dicken schwarzen Bibeln unter den Armen und allen Schätzen der Theologie auf den Lippen. Sie haben die Kunst der Anbetung und des wirksamen Gebets vervollkommnet. Einige waren sogar an Heilungen und Dämonenaustreibungen beteiligt. Die Gemeinde war ihr Leben. Die zweite Reihe sieht ein bißchen chaotisch aus, hauptsächlich deswegen, weil alles versucht, nicht ganz vorne zu stehen. Manche von ihnen haben ebenfalls Bibeln, aber sie sehen gar nicht so gelassen aus. Ein ziemlich komischer Haufen eigentlich. Um ehrlich zu sein, einige davon scheinen überhaupt nicht hierher zu passen. Alle zusammen bringen vielleicht gerade genug Glauben auf, um in der Nähe zu bleiben, auf die unwahrscheinliche Möglichkeit hin, daß sie vielleicht eingelassen werden könnten. Dies sind die Leute, die tatsächlich Dinge getan haben – diejenigen, die sich die Hände schmutzig gemacht haben, weil sie, so unzulänglich sie in mancher Hinsicht waren, gespürt haben, daß die Theorie der Liebe eine praktische Antwort erfordert.

Nun sind auf der anderen Seite des Tors Schritte zu hören. Die Leute in der ersten Reihe richten sich erwartungsvoll auf. Die zweite Reihe hört völlig auf, eine Reihe zu sein, denn alles drängt sich nervös zusammen und hält sich aneinander fest. Eine Sirene ertönt. Fünf Sekunden, um die Reihe zu wechseln.

Gebet

Zeig uns, wie wir deine Hände sein können, Herr. Amen.

- Worin wird mein Glaube sichtbar?

Manipulation

Liebe Brüder! Es sollten sich nicht so viele in der Gemeinde danach drängen, andere belehren zu wollen. Denkt vielmehr daran, daß alle, die Gottes Wort lehren, von ihm nach besonders strengen Maßstäben beurteilt werden. Und haben wir nicht alle unsere Fehler? Wem es freilich gelingt, nur das zu sagen, was dem anderen hilft und ihm nicht schadet, den kann man als vollkommen bezeichnen. Denn wer seine Zunge beherrscht, der kann auch seinen ganzen Körper beherrschen. So legen wir zum Beispiel den Pferden das Zaumzeug ins Maul und beherrschen sie damit. Und selbst die großen Schiffe, die nur von starken Winden vorangetrieben werden können, lenkt der Steuermann mit einem kleinen Ruder, wohin er will. Genauso ist es mit unserer Zunge. So klein sie auch ist, was kann sie nicht alles anrichten! Ein kleiner Funke setzt einen ganzen Wald in Brand. Mit einem solchen Feuer läßt sich auch die Zunge vergleichen. Sie kann eine ganze Welt voller Ungerechtigkeit und Bosheit sein, die uns und unser Leben vergiftet. Es gibt nichts und niemanden, der vor ihrem Höllenfeuer sicher wäre.

Jakobus 3, 1-6

Ich glaube kaum, daß irgend jemand von uns ernsthafte Einwände gegen diese Bemerkungen über das Brandstiftungspotential der Zunge hat, aber es lohnt sich anzumerken, daß es neben den offensichtlichen dabei auch subtilere Probleme gibt. Hier ist ein Beispiel.

Bei der Arbeit mit Kindern im Heim, wie ich sie viele Jahre lang gemacht habe, gab es oft Fallbesprechungen, auf denen der nächste Schritt im Leben eines Kindes erörtert und entschieden wurde. Zu Beginn meiner Tätigkeit äußerte ich meine persönliche Meinung leidenschaftlich so bald wie möglich nach dem Beginn der Besprechung, was jedoch nur dazu führte, daß sie im weiteren Verlauf der Diskussion in den anderen Ansichten unterging oder vergessen wurde. Mit der Zeit lernte ich, daß es am wirkungsvollsten war, abzuwarten, bis alle ausgeredet hatten, bis ich der letzte war, der seine Meinung noch nicht gesagt hatte. Dann wandten sich die Teilnehmer an der Besprechung einer nach dem anderen mir zu, in der undeutlichen (und gänzlich irrigen) Vorstellung, da ich bisher noch nichts gesagt hatte, müsse alles, was ich nun sagte, hörenswert sein. Schweigen hat manchmal eine merkwürdige Wirkung auf die Leute. Außerdem steigt jede feste und anscheinend gut durchdachte Meinung im Kurs, je näher die Mittagspause rückt.

Meine Bemerkungen begannen mit den Worten: „Nun, ich habe aufmerksam zugehört, was bisher gesagt wurde, und ich muß sagen ..." Von da an hatte ich leichtes Spiel, und ich bin ganz sicher, daß ich bei einer Reihe von Gelegenheiten *völlig falsch* lag.

Gebet

Vater, schütze uns vor der Versuchung, andere zu manipulieren. Oft tun wir es, ohne auch nur zu merken, daß es uns zur Gewohnheit geworden ist, besonders in unseren eigenen Familien und bei engen Freunden. Amen.

- Welche Arten des Redens sind hilfreich, welche nicht?

Ungenießbares und frisches Wasser

Die Menschen haben es gelernt, wilde Tiere, Vögel, Schlangen und Fische zu zähmen und unter ihre Gewalt zu bringen. Aber seine Zunge kann kein Mensch zähmen. Ungebändigt und unkontrolliert verbreitet sie ihr tödliches Gift. Mit unserer Zunge loben wir Gott, unseren Herrn und Vater, und mit derselben Zunge verfluchen wir unsere Mitmenschen, die doch nach Gottes Ebenbild geschaffen sind. Segen und Fluch kommen aus ein und demselben Mund. Aber genau das, meine Brüder, darf es bei euch nicht geben! Fließt denn aus einer Quelle gleichzeitig frisches und ungenießbares Wasser? Kann man Oliven von Feigenbäumen pflücken oder Feigen vom Weinstock? Ebensowenig kann man aus einem stinkenden Tümpel frisches Wasser schöpfen.

Jakobus 3, 7-12

Warum besteht ein so großer Gegensatz zwischen den Dingen, die wir sagen? Derselbe Mund, dasselbe Gehirn – was geht da schief? Wie kann ungenießbares und frisches Wasser aus derselben Quelle kommen? Doch bei den meisten von uns ist es so. Diese Burschen aus der frühen Gemeinde neigen dazu, ziemlich schwarz und weiß zu sein, doch viele von uns haben schon Mühe, auch nur einen einigermaßen erträglichen Grauton hinzubekommen.

Seien wir ehrlich: Die dramatischsten Gegensätze gibt es in unserem Verhalten gegenüber denen, die uns am nächsten und liebsten sind, und der Art, wie wir uns gegenüber dem Rest der Welt darstellen, und in gewissem Sinne kann es auch nicht anders sein. Irgendwo müssen wir uns entspannen. Aber es ist nicht nur das. So sehr ich meine Frau liebe, bin ich doch noch nie auf jemanden so wütend gewesen wie auf sie, und umgekehrt ebenso, nur in geringerem Maße. Zwischen der öffentlichen und der privaten Moral kann eine Lücke klaffen. Bridget und ich staunen über die tiefe

Finsternis, die wir im Privatleben mancher Leute gesehen haben, die ihre Zeit damit verbringen, andere ins Licht zu rufen.

Was sollen wir tun? Sollen wir uns Mühe geben, in der Öffentlichkeit ebenso unangenehm zu sein wie im Privatleben? Faszinierender Gedanke, aber ich glaube kaum, daß Gott seinen Segen darauf legen würde, Sie etwa? Oder sollten wir im Privaten unbeirrbar die Rolle höflicher Herzlichkeit spielen? Nun, manche von uns könnten sicherlich denen, die uns am nächsten sind, etwas mehr natürliche Höflichkeit zuteil werden lassen, aber die Veränderung muß echt sein, sonst geht uns bald die Puste aus, und wir sind wieder da, wo wir angefangen haben.

Nein, es gibt kaum eine Alternative dazu, die Situation in vier Bereichen offenzulegen: Ehrlichkeit gegenüber uns selbst, Ehrlichkeit gegenüber Gott, Ehrlichkeit gegenüber den Leuten, die von unserem Verhalten am stärksten betroffen sind, und Ehrlichkeit gegenüber einem vertrauenswürdigen Außenstehenden, um die Lücke zwischen Öffentlichkeit und Privatleben zu überbrücken. Danach werden wir alle Hände voll zu tun haben, aber wir werden zumindest *angefangen* haben, und wir werden nicht allein sein.

Gebet

Vater, stell dich in die Bresche und heile uns. Amen.

- Was würde anders werden, wenn ich die Lücke zwischen öffentlichem und privatem Verhalten überbrücken würde?

Persönliche Filter

Wer von euch meint, klug und weise zu sein, der soll das durch sein ganzes Leben zu erkennen geben, durch seine Freundlichkeit und Güte. Sie sind Kennzeichen der wahren Weisheit. Seid ihr aber voller Neid und Haß, dann braucht ihr euch auf eure angebliche Weisheit nichts einzubilden. In Wirklichkeit seid ihr dann Lügner und Betrüger. Eine solche Weisheit kann niemals von Gott kommen. Sie ist irdisch, ungeistlich, ja teuflisch. Wo Mißgunst und Streit herrschen, da gerät alles in Unordnung; da wird jeder Gemeinheit Tür und Tor geöffnet. Die Weisheit aber, die von Gott kommt, ist lauter und rein. Sie sucht den Frieden. Sie ist freundlich, bereit nachzugeben und läßt sich etwas sagen. Sie hat Mitleid mit anderen und bewirkt immer und überall Gutes; sie ist unparteiisch, ohne Vorurteile und ohne alle Heuchelei. Nur wer selbst Frieden schafft, wird erfahren, daß seine Gerechtigkeit und Friedfertigkeit Früchte tragen.

Jakobus 3, 13-18

Als einer, der sich oft die Probleme anderer Leute anhört und sich dabei angewöhnt hat, ernst dazu zu nicken, als ob ich in Gedanken tiefe Einsichten über die jeweilige Situation wälzte, während ich in Wirklichkeit selten auch nur die leiseste Ahnung habe, was ich sagen oder vorschlagen soll, hätte ich wirklich gern ein bißchen von der Weisheit, von der Jakobus hier spricht.

In diesem Zusammenhang finde ich es besonders interessant, daß er Lauterkeit und Reinheit als die erste und wichtigste Zutat der Weisheit, die von Gott kommt, nennt, denn es sind oft unsere nicht so ganz reinen persönlichen Hintergedanken, die eine nützliche Kommunikation bei solchen Gelegenheiten verhindern. Sowohl das Zuhören als auch das Antworten müssen sich mühsam durch all die politischen, sozialen, sexuellen, religiösen und idiosynkratischen Filter hindurchkämpfen, die uns zu dem machen, was wir sind. Interessanterweise ist es bei mir der religiöse Filter, der mir am meisten Schwierigkeiten macht. Mir fällt es immer noch schwer, mich von der ziemlich starren Weltsicht loszureißen, die mir wie ein zusätzliches Skelett eingepflanzt wurde, als ich ein junger Christ war. Manchmal muß ich mich zwingen, jene ängstlich enge, leise Stimme zu überhören, die mir sagt, daß ich mich irgendeiner blutroten Häresie schuldig mache, allein indem ich mir etwas anhöre oder keine Einwände gegen etwas erhebe, das nicht „paßt".

Ganz unten auf der Liste des Verfassers stehen Unparteiischkeit und Aufrichtigkeit, doch ich bin sicher, das ist mehr eine Zusammenfassung als eine Abwertung. Dies sind die Dinge, die Sie und mich in unseren Kontakten zu anderen befreien, wie auch immer die Zusammenhänge sein mögen. Es könnte nützlich sein, diesen Abschnitt als Gebetshilfe zu benutzen, wenn wir wissen, daß uns eine knifflige Begegnung bevorsteht. Wäre es nicht ein wunderbares Gefühl, zu wissen, daß wir mitgeholfen haben, eine Ernte der Gerechtigkeit einzubringen?

Gebet

Gib uns Weisheit, Vater; die Art von Weisheit, die von dir kommt und nicht von uns, eine Weisheit, die uns von uns selbst befreit und somit andere frei macht. Danke. Amen.

- In welchen konkreten Bereichen brauche ich heute Weisheit?

Veränderungen überleben

Wieso gibt es denn bei euch so viel Streit, Krieg und Kampf? Kommt alles nicht daher, daß ihr euren Leidenschaften und Trieben nicht widerstehen könnt? Ihr wollt alles haben und werdet nichts bekommen. Ihr seid voller Neid und tödlichem Haß; doch gewinnen werdet ihr dadurch nichts. Streitet, zankt und kämpft also, soviel ihr wollt! Es nützt euch gar nichts. Solange ihr nicht Gott bittet, werdet ihr nichts empfangen. Wenn ihr freilich Gott nur darum bittet, eure selbstsüchtigen Wünsche zu erfüllen, wird er euch nichts geben. Wie erbärmlich vergeltet ihr Gottes Treue! Ist euch denn nicht klar, daß Freundschaft mit der Welt zugleich Feindschaft mit Gott bedeutet? Wer also ein Freund dieser Welt sein will, der wird zum Feind Gottes. Oder meint ihr, die Heilige Schrift sagt ohne jeden Grund: „Gottes Geist, der in uns wohnt, will uns ganz allein besitzen?" Gott wird allen, die ihm treu sind, noch mehr Gnade schenken. Darum heißt es auch: Die Stolzen und Hochmütigen weist Gott von sich, aber er hilft denen, die wissen, daß sie ihn brauchen. Unterstellt euch Gott im Gehorsam, und widersetzt euch mit aller Entschiedenheit dem Teufel. Dann muß er vor euch fliehen.

Jakobus 4, 1-7

Ich traf einen alten, gläubigen Freund in einer Kneipe und merkte, daß er sehr niedergeschlagen war. Seine Probleme hatten mit Geld, persönlichem Versagen und Gott zu tun, und alles hing eng miteinander zusammen. Der Zusammenbruch seines Geschäfts hatte seine Familie in eine sehr schwierige finanzielle Situation gebracht und bei Tom Gefühle der Unzulänglichkeit heraufbeschworen, die ihn seit seiner Kindheit verfolgten.

„Nicht, daß ich nicht an Gott glaube", murmelte er trübsinnig in sein Glas. „Das wäre ja halb so schlimm. Was ich nicht verstehen kann, ist, warum er uns so unglücklich sein läßt. Wenn er nicht daran interessiert ist, meiner Familie zu helfen, dann muß er sie weniger lieben als ich, und wenn das der Fall ist – nun, dann bin ich mir nicht sicher, ob ich ihn sonderlich mag."

Im Grunde hatte Toms Beziehung zu Gott die Veränderung seiner materiellen Verhältnisse nicht überlebt, aber wenn man jemandem eine solche krasse Wahrheit serviert, bekommt man sie wahrscheinlich nur postwendend ins Gesicht geschmissen. Als ich ihm zuhörte, wollte ich zu Tom sagen, daß „Freundschaft mit der Welt", wie Jakobus es nennt, sehr subtil sein kann. Toms Familie hatte schon immer eine Wagenburgmentalität gegenüber Außenstehenden, die es wahrscheinlich „auf sie abgesehen" hatten, und ich vermute, daß Gott nur so lange einen Platz am Tisch zugestanden bekam, solange er tat, was von ihm erwartet wurde. Hätte ich ihm das sagen sollen, oder hätte ich nur Mitgefühl mit seinem Pech zeigen sollen? Was meinen Sie?

Was *habe* ich tatsächlich getan, aus dem riesigen Fundus meiner Weisheit, Erfahrung und der zwischenmenschlichen Kommunikationsfähigkeit schöpfend? Ich habe ihm noch ein Bier spendiert.

Gebet

Vater, gib uns Einsicht in unsere Beziehung zu dir, und Mut, wenn wir einem anderen etwas sagen müssen. Amen.

- Wie eng ist mein Vertrauen zu Gott mit materieller Sicherheit verbunden?

Frühjahrsputz

Wendet euch Gott zu, dann wird er zu euch kommen. Wascht die Schuld von euren Händen, ihr Sünder, und laßt Gott allein in euren Herzen wohnen, ihr Unentschiedenen! Seht doch endlich ein, wie groß eure Schuld ist; erschreckt und trauert darüber! Dann werdet ihr nicht mehr lachen, sondern weinen; und aus eurer Freude wird Leid. Erkennt eure Unwürdigkeit, und beugt euch vor dem Herrn! Erst dann wird Gott euch helfen und aufrichten. Redet nicht schlecht übereinander, liebe Brüder! Denn wer jemandem Schlechtes nachsagt oder ihn verurteilt, der verstößt gegen Gottes Gebot. Anstatt Gottes Wort zu befolgen, spielt er sich als Richter auf. Gott allein ist beides: Gesetzgeber und Richter. Nur er kann verurteilen oder von der Schuld freisprechen. Woher nimmst du dir also das Recht, deine Mitmenschen zu verurteilen?

Jakobus 4, 8-12

Zweifellos muß ein geistlicher Frühjahrsputz regelmäßig stattfinden, insbesondere deshalb, weil wir ständig wieder dahin abgleiten, daß wir uns von anderen Dingen und Leuten als Gott wieder „aufrichten" lassen. Bei mir mögen das die Buchverkäufe oder bevorstehende Vortragsreisen oder Essen oder Alkohol oder Aktivitäten mit der Familie oder die schiere Freude am Schreiben von Andachten sein oder ... nun, alle möglichen Dinge. Nicht (füge ich hastig hinzu, bevor ein empörter Leserbriefschreiber zur Feder greift) daß irgend etwas von diesen Dingen schlecht oder unchristlich wäre. Im Gegenteil, viele davon sind gerade die Dinge, für die ich Gott hauptsächlich Rechenschaft schuldig bin. Einer der Hauptzwecke der Buße jedoch ist es, uns daran zu erinnern, daß der wichtigste Teil von uns, der Teil, der ewig leben wird, *nur* durch die Gnade und Barmherzigkeit Gottes aufgerichtet und am Leben erhalten werden kann. Es wird immer eine Demütigung für uns bleiben, zu erkennen, wie vollkommen abhängig von ihm wir in Wirklichkeit sind, doch die Buße, die ja eine fröhliche Angelegenheit sein soll (lesen Sie die Geschichte vom verlorenen Sohn), kann uns vielleicht auch helfen, unsere Dankbarkeit für das Leben und den Tod Jesu auszudrücken, jenes größte Geschenk, durch das Buße überhaupt erst möglich wurde. Mein Freund Tom, den Sie in der vorausgegangenen Andacht kennengelernt haben, hatte diese ewige Dimension vorübergehend aus den Augen verloren.

Die beiden Absätze in dieser Passage, die auf den ersten Blick von verschiedenen Dingen zu handeln scheinen, passen in Wirklichkeit sehr gut zusammen. Wenn wir uns wirklich vor Gott von ganzem Herzen demütigen, wie es hier beschrieben wird, wird es uns sehr schwer fallen, über andere zu Gericht zu sitzen. Wie groß und von welcher Art unsere persönlichen Sünden auch sein mögen, wir waren alle gleichermaßen verloren, und wir sind alle gleichermaßen gerettet worden.

Gebet

Vater, wir kommen wieder zu der Frage der Prioritäten. Erinnere uns daran, daß du es bist, der uns aufrichtet. Wir haben keinen Grund, stolz zu sein. Amen.

- Was richtet mich auf?

Neo-Nomaden

Da ist noch etwas. Manche von euch sagen: „Heute oder morgen wollen wir hier- und dorthin reisen. Wir wollen dort ein Jahr bleiben, gute Geschäfte machen und viel Geld verdienen." Ihr plant so großartig und wißt nicht einmal, was morgen geschieht! Was ist denn schon euer Leben? Nichts als ein leiser Hauch, der – kaum ist er da – auch schon wieder verschwindet. Darum sollt ihr immer nur sagen: „Wenn der Herr will und wir leben, wollen wir dieses oder jenes tun!" Ihr aber seid stolz auf eure Pläne und gebt damit an. Doch eine solche Überheblichkeit ist durch und durch verwerflich. Wer aber weiß, was richtig ist, und tut es trotzdem nicht, der wird vor Gott schuldig.

Jakobus 4, 13-17

Die ersten Worte dieses Abschnitts hören sich ungemein modern an, finden Sie nicht? Wir leben in einem neo-nomadischen Zeitalter, in dem viele Leute häufig umziehen, um bessere Jobs zu bekommen oder näher an der Schule zu wohnen, auf die sie ihre Kinder schicken wollen, oder aus einer Vielzahl anderer Gründe. Ich glaube nicht, daß Jakobus diese Tendenz kritisiert, aber er sagt etwas, das auch Jesus oft gesagt hat – daß alles außer unserer Beziehung zu Gott vorläufigen Charakter hat. Am Ende werden die praktischen Anliegen dieser Welt bedeutungslos sein, und dieses Ende kann sehr plötzlich kommen.

Vor einigen Jahren wurde meine Mutter plötzlich krank und wurde eilends ins Krankenhaus nach Pembury gebracht, das mehr als zwanzig Meilen von uns entfernt ist. Spät an jenem Abend rief ich die Station an, auf die sie gebracht worden war, und bekam zu hören, es sei unwahrscheinlich, daß sie den nächsten Morgen erleben würde. Ein Freund fuhr mich ins Krankenhaus, wo ich meine Mutter sehr schwach und verwirrt vorfand, doch immerhin erkannte sie mich noch. Als ich ihr eine Stunde später einen Abschiedskuß gab, war ich sicher, daß ich sie in dieser Welt nicht wiedersehen würde.

Die Rückfahrt mit dem Auto war wie eine Trance. Ich dachte über die Tatsache nach, daß der Tod so groß und so klein zugleich ist – groß in dem Sinne, daß er *einen ganzen Menschen* wegnimmt und soviel Verlust und Trauer für die Lebenden mit sich bringt; klein in dem Sinne, daß er so schnell passieren kann und seine körperlichen Spuren sich so vollkommen beseitigen lassen. Plötzlich kam mir Angst bei dem Gedanken, wie viele dieser Neo-Nomaden in einen Hinterhalt des Todes geraten und wie schockiert sie hinterher sein müssen, wenn sie feststellen, daß sie auf diese wichtigste Reise ihres Lebens gänzlich unvorbereitet waren.

Gott sei Dank lebte meine Mutter noch vier Jahre, und die Lektion geht weiter.

Gebet

Vater, hilf uns, den Blick auf Jesus zu richten und all unsere Entscheidungen und Pläne im Kontext seines ewigen Geschenks an uns zu sehen.

- Womit beginnt mein Plan?

Sie nannten ihn King

Nun zu euch, ihr Reichen! Ihr werdet noch weinen und klagen über all das Elend, das über euch hereinbricht. Euer Reichtum verkommt, und die Motten zerfressen eure kostbaren Kleider. Euer Gold und Silber ist so wertlos wie verrostetes Eisen. All das wird euch anklagen. Ihr selbst werdet vergehen wie euer Reichtum. Warum habt ihr euch – so kurz vor dem Ende dieser Welt – nur darum gekümmert, euren Reichtum zu vermehren? Aber Gott hat den Schrei der Arbeiter gehört, die ihr um ihren verdienten Lohn betrogen habt. Euch dagegen ist es auf dieser Erde gut gegangen, ihr habt in Saus und Braus gelebt und euch doch nur für den Schlachttag gemästet. Alle, die euch dabei im Wege waren, habt ihr verurteilt und umgebracht, weil sie sich nicht gegen euch wehren konnten.

Jakobus 5, 1-6

Haben Sie je den Film *Sie nannten ihn King* gesehen, dessen Hauptfigur, ein amerikanischer Soldat im zweiten Weltkrieg, von George Segal brillant gespielt wird? Segals Antiheld, ein einfallsreicher, aber moralloser Geschäftemacher, gerät in japanische Kriegsgefangenschaft und wird durch Schwarzhandel, Mauscheleien und Diebstahl zum reichsten Mann im Lager. Frei von allen Skrupeln (britische Offiziere kaufen bei ihm Rattenfleisch und verzehren es genüßlich in der Meinung, es sei Eichhörnchen) gelangt er rasch zu einer einflußreichen Position, lebt vergleichsweise luxuriös und verteilt oder verweigert Gefälligkeiten, je nachdem, was es ihm einbringt.

Besonders einprägsam ist die Szene, in der Segal vor den Augen eines Mannes, der etwas hat, das er haben will, Eier brät. Es tut geradezu weh, zu sehen, wie dieser Mann, der seit zwei Jahren kein Ei mehr *gesehen* hat, mit großen Augen zuschaut und sich die Lippen leckt.

In dieser kleinen Welt des Lagers und über die kleine Gruppe von Wärtern, die ihn schützen und ihm helfen für die kleinen Vergünstigungen, die er ihnen hinwirft, ist er zweifellos der King, der reichste, mächtigste Mann in der Gemeinschaft.

Die am Ende stehende Befreiung des Lagers durch alliierte Truppen entspricht dem Bild, das Jakobus in dieser Passage zeichnet. Plötzlich sind die sorgsam angehäuften Vorräte an Lebensmitteln und Handelswaren wertlos. Diejenigen, die sich für ein paar Brotkrusten dem „King" verschrieben hatten, sind jetzt ängstlich darauf bedacht, nicht mit ihm in Zusammenhang gebracht zu werden, besonders, zumal es starke Anzeichen gibt, daß Segals auffällig wohlgenährter, gesunder körperlicher Zustand zu einer Untersuchung und Bestrafung führen wird. Der Film endet damit, daß der „King" isoliert mitten in dem Gelände steht, über das er gestern noch geherrscht hat. Hätte er anderen in jener kleinen Welt geholfen, so wäre er in der nächsten vielleicht ein Held gewesen. Statt dessen ist er ein Ausgestoßener.

Gebet

Herr, woran immer wir reich sind, hilf uns, es zu teilen. Amen.

- Was habe ich im Überfluß? Teile ich es?

Geduld

Meine Brüder, laßt euch nicht entmutigen, und wartet geduldig auf den Tag, an dem der Herr kommt. Muß nicht auch der Bauer mit viel Geduld Sonne und Regen abwarten, bis er im Herbst die Ernte einfahren kann? Auch ihr müßt geduldig sein und dürft nicht mutlos werden, denn der Herr kommt bald. Macht euch mit eurer Ungeduld nicht das Leben schwer, liebe Brüder. Sonst wird Gott euch verurteilen. Bedenkt: Der Tag des Gerichts ist nahe, und der Richter steht schon vor der Tür. Nehmt euch ein Beispiel an den Propheten, die im Auftrag Gottes gesprochen haben. Wie vorbildlich und mit welcher Geduld haben sie alle Leiden ertragen! Solche Menschen sind wirklich glücklich zu nennen, die so standhaft waren und Gott treu geblieben sind! Denkt doch nur an Hiob! Ihr habt alle schon gehört, wie geduldig er sein Leiden ertragen hat. Und ihr wißt, daß Gott in seiner Barmherzigkeit und Liebe alles zu einem guten Ende führte. Um eines möchte ich euch vor allem noch bitten, meine Brüder: Schwört nicht; weder beim Himmel noch bei der Erde, noch bei sonst etwas! Wenn ihr „Ja" sagt, dann muß man sich darauf verlassen können. Und wenn ihr „Nein" sagt, dann steht auch dazu. Sonst ist euch Gottes Urteil sicher.

Jakobus 5, 7-12

Auf einer Versammlung in London, an der ich teilnahm, sagte jemand mit unendlicher Müdigkeit in der Stimme: „Ich bin es so leid, Christ zu sein – ich will nur noch bei Jesus sein."

Erst kürzlich hatte eine Bekannte, die sehr aktiv in der Gemeinde ist, eine schlechte Nachricht erhalten und rief an, um zu fragen, ob sie auf eine Tasse Tee und ein Schwätzchen vorbeikommen könnte. Eine Weile redeten wir über das, was passiert war, und dann, nach einem kurzen Schweigen, brach sie plötzlich in Tränen aus und rief unter Schluchzen: „Ich will doch nur wissen, daß Gott mich liebt – mehr will ich doch nicht!"

Ein anderer Freund, der über ein Vierteljahrhundert lang ständig von anderen ausgenutzt wurde, kam schließlich an einen Punkt, wo sein Glaube einfach versickerte und der ganze Sinn seines Lebens ihm entschwunden zu sein schien. Wenn Säulen der Stärke unerwartet schwach werden, machen sie sich damit nicht beliebt, um es milde auszudrücken. Ich glaube, mein Freund hätte sich mit Freuden von den Armen Gottes vom Angesicht der Erde fegen und an einen Ort bringen lassen, wo er sich nicht mehr anstrengen müßte. Ich kenne das Gefühl.

Es sind eine Menge müder Pilger unterwegs, Leute, die wirklich lange Zeit geduldig *waren*, wie Jakobus es fordert, die aber jetzt an dem Punkt sind, wo sie ohne ein bißchen Hilfe nicht mehr weiter können. Wenn wir solche Hilfe brauchen, lassen Sie uns darum bitten. Und wenn wir jemanden treffen, der all seine Geduld verbraucht hat, begegnen wir ihnen nicht als Christen. Begegnen wir ihnen wie Jesus.

Gebet

Vater, wir möchten durchhalten und geduldig sein, wie du es befiehlst, aber hin und wieder brechen wir zusammen. Hilf uns, aufeinander achtzuhaben. Amen.

- Was zermürbt die Geduld? Was baut sie auf?

Zwanglose Begegnungen

Leidet jemand unter euch? Dann soll er beten! Wem es aber gutgeht und wer Grund zur Freude hat, der soll Gott Loblieder singen. Wenn jemand von euch krank ist, soll er die Ältesten der Gemeinde zu sich rufen, damit sie für ihn beten, ihn im Namen des Herrn segnen und ihn mit Öl salben. Wenn sie im festen Vertrauen beten, wird Gott den Kranken heilen. Er wird ihn aufrichten und ihm vergeben, wenn er gesündigt hat. Darum sollt ihr einander eure Sünden bekennen und füreinander beten, damit ihr geheilt werdet. Denn das Gebet eines Menschen, der unbeirrt glaubt, hat große Kraft. Elia war ein Mensch wie wir, und doch erreichte er durch sein Gebet, daß es drei Jahre und sechs Monate nicht regnete. Dann betete er um Regen. Da regnete es, und alles Land wurde grün und brachte wieder seine Früchte. Liebe Brüder! Wenn einer von euch vom rechten Weg abkommt und Gottes Wahrheit nicht mehr erkennt, dann sollt ihr ihn wieder auf den rechten Weg zurückbringen. Ihr müßt nämlich wissen: Wer einen Sünder von seinem falschen Weg abbringt, der hat diesen Menschen vor dem sicheren Verderben gerettet, denn Gott hat ihm seine Sünden vergeben.

Jakobus 5, 13-20

Ist Ihnen aufgefallen, daß in den Sachen, die ich schreibe, ziemlich regelmäßig die Kneipe vorkommt? Vielleicht beten einige von Ihnen schon für mich, daß meine Neigung zu solchen Einrichtungen endlich geheilt wird. Nun, warten Sie nicht darauf. Es ist nicht undenkbar, daß ich eines Tages zum Anti-Alkoholiker werde, aber das wäre noch lange kein guter Grund, das „Steppende Frettchen“ oder wie auch immer die Schänke heißt, die ich gerade frequentiere, aufzugeben. Schließlich soll ich doch Jesus nachfolgen, oder?

Warum läßt mich dieser Abschnitt an Kneipen denken? Nun, weil er voller Dinge ist, die dort stattfinden. Meine engsten

Freunde und ich bekennen tatsächlich einander unsere Sünden in solchen Situationen, und wir tauschen dort wirklich die Dinge in unserem Leben aus, die uns veranlassen, Gott zu loben oder um Hilfe und Befreiung zu beten. Dazu kommt nicht selten, daß bei diesen göttlich-weltlichen Gelegenheiten genau das stattfindet, wovon in den letzten beiden Versen dieses Briefes die Rede ist. Gelegentlich müssen wir uns gegenseitig die Flausen ausreden, und das kann ganz schön harte Arbeit sein.

Natürlich muß das alles nicht in einer Kneipe ablaufen. Es könnte auch bei einer morgendlichen Tasse Kaffee mit einem Freund, einer Wanderung durch die Berge oder einer halben Stunde im Waschsalon sein. Das weiß ich, aber bitte verweisen Sie Begegnungen guter Freunde in zwanglosen Situationen nicht auf irgendeine niedrige, nichtgeistliche Ebene. Jesus tat das nicht, und der Heilige Geist tut es ebenso wenig.

Ein Gedanke

Jesus ist da, wo immer zwei oder drei versammelt sind.

- Wo findet mein Christsein *wirklich* statt?

Das sicherste Zeichen der Weisheit
ist eine beständige Fröhlichkeit;
ihr Zustand ist wie der in den
Regionen oberhalb des Mondes,
immer klar und heiter.

Michel de Montaigne

WEISE REISEN

Worte der Weisheit aus den Sprüchen

Leider ist „Weisheit" eines der Werte auf der immer länger werdenden Liste von Wörtern, die durch die kommerziellen Tricks der modernen Werbung entwertet und im Grunde völlig umgedeutet worden sind. Wenn Sie heutzutage jemandem sagen würden, daß er, wenn er sich in Weisheit übt, mit dem Geschmack von Ambrosia belohnt werden wird, dann würde bei ihm ungefähr die Botschaft ankommen, daß er, wenn er seine Zähne immer hübsch sauber hält, eine Schüssel Milchreis bekommt. Traurig, nicht wahr? In einer Zeit, in der echte Weisheit noch viel nötiger gebraucht wird als Zahnbürsten, wissen wir nicht einmal mehr, was das Wort bedeutet.

Was die Gemeinde betrifft, so haben wir in den letzten dreißig Jahren eine Plethora (Entschuldigung, ich muß gerade mal die Thesaurus-Taste drücken und das überprüfen) ja, eine Plethora von Taschenbüchern erlebt, die eine Art leicht verdaulicher Alltagsweisheit zu so ziemlich jedem Problem enthalten, mit dem ein durchschnittlicher evangelikaler Christ konfrontiert werden könnte.

Meine Frau hat vor einigen Jahren ein solches Buch geschenkt bekommen, von jemandem, der wohl den Eindruck hatte, daß sie in gewissen Bereichen nicht ganz auf der Höhe sei. Das Bändchen handelte davon, wie sie zur idealen christlichen Frau werden könnte, und auf dem Umschlag prangte ein Foto einer ebensolchen vorbildlichen Dame, so daß den Leserinnen das Ziel deutlich vor Augen gestellt war. Dieses vollkommen aussehende Geschöpf war mit langem, üppigem Haar begnadet, wunderschön, aber mit würdiger Bescheidenheit getragen. Ihr Gesicht war mit einer nahezu perfekten Haut gesegnet, und es leuchtete vor Nächstenliebe, Zurückhaltung, gutem Willen und potentieller (aber strikt monogamer) Leidenschaft.

Man spürt dieser „vorbildlichen“ Frau ab, daß sie sich nur deshalb bereit erklärt hatte, sich für das Umschlagbild fotografieren zu lassen, damit Gott verherrlicht würde durch ihr Zeugnis von der Qualität seiner Handarbeit, wenn er sich, wie in ihrem Fall, wirklich ins Zeug legte.

Der Inhalt des Buches war in handliche Abschnitte unterteilt, von denen jeder einen anderen Aspekt der Beschaffenheit einer idealen christlichen Frau behandelte. Dazu gehörten Ratschläge, was eine Frau im Kreis der Gemeinde sagen, denken und tun solle, wie sie sich so kleiden solle, daß Gott geehrt, die Männer aber nicht versucht würden, wie sie ihren Mann auf sich unterordnende, aber geistliche und freimütige Weise unterstützen solle, wie sie die Ausgewogenheit zwischen den heiligen Anforderungen der Gastfreundschaft und den heiligen Anforderungen der Familie finden könne, wie sie inmitten eines vollen Terminkalenders Zeit fürs Gebet finden und sich mit der häuslichen Versorgung des Herrn in guter Haushalterschaft üben könne.

Bridget versucht es stets ernstzunehmen, wenn Leute ihr solche vielsagenden Geschenke machen (mein Vater, den es sehr beunruhigte, daß *alle* Leute ihm Seife schenkten, verbrachte den größten Teil seiner wachen Zeit in der Badewanne), doch sie sagte, nachdem sie das Buch etwa zu drei Vierteln durchgelesen habe, habe sie in sich ein wachsendes Verlangen verspürt, sich verführerisch zu kleiden, mich herumzukommandieren, Besuchern die Tür vor der Nase zuzuschlagen, ihre Familie zu ignorieren, das Beten gänzlich aufzugeben, die häusliche Versorgung des Herrn für Sahnetorten und einen ausgiebigen Einkauf in London zu verschleudern und die auf dem Umschlag abgebildete Frau ausfindig zu machen, um sie zu fesseln und mit fauligem Gemüse zu bewerfen, bis sie bereit wäre, sich dieses schmalzige Grinsen vom Gesicht zu putzen und irgend etwas Unanständiges, Unchristliches zu tun.

Das ist das Problem mit so vielen dieser leichten Antworten, mit denen uns die Medien überschwemmen, nicht wahr? Jedes dieser Bücher scheint so viel zu versprechen; seien es nun sechs einfache Schritte zum prophetischen Tiefseetauchen, Stricken im Geiste leicht gemacht oder eines aus jener Plethora (ich werde inzwischen immer sicherer im Umgang mit diesem Wort) zutiefst deprimierender Bücher, die Ihnen genau verraten, wie Sie sich von einer Depression erholen können. So wie der Begriff „christliche Lebensberatung" in der Vergangenheit oft ein Deckmantel für ein gefährlich ungeschicktes und ungeschultes Herumpfuschen im Leben von Menschen war, so können auch diese Bücher voller Populärweisheit beim Leser geradezu ein Gefühl der Niederlage und Minderwertigkeit erzeugen, weil er über einen der sechs „einfachen" Schritte stolpert und ohne tatkräftige Hilfe nicht wieder auf die Beine kommt.

Ja, ich weiß, es gibt bemerkenswerte Ausnahmen. Ich weiß es, weil ich selbst von ihnen profitiert habe, Gott sei Dank, aber ich weiß auch, daß eine ganze Generation von Gläubigen in der Vorstellung aufgewachsen ist, geistliches Wachstum laufe etwa so wie in einer Schule, wo das Leben säuberlich in leicht unterscheidbare Fächer aufgeteilt ist, die sich ganz leicht erlernen lassen, solange man nur dem Lehrer gut zuhört. Doch in Wirklichkeit ist natürlich das Leben für die meisten Leute, seien sie Christen oder nicht, nie so einfach, und die Weisheit, die wir dringend benötigen, ist von ganz anderer Art.

Wo habe ich Weisheit gefunden? Es gab Bücher, die mir geholfen haben, und auch einzelne Leute, die gehorsam genug waren, mir das rechte Wort zur rechten Zeit zu sagen, doch die folgenden Dinge scheinen mir die verläßlichsten Quellen der Weisheit zu sein.

Erstens glaube ich, daß die Entschlossenheit, Jesus nachzufolgen, die reinste Form der Weisheit ist, die irgendeiner von uns erstreben kann. Wir mögen törichte Nachfolger oder hin und wieder auch sündige Nachfolger oder unzulängliche Nachfolger sein, aber wenn wir, wie die Jünger, die einfache Entscheidung getroffen haben, mit ihm zu gehen, dann kann niemand und nichts dem Teil von uns Schaden zufügen, der im Paradies mit ihm zusammensein wird. Wirklich töricht wäre es, einer anderen Person oder Sache nachzufolgen. Wir werden beim Nachfolgen immer wieder versagen, aber wir dürfen nicht aufgeben.

Zweitens finde ich Weisheit (über mich) bei meinen Freunden, sofern ich ihnen zuhöre. Wenige Dinge sind so wertvoll wie der Rat enger Freunde, die mich wirklich kennen und bereit sind, mir die Wahrheit zu sagen, selbst wenn ich mich dagegen sträube. Sie sind eine praktische, geistliche Hilfe, und ich danke Gott für sie.

Drittens stütze ich mich sehr auf meine Frau, die mich nicht nur enervierend gut kennt, sondern auch hin und wieder Vorschläge macht, die mir direkt aus dem Herzen Gottes zu kommen scheinen. So sehr ich mich über diesen Vorgang auch manchmal beklage, danke ich doch Gott für diesen Segen mehr als für beinahe jeden anderen.

Und schließlich finde ich Weisheit durch den Heiligen Geist, der aus den Seiten der Bibel zu mir spricht, eine Weisheit, die sowohl jederzeit zugänglich als auch viel tiefer ist, als ich jemals ermessen oder verstehen können werde.

Wir brauchen die Weisheit der Heiligen Schrift. Das ist der Grund, warum ich all diese Andachten in diesem Buch geschrieben habe, einschließlich derer in diesem Abschnitt, die sich, wie selbst der Begriffsstutzigste inzwischen erahnt haben mag, um das Thema „Weisheit“ drehen.

Gebet

Vater, wir begegnen so vielen Leuten und beschäftigen uns mit so vielen Dingen. Wir brauchen die Weisheit deines Heiligen Geistes. Hilf uns, demütig genug zu sein, daß wir Rat annehmen von ihm, von denen, die uns gut kennen, und aus den Seiten der Heiligen Schrift, die wir nun lesen wollen. Amen.

Wahre Weisheit

Die folgenden Lebensweisheiten sind in Sprüche gefaßt von Salomo, dem Sohn Davids und König von Israel. Wenn du sie beachtest, wirst du lernen, dich im Leben zurechzufinden. Sie helfen dir, dich selbst zu beherrschen, und machen dich fähig, gute Ratschläge zu erkennen und anzunehmen. Durch sie gewinnst du Einsicht; du lernst, aufrichtig und ehrlich zu sein und andere gerecht zu behandeln. Wer jung und unerfahren ist, wird urteilsfähig, er bekommt das Gespür für gute Entscheidungen. Selbst wer darin schon geübt ist, kann noch dazulernen. Neue Gedankenanstöße helfen ihm, die Sprichwörter der weisen Lehrer zu verstehen und ihre Bilder und verschlüsselten Sprüche zu enträtseln. Alle Erkenntnis beginnt damit, daß man Ehrfurcht vor dem Herrn hat. Nur ein Dummkopf lehnt Lebensweisheiten und Selbstbeherrschung ab.

Sprüche 1, 1-7

Ich frage mich, wie der weise Salomo wohl die Neuigkeit verkraftet, daß seine Worte der Weisheit 1997 von Adrian Plass kommentiert werden. „Die hätten einen Theologen fragen sollen", beschwert er sich vermutlich, „oder einen ausgebildeten Moralphilosophen oder *sonstwen*. Der Mann ist doch ein krasser Amateur!" Tja, dumm gelaufen, Solly, alter Junge. Du bist schon lange tot, und jetzt bin ich an der Reihe.

Und diese meine Antwort faßt im Grunde die vorherrschende Einstellung gegenüber der Weisheit in den Neunzigern zusammen, nicht? Genau wie Essen und Reisen und viele andere Bereiche unseres Lebens wird sogenannte Weisheit hübsch verpackt und etikettiert und, besonders im Fernsehen, denen zur freien Auswahl angeboten, denen möglicherweise die Weisheit fehlt, diese Auswahl zu treffen. In Amerika haben wir entsetzt beobachtet, wie weit diese „Programme mit Publikumsbeteiligung" gehen, um Zuschauer anzulocken.

„Haben Sie den Verdacht, daß Ihr Ehemann oder Ihre Ehefrau ein Verhältnis hat? Wenn ja, möchten Sie ihn oder sie im Fernsehen ohne Vorwarnung mit den Beweisen konfrontieren?"

Das ist keine Übertreibung, und gerechtfertigt werden solche Sendungen mit dem Argument, sie seien – in diesem Fall – eine Hilfe für andere Ehepaare. Ähnlich hätten die alten Römer behaupten können, das Schauspiel der Christen, die den Löwen zum Fraß vorgeworfen wurden, sei in Wirklichkeit ein Anschauungsunterricht über die Ernährungsprobleme der Großkatzen.

Statt schlichten Gemütern Klugheit zu vermitteln oder Disziplin hineinzubringen, wo persönliches Chaos herrscht, bieten solche Veranstaltungen den Zuschauern nichts als emotionale Sahnetorten, obwohl manche von ihnen eine vernünftige Ernährung bitter nötig hätten.

Gebet

Vater, wir wissen, daß die Ehrfurcht vor dem Herrn nicht gut zu verkaufen oder zu bewerben ist, aber sie ist immer noch der Anfang der Weisheit, und wir beten darum, daß die Jungen, die Schlichten und die Weisen ihren Rat bei dir finden.

Geistliche Gedanken

Hört! Die Weisheit ruft laut auf den Straßen, auf den Marktplätzen erhebt sie ihre Stimme. Im Lärm der Stadt macht sie sich bemerkbar und ruft allen Menschen zu: „Ihr Dummköpfe! Wann kommt ihr endlich zur Vernunft? Wie lange noch wollt ihr spötteln und euch mit einem Lächeln über alles hinwegsetzen? Ist euch jede Einsicht verhaßt? Hört, was ich euch sagen will! Dann überschütte ich euch mit dem Reichtum meiner Weisheit und teile mit euch meine Lebenserfahrung."

Sprüche 1, 20-23

Dieser Abschnitt erinnert mich an meinen Freund, den Rabbi Hugo Gryn, der ein bekannter und geschätzter Rundfunkmann war. Leider ist Hugo vor kurzem gestorben. Vier oder fünf Jahre lang sind Bridget und ich mit diesem meisterhaften Geschichtenerzähler beinahe jede Woche in den Maidstone-Studios der TVS zusammengetroffen, um die spätabends ausgestrahlte „fromme" Fernsehsendung „Company" aufzuzeichnen. Diese Regionalsendung richtete sich hauptsächlich an Leute mit Schlafstörungen, Taxifahrer, Kneipenwirte, Nachtwächter und Leute, die es nicht schafften, nach dem Snooker rechtzeitig den Fernseher abzustellen, doch sie hat uns viel Spaß gemacht, und wir haben es genossen, Leuten wie Hugo zu begegnen.

Bei unseren vielen Diskussionen kamen wir oft auch auf die offensichtlichen und weniger offensichtlichen Unterschiede zwischen dem Christentum und dem Judentum zu sprechen. Einer der interessantesten Unterschiede, die Hugo nannte, betraf Wissen und Geistlichkeit.

In der christlichen Gemeinde, meinte er, gehe man allgemein davon aus, daß Wissen durch die Entwicklung des geistlichen Lebens zu erwerben sei, während man im jüdischen Glauben einer Beziehung zu Gott um so näher komme, je mehr Wissen und Erkenntnis man habe.

Sicherlich werden diese allgemeinen Tendenzen manchmal von Anhängern beider Glaubensrichtungen aufs äußerste überspannt. Vor über zehn Jahren war ich verblüfft über die Hitzigkeit, mit der eine kleine Minderheit jede Andeutung zurückwies, daß eine intellektuelle Annäherung an den christlichen Glauben irgendwelchen Wert haben könnte. Es schien eine Furcht zu herrschen, daß Denken und Geistlichkeit sich irgendwie gegenseitig ausschlössen, so lächerlich diese Vorstellung auch offensichtlich ist. Zum Glück ist in diesen Bereichen inzwischen weitgehend wieder ein Gleichgewicht eingekehrt, doch hin und wieder treffe ich immer noch jemanden, der mir sagt, Denken sei „gefährlich".

Was Hugo betrifft, so ist es interessant, daß seine erste richtige Gotteserfahrung emotionaler Art war. Siebzehn Jahre alt, versteckt in einem Winkel in einem deutschen Konzentrationslager, weinte er eines Tages über sich selbst und das jüdische Volk und die ganze Welt und empfand zum erstenmal die Realität und das „Anderssein" Gottes.

Ich bin traurig, daß Hugo nicht hier sein kann, um noch ein bißchen weiter darüber zu diskutieren, aber vielleicht kommt die Gelegenheit ja noch.

Gebet

Vater, lehre uns, dich kennenzulernen und dich zu lieben.

Kritik

Vor jeder Erkenntnis verschließt ihr die Augen, Gott wollt ihr nicht gehorchen. Jeden Rat von mir weist ihr zurück – dann tragt auch die Folgen eures Handelns, bis ihr genug davon habt!

Sprüche 1, 29-31

Nachdem ich diesen Abschnitt gelesen hatte, habe ich mich gefragt, inwieweit ich eigentlich bereit bin, Kritik oder Tadel von Menschen oder Gott anzunehmen. In einer Hinsicht kann ich die Frage leicht beantworten. Ich habe schon immer alle Kritik gehaßt, besonders die konstruktive Sorte, weil man die nicht verächtlich zurückweisen kann. Sie zwingt einen, etwas zu tun!

Dennoch ist mir schmerzlich bewußt, daß ich hilfreiche Kritik brauche, aber sie muß von jemandem kommen, von dem ich bereits weiß, daß er mich schätzt. Wenn Bridget, meine Frau, eine negative Bemerkung über etwas macht, das ich gesagt oder getan oder geschrieben habe, ist es durchaus wahrscheinlich, daß ich sauer werde, aber dann nehme ich mein Sauersein und ihre Bemerkung mit in einen Winkel, um sie mir im stillen näher anzuschauen. Meistens muß ich dann zugeben, daß sie absolut recht hatte, und ihre Einsichten sind mir wirklich sehr viel wert. Ich wünschte nur, ich müßte nicht erst jedesmal wie ein Kind die beleidigte Leberwurst spielen.

Auf einer anderen Ebene denke ich, daß sich manches verändert hat. Ich bin heute wirklich der Meinung, daß es unsere Schwächen sind, nicht unsere Stärken, die uns dazu qualifizieren, Gott zu dienen (obwohl es vielleicht verräterisch ist, daß ich hier das Wort „wir" statt „ich" gebrauche).

Bridget und ich haben eine Zeitlang in Burrswood gearbeitet, dem Heilungszentrum, das von Dorothy Kerin gegründet wurde, die 1961, sieben Jahre vor unserem Beginn dort, gestorben war. Eines Abends wurden wir von einer älteren, sehr weisen Dame russischer Abstammung namens Marina, die eine der engsten Freundinnen von Dorothy Kerin gewesen war, zum Essen eingeladen. Während des Essens sagte Marina etwas, das ich sehr schwer zu schlucken fand.

„Adrian", sagte sie, „Sie sind zu viel Gutem und zu viel Bösem imstande. Sie sind schwach, aber Bridget ist stark." Und zu Bridget gewandt fuhr sie fort: „Sie werden ihn beschützen müssen, meine Liebe."

Dieses Bild von mir als schizophrenem Schwächling ging mir damals gar nicht glatt herunter. Verzweifelt bemühte ich mich, mein heroisches Selbstbild aufrechtzuerhalten. In Wirklichkeit war ich rasend vor Wut, wenn ich auch nicht glaube, daß ich es mir anmerken ließ. Im Lauf der Jahre jedoch habe ich wahrhaftig gelernt, dieses kleine Goldkörnchen der Weisheit zu schätzen. Ich trage es in einer kleinen Seitentasche meines Bewußtseins stets bei mir und hole es hin und wieder hervor, wenn Entscheidungen zu treffen sind. Deswegen habe ich nicht aufgehört, Kritik zu hassen, aber ich danke Gott trotzdem dafür.

Gebet

Los, sag, was du denkst – nein, wirklich, nur zu, sag es. Es macht mir nichts aus ...

Verborgene Schätze

Mein Sohn, höre auf mich, und befolge meine Ratschläge! Nimm dir die Lebensweisheiten zu Herzen, die ich dir weitergebe, achte auf sie und werde klug! Ringe um Verstand und Urteilskraft, suche danach voller Eifer wie nach einem wertvollen Schatz! Dann wirst du Gott immer besser kennenlernen und Ehrfurcht vor ihm haben. Er allein gibt Weisheit, und nur von ihm kommen Wissen und Urteilskraft. Aufrichtigen Menschen verleiht er Glück; er hilft allen, die offen und ehrlich sind. Wer andere gerecht behandelt und Gott verehrt, steht unter seinem Schutz. Mein Sohn, wenn du auf mich hörst, wirst du vertraut mit dem, was richtig, gerecht und gut ist. So kannst du ein Leben führen, das Gott gefällt.

Sprüche 2, 1-9

Die Vorstellung, nach Verstand und Urteilskraft zu suchen, wie man einem verborgenen Schatz nachjagen würde, fasziniert mich. Seit ich ein Kind war, habe ich davon geträumt, irgend etwas Altes, Kostbares an einem Ort zu entdecken, der seit Generationen unberührt war.

Selbst heute noch (meine Kinder können es schon nicht mehr hören, wenn ich das sage) phantasiere ich davon, ein uraltes Haus zu erben, dessen Keller und Dachböden seit Jahren von niemandem mehr betreten und erkundet wurden. Ich könnte mich regelrecht begeistern dafür, auf der Suche nach lange vergessenen Büchern und Gegenständen und Bildern verstaubte Kisten und Schränke zu durchwühlen. Herrlich!

Da es wahrscheinlich nie dazu kommen wird, werde ich mich mit der Bibel begnügen, die ebenfalls ein Lager voller Schätze ist, wenn auch diese Schätze nicht immer sofort zu sehen und zu erkennen sind. Im Lauf der Generationen sind viele der funkelnden Edelsteine der Wahrheit, die zwischen den Deckeln dieses bemerkenswerten Buches liegen, durch den Staub des Altvertrauten, der unzulänglichen Lehre, des noch unzulänglicheren lauten Vorlesens, der konfessionellen Vorurteile und der schieren Furcht vor dem intensiven, nicht-religiösen Leben, das es bietet, überdeckt worden.

Manchmal, nicht ständig, aber oft genug, um mich immer wieder neu suchen zu lassen, bricht irgendein alter, staubtrockener Vers ganz plötzlich auf, und vor mir liegt das reine, kostbare Metall der Wahrheit Gottes, oft gerade da, wo ich am wenigsten damit gerechnet habe. Wenn das passiert, möchte ich am liebsten herumrennen und mit den Armen wedeln wie einer jener alten Abenteurer in den Western, die jahrelang nach Gold gesiebt haben und plötzlich auf einen glänzenden Grund gestoßen sind.

Gebet

Danke für diese Schatzkiste. Leite uns, wenn wir ihren Inhalt durchsuchen.

Der Lohn

So wirst du vor Fehlern bewahrt. Du bist gewappnet gegen Menschen, die mit ihren Worten andere täuschen und selbst krumme Wege gehen. Vom Guten haben sie sich abgewandt, sie verdrehen die Wahrheit und haben ihre helle Freude daran. Alles, was sie sagen und tun, ist verloren und verkommen. Besonnenheit schützt dich auch vor einer fremden Frau, die dich mit schmeichelnden Worten umgarnt und dich verführen will. Dem Mann, den sie in ihrer Jugend geheiratet hat, ist sie untreu – und damit bricht sie den Bund, den sie vor Gott geschlossen hat. Wer sich ihrem Haus nähert, begibt sich in tödliche Gefahr. Niemand, der sich mit ihr einläßt, findet wieder auf den richtigen Weg zurück. Suche stattdessen nach guten Vorbildern, die dir zeigen, wie man ein Leben führt. Wer aufrichtig ist, wird dieses Land bewohnen; wer aber unehrlich ist und Gott verachtet, wird daraus vertrieben.

Sprüche 2, 12-22

Ich möchte eine Frage stellen, die einige meiner Brüder und Schwestern in Christus wahrscheinlich verärgern wird, weil sie die Antwort für offensichtlich halten. Und überhaupt, werden sie vermutlich hinzufügen, *sollte* man eine solche Frage gar nicht stellen. Hier ist sie:

Was haben wir davon?

Vulgär, was? Aber ich habe das Gefühl, daß viele Christen insgeheim diese Frage stellen möchten, und ich glaube auch, daß Gott möchte, daß wir sie beantworten können, nicht nur für uns selbst, sondern auch für die Leute, denen wir begegnen und die dem Glauben fernstehen. Warum sollten wir vor den Wegen böser Menschen bewahrt werden wollen? Die scheinen es doch im großen und ganzen sehr behaglich zu haben. Und dann die Ehebrecherin. Manche von uns würden sich vielleicht sehr gerne mit der Ehebrecherin oder ihrem männlichen Gegenstück einlassen. Es kann ja wohl nicht *weniger* Spaß machen als ein Eucharistiegottesdienst um acht Uhr morgens an einem verregneten Sonntag, oder? Warum sollten wir gut sein? Warum sollten wir uns für die Seite des Herrn entscheiden?

Was *haben* wir davon?

Nun, vergessen Sie für einen Moment die richtigen, korrekten Antworten und denken Sie darüber nach, wie Jesus wohl darauf geantwortet hätte (kein schlechter Leitfaden, um die meisten Fragen zu beantworten). In der letzten Andacht haben wir über die verborgenen Schätze gesprochen, die in der Bibel zu heben sind. Auch Jesus sprach über Schätze. Er sagte, wir sollten uns lieber Schätze im Himmel sammeln als auf der Erde, und ich bin sicher, daß er genau das meinte, was er sagte. Er gebrauchte das Bild des Schatzes ganz bewußt und wollte damit offensichtlich sagen, daß im Himmel eine andere, aber mindestens ebenso wertvolle Währung gilt. Wir werden auf die bestmögliche Art reich sein – nämlich auf die ewige Art. Dieser Reichtum wird aus dem Grundmetall des Gehorsams und der Liebe gemünzt und in die unermeßliche Freude umgewechselt, mit Jesus selbst zusammenzusein – eine Freude, die wir unmöglich völlig begreifen können, bis wir sie in ihrer Fülle erleben.

Das haben wir davon.

Gebet

Vater, hilf uns, den wahren Lohn im Blick zu behalten.

Gesundheit und Reichtum

Mein Sohn, vergiß nie, was ich dir beigebracht habe! Nimm dir meine Ratschläge zu Herzen und bewahre sie! Dann wird es dir gutgehen, ein langes und erfülltes Leben liegt vor dir. Sei gütig und treu und werde nie nachlässig, sondern sporne dich immer wieder an! So wirst du Freundschaft und Ansehen bei Gott und Menschen finden. Verlaß dich nicht auf deine eigene Urteilskraft, sondern vertraue voll und ganz dem Herrn! Denke bei jedem Schritt an ihn; er zeigt dir den richtigen Weg und krönt dein Handeln mit Erfolg. Halte dich nicht selbst für klug; gehorche Gott und meide das Böse! Das heilt und belebt deinen ganzen Körper, du fühlst dich wohl und gesund.

Sprüche 3, 1-8

Hört sich interessant an, nicht wahr? Lesen Sie Vers 2 noch einmal, dann sehen Sie, was ich meine. Der Verfasser scheint ganz offenbar sagen zu wollen, daß die gewissenhafte Anwendung seiner Lehre und seiner Anweisungen zu einem langen Leben und zu materiellem Gewinn führen.

Als wir 1996 in Australien unterwegs waren, stellten wir fest, daß dort die sogenannte „Health-&-Wealth"-Bewegung zunehmend Anklang fand. Die Anhänger einer solchen Lehre glauben, wie Sie sicher bereits wissen, daß immer dann, wenn Christen das Reich Gottes zur obersten Priorität ihres Lebens machen, Gott mehr oder weniger dazu verpflichtet sei, sie mit materiellem Wohlstand und guter körperlicher Gesundheit zu segnen. Ich vermute, daß Verse wie der eben zitierte von Anhängern dieser Lehre als Stütze für ihre Behauptungen angeführt werden.

Also, vielleicht haben sie recht. Das Alte Testament ist voll von Leuten, die reich werden, wenn Gott mit ihnen zufrieden ist. Was meinen Sie? Schließlich steht es schwarz auf weiß da – langes Leben und Reichtum.

Also 'ran an den Speck!

Nein, ich verzichte lieber, wenn es Ihnen nichts ausmacht. Es führt zu sehr ernsten Problemen, wenn man das Alte Testament als Quelle der Lehre verwendet, ohne es im Licht dessen zu lesen und zu betrachten, was Jesus uns in den Evangelien lehrt. Ohne allzusehr ins Detail zu gehen, schlage ich vor, daß wir uns vorstellen, wie Jesus auf die Neuigkeit reagieren würde, daß seine Anhänger ziemlich gewiß seien, einen Anspruch auf ein anständiges Einkommen und bedeutende gesundheitliche Vorteile zu haben. Dieser Mann, der sagte, wir würden leiden wie er, nur noch mehr; der seine Anhänger ohne auch nur ein Paar Sandalen an den Füßen losschickte; der sagte, die Armen seien selig; der sich Sorgen darum machte, wie die Reichen ins Himmelreich kommen könnten; wie hätte er wohl reagiert?

Ich sage Ihnen, wie er meiner Meinung nach reagiert hätte. Ich glaube, er hätte gelacht, bis ihm die Tränen gekommen wären. Oder, bei Lichte besehen, vielleicht wären ihm auch nur die Tränen gekommen.

Gebet

Vater, wie lange wird es noch dauern, bis deine Leute erfahren, was es wirklich heißt, reich und gesund zu sein?

Zurechtweisung

Mein Sohn, wenn der Herr dich zurechtweist, dann sei nicht entrüstet, sondern nimm es an, denn darin zeigt sich seine Liebe. Wie ein Vater den Sohn erzieht, den er liebt, so erzieht dich auch der Herr. Glücklich der Mensch, der weise und urteilsfähig geworden ist! Er ist reicher als jemand, der Silber und Gold besitzt.

Sprüche 3, 11-14

Ein Freund von mir erzählte mir von seiner Scheidung, während wir aus dem Norden Englands wieder zurück nach Hause fuhren.

„Wir waren eine lange Zeit verheiratet", sagte er, „und kaum jemand wußte, daß wir Probleme in unserer Beziehung hatten. Als es so schlimm geworden war, daß uns die Scheidung als der einzige Ausweg erschien, beschlossen meine Frau und ich, einen Brief an eine ziemlich große Zahl von Leuten zu verschicken – an unsere engen Freunde natürlich, unsere Verwandten und einige Leute in unserer Gemeinde. Das war einfacher, als die Sache hundertmal erklären zu müssen."

Ich nickte. „Und haben sie alle geantwortet?"

„Oh ja, wir haben ein paar wunderbare Antworten bekommen – sehr verständnisvoll und mitfühlend. Die Leute haben wirklich sehr warmherzig reagiert."

„Gab es auch Antworten, die dir nicht gefallen haben?"

„Ja, eine gab es", erwiderte er nachdenklich. „Nicht, daß sie unangenehm gewesen wäre. Keineswegs. Sie war sehr freundlich. Der Mann, der den Brief geschrieben hatte, sagte, er sei sicher, wir hätten die richtige Entscheidung getroffen."

„Was gefällt dir denn daran nicht?"

Er legte den Kopf schief und sog die Luft durch die Zähne ein. „Ich weiß nicht. Ich schätze, es liegt einfach daran, daß der Schreiber mich eigentlich gar nicht so gut kannte, und meiner Frau war er kaum je begegnet. Deshalb kam es mir ein bißchen – nun ja, ein bißchen wenig hilfreich vor, im Brustton der Überzeugung zu behaupten, eine Scheidung wäre das Richtige für uns. Dagegen", fuhr er fort, „waren die beiden Antworten, die mir am meisten bedeuteten, ebenso warmherzig und verständnisvoll, aber sie enthielten auch eine nachdrückliche, aber behutsame Nachfrage, ob es vielleicht eine Alternative zur Scheidung geben könnte. Sie fragten uns im Grunde, ob wir die Sache richtig durchdacht und durchbetet hatten, bevor wir eine so ernste Entscheidung getroffen hatten. Diese beiden Briefe haben mir sehr viel bedeutet."

Gebet

Vater, danke für die Gelegenheiten, bei denen uns unsere Freunde wirklich geistliche Liebe zeigen, indem sie uns nicht so leicht mit Dingen davonkommen lassen, die schlecht für uns sein könnten, und uns dabei gleichzeitig mit Mitgefühl und Warmherzigkeit unterstützen. Hilf uns, deine Zurechtweisung nicht abzulehnen, ob du sie uns nun direkt oder durch andere Menschen zukommen läßt, wenn sie genau das ist, was wir brauchen.

Furcht

Mein Sohn, achte darauf, daß du die Weisheit und Besonnenheit nie aus den Augen verlierst! Sie wird dein Leben erfüllen und dir Ansehen bei den Menschen geben. Dein Schlaf ist ruhig und tief, vor nichts brauchst du dich zu fürchten – auch nicht vor dem Unglück, das gottlose Menschen plötzlich trifft. Denn der Herr beschützt dich; er läßt dich nicht in eine Falle laufen.

Sprüche 3, 21-26

Hier sind einige Fragen, die sich auf diesen Abschnitt beziehen. Keine Sorge – ich habe sie nicht aufgeschrieben, damit Sie sich schlecht fühlen. Ich versuche nur, mich meinen eigenen Antworten zu stellen.

Wenn Ihre Antwort genauso ausfallen wird wie meine, dann werden wir zusammen beten. Wenn nicht, können Sie für mich und Leute wie mich beten.

Wenn ich mich niederlege, fürchte ich mich dann?

Die Antwort auf diese Frage ist: „Ja, ich fürchte mich." Da ist eine Finsternis, die mein Herz überschattet, seit ich ein ganz kleines Kind war. Dieser Schatten wurde durch schwierige Ereignisse während jener Zeit geworfen, auf die ich keinen Einfluß hatte, und auch durch die unvorsichtige Lektüre mancher gruseliger Bücher, als ich mich dem Jugendalter näherte. Ich wäre liebend gern frei von diesem Schatten.

Wenn ich liege, schlafe ich dann süß?

Nein, im allgemeinen schlafe ich nicht süß. Dazu sollte ich gleich vorweg sagen, daß ein entscheidender Grund dafür mein (zu großes) Gewicht und mein (zu umfangreiches und zu spätes) Abendessen ist. Aber das sind nicht die einzigen Gründe. Der Schlaf ist für mich immer noch ein gefährliches Land, ein Ort, wo es unklug wäre, alle Wachsamkeit fahren zu lassen. Früher habe ich an einer sogenannten Schlaflähmung gelitten, was die Sache auch nicht besser machte. Manchmal passiert mir das immer noch, wenn ich sehr angespannt bin. Ich würde liebend gern süß schlafen können.

Fürchte ich mich vor plötzlichem Schrecken oder vor dem Verderben, das über die Gottlosen kommt?

Diese Frage ist nicht so leicht zu beantworten. Der düstere Schatten, den ich bereits erwähnt habe, ist manchmal, meist im denkbar ungünstigsten Augenblick angefüllt mit Trugbildern unausweichlichen Untergangs und Verderbens, aber ich habe heute eine viel größere Zuversicht, daß die Konsequenzen meiner Sünde mich nicht einholen können. Gott liebt mich, und durch Jesus bin ich gerettet. Ich glaube nicht, daß ich das bisher je so unverblümt niedergeschrieben habe. Vielleicht glaube ich es heute unverblümter.

Bleiben immer noch die Probleme mit der Nacht, den Schatten und dem Schlaf. Beten wir darüber.

Gebet

Vater, ich weiß, ich bin nicht der einzige, für den die Nacht eine schwierige Zeit ist. Gib uns Urteilskraft und Unterscheidungsvermögen im Umgang mit den praktischen Dingen, die verändert werden müssen, und gib uns deinen Frieden und deine Weisheit wie Schmuck um den Hals, wenn die Schatten auf uns fallen.

Werde weise

Nur eins im Leben ist wirklich wichtig: Werde weise! Werde verständig! Kein Preis darf dir zu hoch dafür sein. Liebe die Weisheit, sie wird dir Ansehen verschaffen; ehre sie – dann erlangst du Ehre.

Sprüche 4, 7-8

Erinnern Sie sich an die Nachricht, die vor einigen Jahren durch die Zeitungen ging, von einem jungen Paar, das seinen gesamten Besitz samt Haus und Möbeln versteigerte, um Geld für hungernde Flüchtlinge in einem fernen Land zu beschaffen? Ich war damals noch ziemlich jung, wohl so um die Sechzehn, und war gerade erst Christ geworden. Ich wußte nicht so recht, was ich von dieser extravaganten Geste halten sollte (wie wir über Dinge dachten, fanden wir meistens heraus, indem wir den Pfarrer fragten), aber ich glaube, ich schwankte zwischen Bewunderung für diesen von ganzem Herzen großzügigen Akt des Gebens und der Sorge, daß das betreffende junge Paar seine Haushälterschaft nicht ernst genug nahm (Haushälterschaft war ein Begriff, den ich erst vor kurzem zum ersten Mal gehört hatte). Ein anderer Teil von mir, der noch vorchristlich geprägt und vermutlich vernünftiger war als der Teil, der die ersten beiden Antworten produzierte, fand es irgendwie ziemlich albern, alles wegzugeben und dann darauf angewiesen zu sein, daß andere einem das gaben, was man selbst nicht mehr hatte, weil man es gerade an jemanden anderes verschenkt hatte. Oder so ungefähr.

Könnte der Schreiber des obigen Abschnitts einen solchen überschwenglich verschwenderischen Akt vor Augen haben, wenn er sagt, daß wir weise werden sollen, was immer es kostet? Gibt es wirklich irgendeinen Weg, wie wir irgendeine Art von Gütern gegen die höchste Gabe der Weisheit eintauschen können? Ich vermute, einen solchen Weg gibt es, aber ich bin absolut sicher, daß die Kosten viel höher sind als der Verlust materiellen Besitzes oder des Guthabens auf unseren Bankkonten.

Der Schlüssel liegt in der Bereitwilligkeit, mit der die Jünger Jesus folgten, als sie gerufen wurden. Es war eine Bereitwilligkeit, ihm nicht nur körperlich hinterherzulaufen, sondern ihn auf der Liste der Dinge, die ihnen persönlich am wichtigsten waren, an die alleroberste Stelle zu setzen. Indem sie ihr eigenes Recht, ihre Geschicke zu bestimmen, aufgaben, gewannen diese Männer die Wirklichkeit seiner Weisheit und Macht in ihrem Leben, obwohl es nicht gleich an Ort und Stelle zu einer magischen Verwandlung ihrer Persönlichkeit kam. Das kann auch heute noch geschehen, aber ich glaube nicht, daß es oft geschieht.

Gebet

Vater, zeig jedem von uns persönlich, was es heißt, Jesus in unserem Leben an die erste Stelle zu setzen. Heute können wir ihm nicht mehr körperlich durch Luton oder Carlisle nachlaufen. Wie sollen wir es machen?

Behüte dein Herz

Mein Sohn, merke auf meine Rede und neige dein Ohr zu meinen Worten. Laß sie dir nicht aus den Augen kommen; behalte sie in deinem Herzen, denn sie sind das Leben denen, die sie finden, und heilsam ihrem ganzen Leibe. Behüte dein Herz mit allem Fleiß, denn daraus quillt das Leben. Tu von dir die Falschheit des Mundes und sei kein Lästermaul.

Sprüche 4, 20-24

Diese Ermahnung „Behüte dein Herz ... denn daraus quillt das Leben" bietet uns eine täuschend einfache Herausforderung und eine Warnung, die erschreckend ist. Die Herausforderung ist, genau hinzuschauen, was in meinem Herzen ist, und die Warnung, daß alles, was in meinem Herzen enthalten ist, sich auch in Taten oder Worten in meinem Leben zeigen wird.

Da möchte man am liebsten ganz still sitzen und gar nichts sagen, stimmt's?

Diejenigen unter uns, die ihre innere Geographie schon einmal kartographiert haben, wissen, was das für eine entmutigende Übung sein kann. Anfangs läuft alles ganz gut; wir marschieren wacker auf den Rand unseres Talents, unseres guten Willens, unserer Geduld oder unserer Großzügigkeit zu, doch dann tut sich plötzlich ein Abgrund vor uns auf, meist gerade an einer Stelle, wo es den Anschein hatte, als ob sich der feste Boden noch ewig weiter erstrecken würde. Versuchen wir es dann in einer anderen Richtung, passiert uns bald genau dasselbe wieder. Immer und immer wieder geht es uns so, bis wir allmählich die Umrisse und Grenzen unserer Persönlichkeit erahnen. Für manche ist das eine sehr willkommene Erkenntnis – laß es sein und lebe dein Leben weiter, würden sie sagen. Für andere, in deren Adern Forscherblut fließt, ist es eine Art Gefängnis.

So empfinden viele von uns den Inhalt unseres Herzens. Wir suchen nach genügend Barmherzigkeit, um sich wirklich für die

Welt zu engagieren, und finden nur eine armselig begrenzte Fähigkeit, das Leiden anderer in die Arme zu nehmen. Wir suchen nach der Willenskraft und Vergebungsfähigkeit, um uns und diejenigen, die wir hassen, von den Ketten des Grolls und der Bitterkeit zu befreien, und finden nur Schwäche und die Neigung, unsere Verletzungen zu hegen. Wir jagen in unseren Herzen nach dem Mut, zu kämpfen, wenn alles in uns sich nur noch hinlegen will, und still zu warten, wenn wir kämpfen wollen, doch statt dessen entdecken wir nur die Selbstverwöhnung, die bekommen *muß*, wonach sie giert.

Wir stehen am Ufer unseres eigenen Lebens und rufen Gott zu, daß wir nicht weitergehen können, wenn er uns nicht einen Weg dazu bietet.

Gebet

Vater, wir wissen, daß wir schwach und begrenzt und daß unsere Herzen nicht rein sind, doch Jesus hat uns gesagt, daß er der Weg ist, durch den wir Leben und Kraft finden werden. Wir bitten, daß er auf dem Thron unseres Herzens wohnen und seine Gerechtigkeit durch uns ausleben möge.

Sex

Freu dich doch an deiner eigenen Frau! Ihre Liebe ist wie eine Quelle, aus der immer wieder frisches Wasser sprudelt. Willst du sie verlieren, weil du dich mit anderen einläßt? Dir allein soll ihre Liebe gehören, mit keinem anderen sollst du sie teilen! Erfreue dich an deiner Frau, die du als junger Mann geheiratet hast. Bewundere ihre Schönheit und Anmut! Berausche dich immer wieder an ihren Brüsten und an der Liebe, die sie dir schenkt! Mein Sohn, willst du dich wirklich mit einer anderen vergnügen und mit einer fremden Frau schlafen?

Sprüche 5, 15-20

Ein junger Mann namens Steve sagte einmal zu mir: „Ist es normal, wenn man als verheirateter Mann ein Auge auf andere Frauen wirft?" Er war einer dieser kläräugigen Typen, die den ersten Teil ihres Lebens damit verbringen, zu erwarten und im allgemeinen auch zu entdecken, daß das Leben eine gute, angenehme, lohnende Angelegenheit ist.

Er und seine Frau Samantha hatten sich Hals über Kopf ineinander verliebt, als sie zwanzig waren, und eine richtige Märchenhochzeit gefeiert. Jetzt war sie schwanger, und zu seiner Bestürzung stellte Steve fest, daß er den mächtig aufgeblähten Körper seiner jungen Frau nicht mehr so anziehend fand wie bisher. Statt dessen wanderten seine Blicke lüstern in die Richtung anderer, schlankerer Frauen, die – nun, eben nicht Samantha waren.

Für Steve war dies ein Schatten über seinem Leben, ein furchtbares Scheitern in seiner Beziehung zu Sam und zu Gott. Er kam sich irgendwie dreckig und erniedrigt vor durch das, was er erlebte.

„Ich muß dauernd daran denken", sagte Steve, „daß Jesus gesagt hat, daß man schon, wenn man eine Frau nur lüstern *ansieht*, schon mit ihr Ehebruch begangen hat. Das bedeutet, daß ich schon fünfzehnmal Ehebruch begangen habe, seit ich heute morgen aufgestanden bin."

Mag sein, daß mein Freund ein wenig verdattert über die nüchtern-sachliche Art war, mit der ich auf sein Problem reagierte.

„Du mußt dir folgendes vor Augen halten, Steve", sagte ich. „Erstens: Vielleicht gibt es ein paar Männer, die kein Auge auf andere Frauen geworfen haben, nachdem sie verheiratet waren, aber wenn man sie alle zusammenbringen würde, würden sie locker in einen großen Kleiderschrank passen.

Zweitens: Jesus war weder albern noch unrealistisch. Er wußte, wie die Menschen sind – er war ja selber einer. Er hat nie die Wahrheit verwässert, aber er wußte Bescheid über die Versuchung, und ihm geht es mehr darum, dir zu helfen, damit umzugehen, als Blitz und Donner über dich auszuschütten, weil du über Bessie von nebenan phantasierst.

Drittens: Sex ist ein entscheidender Bestandteil der Ehe, aber echte Liebe ist eine komplizierte, langsam reifende Sache. Sie erfordert eine Menge Zeit und Mühe, aber am Ende kann etwas sehr Starkes, Gutes und Kostbares dabei herauskommen. Das mit dem Sex regelt sich schon, du wirst sehen. Gib nicht auf, bevor du angefangen hast, Mann. Das Beste kommt noch."

Gebet

Vater, wo wir hinschauen, gehen um uns her Ehen in die Brüche. Hilf uns, in unseren Beziehungen stark und weise zu sein und uns auf dich zu verlassen wie Kinder.

Besser als Gold

Hört! Die Weisheit ruft, und die Einsicht läßt ihre Stimme erschallen! Man sieht sie auf allen Straßen und Plätzen, an den Toren der Stadt – dort, wo jeder sie sehen kann – steht sie und ruft: Hört her, ja, ich meine euch alle! Ihr Unerfahrenen, werdet reif und vernünftig! – Meine Ratschläge sollt ihr dankbarer annehmen als Silber und Gold. Denn Weisheit ist wertvoller als die kostbarste Perle, unvergleichlich mehr als alles, was ihr euch ertäumt.

Sprüche 8, 1-5. 10-11

Warum eigentlich wählen die Leute *nicht* lieber die Weisheit als Silber und Gold? Warum sind gerade die Dinge, die wir an anderen Leuten anziehend finden, die letzten, die wir uns für uns selbst wünschen?

Komisch, nicht?

Ich habe dieses Phänomen ganz deutlich während des Heranwachsens meiner eigenen Kinder beobachten können. Sie haben Leute, die die eben beschriebenen Qualitäten besaßen, schon immer geliebt und wollten ihnen instinktiv nahe sein, doch zumindest während ihrer Teenagerjahre strebten sie für sich selbst ein Image an, das härter und auf schillerndere Weise eindrucksvoll war als diese selbstlosen Talente. Ich vermute, daß die meisten Kinder diese Phase durchlaufen, doch manche von uns kommen nie wieder da heraus.

Nehmen Sie mich zum Beispiel. Selbst jetzt, wo ich stramm auf die Fünfzig zugehe und es eigentlich besser wissen müßte, ertappe ich mich gelegentlich noch dabei, wie ich es sorgfältig darauf anlege, eine andere Person mit irgendeiner meiner ach so tollen Leistungen zu beeindrucken. Fast immer ist diese andere Person einer von diesen wirklich netten Leuten, denen es doch wahrhaftig Spaß zu machen scheint, mir dabei zuzuhören, wie eitel ich über mich selbst daherschwadroniere. Und selbst während ich rede, sehe ich die Person an, die mir gegenübersteht, und wünsche mir, sie könnte in mir die Offenheit und Freundlichkeit sehen, die ich in ihr sehe.

Wenn das passiert, werde ich sehr unruhig und bete inständig zu Gott, daß ich meine Besessenheit von mir selbst und dem Bild, das ich vor der Welt abgebe, endlich loswerde. Irgendwann möchte ich einmal so aufrichtig an anderen Leuten interessiert sein, daß ihr Bild von mir mich überhaupt nicht mehr kratzt.

Dabei kommt mir ein interessanter Gedanke. *Falls* diese wundersame Veränderung je eintritt – dann werde ich gar nichts davon merken, nicht wahr? Dann ist es ja vielleicht schon passiert! Nein, das glaube ich eigentlich auch nicht ...

Gebet

Vater, viele von uns wollen den Applaus ohne das Proben. Hilf uns, die Qualitäten, die wirklich anziehend sind, hoch zu schätzen, und unseren Mund zu halten, bis wir uns ein paar davon erworben haben.

Weise Noten

Der Herr schuf mich vor langer Zeit, ich war sein erstes Werk, noch vor allen anderen. In grauer Vorzeit hat er mich geschaffen; und so war ich schon da, als es die Erde noch nicht gab. Lange bevor das Meer entstand, wurde ich geboren. Zu dieser Zeit gab es noch keine Quellen, und es standen weder Berge noch Hügel. Ich war schon da, bevor Gott die Erde mit ihren Feldern erschuf.

Sprüche 8, 22-26

Weisheit ist ein wiederkehrendes Melodiethema in der Sinfonie der Schöpfung, das noch immer zu hören sein wird, wenn alles andere verstummt.

Haben Sie schon einmal etwas komponiert? Bis vor ungefähr zehn Jahren wäre ich nicht einmal auf den Gedanken gekommen, ernsthaft Lieder zu schreiben. Da wir in einer Reihe von Heimen gearbeitet haben, verfaßten wir zwar hin und wieder Texte für Lieder, die bei Aufführungen und Bunten Abenden vorgetragen werden sollten, aber was die eigentliche Musik betraf, verließen wir uns immer auf den nächsten Keyboard-Spezialisten.

Dann, während einer Phase erzwungener Untätigkeit, als ich gerade zu entdecken anfing, wie belebend es sein kann, die Wahrheit zu sagen, war es plötzlich mein größter Wunsch, Lieder zu schreiben. Und ich war schrecklich frustriert, weil ich keine Ahnung hatte, wie man das macht. Ich hatte eine alte Klampfe – ich könnte schwören, sie versuchte sich in der Ecke zu verstecken, wenn sie mich kommen sah –, aber ich war etwas gehandikapt durch den Umstand, daß ich nur drei Akkorde einigermaßen sicher greifen konnte. Das öde, wummernde Geschrubbe, das ich mit der rechten Hand produzierte, war ebenso wenig inspirierend, und ich war schon kurz vorm Aufgeben, als ein Freund den Vorschlag machte, ich sollte nur die Texte und Melodien der Lieder spielen, und er würde sie „in Musik verwandeln".

Was für eine Freude!

Ich werde nie vergessen, wie er zum ersten Mal mit einer Kassette auf der Matte stand und sie in meinen Kassettenrecorder steckte. MEINE MELODIE erklang aus den Lautsprechern, und sie klang so großartig, daß ich sie kaum wiedererkannte. Sie wurde von jemandem gesungen, der wirklich singen konnte, und begleitet von Schlagzeug und Gitarren und einem Keyboard und wer weiß was noch alles. Meine kleine Melodie war in Musik verwandelt worden!

Es war ein kleines Gleichnis, das sich nicht nur auf mein unerträglich unproduktives Leben zu jener Zeit anwenden ließ, sondern auch auf das Leben vieler Leute, die das Gefühl haben, es könnte sich kaum lohnen, Gott die schlichte Melodie aus Zeit, Mühe oder Talent anzubieten, über die sie verfügen.

Mein Rat ist – bieten Sie sie ihm an! Sie werden staunen, was ein Fachmann aus einer einfachen Melodie machen kann.

Gebet

Vater, bitte mach schöne Musik aus unserem Leben.

Dabei sein

Ich war dabei, als Gott den Himmel formte, als er den Horizont aufspannte über dem Ozean, als die Wolken entstanden und die Quellen aus der Tiefe hervorsprudelten, als er das Meer in die Schranken wies, die das Wasser nicht überschreiten durfte, als er das Fundament der Erde legte – da war ich als Kind an seiner Seite. Ich erfreute mich an Gott und seinen Werken, ich spielte auf seiner Erde und war glücklich über die Menschen.

Sprüche 8, 27-31

Bei diesem Abschnitt werde ich ziemlich neidisch auf die Weisheit, Sie nicht? Dabei sein! Stellen Sie sich das nur einmal vor – dabeigewesen zu sein, als Gott zu Anbeginn der Zeit die Entwürfe für die Schöpfung zeichnete, und zu beobachten, wie er diese Pläne in so ehrfurchtgebietendem Maßstab ausführte. Nichts von alledem, was Hollywood je produziert hat, kommt der Wirklichkeit dessen nahe, was damals geschah. Ich liebe diese Vorstellung, wie sich die Weisheit daran freute, als jeder Tag ein neues wundersames Schauspiel brachte. Und ich bin sehr traurig, daß ich das nie zu sehen bekommen werde; und das bringt mich auf eine kleine private Phantasie, von der ich Ihnen erzählen möchte.

Also, ich bin gerade im Himmel angekommen, ja? So eine Art Konferenzzentrum-Manager-Engel hat mich zu meiner Wohnung geführt, zweifellos gleich nebenan von jemandem, von dem ich sicher war, daß er nie hierherkommen würde, und ich blättere gerade die Himmelsbroschüren durch, bevor ich einen kleinen Rundgang mache. Zu meiner Überraschung stelle ich fest, daß es einen Video-Shop gibt, gleich hier die Goldene Straße hinauf, und ich beschließe, sofort einmal dort hineinzuschauen. Als ich dort ankomme, entdecke ich zu meiner unaussprechlichen Freude, daß die angebotenen Videos alle Perioden der Geschichte abdecken, vom Anbeginn der Zeit bis zu dem Tag, an dem ich meine eigene sterbliche Hülle zurückließ!

Eine unglaubliche Aussicht, nicht wahr? Stellen Sie sich das vor – an meinen himmlischen Freitagabenden kann ich mir „Die Schlacht von Waterloo" und „Die Erfindung des Rades" ausleihen, oder vielleicht habe ich Lust, mich hinzusetzen und mir „Heinrich VIII." anzuschauen. Oder vielleicht hole ich mir eine Kassette mit dem Titel „Die Erde zur Zeit des Jura" und weide mich an Dinosaurier-Aufnahmen, neben denen Spielbergs Bemühungen wie Kinderkram aussehen. Vielleicht lade ich auch ein paar Freunde ein, und wir verbringen eine ganze Woche damit, uns „Genesis" anzuschauen, gefolgt am Sonntag von „Exodus" mit dem echten Mose in der Hauptrolle, der sicherlich ganz anders aussieht als Charlton Heston. Wenn ich's recht bedenke, könnte ich ja Mose selbst einladen, es mit mir anzuschauen – dann könnte er mir die ganzen Einzelheiten erläutern. Ja, genauso werde ich es machen ...

Gebet

Vater, verzeih meine Albernheit, aber ich möchte einfach, daß wir alle uns für die Vorstellung des Himmels erwärmen, und besonders für die Vorstellung, die Freude zu erleben, die in diesem Abschnitt beschrieben wird, einfach, weil wir in deiner Gegenwart sind.

Anfänge

Alle Weisheit beginnt damit, daß man Ehrfurcht vor Gott hat. Den heiligen Gott kennen, das ist Einsicht! Ich, die Weisheit, schenke dir ein langes und erfülltes Leben. Du tust dir selbst etwas Gutes, wenn du weise bist; aber wenn du über alles mit Spott hinweggehst, schadest du dir selbst.

Sprüche 9, 10-12

Ich wünschte, ich könnte mir merken, wer dies und jenes über die verschiedensten Dinge gesagt hat. Ich höre mich an wie P. G. Wodehouse an einem schlechten Tag, nicht wahr? Ich zermartere mir das Hirn, um mich zu erinnern, wer etwas gesagt hat, das so ähnlich ging wie: „Gib mir das Kind für die ersten sieben Jahre seines Lebens, und ich gebe dir den Mann." Ich glaube, es könnten die Jesuiten gewesen sein, aber ich kann mich irren.

Wer immer es gesagt hat, er hatte recht damit. In den Jahren, in denen ich mit Kindern arbeitete, die mit verschiedensten Problemen belastet waren, erlebte ich immer wieder, wie Erlebnisse in der frühen Kindheit Verhaltensweisen und Einstellungen prägten, die wahrscheinlich das ganze Leben über blieben. Manche der Jugendlichen führten einen heftigen und lebenswichtigen Kampf, um ihre seit langem bestehende negative Vorstellung von sich selbst durch ein ausgewogeneres und praktisch lebbareres Selbstbild zu ersetzen.

Raymond zum Beispiel hatte bereits das Trauma der Scheidung seiner Mutter hinter sich und wurde später von seiner Mutter und ihrem neuen Mann abgelehnt, aus Gründen, die mehr mit deren Wunsch zu tun hatten, sich ein behagliches Nest zu bauen, als mit irgend etwas, das Raymond getan hatte. Ich erinnere mich, wie ich mit Ray eine Runde Billard spielte, nachdem er gehört hatte, daß er nicht nach Hause fahren würde, und ihm zuhörte, wie er all die Gefühle der Schuld und des Versagens herausließ, mit denen er sein ganzes Leben zugebracht hatte. Raymond gab sich selbst die

Schuld an *allem*, und er wird vermutlich für den Rest seines Lebens mit dieser verheerenden Illusion zu kämpfen haben.

Was hat das mit unserem Abschnitt zu tun? Nun, ich denke, es könnte sich lohnen, wenn wir diese vertrauten Worte lesen, daß die Furcht des Herrn aller Weisheit Anfang sei, einmal darüber nachzudenken, daß manche Christen eine ebenso unglückliche Reise durch die ersten Jahre ihrer Adoption in die Familie Gottes hinter sich haben. Durch Probleme wie unzulängliche Lehre, zuviel Druck von Pastor und Gemeindeleitung, unglückliche Begegnungen mit enthusiastischen, aber irregeleiteten Leuten und verschiedene andere Schwierigkeiten haben viele gläubige Christen, denen ich begegne, eine sehr niedrige Meinung von sich selbst (was nicht dasselbe ist wie Demut) und brauchen viel Hilfe, um eine ausgewogene Sicht ihres eigenen Wertes in den Augen Gottes zurückzugewinnen. Beten wir für sie.

Gebet

Vater, manche deiner Kinder hatten aufgrund der Fehler anderer eine sehr unglückliche geistliche Kindheit. Hilf ihnen, zu verstehen, daß du sie so siehst, wie sie wirklich sind, und daß sie nach einem neuen Anfang ihre eigene Weisheit finden können.

Wir sind nur Schatten,
bis das Herz berührt wird.
Diese Berührung erschafft uns –
dann beginnen wir zu sein –
dadurch sind wir Wesen der Wirklichkeit und Erben der Ewigkeit.

Nathaniel Hawthorne

FESTEN BODEN FINDEN

Wirklichkeit in der Bibel

In der Gemeinde Jesu ist heute viel von Wirklichkeit die Rede, und sicher sind die meisten von uns der Ansicht, daß das eine sehr gute Sache ist. Ich könnte dem wohl kaum widersprechen, zumal ich selbst eine Menge Wind darum gemacht habe. Und doch ist es so schwer, mit völliger Gewißheit den Finger darauf zu legen, was wirklich und unveränderlich ist, nicht nur in geistlichen Dingen, sondern in allen möglichen Bereichen. Lassen Sie mich ein paar Beispiele anführen. Beim ersten geht es um unseren ältesten Sohn Matthew. Ihnen mag es wie eine unwesentliche Kleinigkeit erscheinen, aber mich hat es in Erstaunen versetzt.

Matthew war schon immer ein Teefanatiker. Ungeachtet der trivialen Tatsache, daß Bridget und ich seit ungefähr vierzig Jahren Tee zubereiteten, dessen Aroma uns völlig zufriedenstellte, hielt er uns in unregelmäßigen Abständen ernsthafte Vorträge über die korrekte Vorgehensweise der Zubereitung einer perfekten Tasse Tee. Wir hatten, so belehrte er uns freundlich, aber nachdrücklich, keinen Begriff davon, in welchem Mengenverhältnis, in welcher Reihenfolge und in welchen zeitlichen Abständen die entscheidenden Zutaten dieses wunderbaren Getränks miteinander in Berührung zu bringen seien. Großzügig setzte er – ohne jede Bezahlung – beträchtliche Spannen seiner kostbaren Zeit ein, um sicherzustellen, daß unsere Bildungslücken in diesem Bereich vollständig geschlossen wurden. Uns raubte das natürlich jegliches Zutrauen zu unseren Fähigkeiten. Jedesmal, wenn wir ihm einen Tee zubereiten sollten, waren wir dem Nervenzusammenbruch nahe, da wir fürchteten, ihn – den Hohepriester der tee-anbetenden Bruderschaft – mit seinen hohen Maßstäben nicht zufriedenstellen zu können.

Der Rest der Bruderschaft, nämlich Matthews Freunde, waren ähnlich süchtig nach dem heißen braunen Zeug. Schon die Erwähnung des Wortes „Kaffee" (den wir sehr gerne tranken, aber fast nur noch in dunklen Ecken zu trinken verdammt waren, wo niemand unseren schändlichen Abfall beobachten konnte) schien als abscheuliche Ketzerei zu gelten. Sie versammelten sich wie eine Sekte von Spinnern in unserer Küche, wo sie unter viel Gedönse und Getue und beschwörendem Gemurmel brauten und brühten und mit Zucker und Milch hantierten, bevor sie die geheiligten Gefäße auf dem geheiligten Tablett nach oben in das chaotische Allerheiligste des Hohenpriesters unter dem Dach des Hauses trugen. Leider schien die nun folgende Zeremonie nur selten automatisch mit einer rituellen Zurückbringung und Reinigung der geheiligten Gefäße zu enden. Für diese Rolle waren wir schlichten, kaffeetrinkenden Tempeldiener offensichtlich besser geeignet.

Diese Tee-Besessenheit hielt während Matthews gesamter Schullaufbahn an und war noch nicht abgeklungen, als er sein Studium an der Universität Exeter begann. Dies und seine ebenso heftige Abscheu gegen so ziemlich jede Form von Gemüse unter der Sonne waren zwei der unumstößlichsten, zuverlässigsten Tatsachen in unserem Universum. Sie waren Wirklichkeit.

Dann, eines Tages kurz vor dem Abschluß seines Studiums, kam Matthew übers Wochenende nach Hause und erbot sich, das Abendessen zuzubereiten. Bridget, die für neue Erfahrungen stets offen ist, nahm das Angebot geistesgegenwärtig an und beobachtete interessiert, was die Speisekarte wohl zu bieten haben würde. Schon als Matthew alle möglichen Gemüsearten in einen großen Topf warf, begann die Achse des Universums zu schwanken, doch als er dann beiläufig erklärte: „Na, dann mache ich mir mal ein nettes Täßchen Kaffee, während ich warte, bis das gar ist", mußte sie sich abrupt auf den nächsten Küchenstuhl setzen.

„A-a-a-ab-b-b-ber Matthew", stammelte sie, „du trinkst doch gar keinen Kaffee. Du hast noch *nie* Kaffee getrunken! Und was machst du da mit diesem Gemüse? Du *haßt* doch Gemüse!"

Zuerst starrte Matthew Bridget an, als ob sie den Verstand verloren hätte, dann trat ein nachdenklicher Ausdruck auf sein Gesicht. Mit gerunzelter Stirn starrte er in den langen Tunnel seiner Vergangenheit hinein, um eine Erklärung für das zu finden, was seine Mutter gerade gesagt hatte. Endlich hellte sich seine Miene auf.

„Ach ja, richtig, stimmt, ich mochte Gemüse früher nicht besonders, nicht wahr?" Er betrachtete die Tasse in seiner Hand. „Ich trinke jetzt nur noch Kaffee. Tee kann ich nicht ausstehen. Schmeckt so labberig, findest du nicht?"

Ich weiß, es hört sich absurd an, aber Matthews Abfall von der Gemeinschaft der Teetrinker und Nicht-Gemüse-Esser war die größte Überraschung, die mir je begegnet ist. Und er gibt Hoffnung für alle möglichen Leute und Situationen, wo sich das, was wir für die Wirklichkeit gehalten haben, tatsächlich noch ändern könnte. Wie gut kann Gott eine solche Neigung zur Veränderung nutzen.

Manche Veränderungen der Wirklichkeit sind ebenso überraschend, aber erheblich besorgniserregender. Ich denke besonders an jene Gelegenheiten, bei denen ein Mensch seine eigene Vergangenheit neu erschafft, in einer Form, die sich leichter mit gegenwärtigen Bedürfnissen, Befangenheiten und Umständen in Einklang bringen läßt. Oft geschieht das auf einer nicht einmal ganz bewußten Ebene.

Meine große Angst ist, daß ich selbst das auch getan haben könnte, besonders, zumal ich es vermutlich gar nicht wüßte, solange mich kein anderer darauf aufmerksam macht, und selbst dann würde ich es vielleicht nicht akzeptieren. Sie wissen nicht, wovon ich rede? Ich gebe Ihnen ein Beispiel.

Einmal wurde ich von einer Veranstaltung zu einer anderen gefahren (für die, die es nicht wissen: Ich bin ein stolzer Nicht-Autofahrer), und zwar von einer Dame namens Vera, die offensichtlich etwas auf dem Herzen hatte. Ich wußte, daß ich ihr schon einmal begegnet war, aber lange Zeit konnte ich mich beim besten Willen nicht mehr daran erinnern, wo diese Begegnung stattgefunden hatte. Dann plötzlich fiel es mir wieder ein.

„Waren Sie nicht damals in dieser Gemeinde an der Westküste, wo ich vor ein paar Jahren gesprochen habe?“ fragte ich.

Sie nickte heftig. Bingo! Ich lag richtig, und offenbar hatte sie nur darauf gewartet, daß ich mich endlich erinnerte.

Gehorsam nahm ich mein Stichwort auf.

„Ist etwas schiefgegangen? Wenn ich mich richtig erinnere, war Ihr Pastor da unten ein netter Kerl. Wie hieß er noch – Phil, nicht wahr?“

„Ich möchte lieber nicht über ihn sprechen, wenn es Ihnen nichts ausmacht.“

„Schön.“ Ich nickte verständnisvoll, lehnte mich zurück und wartete geduldig ab, bis sie anfangen würde, über ihn zu sprechen.

Sekunden vergingen.

„Es ist nur so, wissen Sie, er ist der Grund dafür, daß ich die Gemeinde verlassen habe und dann hier heraufgezogen bin.“

„Verstehe – hören Sie“, sagte ich ziemlich ungnädig, „Sie müssen nicht darüber sprechen, wenn Sie nicht möchten, wissen Sie.“

„Nein, nein“, versicherte sie mir hastig, „es ist schon gut. Es macht mir nichts aus, es Ihnen zu erzählen. Wissen Sie, ich mußte gehen, weil Phil mir vorwarf, ich sei ein Kind des Teufels.“ Sie drehte den Kopf, warf mir einen Blick zu, um meine Reaktion einzuschätzen, und schwieg einen Augenblick, um die Monstrosität dieses Verbrechens auf mich einwirken zu lassen; dann richtete sie den Blick wieder auf die Straße. „Ich meine, es macht mir nichts aus, einen Rüffel zu kriegen, wenn ich etwas Falsches getan habe, aber das ist ein bißchen zuviel, finden Sie nicht? Da konnte ich doch nicht mehr bleiben, oder?“

Ich gab ein undeutliches Geräusch von mir, daß Zustimmung signalisieren konnte oder auch nicht, doch während wir unsere Fahrt fortsetzten, dachte ich über das nach, was Vera mir erzählt hatte. Ich erinnerte mich ziemlich gut an Phil. Er war mir als ein prächtiger Kerl aufgefallen, der hingebungsvoll für die Leute in seiner Gemeinde da war und dem es wohl kaum zuzutrauen war, daß er leichtfertig eine Äußerung von sich gab, wie ich sie eben gehört hatte. Bald darauf waren wir am Ziel angekommen, aber während der Abendveranstaltung und hinterher bei Kaffee und Keksen gingen mir die Worte hin und wieder immer noch durch den Kopf.

„Er warf mir vor, ich sei ein Kind des Teufels."

Nein! Ich schüttelte meinen Kopf, als ich wieder in Veras Wagen stieg, um die Rückfahrt anzutreten. Ich konnte mir nicht vorstellen, daß Phil das gesagt hatte, falls er nicht einen wirklich außergewöhnlichen Grund dafür gehabt hatte. Auf der Heimfahrt beschloß ich, noch einmal darauf zu sprechen zu kommen. Besondere Lust hatte ich nicht dazu. Schließlich ging es mich eigentlich gar nichts an, oder? Andererseits fand ich wirklich, daß Phil ein sehr netter Kerl war.

„Vera", sagte ich, „noch einmal zu dem, was Phil zu Ihnen gesagt hat –"

„Ja", sagte Vera, mehr als bereit, auf das Thema zurückzukommen, „er sagte, ich sei ein Kind des Teufels. Deshalb mußte ich –"

„Gehen wir das nochmal genau durch. Er hat das wirklich so gesagt, ja? Er hat wörtlich gesagt: ‚Vera, Sie sind ein Kind des Teufels.' Genau so?"

„Na ja ..."

Ich konnte Veras Augen im Rückspiegel sehen. Ein komischer kleiner Sprung spielte sich in ihnen ab, als ob innen irgendein Schalter umgelegt worden wäre. Sie sah beinahe überrascht aus.

„Na ja", fuhr sie langsam und erheblich weniger selbstsicher fort, „er hat eigentlich nicht genau diese Worte benutzt, aber ich meine, das ist es, was er gemeint hat – er hat es impliziert." In ihre Augen war jetzt ein besorgter, gehetzter Ausdruck getreten.

Ich stürzte mich auf die Beute.

„Und welche Worte hat er genau benutzt?"

Vera schluckte schwer. „Nun, äh, seine genauen Worte waren, daß ich mich nicht so verhalte, wie er es von einem Kind Gottes erwarten würde. Aber im Grunde bedeutet das doch ..."

Ihre Stimme verebbte, als sie merkte, daß der implizierte Schritt von der einen Aussage zur andern ein unüberwindlich großer war. Der Rest der Fahrt verlief für uns beide nicht sehr angenehm.

Das Interessante an diesem Vorfall ist, daß ich ziemlich sicher bin, daß Vera ihre „Kind-des-Teufels"-Geschichte schon so oft erzählt hatte, daß sie vorübergehend vergessen hatte, welche Worte

Phil tatsächlich gebraucht hatte, und daß dieses kleine Zucken in ihren Augen den Moment signalisiert hatte, als sie gezwungen gewesen war, sich einer Wahrheit zu stellen, der sie bisher nicht ins Gesicht gesehen hatte, weil sie in ihrer echten, ursprünglichen Form zu bedrohlich für sie war.

Wie vielen Leuten sie wohl erzählt hatte, was Phil „gesagt" habe, in den ein oder zwei Jahren, seit er es nicht gesagt hatte?

Bevor wir mit der guten Vera zu hart ins Gericht gehen, sollten wir uns vielleicht fragen, ob wir nicht auch in dem einen oder anderen Bereich unseres Lebens die Wahrheit „rekonstruiert" haben. Wir werden vielleicht überrascht sein!

Also, was *ist* denn wirklich? Gehen wir dieser Frage nach.

Gebet

Vater, wenn wir uns jetzt dem Thema Wirklichkeit zuwenden, hilf uns, ehrlich in bezug auf uns selbst, unsere Vergangenheit, Gegenwart und Zukunft zu sein. Amen.

Wirklichkeit

Ihr werdet die Wahrheit erkennen, und die Wahrheit wird euch befreien!

Johannes 8, 32

Vor einigen Jahren fuhr ich hinauf nach London zu einem Diskussionsabend. Es war ein sehr heißer Sommerabend, und der Versammlungsraum im ersten Stock war gerammelt voll.

Auf dem Fußboden sitzend, die Knie unters Kinn gezogen, verschwitzt und unbehaglich, dankte ich bereits Gott, daß die Veranstaltung sich ihrem Ende entgegenneigte, als ich plötzlich merkte, daß der Mann, der einen Meter von mir entfernt auf einem Stuhl saß, ein bekannter christlicher Redner und Theologe war. Er ist ein Mann, der in dem Ruf steht, daß ihm übernatürliche geistliche Einsichten nur so zufliegen, was viele Leute veranlaßt, in seiner Gegenwart hysterisch davon zu faseln, wie gut es doch um ihr geistliches Leben bestellt sei, oder schrille „Halleluja"- und „Preist-den-Herrn"-Rufe auszustoßen, um ihre geistliche Fitneß zu dokumentieren. Wie schrecklich wäre es, dachte ich, wenn er etwas „sah", das ich 1972 getan hatte, einfach indem er in mein Gesicht blickte. In diesem Augenblick nahm er einen Zettel aus der Tasche und begann etwas darauf zu schreiben. Dann faltete er den Zettel zusammen, beugte sich zu meinem maßlosen Entsetzen zu mir herüber und reichte ihn mir. Ich entfaltete ihn mit zitternden Fingern und wollte gerade anfangen, ihn zu lesen, als – das Licht ausging!

Da saß ich nun in der Dunkelheit mit meinem Zettel in der Hand, auf dem, soviel ich wußte, nur dick und fett „1972" stehen konnte, und wollte am liebsten sterben. Als das Licht wieder anging, sah ich, daß der Mann geschrieben hatte: „Hätten Sie anschließend einen Moment Zeit für mich?" Ein paar Minuten später folgte ich ihm wie ein Hündchen die Treppe hinunter in ein kleines Zimmer, wo er mich noch nervöser machte, indem er mich informierte, er neige dazu, Visionen zu haben, und eine seiner kürzlichen Visionen hätte mit mir zu tun. Es hatte (wie ich dankbar vernahm) überhaupt nichts mit 1972 zu tun – nicht, daß ich *tatsächlich* 1972 irgend etwas getan hätte, wie ich eilends hinzufügen möchte. Was für eine Erleichterung!

Als wir aufstanden, um zu gehen, schoß mir unwillkürlich die Frage durch den Kopf, ob er wohl meine Bücher gelesen hatte. „Ich habe Ihre Bücher gelesen", sagte er, „und ich wollte Ihnen noch sagen, daß der Vers, der meist mit ‚Die Wahrheit wird euch frei machen' wiedergegeben wird, auch mit ‚Die *Wirklichkeit* wird euch frei machen' übersetzt werden kann."

Das war eine Bestätigung und eine Ermutigung, und es stand im Mittelpunkt von allem, worüber ich seit jenem Tag nachgedacht, geschrieben oder gesprochen habe.

Eine Frage

Kann ich die Wirklichkeit verkraften?

Das komische Fahrrad

Einer von den Männern des jüdischen Gerichtshofes war der Pharisäer Nikodemus. Mitten in der Nacht kam er heimlich zu Jesus: „Meister", sagte er, „wir wissen, daß Gott dich als Lehrer zu uns gesandt hat. Deine Taten beweisen: Gott ist mit dir." Darauf erwiderte Jesus: „Ich sage dir eins, Nikodemus: Wer nicht neu geboren wird, kann nicht in Gottes Reich kommen."

Johannes 3, 1-3

Die Wirklichkeit dessen, was wir beiläufig als „das christliche Leben" bezeichnen, ist ganz verschieden von der Wirklichkeit des Lebens außerhalb des Reiches Gottes. Ich hoffe, das klingt nicht zu abgehoben oder abstrakt, denn das geistliche Leben ist sogar noch praktischer und handfester als jedes andere. Wenn Sie mir nicht glauben, lesen Sie noch einmal den Bericht von dem Zimmermann, der sich in der Massenbewirtung betätigte und am Ende an ein Stück Holz genagelt wurde. Jesus sagte zu Nikodemus, daß die gesamte Achse seines Lebens eine andere werden müsse, wenn er in das Reich Gottes kommen wolle. Neu geboren zu werden bedeutet einen neuen Lebenszusammenhang, eine neue Perspektive, neue Prioritäten und neue Verhaltensweisen.

Meine Frau und ich gingen einmal zu einem Sommerfest in der Grundschule, die Katy besucht. Eine der Attraktionen unter freiem Himmel war ein Fahrrad, das in die falsche Richtung steuert. Vermutlich haben Sie schon einmal so etwas gesehen – es sind ausgesprochen ärgerliche Apparate. Wenn man den Lenker nach links dreht, dreht sich das Vorderrad nach rechts und umgekehrt. Die Besitzer dieses unhandlichen Fahrzeugs boten jedem eine Prämie von einem Pfund, der es schaffte, sechs Meter weit damit zu fahren, ohne einen Fuß auf die Erde zu setzen. Jeder Versuch kostete zwanzig Pence, und sie verdienten eine Menge Geld dabei, weil nicht ein einziger Kandidat in der Lage war, sich geistig und körperlich auf diese Veränderung von Ursache und Wirkung einzustellen. Ihnen bei ihren Versuchen zuzuschauen, war allerdings sehr lustig.

Jesus nachzufolgen bedeutet eine ähnliche Revolution unserer Lenkgewohnheiten, und viele landen, weil sie in diesem Bereich nicht richtig unterwiesen werden, in der Böschung. „Liebe deine Feinde." Wie ist es damit? Die Welt steuert nach rechts, aber wir sind aufgerufen, das Gegenteil zu tun. Manchmal rutscht mir das Herz in die Hose, wenn ich daran denke, welcher Einsatz gefordert ist, aber ich möchte gern im Reich Gottes leben, also werde ich weiter üben, und wenn ich mich noch so oft auf die Nase lege.

Gebet

Lehre mich steuern, Herr.

Deutliche Worte

Während dieser Zeit begann Jesus mit seinen Jüngern über den Weg zu reden, den er noch gehen mußte: „In Jerusalem werden mich die Führer des Volkes, die Hohenpriester und Schriftgelehrten foltern und töten. Aber drei Tage später werde ich auferstehen und leben." Erschrocken nahm Petrus ihn zur Seite und bestürmte ihn: „Um Himmels willen! So etwas darf dir nicht zustoßen!" Aber Jesus wandte sich um und sagte zu Petrus: „Geh weg, Satan! Du willst mir eine Falle stellen. Du denkst, wie Menschen denken, und verstehst Gott nicht." Danach sprach Jesus zu seinen Jüngern: „Wer mir nachfolgen will, darf nicht mehr an sich selbst denken, sondern muß sein Kreuz willig auf sich nehmen und mir nachfolgen."

Matthäus 16, 21-24

Gesunde Konfrontation ist in der Gemeinde Jesu heute rar geworden. Hier sehen wir, wie Jesus mit explosivem Zorn auf das unangebrachte und hinderliche Heldentum des Petrus reagiert. Es ging um unermeßlich wichtige, ewige Fragen, und Petrus wußte nichts Besseres, als einen ausgesprochen weltlichen Schraubenschlüssel in das kosmische Getriebe werfen zu wollen. Das Kreuz war ein Preis, den Jesus zu zahlen bereit war, damit Männer und Frauen das ewige Leben erben könnten, und er hatte nicht vor, sich davon durch sentimentale Vorhaltungen abbringen zu lassen.

Früher hatte ich das Gefühl, daß Petrus bei dieser Gelegenheit von Jesus ziemlich unfair angegangen wurde, aber wenn ich an meinen eigenen Umgang mit Menschen denke, bin ich mir da nicht mehr so sicher. Ich hatte mich schon früh in meinem Leben als Christ mit der Höflichkeitsseuche infiziert. Alles, was ich sagte, mußte auf „nette" Art ausgedrückt werden, und wenn ich etwas Negatives zu sagen hatte, mußte es „in Liebe" geschehen, was in der Praxis bedeutete, daß ich mich auf so verschlungenen Pfaden an meine eigentliche Aussage annäherte, daß der Empfänger meiner wunderbaren Weisheit große Schwierigkeiten hatte, zu verstehen, wovon ich überhaupt redete. Ich bin durchaus für Höflichkeit und Liebe, aber ich glaube, oft habe ich sie als Vorwand vorgeschoben, um nicht direkt zu sein, wenn es eigentlich nötig gewesen wäre.

Es ist wieder einmal eine Frage der Wirklichkeit. Über lange Zeit hinweg habe ich jede Woche zwei oder drei Stunden mit einem bestimmten Mann verbracht. Nachdem ich monatelang nervös um den heißen Brei herumgeredet hatte, sagte ich ihm endlich, wie ich über seine Situation dachte. „Warum haben Sie mir das nicht früher gesagt?" fragte er. Eben.

Eine Frage

Können wir eine angemessene Freimütigkeit entwickeln?

Fest stehen

Da wandte sich Daniel an den Aufseher, den der oberste Hofbeamte über ihn und seine drei Freunde eingesetzt hatte: „Versuch es doch zehn Tage lang, uns nur Gemüse und Wasser zu geben. Danach vergleiche unser Aussehen mit dem der anderen jungen Männer, die von der Tafel des Königs essen. Und dann entscheide, was du in Zukunft mit uns tun willst." Der Aufseher willigte ein und erfüllte ihren Wunsch. Nach zehn Tagen sahen Daniel und seine Freunde sogar gesünder und kräftiger aus als alle anderen, die von den königlichen Speisen bekamen. Darum gab der Aufseher ihnen von nun an immer Gemüse, von der Tafel des Königs brauchten sie nichts zu nehmen.

Daniel 1, 11-16

Hier ist ein Bursche, der das Prinzip mit dem „komischen Fahrrad" kapiert hatte. Soweit wir wissen, ist Daniel niemals von einem seiner religiösen Grundsätze abgewichen, egal, mit welchem babylonischen König er es auch gerade zu tun hatte. Das war seine erste Herausforderung, und er bestand sie mit fliegenden Fahnen. Nach zehn Tagen waren er und seine Gefährten gesünder und stärker als jene, die das üppige Essen an der königlichen Tafel gegessen hatten. Was hätte er heute damit für ein Vermögen machen können! Daniels fettarme, vegetarische Rank-und-schlank-Diät wäre innerhalb von zwei Wochen auf allen Bestsellerlisten gelandet. Doch Daniels einziges Interesse war es, den Willen seines Gottes zu tun, und sein Lohn – die Entdeckung, daß Gott sich zu ihm stellte, wenn er zu dem stand, was er glaubte.

Diese unbeirrbare Haltung Daniels hat für uns auch etwas Bedrohliches. Ich wäre gern an seiner Stelle, *nachdem* seine tapfere Einstellung von Gott bestätigt wurde, aber ich habe den Verdacht, daß ich angesichts des ursprünglichen Dilemmas nur in vernünftigem, sachlichem Tonfall gesagt hätte: „Sieh mal, ich glaube wirklich, daß Fanatismus ein schlechtes Zeugnis ist. Meiner Meinung nach erfordert es mehr Mut, von der Tafel des Königs zu essen – das denke ich wirklich ..." Doch für Daniel war das der Punkt, an dem er den Hebel ansetzen konnte. Von nun an konnte es nur leichter werden, das Richtige zu tun und die richtigen Entscheidungen zu treffen. Als er schließlich (als alter Mann) bei der berühmten Szene in der Löwengrube angekommen war, mußte er wohl längst durch und durch das Prinzip begriffen haben, daß unsere wichtigsten Bedürfnisse dadurch befriedigt werden, daß wir tun, was uns gesagt wird.

Ein Gebet

Herr, ich bin nicht tapfer, aber ich möchte es gerne sein.

Die Augen eines Kindes

Jesus rief ein kleines Kind, stellte es in die Mitte und sprach: „Das will ich euch sagen: Wenn ihr euch nicht ändert und so werdet wie die Kinder, kommt ihr nie in das Reich Gottes.“

Matthäus 18, 2-3

Jesus scheint hier zu sagen, daß die Wirklichkeit der himmlischen Dinge für kindliche Augen leichter zu sehen ist als für den „verfeinerten“ Blick der Erwachsenen.

Vor einiger Zeit reisten wir mit unseren Fahrrädern im Gepäck hinunter nach Newhaven, fuhren mit der Fähre hinüber nach Nordfrankreich und verbrachten einige sehr schöne Tage damit, durch die Flußtäler von Ort zu Ort zu radeln. Für den letzten Tag hatten wir uns vorgenommen, die Hafenstadt Dieppe zu erkunden, bevor wir am Abend wieder den Kanal überquerten.

Kurz nach dem Mittagessen traten wir in das kühle Innere einer großen Kirche nahe dem Stadtzentrum. Ich verlor die anderen für eine Weile aus den Augen, doch nach ein paar Minuten entdeckte ich die damals vierjährige Katy, die schweigend eine lebensgroße Skulptur von Maria, der Mutter Jesu, betrachtete, wie sie den toten Leib ihres Sohnes in den Armen hielt und voller Schmerz und Trauer in sein Gesicht blickt. Katy drehte sich um und sah mich.

„Papa“, fragte sie, „warum hat denn Jesus ein Loch in seiner Seite?“ Stockend erklärte ich ihr, daß ein römischer Speer dafür verantwortlich war. Katy war entsetzt. Sie wandte sich wieder der Skulptur zu. „Papa, er hat ja Löcher in den Füßen. Warum hat er denn Löcher in den Füßen?“

„Sieh mal.“ Ich deutete auf einen kleinen Kruzifix an der Wand über uns. „Sie haben seine Füße an so ein Stück Holz genagelt, man nennt das ein Kreuz. Und die Löcher, die sind von den Nägeln.“ „Seine Füße angenagelt?!“ Sie dreht sich wieder zu den steinernen Figuren um. Ihre Stimme brach ein wenig, als sie weitersprach. „Papa, er hat ja auch Löcher in den Händen. Die haben doch wohl nicht auch noch seine Hände angenagelt, oder?“ Traurig erklärte ich es ihr. Katy trat zu der Skulptur, umschlang Jesus mit den Armen und legte ihr Gesicht auf sein Knie.

Plötzlich sehnte ich mich zurück nach der Zeit, als ich zum ersten Mal verstand, daß Jesus für mich gestorben war und daß ihm das wirklich weh getan hatte, bevor ich meinen Glauben mit Worten und Sorgen zudeckte. Ich wollte wieder wie ein Kind sein.

Ein Gebet

Vater, gib mir die Augen eines Kindes.

Wie ist Ihr Name?

Denn Gott hat die Menschen so sehr geliebt, daß er seinen einzigen Sohn für sie hergab. Jeder, der an ihn glaubt, wird nicht verlorengehen, sondern das ewige Leben haben.

Johannes 3, 16

Mit diesem Vers verband mich eine Haßliebe, seit ich mich mit sechzehn Jahren bekehrte (was immer das heißt). Natürlich drückt er die größte Wirklichkeit von allen aus, aber damals in den Sechzigern schien er beinahe eine Art Talisman zu sein für die jungen Evangelikalen, die die Bibel für die vierte Person der Dreieinigkeit hielten. Meinen Haß gegen Johannes 3,16 habe ich schon vor Jahren heruntergeschluckt. Heute liebe ich den Vers, weil er die große Wahrheit beinhaltet, daß Gott verrückt nach uns ist. Das sollte uns froh und stolz (im besten Sinne) machen, aber es gibt eine Menge Christen, die weder das eine noch das andere empfinden. Viele von uns haben ein sehr schlechtes Selbstbild, eine Erscheinung, die wenig bis gar nichts mit Stolz oder Demut zu tun hat.

Ich erinnere mich an eine Frau, der ich begegnete, als ich in einer Gemeinde irgendwo im Norden von England nach einer Veranstaltung Bücher signierte. Sie hielt mir ein Buch entgegen, und ich fragte sie, wie ich es immer tue, nach ihrem Namen, um ihr eine Widmung auf die Titelseite schreiben zu können.

„Ach", sagte sie und schüttelte unsicher den Kopf, „ich bin eigentlich gar niemand. Schreiben Sie nur Ihren Namen hinein ..."

„Bitte, sagen Sie mir doch Ihren Namen", lockte ich sie. „Irgend jemand müssen Sie doch sein."

Sie wurde ein wenig rot.

„Ach, ich bin bloß Sarah ..."

Denn Gott hat bloß Sarah so sehr geliebt, daß er seinen einzigen Sohn für sie hergab. Wenn bloß Sarah an ihn glaubt, wird sie nicht verlorengehen, sondern das ewige Leben haben. Warum glaubt sie das nicht? Dafür kann es alle möglichen Gründe geben, aber einer davon ist vielleicht, daß die Gemeinde Sarah viel weniger Wert zumißt, als Gott es tut. In den letzten beiden Jahrzehnten hat sich unser Schwerpunkt zunehmend auf den individuellen geistlichen Erfolg in gewissen Bereichen verlagert. Vor lauter Bestreben, alle möglichen Soforthilfen von Gott zu ergattern, haben wir die langfristige Fürsorge und Wertschätzung für den Einzelnen aus den Augen verloren, die eigentlich den Leib Christi kennzeichnen sollte. Gott hat die Person, die neben mir im Gottesdienst sitzt, so sehr geliebt, daß er Jesus sandte. Es gibt keine Niemande.

Ein Gebet

Vater, bitte lehre uns, einander und uns selbst wertzuschätzen. Danke, daß du Jesus für mich allein gesandt hast.

Beschenkt und erschrocken

Elisabeth war im sechsten Monat schwanger, als Gott den Engel Gabriel zu einem Mädchen nach Nazareth schickte, einer Stadt in Galiäa. Das Mädchen hieß Maria und war mit Joseph, einem Nachkommen des großen Königs David, verlobt. Der Engel kam zu ihr und sagte: „Sei gegrüßt, Maria! Gott will dich beschenken. Er hat dich unter allen Frauen ausgewählt." Maria fragte sich erschrocken, was diese seltsamen Worte bedeuten könnten. „Hab keine Angst, Maria", redete der Engel weiter. „Gott liebt dich und hat etwas Besonderes mit dir vor."

Lukas 1, 26-30

Maria ist eine meiner großen Heldinnen in der Wirklichkeit, und in diesem Abschnitt liegt ein Schlüssel zu der hohen Achtung, die ich ihr entgegenbringe. Sie war eine Realistin, eine gute Dienerin und eine sehr verwirrte Frau. Maria bekommt von dem Engel gesagt, sie sei „sehr beschenkt", worauf sie sofort zutiefst „erschrocken" ist. Für den Rest ihres Lebens bleibt Maria sehr beschenkt und zutiefst erschrocken, während sie die Entwicklung der Mission, den entsetzlichen Tod und die darauf folgende Auferstehung ihres außergewöhnlichen Sohnes beobachtet.

Marias Beispiel sollte eigentlich befreiend wirken auf Leute wie mich, die irgendwie auf den Gedanken verfallen sind, der „sehr beschenkte" Zustand sei der einzig erlaubte. Fast alle Christen, die ich kenne, haben Zeiten des Erschreckens hinter sich, stecken mittendrin und haben sie sicherlich noch vor sich. Wie könnte es anders sein? Dies ist eine wilde, gefallene Welt, und wir sind schwache, verwundbare Leute mit völlig unterschiedlichen Hintergründen und Persönlichkeiten, doch wir teilen dieselbe Hoffnung wie Maria, daß wir in Jesus das Leben und endgültige Heilung finden werden.

Es ist wichtig, daß wir diese Wirklichkeit an uns gegenseitig akzeptieren, ohne uns unangebrachte Seelsorge oder unterschwellige Verurteilung angedeihen zu lassen. Teilen wir die Beschenkungen, teilen wir die Schrecken, und vor allem, teilen wir Jesus. So werden wir es schaffen.

Ein Gebet

Vater, hilf uns, uns ohne unrealistische Erwartungen oder nicht hilfreiche Reaktionen umeinander zu kümmern. Danke für Maria, die gehorsam und aufrichtig war.

Zurück zu den Grundlagen

Am selben Tag wanderten zwei Jünger nach Emmaus, einem Dorf, das ungefähr zehn Kilometer von Jerusalem entfernt liegt. Unterwegs redeten sie über nichts anderes als über die Ereignisse der letzten Tage. Während sie miteinander sprachen, gesellte sich Jesus zu ihnen. Aber, wie mit Blindheit geschlagen, konnten sie ihn nicht erkennen. „Worüber unterhaltet ihr euch?“ fragte sie Jesus. Die Jünger blieben traurig stehen, und verwundert bemerkte Kleopas, einer von den beiden: „Ich glaube, du bist der einzige in Jerusalem, der nichts von den Ereignissen der letzten Tage gehört hat.“

Lukas 24, 13-18

Eine reiche Mixtur aus Sorgen und Segnungen ist eine Sache, doch eine lange, wüstenähnliche Erfahrung geistlicher Verlassenheit eine ganz andere. Wenn ich durch das Land reise, werde ich recht häufig auf die Tatsache gestoßen, daß manche Leute sich schon seit langer Zeit von Gott vernachlässigt fühlen. Ich kenne zum Beispiel einen freikirchlichen Pastor im Nordosten, der einfach nicht verstehen kann, warum es in der Gemeinde, die er leitet, so gut wie keine geistliche Entwicklung gibt. Er ist ein talentierter, engagierter Mann, der alles richtig gemacht zu haben scheint, aber nun wie die beiden Männer in diesem Abschnitt „traurig stehengeblieben“ ist, weil Jesus verschwunden und die Zukunft ohne Sinn zu sein scheint. Dieser Mann (und viele andere wie er) sehnen sich danach, wieder ein Brennen in ihren Herzen zu fühlen, so daß auch sie wieder mit der tiefen, wilden Erregung, die sie einst kannten, anderen sagen können: „Der Herr ist wahrhaftig auferstanden!“

Es gibt keine universellen Lösungen für das Problem der geistlichen Depression (ich habe einmal einen „universellen“ Dachgepäckträger gekauft, der auf jedes Automodell im Kosmos paßte, nur nicht auf unseres), doch die Erfahrung dieser beiden Wanderer ist interessant. Erstens bekamen sie eine metaphorische Ohrfeige für ihre Begriffsstutzigkeit, aber das schreckte sie nicht ab – Jesus hat den Kniff heraus, wie man so etwas macht. Dann wurden sie durch die Heilige Schrift zurück zu den Grundlagen geführt. Und am Schluß empfingen sie gesegnetes Brot von dem Fremden, der sich als Jesus entpuppte. *Dann* brannten ihre Herzen!

Der Versuch lohnt sich. Rückhaltlose Buße, gefolgt von einer stillen Rückkehr zu den biblischen Grundlagen, die zu einer herzlichen, engen Gemeinschaft mit der Person führt, die die ganze Zeit über bei uns war, selbst als wir traurig stehengeblieben waren.

Ein Gebet

Wir wollen vor Leben brennen, Herr. Bitte begegne uns, lehre uns und iß mit uns.

Einbrecher

„Hütet euch aber, daß eure Herzen nicht beschwert werden mit Fressen und Saufen und mit täglichen Sorgen und dieser Tag nicht plötzlich über euch komme wie ein Fallstrick; denn er wird über alle kommen, die auf der ganzen Erde wohnen. So seid allerzeit wach und betet, daß ihr stark werdet, zu entfliehen diesem allen, was geschehen soll, und zu stehen vor dem Menschensohn."

Lukas 21, 34-36

Die Bibel ist schon ein seltsames Buch. Man findet immer wieder Kleinigkeiten, die einem noch nie aufgefallen sind, meistens mitten in einer altvertrauten Passage. Nehmen Sie zum Beispiel diese Stelle aus dem Lukasevangelium. Wenn ich den Leuten sage, daß Jesus von drei Bereichen weltlicher Ablenkung sprach, die das Herz beschweren, und daß einer davon die Trunkenheit ist, dann machen die meisten ein sehr überraschtes Gesicht und fragen nach, wo dieses Zitat genau zu finden ist. Daß ich mich fast nie an Kapitel und Vers erinnern kann und fieberhaft mein Neues Testament durchblättern muß, um meine Aussage zu beweisen, hilft in dieser Situation auch nicht weiter.

Fressen, Saufen und tägliche Sorgen. In meinem Leben habe ich in dem ersten ein wenig herumgeplanscht, habe im zweiten den Boden unter den Füßen verloren, doch im dritten wäre ich beinahe ertrunken. Manche unter uns, die zu denen gehören, die „traurig stehengeblieben" sind, müssen sich vielleicht der Wirklichkeit stellen, daß wir uns an Wichtigkeiten und Sorgen hängen, die so schwerwiegend sind, daß sie einen düsteren Schatten über alle anderen Lebensbereiche werfen. Die Gewohnheit, sich zu *sorgen*, kann ziemlich lähmend sein.

Kein Einbrecher kam gestern nacht,
wie auch schon keiner in der Nacht davor
und allen Nächten, seit ich denken kann,

kein Einbrecher mal wieder.
Obwohl ich lauschte, so wie ich es immer tue,
Sie kamen nicht.
Sie waren gestern nacht wieder nicht hier.
Und was, wenn sie nun niemals kommen?
Nächte vergeudet – hätte schlafen können.
Doch ich bin sicher, hätte ich geschlafen,
so wären diese Einbrecher gekommen.
Ja, dann wären sie gekommen.

Ein Gebet

Herr, unsere Sorgen kleben an uns wie kalte Umschläge. Manchmal beten wir über sie, und sie scheinen für eine Weile zu verschwinden. Dann kommen sie wieder, und wir sind der Verzweiflung nahe. Hilf uns, Herr, wir wollen nicht von dir abgelenkt werden.

Der gescheiterte Vater?

„Ein Mann hatte zwei Söhne", erzählte Jesus.

Lukas 15, 11

Wäre die Geschichte vom verlorenen Sohn in unserer Zeit zum ersten Mal erzählt worden, dann würde sie zweifellos „Das Gleichnis vom gescheiterten Vater" heißen. Schließlich ist aus keinem seiner Söhne etwas besonders Tolles geworden, oder? Der eine ging von zu Hause weg und verpraßte sein ganzes Geld mit wilden Partys und Huren, während der andere zu einem verdrießlichen, verkniffenen Typen heranwuchs, der keine Ahnung hatte, wie man das Leben genießt. Da kann doch irgend etwas an der Erziehung nicht gestimmt haben, finden Sie nicht?

Natürlich ging es Jesus um einen ganz anderen Punkt, und damals, in jener Gesellschaft, hatte man auch ganz andere Ansichten über die individuelle Verantwortlichkeit. Wenn wir uns aber mit der Wirklichkeit auseinandersetzen wollen, müssen wir uns mit der Tatsache befassen, daß sehr viele Leute außerhalb der Gemeinde Jesu und auch nicht wenige darin ein großes Problem mit dieser „anderen Ansicht" von Gottes Umgang mit Männern und Frauen haben.

Es ist eine alte Frage, aber sie sei hier noch einmal gestellt: Wenn der Schöpfer wirklich allwissend und allmächtig ist, warum hat er dann Geschöpfe hervorgebracht, die scheitern und rebellieren und infolge dessen Leid und Schmerz erleben würden? Warum übernimmt er nicht die Verantwortung für seine mißlungene Arbeit und Fehlplanung? Ist er uns nicht ein Stück Himmel schuldig?

Mein evangelikal geschulter Verstand wirft mit pawlowscher Leichtigkeit Antworten auf diese Fragen aus: Gott wollte keine Roboter, deshalb hat er uns einen freien Willen gegeben. Er ist der Töpfer, wir sind der Ton; also haben wir kein Recht, uns zu beschweren. Unser begrenzter Verstand ist unfähig, seine unendlichen und ewigen Pläne zu begreifen.

Diese Argumente mögen ihre Vorzüge haben oder auch nicht, aber ich kann nur sagen, daß sie das Problem für mich noch nie befriedigend gelöst haben. Ich wäre heute kein Christ mehr, wenn mein Glaube davon abhinge, daß ich die Logik von Schöpfung und Sündenfall einsehe. Aber er hängt nicht davon ab – er hängt von Jesus ab. Im Mittelpunkt meines chaotischen, wechselhaften, seltsam geformten religiösen Glaubens steht die Person Jesu und die Beziehung, die zwischen uns besteht. Er ist der ruhende Pol, auf den alles bezogen ist, und ich habe mit der Zeit gelernt, daß er zuverlässig ist.

Ich kann das Problem des „gescheiterten" Vaters nicht lösen, aber Jesus kennt die Wahrheit, und ich vertraue ihm. Letzten Endes ist das meine Antwort.

Ein Gebet

Vater, es gibt eine Menge Dinge, die ich nicht verstehe. Hilf mir, nicht so zu tun, als würde ich etwas verstehen, wenn es nicht so ist. Wieder einmal danke für Jesus.

Auszeit

Als nun Herodes Geburtstag feierte, tanzte die Tochter seiner Geliebten vor den Gästen. Das gefiel dem König so gut, daß er ihr mit einem Schwur versprach: „Ich gebe dir alles, was du haben willst." Von ihrer Mutter angestiftet, bat sie den König: „Dann laß mir sofort den Kopf Johannes des Täufers auf einem Teller herbringen." Diese Bitte brachte Herodes in große Verlegenheit. Aber weil er sein Versprechen vor allen Gästen gegeben hatte, befahl er, Johannes im Gefängnis zu enthaupten. Man brachte den Kopf auf einem Teller und gab ihn dem Mädchen. Es überreichte ihn seiner Mutter. Die Jünger des Johannes holten seinen Leichnam und begruben ihn. Dann berichteten sie Jesus, was geschehen war. Als Jesus dies hörte, fuhr er mit einem Boot in eine entlegene Gegend. Er wollte allein sein. Aber die Leute merkten, wohin er gehen wollte, und folgten ihm in Scharen von überall her auf dem Landweg. Als Jesus aus dem Boot stieg und die vielen Menschen sah, hatte er Mitleid mit ihnen und heilte die Kranken. Gegen Abend kamen die Jünger zu ihm und sagten: „Es ist spät geworden, und die Gegend ist einsam. Schick doch die Leute weg, damit sie in die Dörfer gehen und sich dort etwas zu essen kaufen können!" Aber Jesus antwortete: „Das ist nicht nötig. Gebt *ihr* ihnen doch zu essen!"

Matthäus 14, 6-16

Es gab einen Moment, in dem selbst Jesus still und traurig wurde. Da er ein wirklicher Mensch war, ist das nicht überraschend. Jesus und sein Cousin müssen sich sehr nahegestanden haben. Ihre Eltern kannten einander, sie waren im selben Alter, und sie wohnten nicht einmal eine Tagesreise voneinander entfernt. Noch bevor sie geboren worden waren, hatte Johannes im Leib seiner Mutter einen Freudensprung getan, als Maria aufgeregt zu Elisabeth in die Berge eilte, um ihr von ihrer Begegnung mit einem Engel zu erzählen. Ich kann mich irren, aber ich hatte schon immer das Gefühl, daß der leidenschaftliche Ausbruch Jesu über Johannes im siebten Kapitel des Lukasevangeliums nicht nur ein logisches Argument beinhaltet, sondern auch eine sehr persönliche Note.

Nun, als er hört, daß Johannes tot ist, versucht er, einen Ort zu finden, wo er allein sein kann, wo er trauern kann, doch die Leute sind wie Vogelbabys, die nur ihren eigenen Hunger kennen, und als er seinen Fuß aufs Ufer setzt, warten schon alle auf ihn. Die Mühle dreht sich weiter. Keine Zeit mehr zum Trauern.

Ein Gebet

Danke, Vater, für diesen besonderen Einblick in einen der ganz persönlichen Momente deines Sohnes. Es tut mir leid, daß ihn der Tod seines Cousins so traurig gemacht hat, und ich möchte dir danken, daß er so entschlossen wieder an seine Arbeit ging, nachdem er sich für ein Weilchen zurückgezogen hatte. Das gibt mir die Erlaubnis, es genauso zu machen.

Der Gott der Lücken

An jenem Tag wird man der Stadt auf dem Berg Zion zurufen: „Habt keine Angst, ihr Einwohner Jerusalems, laßt die Hände nicht mutlos sinken! Der Herr, euer Gott, ist in eurer Mitte; er ist stark und hilft euch! Von ganzem Herzen freut er sich über euch. Weil er euch liebt, redet er nicht länger über eure Schuld. Ja, er jubelt, wenn er an euch denkt!" So spricht der Herr: „Ich bringe alle nach Hause, die traurig sind, weil sie in der Fremde leben müssen und die großen Feste in Jerusalem nicht mitfeiern können. Was für eine Schande ist das für sie! Doch wenn die Zeit reif ist, werde ich mit euren Unterdrückern abrechnen! Ich bringe dich, mein vertriebenes Volk, nach Hause, auch diejenigen, die nicht richtig gehen können. Gerade in den Ländern, in denen ihr jetzt noch gedemütigt werdet, wird man euch dann achten und euch rühmen. Ja, in jener Zeit werde ich euch sammeln und in euer Land zurückbringen. Ich wende euer Schicksal zum Guten und verschaffe euch hohes Ansehen bei allen Völkern der Erde. Das verspreche ich, der Herr!"

Zefanja 3, 16-20

Dieser Abschnitt, und besonders der letzte Satz, ist mir vor zwölf Jahren sehr wichtig geworden, als ich mich aufgrund einer Streßerkrankung aus meinen normalen Verantwortungen und Aktivitäten zurückzog. Eine Sache, die mir half, wieder auf die Beine zu kommen, war die tägliche Disziplin des Schreibens, eine völlig neue Beschäftigung für mich. Es hatte etwas sehr Therapeutisches, die Gefühle und Erinnerungen aus meinem Innern herauszuholen und nach draußen zu bringen, auf ein Blatt Papier. Allmählich nahm der Gedanke, vollzeitlich als Schriftsteller tätig zu werden, in meinem Geist Gestalt an. Meine Familie unterstützte mich sehr, doch die meisten anderen Leute zeigten eine kaum verschleierte Skepsis, wenn ich ihnen erzählte, was ich vorhatte. Ich kann es ihnen nicht verdenken. Ich hatte ein Haus abzuzahlen und drei Kinder nebst Hund zu versorgen. Wie sollte ich sie ernähren? Dann las ich eines Morgens den Schluß des Buches Zefanja, und jene letzten Worte schienen daraus hervorzustechen wie Blindenschrift und die geistliche Blindheit zu durchdringen, an der ich damals litt. Gott würde mein Schicksal wenden, und wenn es auch schwerfiel, mir vorzustellen, wie das passieren würde, war ich mir doch sicher, daß das Schreiben irgendwie damit zu tun haben würde. Wenig später schickte ich eine Auswahl von Texten an die amerikanische Schriftstellerin Elizabeth Sherrill, die mit ihrem Mann John für eine ganze Reihe von Bestsellern verantwortlich zeichnete, darunter *Das Kreuz und die Messerhelden.* Elizabeth schickte mir zur Antwort einen Brief, wie ihn sich blutige Anfänger nur erträumen können. Gewappnet mit ihrer großzügigen Ermutigung, fuhr ich fort, Kugelschreiber zu verschleißen und Ablehnungsbriefe von Verlegern zu zerreißen, die mich informierten, daß „unsere Leser es nicht gutheißen würden, daß in dieser Weise über unseren Herrn Jesus Christus geschrieben wird ..."

Doch Gott hat sein Versprechen gehalten.

Eine Frage

Sind wir zu schnell dabei, Lücken zu überbrücken?

Lang lebe die Liebe

Einmal werden keine Propheten mehr zu uns sprechen, das Beten in anderen Sprachen wird aufhören, die Erkenntnis der Absichten Gottes mit uns wird nicht mehr nötig sein. Nur eins wird bleiben: die Liebe. Denn unsere Erkenntnis ist bruchstückhaft, ebenso wie unser prophetisches Reden. Wenn aber das Vollkommene – Gottes Reich – da ist, wird alles Vorläufige vergangen sein.

1. Korinther 13, 8-10

Die meisten Leute lieben diesen Abschnitt, aber an dem, was Paulus hier sagt, ist nichts Sentimentales. All die geistlichen Gaben werden vergehen, aber die Liebe wird bleiben. Wir werden nicht gerettet durch Zungenrede, Prophetie, Worte der Erkenntnis oder irgendwelche anderen nützlichen Töpfe und Pfannen, mit denen die christliche Küche ausgestattet ist. Gott ist Liebe, und wir werden gerettet durch die Macht der Liebe. Die anderen Dinge sind gut, aber unvollkommen.

Ich habe einen Freund, der ein jüdischer Rabbiner in der reformierten Bewegung ist. Wir haben oft nach Gemeinsamkeiten gesucht. Er ist ein sehr geistlicher Mann, und ich bin Anglikaner. Eines Tages, als David mit seiner Frau zum Tee bei uns war, breitete ich das folgende Szenario vor ihm aus.

„Also, ich komme im Himmel an, ja?“ David nicke. „Und Gott sagt zu mir: ‚Tut mir furchtbar leid, Adrian, aber Jesus war *nicht* der Sohn Gottes. Die Juden hatten recht, und du nicht. Aber wirst du mir trotzdem vertrauen?‘“

„Ja“, lächelte David, „das kann ich mir sehr gut vorstellen.“

„Warte“, sagte ich, „ich bin noch nicht fertig. Während ich noch an dem kaue, was Gott zu mir gesagt hat, tauchst du auf.“

„Oh“, sagte der Rabbi, und sein Lächeln schwand ein wenig.

„Hallo David‘, sagt Gott, ‚tut mir furchtbar leid, aber Jesus *war* der Sohn Gottes. Du hast den Messias verpaßt. Aber wirst du mir trotzdem vertrauen?‘“

„Und was passiert dann?“ fragte David.

„Nun, ich schätze, du und ich, wir reden vor dem Himmelstor über die ganze Sache, und dann gehen wir Arm in Arm zu Gott und sagen ihm, solange nur wir drei zusammen sein können, spielt alles andere keine Rolle.“

„Hmmm“, sagte David nachdenklich.

Schleudern Sie jetzt keine geistlichen Blitze nach mir. Ich *glaube* ja, daß Jesus genau der ist, der er zu sein behauptete, aber ich glaube auch, daß die Liebe zwischen David und mir so wirklich und so bleibend ist wie nur irgend etwas sonst.

Gedanke

John Lennon hatte recht. „Love is real ...“

Als letzter ankommen

So spricht der Herr: „Es kommt der Tag, da werde ich mein Volk, das ich so schwer bestraft habe, wieder in seine Heimat bringen, so wie ein Hirte seine Schafe zurückholt, die sich verlaufen haben und verletzt sind. Ja, ich sorge dafür, daß die Verletzten überleben und die Schwachen wieder zu einem mächtigen Volk werden! Dann herrsche ich selbst auf dem Berg Zion für alle Zeiten als ihr König."

Micha 4, 6-7

Ein Freund und ich fuhren mit einigen Mitgliedern unserer örtlichen Jugendgruppe nach Wales. Ich war ein bißchen nervös, weil ich wußte, daß zu dem Programm für das Wochenende die Besteigung eines sehr hohen Berges gehörte, und ich hatte ernste Zweifel, ob ich fit genug wäre, das zu schaffen. Man mußte zwar keine Steilwände hochklettern, aber eine Ewigkeit wandern und steigen. Ich war sicher, daß meine Lungen und Beine rebellieren würden, lange bevor ich oben war.

Wegen dieser Befürchtungen legte ich los wie ein D-Zug, als wir aufbrachen, bestrebt, Scheitern oder Erfolg so schnell wie möglich hinter mich zu bringen. Einige der Jugendlichen hielten mit meinem hektischen Ansturm auf den Berghang mit, während andere – die Pummeligen, falsch Beschuhten, Schwächlichen und Lustlosen – langsam hinterherschuffelten. Erst als ich etwa drei Viertel des Weges zum Gipfel hinter mir hatte und stehenblieb, um die Aussicht zu genießen (wie ich behauptete), bemerkte ich, was mit den Nachzüglern los war. Weit, weit unter mir sah ich eine kleine Reihe gebeugter Gestalten, die sich mühsam den Hang hinaufschleppten, und ganz am Schluß meinen Freund und Ko-Leiter Michael, der viel sportlicher war als ich und längst viel weiter hätte sein können. Während ich hinunterschaute, blieb er stehen, um die kleinere Gestalt vor ihm zu ermutigen, die offenbar für den Augenblick aufgegeben hatte. Ich erreichte den Gipfel lange vor Michael. Er brauchte Stunden, um seine widerwilligen Lämmer auf die Bergkuppe zu treiben.

Manchmal kann es so aussehen, als wären die erhabenen, vorauseilenden, bekannten Christen die wichtigen und erfolgreichen, aber das ist nicht so. Jene, die den Auftrag ausführen, der in diesen Versen aus dem Buch Micha impliziert ist, sind in Gottes Augen die Gewinner, denn ihr Vorbild und ihre Inspiration ist Jesus selbst.

Ein Gebet

Vater, bitte gib uns Geduld und Freude dazu, denen zu helfen, die Schwierigkeiten haben, es zu schaffen.

Ernster Spaß

„Der Dieb kommt, um zu stehlen, zu schlachten und zu vernichten. Ich aber bringe allen, die zu mir gehören, das Leben – und dies im Überfluß."

Johannes 10, 10

Ich sprach auf einem sehr lebendigen Jugendfestival an der Ostküste. Die jungen Leute schienen einen Riesenspaß zu haben. „Ich glaube, es macht es ihnen leichter, die ernsten Dinge aufzunehmen, wenn sie soviel Spaß haben."

Es war einer der Veranstalter, der diese Bemerkung machte, als wir beisammenstanden und die lachende, schubsende, fröhliche Schlange von Jugendlichen beobachteten, die vor einem großen Zelt anstand, in dem eine beliebte Band auftreten sollte. In dem Augenblick stimmte ich ihm zu, hauptsächlich, weil ich an chronischer Nickitis leide.

Später, als ich über das nachdachte, was der Mann gesagt hatte, fielen mir all die Jugendgruppenleiter ein, die mir von ihrer Verwirrung über die widersprüchlichen Verhaltensweisen der jungen Leute erzählt hatten, für die sie verantwortlich waren. Sie konnten nicht begreifen, wie anständige, armehebende, Lobpreis von sich gebende Sonntagsteenager sich bei manchen „säkularen" Anlässen in solche Monster verwandeln konnten. Dabei ist das eigentlich nur menschlich, allgemein gesprochen, und es ist wahrscheinlich eine gesündere Lebenseinstellung als die vieler unterdrückter erwachsener Kirchgänger. Gesunde Jugendliche suchen nach dem Leben und stürzen sich dann hinein.

Was könnte für die Jugendlichen auf diesem Festival ernster gewesen sein, als ihren Spaß zu haben? Was könnte man sich mehr wünschen, als daß sie lernen, mit der Institution der Gemeinde schuldfreie, überschwengliche Lebendigkeit zu assoziieren? Vielleicht sollten wir hoffen, daß unsere Jugendlichen zu Leuten wie König David heranwachsen, der sich mit ganzem Herzen in Trauer und Buße stürzte. Jesus hat uns Leben im Überfluß versprochen – nicht emotionale Zurückhaltung und ewige Mäßigung.

Denken Sie an folgendes: Gott fand es der Mühe wert, seinen Sohn zu senden, um für uns zu sterben, damit wir das ewige Leben empfangen. Wie wird dieses Leben aussehen? Die Antwort auf diese Frage kenne ich genauso wenig wie Sie, aber was ich weiß, ist, daß es die Essenz von allem enthalten wird, was hell und stark und schön und befriedigend und friedvoll und dynamisch und wirklich ist.

Ein Gebet

Vater, hilf uns, dein Geschenk des überfließenden Lebens anzunehmen und niemanden anderes daran zu hindern, es zu finden. Wir danken dir im voraus.

Streich deine Verluste
und laß deine Gewinne laufen.
Amerikanisches Sprichwort

IN DIE IRRE GEHEN

Suche und Wiederfinden in Lukas 15

Solange ich mich erinnern kann, habe ich mich mit den Menschen und Dingen identifiziert, die verloren und beschädigt sind. In diesem Zusammenhang möchte ich Ihnen von zwei Gemälden erzählen, die mir sehr viel bedeuten.

In unserem Wohnzimmer zu Hause hängt ein Bild, das früher in der Mitte der längeren Wand hing, die man vor sich sieht, wenn man durch die Tür hereinkommt. Jetzt ist es in die Ecke der gegenüberliegenden Seite versetzt worden, etwas versteckt hinter der geöffneten Tür, wo es wie eine jener häßlichen Töchter in viktorianischen Romanen darauf wartet, daß es einer bemerkt. Diese Degradierung ist, das versichere ich Ihnen, kein Zeichen verminderter Wertschätzung meinerseits, sondern eher eine kleine Abwehrmaßnahme gegen die Reaktionen mancher unserer Besucher. Ich habe schon oft beobachtet, wie Leute es mit verstörten Blicken betrachteten, auf den Fußballen wippten und die Lippen schürzten, während sie versuchten, sich etwas einfallen zu lassen, was sie dazu sagen könnten. Sogar jetzt ertappe ich mich dabei, daß ich meine Erklärung des eigentlichen Inhaltes des Bildes hinauszögere, weil ich fürchte, daß Sie auch die Stirn darüber runzeln und verdutzt und mitleidig den Kopf schütteln und sich insgeheim fragen, ob der Mann, der Ihrem schwer angeschlagenen Cousin zweiten Grades so gut und geduldig geholfen hat, vielleicht auch mir eine ebenso hilfreiche Therapie angedeihen lassen könnte.

Also schön, ich sage es Ihnen – es ist ein Bild von einem Auto.

„Wieso, was ist denn daran so schlimm?“ höre ich viele von Ihnen sagen. „Viele Leute interessieren sich für alle möglichen Fahrzeuge, und obwohl wir dieses Interesse selbst nicht teilen, verstehen wir völlig, warum Sie in Ihrem eigenen Haus gerne ein –“

Nein – warten Sie, Sie haben mich nicht verstanden. Es handelt sich hierbei nicht um eine jener mit großer Detailverliebtheit ausgeführten vierfarbigen Darstellungen eines XP47 Cougar Vincenzo mit stromlinienförmigen Dreifachflossen und doppelter Über-Kopf-Nockenwelle – etwas Langweiligeres könnte ich mir nicht vorstellen – nein, dies ist etwas ganz anderes. Es ist ein kaputter, liegengebliebener kleiner Mini Traveller, die Sorte mit Holzrahmen um die Fenster, und er ist offenbar am Rande eines Feldes einfach stehengelassen worden. Er muß sogar schon eine ganze Weile dort gestanden haben, denn die Räder und der untere Teil der Karosserie sind mit Gras überwuchert, und die Hecktüren sind offen und hängen schief an den verbogenen Angeln. Im Hintergrund scheint ein düster drohender Wald nur darauf zu warten, die Überreste dessen zu verschlingen, was einst die Freude und der Stolz seines Besitzers gewesen sein mag. Wirklich, es ist ein sehr trauriges kleines Auto.

Die unausgesprochene und manchmal auch ausgesprochene Frage etlicher unserer Gäste war: „Warum? Warum in aller Welt willst du ein Bild von einem Schrottauto an der Wand hängen haben, einem Auto, das mit Sicherheit nie wieder repariert wird, einem nutzlosen Haufen Metall und Holz, der nie wieder seine ursprünglichen Funktionen erfüllen wird?“

Ah, aber genau darum geht es ja, sehen Sie. Da ich selbst einmal in einem ziemlich schrottreifen Zustand war und viele Jahre lang mit Kindern gearbeitet habe, die verlassen und aufgegeben worden waren, und da ich einem Gott begegnet bin, der sich darauf spezialisiert hat, verlorene, kaputte Dinge zu nehmen und sie auf wundersame Weise wieder funktionstüchtig zu machen, finde ich mein Bild ungemein inspirierend. Es ist ein bißchen so, als hätte man ein Bild von Jesus am Kreuz an der Wand, nur weniger bedrückend. Jenes alte Auto (es ist übrigens eine hervorragend ausgeführte Arbeit) erinnert mich ständig daran, daß im Reich Gottes nichts und niemand jenseits von Rettung und Erlösung ist.

Ich fühle mich ein bißchen schuldig, weil ich dem Druck der öffentlichen Meinung nachgegeben habe, was die Plazierung meines Bildes betrifft, aber Sie sollten einmal sehen, was ich statt dessen an jene lange Wand gehängt habe! Wenn unsere Besucher nun eintreten, stehen sie vor einem großen, in Kohle gezeichneten Porträt von Jacqueline Du Pré, einer hochtalentierten jungen Frau, die durch Krankheit und Depression ebenso verloren und kaputtging wie der Mini Traveller, der demütig hinter meiner Wohnzimmertür auf ein bißchen Aufmerksamkeit wartet.

Das zweite Bild – nun, schon der Gedanke an das zweite Bild weckt in mir aufgeregte Vorfreude. Während ich dies schreibe, hängt es nirgendwo in unserem Haus, denn wir wollen damit in die Stadt fahren und es schätzen lassen, sobald wir ein bißchen Zeit haben, aber ich würde es am liebsten in unserem Schlafzimmer aufhängen, sobald das erledigt ist. Hinter diesem Bild steckt folgende Geschichte.

Nachdem Ende 1996 meine Mutter gestorben war, machten meine Brüder und ich uns an die trübselige Aufgabe, ihre gesamte Habe aufzulösen, darunter etliche Dinge, die seit vielen Jahren in der Dachkammer herumgelegen haben müssen. Zu dieser Sammlung gehörten drei oder vier verstaubte alte religiöse Bilder von der Sorte mit den blutenden Herzen, ein Genre, das ich persönlich immer irgendwie abstoßend fand. Eines oder zwei davon steckten in ziemlich eindrucksvollen Rahmen, aber allgemein herrschte die Ansicht vor, daß sie auf den Müll sollten, und da Bridget und ich uns erboten, uns darum zu kümmern, landeten sie in unserem Haus und wurden, während die Tage verstrichen, zu Opfern der chronischen Unfähigkeit der Familie Plass, irgend etwas zügig zu erledigen.

Eines Abends, als ich allein in der Küche saß, ging mir der Gedanke durch den Kopf, ob es sich vielleicht lohnen würde, die Bilder herauszunehmen und die Rahmen zu behalten. Ich griff nach einem der größten davon, riß das Rückenpapier ab und stellte mit brennendem Interesse fest, daß ein zweites, kleineres Bild dahinter steckte, das als Verstärkung für das Bild diente, das tatsächlich hinter dem Glas zu sehen war. Als ich meine Entdeckung betrachtete, sah ich, daß es ein Foto war, vermutlich vor vielen Jahren aus einer Illustrierten ausgeschnitten und auf ein Stück Pappe geklebt, auf dem das Meer und einige Felsen zu sehen waren. Zweifellos ohne jeden Wert, aber Sie können sich den Eifer vorstellen, mit dem ich mich dem nächsten der religiösen Kunstwerke zuwandte und den Rücken abriß, um zu sehen, ob sich dahinter etwas Interessantes verbarg. Und ich wurde nicht enttäuscht. Diesmal zog ich einen Druck hervor, datiert kurz nach der Jahrhundertwende, in Massen produziert und wiederum wahrscheinlich wertlos, aber Sie können sich denken, wie aufgeregt ich inzwischen war. Mir war, als wäre ich unversehens in Aladins Wunderhöhle geraten. Wer konnte ahnen, was als nächstes kommen würde?

Das dritte Bild war kleiner als die beiden anderen, aber es sah älter aus und war eher noch repräsentativer für jenen deprimierend düsteren Stil religiöser Kunst, der in der viktorianischen Zeit vorherrschte. Diesmal kostete ich jeden Handgriff aus, schlitzte das knisternde, brüchige, alte braune Papier vorsichtig um die Innenseite des Rahmens herum auf, bevor ich die Nägel einen nach dem anderen zurückbog, mit denen das Bild so viele Jahre lang befestigt gewesen war. Mit angehaltenem Atem nahm ich den Pappbogen heraus, der die nächste Schicht bildete, und drehte ihn um. Dort vor mir steckte in seinem eigenen Kartonrahmen ein bezauberndes kleines Originalgemälde von einer Küstenszene, gemalt, soweit es mein ungeschultes Auge erkennen konnte, in Aquarellfarben. Als ich mir die Ecke des Bildes näher anschaute, sah ich, daß der Künstler das Datum 1879 eingezeichnet hatte und daß die Szene in Bournemouth war. Eine Signatur gab es nicht. Vor mehr als einem Jahrhundert hatte jemand, der dieses kleine Bild für entbehrlich hielt, es im Innern des Größeren versiegelt, und meine Augen waren die ersten, die es seither zu sehen bekamen.

Ob dieses Juwel von einem Fund nun einen Marktwert hat oder nicht, für mich wird es immer kostbar sein, einfach deshalb, weil etwas so Hübsches und Anziehendes so lange Zeit hinter einer so grell verzerrten Darstellung des christlichen Glaubens verborgen war. Verzeihen Sie die allzu offensichtliche Parallele, aber dies erscheint mir als ein deutliches Bild dafür, wie die süße, starke Wirklichkeit Jesu immer sie selbst bleibt, wie viele Fehler die Kirche als Institution auch begehen mag. Außerdem kann es uns alle daran erinnern, daß Jesus den wichtigsten Teil dessen, was wir sind, in sich selbst verbirgt, bereit, ihn seinem Vater vorzuweisen, wenn der richtige Moment kommt.

Unser Gott ist der Gott des Beschädigten und Verlorenen.

Gebet

Vater, während wir mit dir auf dem Weg sind, beten wir für all diejenigen, die unterwegs verlorengingen oder verletzt worden sind. Wir alle kennen solche Leute, Herr. Manche von uns sind selbst solche Leute. Danke, daß du weißt, wo die Verlorenen geblieben sind und was aus ihnen geworden ist. Wir bitten dich, wenn wir irgendwie dabei mithelfen können, sie auf den richtigen Weg zurückzubringen oder ihre Verletzungen zu heilen, daß wir uns nicht vor unliebsamen Umwegen drücken oder fromme Ausreden benutzen, um uns himmlische Aufgaben vom Leib zu halten.

Herzlichen Dank, Herr Jesus, daß du jeden von uns, deine wertvollen Kunstwerke, sicher in dir verborgen hast. Manchmal fragen wir uns, wie es möglich sein kann, daß das öffentliche Gesicht deiner Gemeinde die Person repräsentiert, die du bist, aber wir wissen, daß du immer von innen her wirkst, um die Dinge zum Besseren zu verändern. Hilf uns, dir mutig und treu dabei zu helfen. Amen.

Aber wir sind Christen!

Viele Zollbeamte und andere verrufene Leute kamen immer wieder zu Jesus, um ihn zu hören. Empört zischten die Pharisäer und Schriftgelehrten: „Mit welchem Gesindel gibt der sich ab! Und nicht genug, daß er mit ihnen redet: Er setzt sich sogar mit ihnen an einen Tisch!"

Lukas 15, 1-2

Wenn ich vor einer Gemeinde oder einer Gruppe von Gemeinden einen Abend lang witzige Geschichten vortrage, dann sind das meist recht gut besuchte Veranstaltungen, wie ich erfreut sagen kann. Die Leute lachen gern, und wenn dann auch der eine oder andere ernsthafte Gedanke eingestreut wird, dann nehmen sie ihn gerne auf. Wann immer ich dagegen an Aktivitäten beteiligt war, um für AIDS-Kranke, die Prison Fellowship oder die Armut in der Dritten Welt Geld zu sammeln oder ein Bewußtsein zu schaffen, war der Andrang spürbar geringer.

Das Material, das ich verwende, ist genau dasselbe, aber es scheint einen gewissen Widerwillen zu geben, sich solchen Themen anzunähern, selbst auf eine so indirekte Weise. Manche Leute haben ganz offen ihren Abscheu vor jeglichen christlichen Aktivitäten im Zusammenhang mit AIDS ausgedrückt, und Prison Fellowship ist ein chronisch unterfinanziertes und schlecht unterstütztes Missionswerk, obwohl es eine hervorragende Arbeit leistet.

Es gibt nicht viele Christen, die sich die Hände schmutzig machen wollen, aber diejenigen, die es tun, erleben manchmal Wunder. Jesus wohnte nicht im Jerusalemer Hilton und machte von dort aus evangelistische Besuche bei Sündern. Er *lebte* mit ihnen – aß mit ihnen, schloß echte Freundschaft mit ihnen, erzählte ihnen Geschichten, beantwortete ihre Fragen; er ließ sich total auf sie ein, ohne sich zu beflecken. Die Schriftgelehrten und Pharisäer konnten das nicht ertragen, und manche Leute heute können es genauso wenig.

Kürzlich wurde ein Freund von mir aus dem Gefängnis entlassen und suchte eine Unterkunft in einer Ortschaft in der Nähe. Im Telefonbuch fanden wir eine Einrichtung, die als „Christliches Hotel" aufgeführt war. Als ich anrief und erklärte, was wir brauchten, sagte die Dame am anderen Ende der Leitung: „Also, ich weiß nicht recht. Wir müssen sehr aufpassen, wen wir nehmen, denn wissen Sie, wir sind ein *christliches* Hotel …"

Gott helfe uns als Gemeinde, wenn wir sagen: „Wir müssen sehr aufpassen, wen wir nehmen, denn wissen Sie, wir sind eine *christliche* Gemeinde …"

Denkanstoß

Schließen wir echte Freundschaft mit Leuten, mit denen wir nicht einverstanden sind? Sind wir bereit, uns im Dienst für Gott die Hände schmutzig zu machen? Lesen Sie Matthäus 25, 31-46.

Hirten oder Polizisten?

„Wenn du hundert Schafe hast, und eines läuft weg, läßt du dann nicht die neunundneunzig allein zurück, um das verlorene zu suchen, bis du es gefunden hast?“

Lukas 15, 4

Hier fordert Jesus die Schriftgelehrten und Pharisäer auf, eine 180-Grad-Wendung in ihrer Einstellung gegenüber Sündern zu vollziehen. Vom Beschimpfen zur Fürsorge; vom Im-Stich-Lassen zum Suchen; von der Gleichgültigkeit zur Liebe.

Vor einigen Jahren stellte einer unserer großen Universitäten Untersuchungen über das Wesen und die Bestandteile erfolgreicher Lebensberatung an. Nach ausgiebigen Forschungen, Beobachtungen und Diskussionen wurden drei Hauptfaktoren als wesentliche Merkmale eines erfolgreichen Beraters benannt. Es waren folgende:

1. Ein wirkungsvoller Berater muß bereit sein, in die Welt seines Klienten einzutreten.
2. Er darf die Person, die er berät, nicht verurteilen.
3. Er muß der Person spürbare Wertschätzung entgegenbringen.

Ein bißchen Nachdenken hätte dieser Universität eine Menge Zeit und Mühe ersparen können. Vor zweitausend Jahren trat Jesus (der manchmal „wunderbarer Ratgeber“ genannt wird) in unsere Welt ein, nicht, um uns zu verurteilen, sondern um uns seine Wertschätzung zu zeigen, indem er an jenem furchtbaren Kreuz starb.

Ich frage mich, wie wohl die Schriftgelehrten und Pharisäer mit diesem Ansinnen, daß sie Hirten statt Polizisten sein sollten, zurechtkamen; daß es einen enormen Aufwand an Zeit und Mühe wert sei, auch nur einem einzigen jener schmuddeligen kleinen Sünder nachzugehen und ihn vor den Folgen seiner Trennung von Gott zu retten.

Vor einigen Jahren war ich selbst ein verlorenes Schaf, obwohl ich seit mehr als zwanzig Jahren Christ war. Emotional gestört, arbeitslos und ohne Kontakt zu einer Gemeinde, sagte ich eines Tages zu meiner Frau, daß, wenn es einen Gott gebe, der mich liebe, er kommen und helfen könne, und wenn nicht, dann spiele es sowieso keine Rolle. Der gute Hirte hörte mein Blöken und kam, insbesondere durch gewisse Freunde, die für den Hirten arbeiteten; weniger durch die religiöse Polizei.

Ein Gebet

Danke, daß du in unsere Welt gekommen bist, Jesus. Ich würde dir gerne bei deiner Suche helfen. Zeig mir bitte etwas Konkretes, das ich tun kann.

Suchen unter Tränen

„Glücklich wirst du es dann auf deinen Schultern tragen und deinen Freunden und Nachbarn zurufen: ‚Kommt her, freut euch mit mir, ich habe mein Schaf wiedergefunden!' So wird man sich auch im Himmel über einen verlorenen Sünder, der zu Gott umkehrt, mehr freuen als über neunundneunzig andere, die es nicht nötig haben, Buße zu tun."

Lukas 15, 5-7

Als mein jüngster Sohn David noch klein war, fuhren wir als Familie in die Ferien nach Cornwall. Eines Nachmittags beschlossen wir, uns am Strand in Newquay zu vergnügen. Nachdem wir ungefähr eine Stunde lang Sandburgen gebaut, gepaddelt und Eis geschleckt hatten, merkten wir, daß David fehlte. Eine Stunde später, nachdem wir jeden Quadratmeter Strand abgesucht hatten, war immer noch keine Spur von ihm zu sehen. Meine Frau Bridget wanderte ziellos am Strand auf und ab, Tränen in den Augen, voll verzweifelter Hoffnung, daß die kleine Gestalt auftauchen würde.

Inzwischen ging ich zur Strandwacht und bat den diensthabenden jungen Mann, David über die Lautsprecheranlage auszurufen. Auch das brachte keinen Erfolg. Eine tiefe Finsternis begann sich über mein Herz zu legen. Mein Mund war ausgetrocknet, und ich konnte meine Augen nicht von der dünnen weißen Linie abwenden, wo das Meer ans Ufer brandete. Ich war außer mir vor Angst. Es muß wohl etwa eine halbe Stunde später gewesen sein, als unser Freund, der mit uns am Strand war, David etwa zweihundert Meter von der Stelle entfernt fand, wo wir ihn zuletzt gesehen hatten. Er spielte friedlich im Sand. Die Erleichterung und Freude in unserer kleinen Gruppe war mit Händen zu greifen. Ich hievte David auf meine Schultern und trug ihn zurück zum Auto.

Jesus wollte, daß seine Zuhörer verstanden, daß seine Suche nach den Verlorenen – die Suche des Hirten nach seinen Schafen – von noch mehr Leidenschaft und Dringlichkeit begleitet ist als unsere verzweifelte Suche nach David an jenem Sommertag. Kein Wunder, daß sie im Himmel jubeln, wenn ein Sünder Buße tut. Gott ist verrückt nach uns.

Gedanke

Jesus sucht uns mit Tränen in den Augen. Wenn er uns findet, schnappt der ganze Himmel über vor Freude.

Sorgen und Freude teilen

„Oder nehmt ein anderes Beispiel: Zehn Silbermünzen hatte eine Frau gespart. Als ihr eines Tages eine fehlte, zündete sie sofort eine Lampe an, stellte das ganze Haus auf den Kopf und suchte in allen Ecken. Endlich hat sie die Münze gefunden. Sie rennt aus dem Haus zu ihren Freundinnen und Nachbarinnen: ‚Ich hab' mein Geld wieder! Schaut her! Freut euch mit mir!' Genau so freuen sich auch die Engel Gottes, wenn ein einziger Sünder zu Gott umkehrt."

Lukas 15, 8-10

Diese Geschichte (die vermutlich erzählt wurde, damit auch die Damen der damaligen Gesellschaft verstanden, worum es in der Geschichte von den Schafen ging) erinnert mich an den Tag, an dem Bridget unser ganzes Urlaubsgeld verlor, während sie eines unserer Kinder im Buggy durch die Geschäfte in Hailsham schob. Sie rief mich auf der Arbeit an, um die schlechte Neuigkeit zu verkünden, und war sichtlich verblüfft über die gelassene, gedämpfte Art, mit der ich darauf reagierte.

„Okay, Bridget", schnurrte ich beschwichtigend, „keine Sorge – da lasse ich mir schon irgend etwas einfallen. Es ist ja nur Geld ..." Was Bridget freilich nicht ahnte, war, daß dieser warmherzige Erweis von Vergebungsbereitschaft und Verständnis einzig und allein auf die Tatsache zurückzuführen war, daß ich von einem kleinen Kreis von Erziehern in der Ausbildung umgeben war, die gerade meine Ergüsse über die Notwendigkeit von Warmherzigkeit und Vergebungsbereitschaft im Umgang mit Heimkindern erdulden mußten. Als ich später nach Hause kam, erfuhr ich, daß das Geld gefunden und an Bridget zurückgegeben worden war, so daß ich den Mythos von meiner ach so großherzigen Toleranz aufrechterhalten konnte.

Sicher, wir freuten uns sehr über das wiedergefundene Geld, aber wir luden keine Nachbarn ein, um unsere Freude zu teilen.

Vielleicht ist das eine der Lektionen dieses kleinen Gleichnisses. Wir sind nicht besonders gut darin, andere ins Zentrum unserer Freuden und Tragödien einzuladen. Geburten, Hochzeiten, Hauseinweihungen und Todesfälle sind oft die einzigen Gelegenheiten, wo dies im grauen alten England geschieht. Doch wir sind der Leib Christi, und wir gehören zueinander. Manche der herzlichsten und denkwürdigsten Augenblicke in der Geschichte des kleinen Hauskreises, den Bridget und ich leiten, waren die Male, wo einzelne uns anderen das Geschenk machten, uns an ganz kleinen Freuden und Sorgen teilhaben zu lassen. Solche Mitteilsamkeit erfordert oft einen Willensakt.

Ein Gebet

Vater, ich bin nicht besonders gut darin, andere an meinem Leben teilhaben zu lassen. Bitte hilf mir, großzügiger und mutiger zu sein.

Gabe und Geber

„Ein Mann hatte zwei Söhne, erzählte Jesus. Eines Tages sagte der Jüngere zu ihm: ‚Vater, ich will jetzt schon meinen Anteil am Erbe ausbezahlt haben.' Da teilte der Vater sein Vermögen unter ihnen auf. Nur wenige Tage später packte der jüngere Sohn alles zusammen, verließ seinen Vater und reiste ins Ausland. Endlich konnte er sein Leben in vollen Zügen genießen. Er leistete sich, was er wollte, . . ."

Lukas 15, 11-13

Die Bibel berichtet, daß Jesus in seinen Kontakten zu den Menschen, die in Scharen kamen, um ihn zu hören, ständig mit Geschichten arbeitete. Nun weiß ich als ein schwacher, aber engagierter Geschichtenerzähler zufällig, daß die besten Geschichten die sind, die auf Tatsachen beruhen – auf Dingen, die mir oder Leuten, die ich kenne, wirklich passiert sind. Diese berühmte Geschichte hat denselben Beiklang der Wahrheit an sich. Während jener unschätzbar kostbaren Zeit von etwa sechzehn Jahren, in denen er (vermutlich) als Zimmermann arbeitete, muß Jesus sich einen beträchtlichen geistigen Vorrat an Erinnerungen und Anekdoten angesammelt haben. Dies ist vermutlich eine davon. Ich wünschte, es würden heute in den Gemeinden mehr Geschichten erzählt und weniger Predigten gehalten.

Ich habe mich oft gefragt, warum der verlorene Sohn sein Zuhause so zielstrebig verließ. Anders als Schafe oder Münzen ging er nicht verloren – er machte sich selbst auf den Weg. Vielleicht schaute er sich seinen großen Bruder an mit seinem verkniffenen Gesicht, seiner trockenen Moral und seiner Trübsinnigkeit und sagte sich, alles andere sei besser, als so zu enden. Wahrscheinlicher ist jedoch, daß er den verbreiteten Fehler beging, die Gaben vom Geber zu trennen. Es kann lange dauern, bis wir merken, daß wir die Verbindung zu den Quellen unserer eigenen Freude und unseres Glücks verloren haben, und der Prozeß kann sehr subtil sein.

Manche Christen gehen in der Überzeugung, für Gott zu arbeiten, ihren religiösen Aktivitäten nach, die durchaus lobenswert erscheinen, aber wenn diese Aktivitäten nicht im Willen Gottes wurzeln, werden sie vielleicht einmal aufblühen und dann ersterben.

In diesem Stadium der Geschichte ist der verlorene Sohn unfähig, zu erkennen, daß, während die guten Dinge von ihm wegströmen, nichts anderes nachströmt, um sie zu ersetzen – jedenfalls nicht, solange er von zu Hause fort ist. Dieses Prinzip gilt für uns alle.

Gedanke

Unser Vater hat uns das Leben seines Sohnes gegeben, damit wir nie mehr nach Leben hungern müssen. Vielleicht ist es doch am besten, zu Hause zu bleiben ...

Gefangen im Schweinestall

„... bis er schließlich keinen Pfennig mehr besaß. Zu allem Unglück brach in dieser Zeit eine große Hungersnot aus. Es ging ihm sehr schlecht. In seiner Verzweiflung bettelte er so lange bei einem Bauern, bis der ihn zum Schweinehüten auf die Felder schickte. Oft quälte ihn der Hunger so, daß er froh gewesen wäre, etwas vom Schweinefutter zu bekommen. Aber selbst davon erhielt er nichts."

Lukas 15, 14-16

Die ersten Jahre meiner Berufstätigkeit verbrachte ich damit, mich um Kinder in Notlagen zu kümmern. Einige von ihnen kamen aus entsetzlichen Verhältnissen, und es war unvermeidlich, daß ich in Kontakt mit einigen der Eltern dieser verstörten Jugendlichen kam. Ich traf Ehefrauen, die ständige Prügel ihrer Männer erduldet hatten, und Männer, die infolge ihrer durchweg dilettantischen kriminellen Aktivitäten mehrere Gefängnisstrafen hinter sich hatten. Die Kinder selbst waren oft in Verhaltensmustern gefangen, die ihnen nie etwas anderes einbrachten als negative Reaktionen.

Immer und immer wieder war ich verblüfft über die offensichtliche Unfähigkeit unglücklicher Leute, alternative Lebensstile oder Verhaltensweisen auszuprobieren, die auf der Stelle vieles verändert hätten. Warum sollte eine Frau bei einem Mann bleiben, der sie jeden zweiten Tag zusammenschlägt? Warum sollte ein Mann beharrlich immer wieder kleine Straftaten begehen, obwohl ihn die Polizei jedesmal erwischt? Erst, als ich einen Punkt erreichte, wo für mich der Schmerz unerträglich wurde und ich mich unfreiwillig aus der Arbeit und meiner Gemeinde zurückziehen mußte, begriff ich, daß es bei mir ganz genauso war. Ich hatte es völlig vernachlässigt, einige ganz offensichtliche Probleme in meinem eigenen Leben in Angriff zu nehmen.

Bei dem verlorenen Sohn in der Geschichte ist es genauso. Sein Abstieg von einem Leben in Saus und Braus in die Schande des Schweinehütens muß ganz allmählich vor sich gegangen sein. Er hätte an jedem Punkt die Entscheidung treffen können, wieder nach Hause zu gehen, doch diese Möglichkeit scheint ihm erst bewußt geworden zu sein, als er den Punkt erreichte, wo seine Not so groß war, daß er jede Alternative in Betracht ziehen *mußte*.

Viele von uns sind blind für ganz offensichtliche Nöte in unserem Leben, und andere sehen oft schon lange, bevor wir zur Besinnung kommen, wohin es mit uns läuft. Gebet, Einfühlsamkeit und praktische Hilfe könnten einige von uns davor bewahren, den absoluten Tiefpunkt zu erreichen.

Ein Gebet

Vater, nimm uns die Scheuklappen ab, damit wir die Veränderungen sehen können, die in unserem Leben notwendig sind. Wenn wir Leute kennen, die auf eine Katastrophe zulaufen, gib uns die Einfühlsamkeit und Weisheit, ihnen zu helfen.

Wenigstens kriege ich was zu essen ...

„Da kam er zur Besinnung: ‚Bei meinem Vater hat jeder Arbeiter mehr als genug zu essen, und ich sterbe hier vor Hunger. Ich will zu meinem Vater gehen und ihm sagen: Vater, ich bin schuldig geworden an Gott und an dir. Sieh mich nicht länger als deinen Sohn an, ich bin es nicht mehr wert. Aber kann ich nicht als Arbeiter bei dir bleiben?'"

Lukas 15, 17-19

Werden wir nicht zu sentimental wegen dieses Jungen. Zweifellos hat er ein paar schöne, nostalgische Erinnerungen an zu Hause. Doch sein Hauptmotiv für die Rückkehr ist ein ausgesprochen nüchternes und praktisches. Er will etwas zu essen. Er hat Hunger. Ihm fehlt der Brennstoff, der ihn auf der grundlegendsten Ebene am Leben erhält. Die schönste Sünde macht keinen Spaß, wenn man am Verhungern ist.

Im geistlichen Sinne zur Besinnung zu kommen ist eine ganz ähnliche Erfahrung. Wenn weltliche Zerstreuungen ihre Macht verlieren und alle Stützen wegbrechen oder morsch werden, dann begreifen Männer und Frauen plötzlich, daß sie geistlich dünn und abgemagert sind. Nur das Brot des Lebens kann bei dieser Art tödlicher Unterernährung noch helfen.

Es sollte jedoch jenen gegenüber, die noch unschlüssig sind, ob sie die Schweine verlassen sollen oder nicht, nicht unerwähnt bleiben, daß dieser Gott, der ihnen Nahrung anbietet, derselbe ist, der auch Flugdrachen, Sex und guten Wein erschaffen hat, Frühlingsblumen und Kinderaugen. Zu ihm nach Hause zu kommen, das ist nicht nur Überleben – es könnte auch eine Menge Spaß dabei herausspringen.

Ich kann mir gut vorstellen, wie dieser Trottel von einem verlorenen Sohn – eine Art neutestamentlicher Baldrick – sich die Straße entlang in Richtung Heimat schleppt und immer wieder seine kleine Rede einstudiert, mal vielleicht freimütig, mal mit kriecherischer Unterwürfigkeit, in der Hoffnung, den richtigen Ton zu treffen, der bei dem vermutlich stinkwütenden Vater Wirkung zeigen wird. Die meisten von uns erwarten sehr wenig von Gott, besonders wenn wir, so wie ich, schon früh dazu angehalten wurden, uns selbst als elende, kriechende, wurmähnliche kleine Kreaturen zu betrachten, die Gott toleriert, aber nur wenn er sich die Nase zuhält und den Blick abwendet. Der verlorene Sohn erwartete auch nicht viel, aber ihm stand ein Schock bevor.

Gebet

Für diejenigen, die darüber nachdenken, sich auf den Weg zurück zum Vater zu machen, bitten wir um Mut. Wenn es irgend etwas gibt, das wir tun können, um ihnen zu helfen, zeig es uns bitte deutlich, damit wir die Sache nicht vermasseln.

Ein Hurrikan der Liebe

„Er stand auf und ging zurück zu seinem Vater. Der erkannte ihn schon von weitem. Voller Mitleid lief er ihm entgegen, fiel ihm um den Hals und küßte ihn. Doch der Sohn bekannte: ‚Vater, ich bin schuldig geworden an Gott und an dir. Sieh mich nicht länger als deinen Sohn an, ich bin es nicht wert.'"

Lukas 15, 20-21

Manche meiner evangelikalen Freunde habe ich gelegentlich damit verärgert, daß ich ihnen von einem Bekannten erzählte, der zum christlichen Glauben fand, indem er Kurse über Buddhismus belegte. Nachdem er gehorsam seinen Geist von allem entleert hatte, was darin normalerweise enthalten war, stellte er fest, daß Jesus das geistige Vakuum ausfüllte, das zurückblieb. Schließlich meldete er sich von seinen Buddhismus-Kursen ab, schloß sich einer örtlichen Gemeinde an und übergab sein Leben Christus.

Dasselbe passiert dem verlorenen Sohn in dieser Geschichte. Er ist noch weit weg, als sein Vater ihn entdeckt (vermutlich von einem Fenster im ersten Stock aus) und kann wohl kaum so bald schon mit einer Reaktion gerechnet haben. Allzu oft erinnert mich die Einstellung mancher Christen gegenüber ihren nichtgläubigen Bekannten an den alten Witz von dem Einfaltspinsel vom Lande, der von einem Reisenden nach dem Weg gefragt wird.

„Na ja", sagt der Einfaltspinsel, „an Ihrer Stelle würde ich nicht von hier aus losgehen ..."

Gott weiß, wo die Leute sind und wann er ihnen entgegengehen sollte. Manchmal kommen sie auf ziemlich merkwürdigen Routen.

Hier sehen wir, wie der gute alte verlorene Sohn von einem Hurrikan überrascht wird, als er dahintrottet und unterwegs seine kleine Rede auswendig lernt. Der Hurrikan ist natürlich sein Vater, der außer sich vor Freude ist, seinen Sohn zu sehen, den er so sehr liebt, und sich nicht schämt, die Straße hinunterzurennen und sich dabei mit einer Hand die Rockschöße hochzuhalten. Was für einen außerordentlich verwundbaren Gott uns dieses Bild doch zeigt.

Mit den Armen seines Vaters um seinen Kopf schafft es der überraschte verlorene Sohn nur mühsam, eine undeutlich gedämpfte Version seiner vorgefertigten Rede hinauszublöken. Seine Buße wird von Freude umarmt. Buße und Vergebung sind keine entgegengesetzten Enden des Spektrums. Sie sind beide Teil desselben freudigen Erlebnisses.

Gedanke

Wir wissen nichts darüber, wie und wann Gott Leute ruft und ihnen begegnet. Unser Job ist es, gehorsam zu sein und Anweisungen auszuführen, wie seltsam sie manchmal auch erscheinen mögen.

Wie schön, daß du zu Hause bist!

„Sein Vater aber befahl den Knechten: ‚Beeilt euch! Holt den schönsten Anzug, den wir im Haus haben, und gebt ihn meinem Sohn. Bringt auch einen kostbaren Ring und Schuhe für ihn! Schlachtet das Kalb, das wir gemästet haben! Wir wollen feiern! Mein Sohn war tot, jetzt lebt er wieder. Er war verloren, jetzt hat er zurückgefunden.' Und sie begannen ein fröhliches Fest."

Lukas 15, 22-24

Die Erfahrung, eigene Kinder zu haben, hat mich mehr über die Vaterschaft Gottes gelehrt als irgend etwas anderes. Wenn eines meiner Kinder sich danebenbenimmt, empfinde ich eine besondere Intensität der Liebe zu ihm, die sich danach sehnt, das Problem aus der Welt zu schaffen. Damit meine ich nicht, daß ich nie die Geduld verliere oder mich irrational verhalte (eine solche Behauptung würde mich für einen Doktortitel in Heuchelei qualifizieren). Aber wenn sie sich durch die Entschuldigungsbarriere hindurchkämpfen, begrüße ich sie so, als hätten sie nie etwas Falsches getan. Es ist so schön, sie wiederzuhaben!

Was für eine Überraschung für den verlorenen Sohn. Mit drei Mahlzeiten am Tag und einem Bett in der Scheune wäre er schon zufrieden gewesen. Statt dessen wird er mit Geschenken überhäuft, und es gibt eine Party, um seine Rückkehr zu feiern. Die zerbrechliche kleine Pose, die er für diese erste große Begegnung einstudiert hatte, war gegen eine so überschwengliche, grenzenlose Großzügigkeit nicht gefeit. Die Gesichtszüge müssen ihm entgleist sein, dann müssen ihm eine oder zwei Tränen gekommen sein – Papa wollte ihn wirklich wiederhaben.

In Australien habe ich einmal einen modernen verlorenen Sohn kennengelernt, einen jungen Mann, der mit vierzehn von zu Hause weggelaufen war und erst zurückkehrte, als er fast zwanzig war. Er hatte vor, stilvoll mit dem Auto zu Hause vorzufahren, um seinen Vater zu überraschen. Doch unterwegs brach sein Auto zusammen.

Er mußte seine Eltern anrufen und sich von ihnen helfen lassen. Die Rückkehr fiel nicht mehr ganz so stilvoll aus – der junge Mann wurde in seinem leblosen Vehikel von seinem strahlenden Vater nach Hause geschleppt. Viele Leute brechen auf ihrem Weg zurück zu Gott zusammen. Machen Sie sich keine Sorgen, wenn Ihnen das passiert – er wird kommen und Sie abholen.

Gebet

Danke, daß du uns so sehr liebst, wenn wir böse sind. Ich wünschte, ich wüßte wirklich, wie sehr du mit mir zusammensein möchtest. Ab und zu breche ich immer noch zusammen. Bitte komm und hilf mir, wenn das passiert.

Wut im Bauch!

„Inzwischen kam der ältere Sohn nach Hause. Er hatte auf dem Feld gearbeitet und hörte schon von weitem die Tanzmusik. Erstaunt fragte er einen Knecht: ‚Was wird denn hier gefeiert?' ‚Dein Bruder ist wieder da', antwortete er ihm. ‚Dein Vater hat sich darüber so gefreut, daß er das Mastkalb schlachten ließ. Jetzt feiern sie ein großes Fest.' Der Bruder wurde wütend und wollte nicht ins Haus gehen."

Lukas 15, 25-28a

Oft fragen mich Leute, ob die Figuren in meinen Büchern auf echten Personen beruhen. Besonderes Interesse zeigen sie an einem Ehepaar namens Stenneth und Victoria Flushpool, zwei selbsternannte moralische Wachhunde in der imaginären Gemeinde, die wir im *Tagebuch eines frommen Chaoten* kennenlernen. Gibt es die beiden wirklich? Ich verweigere die Antwort auf diese Frage, weil sie mich belasten könnte, aber ich kann Ihnen sagen, daß Leute aus den verschiedensten Gegenden im ganzen Land sicher sind, ich müsse *ihre* Gemeinde besucht haben, bevor ich das Buch schrieb, denn die Flushpools seien (unter einem anderen Namen) definitiv Mitglieder dort.

Eines ist sicher: Niemand hat sich je offen mit einer negativen Figur von der Art der Flushpools identifiziert. Vielleicht gibt es einen Abwehrmechanismus, der eine derartige Selbsterkenntnis verhindert. Ich frage mich, ob die Pharisäer und Schriftgelehrten sich wohl in dem älteren Bruder aus der Geschichte vom verlorenen Sohn wiedererkannten? Diesen altjüdischen Flushpools war es verhaßt, zu sehen, wie Jesus den Sündern ganz entspannt begegnen konnten. Wie der unzufriedene Bruder des verlorenen Sohnes hatten sie sich nie die Mühe gemacht, das wahre Wesen des Gottes zu entdecken, dem sie zu dienen behaupteten. Sie hätten eine Party haben können, wenn sie gewollt hätten – aber sie haben nie darum gebeten.

Achten Sie auf die Flushpools in der Gemeinde. Sie locken die Leute zur Bekehrung und beschimpfen sie dann, wenn sie nicht sofort zu vollkommenen Menschen werden; sie erheben menschliche Aktivitäten auf ein heiliges Podest; sie mißtrauen Gelächter und Entspannung; sie sind streng und unglücklich.

Wir müssen für sie beten – besonders wenn wir sie *sind* ...

Gebet

Wir beten um Entspannung und Freude in deiner ganzen Gemeinde, Vater. Vergib uns, wo wir zulassen, daß religiöse Aktivitäten austrocknen und sinnlos werden. Hilf uns, Hirten zu sein statt Polizisten.

Komm zur Party!

„Da kam sein Vater zu ihm und bat: ‚Komm und freu dich mit uns!' Doch er entgegnete ihm bitter: ‚Wie ein Arbeiter habe ich mich all diese Jahre für dich geschunden. Alles habe ich getan, was du von mir verlangt hast. Aber nie hast du mir auch nur eine junge Ziege gegeben, damit ich mit meinen Freunden einmal hätte richtig feiern können. Und jetzt, wo dein Sohn zurückkommt, der dein Geld mit Huren durchgebracht und alles verpraßt hat, jetzt gibt es gleich ein Fest, und du läßt sogar das Mastkalb schlachten.'"

Lukas 15, 28b-30

Schmollen Sie? Ich schon. Es ist an anderer Stelle nachzulesen, daß ich ein Meister jenes schaudernden Seufzers bin, der tapfer ertragenes, tiefes Leiden anzeigt. Beim Schmollen geht es vor allem darum, daß man alle sein Elend und tiefes Mißbehagen spüren läßt und dann den gebotenen Trost oder Beistand zurückweist. Meine Frau ruiniert meine besten Schmoll-Vorführungen, indem sie mich kitzelt.

Hier sehen wir den älteren Bruder mächtig am Schmollen. Außerhalb des bunten Treibens der Party für seinen Bruder hängt er herum und hofft offenkundig, daß sein Vater kommen und ihn bitten wird, doch mitzufeiern. Das wird ihm die Gelegenheit geben, die Einladung abzuweisen. Und tatsächlich, Papa kommt heraus, bestrebt, daß sein anderer Sohn auch seinen Anteil an dem Spaß, der Freude und dem gemästeten Kalb bekommt. Doch dann läßt der grollende Junge seinen ganzen Zorn und seine Verletzung heraus, unfähig, noch länger an sich zu halten.

Viele Christen könnten sich wohl mit diesem tiefen, streßerfüllten Zorn gegen Gott identifizieren. Ich habe einmal einen Bankmanager kennengelernt, der vor Jahren für seinen jüngeren Bruder um Heilung von einer tödlichen Krankheit gebetet hatte. Der Bruder war gestorben, und die Enttäuschung und Wut, die daraus folgten, blieben jahrzehntelang unausgedrückt.

So merkwürdig es klingen mag: Viele von uns müssen Gott vergeben, was er uns angetan oder nicht für uns getan hat. Natürlich wissen wir, daß er nicht wirklich etwas falsch gemacht haben kann, aber das nimmt uns die Verletzung nicht weg. Klettern wir auf seinen Schoß und schreien wir unsere Frustration und unseren Zorn heraus. Trommeln wir mit den Fäusten gegen seine Brust wie kleine Kinder, und lassen wir ihn unsere verwirrte Leidenschaft sehen.

Er wird damit klarkommen. Er wird seine Arme um uns legen, bis unser Zorn sich in Tränen auflöst, und dann werden wir merken, daß er uns ja doch liebt und immer geliebt hat.

Gebet

Vater, wenn es zwischen uns ungelöste Probleme gibt, möchte ich mich ihnen stellen und sie klären. Es ist schwer, mit jemandem zu streiten, der vollkommen ist, aber ich bin manchmal zornig auf dich. Hilf mir, meine Gefühle dir gegenüber auszudrücken und auf deine Reaktion zu vertrauen.

Versuchen wir, es richtig zu machen

„Sein Vater redete ihm zu: ‚Mein Sohn, du bist immer bei mir gewesen. Was ich habe, gehört auch dir. Darum komm, wir haben allen Grund zu feiern. Denn dein Bruder war für uns tot, jetzt hat für ihn ein neues Leben begonnen. Er war verloren, jetzt hat er zurückgefunden!'"

Lukas 15, 31-32

Der ältere Bruder hat dasselbe Problem wie so viele Christen in dieser Zeit. Er kann einfach nicht verstehen, daß Familien am besten nach demselben Grundsatz verfahren wie die drei Musketiere – „Alle für einen und einer für alle". Wenn einer glücklich ist, freuen sich alle mit, und wenn einer trauert, trauern die anderen mit ihm.

Der Apostel Paulus (der Dumas nie gelesen hat, ihm aber inzwischen begegnet sein muß) hat es anders ausgedrückt. Er sagte, daß jeder von uns ein Teil des Leibes Christi auf Erden ist und daß alle Teile, auch die außergewöhnlichen, entscheidend für das Funktionieren des Ganzen sind.

Ich gehörte früher zu einem Hauskreis, dem auch eine Frau angehörte, die hervorragende Kuchen backen konnte, sowie ein Mann, der die Vergebung Gottes besonders tief verstand und schätzte. Wir teilten den Kuchen und die Vergebung mit gleichmäßiger Begeisterung, und wir bestanden nicht darauf, daß die Kuchenbäckerin sich die Hände auflegen ließ, um ihr Verständnis für die Vergebung zu stärken. Und den Mann schickten wir nicht zu einem Intensivkurs über Kuchenbacken. Während der letzten beiden Jahrzehnte ist viel Gewicht auf den individuellen geistlichen Erfolg gelegt worden. Artikel mit Titeln wie „Geschirrspülen auf christliche Art" oder „Geistliches Teppicheverlegen" legten nahe, daß jeder Aspekt des Lebens siegesgewiß und offensichtlich für Gott in Anspruch genommen werden sollte. Vielleicht ist da etwas Wahres dran, aber wieviel wichtiger ist es doch, daß wir gegenseitig unsere Gaben und Segnungen teilen, schätzen und uns aneignen und daß wir unsere Kraft mit dafür einsetzen, die Lasten der anderen zu tragen.

Der ältere Bruder hat es falsch gemacht. Die Schriftgelehrten und Pharisäer haben es falsch gemacht. Vielleicht sollten wir einmal versuchen, es richtig zu machen.

Gedanke

Vielleicht haben wir manche Leute bisher unterschätzt, weil ihre Gaben oder Wahrnehmungen auf unserer Prioritätenliste nicht besonders hoch stehen. Vielleicht klammern wir das, was wir haben und sind, eng an uns, statt es zum Leib gehören zu lassen. Werfen wir einen ganz neuen Blick auf die Menschen um uns her.

Ein Versprechen ist eine Form von Schuld.
Marokkanisches Sprichwort

KLARE WEGWEISER

Die Verheißungen Gottes

Ich habe mir die folgende Frage gestellt:
In welchen Situationen bin ich mir am sichersten, daß die allgemeine Verheißung Gottes sich erfüllen wird? Damit meine ich wohl die Verheißung, daß er der ist, der er sagt, daß er sei, daß aus uns das wird, was er sagt, daß aus uns werden wird, und das ganze „Und-sie-lebten-glücklich-bis-in-alle-Ewigkeit"-Potential des Evangeliums sich eines Tages in unserem Leben vollkommen verwirklichen wird.

Ich weiß, manche Leute finden, daß solche Fragestellungen einen Mangel an Respekt verraten, aber es ist wichtig, daß wir begreifen, daß jene unter uns, die solche Fragen stellen, sich dabei mit ihren eigenen Schwächen und Zweifeln auseinandersetzen, nicht mit der Zuverlässigkeit oder Unzuverlässigkeit Gottes. Eine der größten und hilfreichsten Offenbarungen in meinem weitgehend offenbarungslosen Leben war die Erkenntnis, daß Gott Gott ist und ich ich bin. Sicher bleibt Ihnen jetzt vor Staunen über die Banalität dieser Aussage die Luft weg, aber so albern es sich auch anhören mag, diese schlichte Unterscheidung bedeutet mir sehr viel. Gott wird weiterhin der sein, der er ist, unbeeinträchtigt von mir, während ich, über die Maßen erleichtert, daß er mich auch dann liebt, wenn ich im größten Schlamassel sitze, weiterhin ich sein und um Veränderung beten werde, wie ein Bauer in der Trokkenheit um Regen betet.

Also, wo bin ich mir der Verheißung Gottes sicher? Auf diese Frage gibt es mehrere Antworten, aber im Augenblick möchte ich nur von einer sprechen.

Ich sehe die Verheißung Gottes erfüllt im Leben und im Geist meiner Freunde.

Eines Abends ließ ich mir in aller Ruhe mit meinem Freund Ben Ecclestone ein Fläschchen Wein und eine Schüssel Pommes schmecken. Ben und ich haben zusammen an *Lernen, wie man fliegt* gearbeitet, einem Buch mit Gedichten und Bildern, das die Reise unserer Freundschaft im Lauf der letzten ungefähr zehn Jahre nachzeichnet. Zum Glück haben wir es nicht mehr nötig, uns gegenseitig etwas vorzumachen, was unsere Gefühle und Überzeugungen über unseren gemeinsamen Glauben angeht. An jenem Abend sprachen wir über die Probleme mit Zweifel und Gewißheit, die uns beiden begegnet sind.

„Manchmal", sagte Ben, „ertappe ich mich bei dem Gefühl, daß ich tief im Innern weiß, daß das alles nur ein Haufen Unsinn ist und daß mich nur mangelnder Mut davon abhält, mir selbst das einzugestehen."

„Ich weiß, was du meinst", erwiderte ich und stippte ein Kartoffelstück in seine Tomatensauce, weil meine schon alle war. „Ich denke manchmal, es würde eine Menge mehr Mut kosten, unseren Glauben aufzugeben, als daran festzuhalten. Stelle dir das ganze Getue und Palaver vor, wenn wir allen erzählen würden, wir wären zu dem Schluß gekommen, daß wir doch keine Christen sind. Ich könnte kein christlicher Schriftsteller mehr sein, falls ich nicht A. N. Wilson bei seinen Rückzugsgefechten Gesellschaft leiste, und du müßtest deine Position als Gemeindeältester aufgeben, nicht wahr? Jede Menge Ärger, was? Außerdem schätze ich, daß du noch tiefer in dir weißt, daß es *doch* alles wahr ist. Wenn du bis in diese Tiefe vordringst, gibt es ein Problem – dann hast du ja nichts mehr, worüber du dir Sorgen machen kannst, stimmt's?"

„Vielleicht ist es eine Temperamentfrage", meinte Ben. „Ich kenne einen Typen aus einer Gemeinde bei uns in der Nähe, der hätte keine Ahnung, worüber wir hier überhaupt reden, wenn er mit am Tisch säße. In seiner Welt ist alles schwarz oder weiß. Keine Probleme mit Dogmen oder Glauben oder Zweifel oder dergleichen – alles ist vollkommen klar. Aber ich schätze, bei ihm war es schon immer so. Er ist einfach so gebaut. Er ist nicht wie wir. Er muß nicht ständig seine Eingeweide heraushängen lassen und sie trübsinnig studieren, um zu sehen, ob sie in Ordnung sind, er lebt einfach sein Leben. Manchmal wünschte ich wirklich, ich wäre wie er. Ich wäre zu viel mehr zu gebrauchen, wenn ich es wäre."

„Nein, das wärst du nicht", sagte ich, „ich kenne den Kerl, von dem du redest. Er hat ungefähr vier Dinge zu sagen, und wenn dann jemand mit einem Problem kommt, das nicht zu einem davon paßt, dann fällt ihm nichts mehr ein, und er weiß nicht einmal, daß ihm nichts mehr einfällt. Du hast einer Menge Leuten geholfen, weil du nicht so tust, als wüßtest du auf alles eine Antwort. Außerdem" – ich tauchte ein weiteres Kartoffelstück tief in Bens Ketchup und musterte die hellrote Sauce für einen Moment, bevor ich sie mir in den Mund steckte – „mag ich Eingeweide."

Ich habe über so vielen Schüsseln Pommes und Fläschchen Wein mit Ben zusammengesessen und „endlich" unsere eigenen Schwierigkeiten und die Probleme der Gemeinde aufgearbeitet, indem wir radikale Lösungen formulierten, die nur wir allein verstehen und vorbringen könnten. Ich bin sicher, bisweilen reden wir schrecklichen Unfug zusammen, aber als ich Ben an jenem Abend ansah, spürte ich, wie ich es in der Vergangenheit schon so oft gespürt hatte, welche tiefe Liebe Gott für dieses sein Kind empfindet, das im Namen Jesu so viel für so viele Menschen getan hat und dem es doch nie ganz gelungen ist, den letzten Schritt in eine echte Gewißheit zu tun, daß es von seinem himmlischen Vater wirklich geschätzt und geliebt wird.

Ich weiß genau, daß Bens schlimmster Alptraum von einer Begegnung mit einem Engel handelt, der mit einer Schreibkladde am Tor des Himmels steht. Der Engel fährt mit dem Finger auf seiner Liste herab und schüttelt ungerührt den Kopf: „Ecclestone habe ich hier keinen, tut mir leid", sagte er, und die Tore fallen hinter Ben ins Schloß, während er in Richtung Hades davontrottet, wo er für alle Ewigkeit mit mir durchgeweichte Pommes und sauren Wein verzehren muß.

Mein Glaube *für* Ben ist unerschütterlich – ich weiß einfach, daß er, so kompliziert, künstlerisch, starrköpfig, loyal, kratzbürstig, bescheiden und ängstlich vor Ablehnung er ist, so sicher in der Hand Gottes geborgen ist wie nur irgendein Mensch, den es je gab oder geben wird. Interessant ist übrigens, daß er sich meiner ewigen Zukunft wohl ebenso sicher ist wie ich mir der seinen. Und das ist, auf den Punkt gebracht, der Grund, warum Christen Christen brauchen. Denn in uns gegenseitig sehen wir die Verheißung Gottes zur Erfüllung kommen.

Denn wissen Sie, wie eben gesagt, ich habe keinen Zweifel an Bens Errettung, aber wenn Sie mich nach meiner eigenen fragen – nun ja, da bin ich eigentlich nicht ganz so sicher …

Gebet

Vater, hab vielen Dank für unsere Freunde und die Gewißheit der Errettung, die wir in ihnen so deutlich sehen. Hilf uns, sie zu lieben und für sie zu beten.

Menschenfischer (erster Teil)

Am See Genezareth sah Jesus zwei Brüder: Simon, der später Petrus genannt wurde, und seinen Bruder Andreas. Sie waren Fischer und warfen gerade ihre Netze aus. Jesus rief ihnen zu: „Kommt mit mir! Ich will euch zeigen, wie ihr Menschen für Gott gewinnen könnt.“ Da ließen sie ihre Netze liegen und folgten ihm.

Matthäus 4, 18-20

Die Fischfangrate meiner unmittelbaren Familie ist alles andere als herausragend. Mein jüngster Sohn hat einmal von einer Mole in Australien aus einen einigermaßen großen Fisch gefangen, aber ich habe ihm den Augenblick ruiniert, indem ich ihn in einem plötzlichen Anfall von Barmherzigkeit zurück ins Meer warf, bevor ein Foto gemacht werden konnte.

Mein mittlerer Sohn hat noch nie einen Fisch gefangen, aber *mich* hat er einmal erwischt. Mit einer imitierten Elritze aus Metall am Ende seiner Leine trieb er mir beim Auswerfen einen der drei großen Haken genau ins rechte Ohr. Der Weg in die nahegelegene Arztpraxis mit diesem bizarren Schmuck, der an meinem Ohrläppchen baumelte, war einer der Höhepunkte meines Lebens.

Derselbe Sohn hat die Kunst des Auswerfens nie ganz vervollkommnet. Bei einer Gelegenheit, als er tapfer eine Serie jämmerlich erfolgloser Versuche hinter sich ließ und jede Unze Konzentration in einen letzten Versuch legte, schleuderte er sich selbst in elegantem Bogen ins Wasser, während Rute und Leine säuberlich am Ufer liegen blieben.

Meine eigenen Angelversuche verliefen ebenso zwecklos.

Jesus verheißt uns, daß wir Menschenfischer werden, aber ich muß zugeben, daß die meisten meiner Versuche, evangelistische Gespräche zu führen, auf traurige Weise an die Angelerfolge der Familie Plass erinnern. Ich glaube, daß ich durch meine Bücher manchmal eine ganz schlichte Art von Wegweiser sein kann, der in Richtung Jesus deutet, aber wenn es um die Leute in der Nachbarschaft geht, dann gelingt es mir einfach nicht, ihnen zu sagen, woran ich glaube. Heute macht mir das allerdings nicht mehr soviel aus wie früher.

Als junger Christ hing ich der Vorstellung an, jeder sollte so ziemlich ununterbrochen in jeder Situation evangelisieren, und jedesmal, wenn ich mir an der Fischbude ein Stück Kabeljau holte, ohne mit meinen ein Pfund fünfzig auch gleich den Weg zum Heil über den Tresen zu reichen, traf mich ein Stich des Schuldbewußtseins. Ich finde, das war ziemlich albern. Jesus versprach seinen Jüngern, *er* werde sie zu Menschenfischern machen, und natürlich bekamen sie dann ganz konkrete Aufgaben, die sie auch erfüllten. Vertrauen wir ihm, daß er uns den Job geben wird, der für uns richtig ist, ob es nun öffentliche Evangelisation oder etwas weniger Auffälliges, aber nicht weniger Wichtiges ist.

Gebet

Herr Jesus, wir möchten alle an deiner Verheißung Anteil haben, daß wir Menschenfischer sein können, aber wir wollen auch darauf achten, daß wir den Job tun, der für uns richtig ist. Gib uns bitte entweder den Mut oder die Demut, die wir brauchen, um die Rolle zu akzeptieren, die du uns zugedacht hast. Amen.

Menschenfischer (zweiter Teil)

Am See Genezareth sah Jesus zwei Brüder: Simon, der später Petrus genannt wurde, und seinen Bruder Andreas. Sie waren Fischer und warfen gerade ihre Netze aus. Jesus rief ihnen zu: „Kommt mit mir! Ich will euch zeigen, wie ihr Menschen für Gott gewinnen könnt.“ Da ließen sie ihre Netze liegen und folgten ihm.

Matthäus 4, 18-20 (noch einmal)

Eine Angelkatastrophe, die ich in meiner vorigen Andacht zu erwähnen versäumt habe, war der dramatische Tag, an dem einer von uns eine Möwe am Haken hatte. Damals fanden wir das überhaupt nicht komisch. Wir waren entsetzt. Die Vögel hatten über uns ihre Kreise gedreht, seit wir an der Flußmündung angekommen waren. Sie waren auf unsere Köder aus, die aus kleinen gefrorenen Fischen aus einem Laden am Ort bestanden. Bei jedem Auswerfen stürzten sich ein oder zwei Vögel herab, in der Hoffnung, den schmackhaften Happen am Haken zu ergattern. Wir dachten, sie wären niemals schnell genug – doch eine schaffte es. Triumphierend flatterte sie mit ihrer Beute im Schnabel empor, nur um wieder ins Wasser geschleudert zu werden, als die Leine sich völlig entrollt hatte. Wir waren schockiert.

Eilends schnitt ich die Leine gleich vor der Rolle ab, und wir sahen zu, wie der verdutzte Vogel mit der endlosen Nylonschnur, die von seinem Schnabel herabhing, davonflog. Endlich lösten sich zu unserer großen Erleichterung Köder, Haken und Leine und fielen ins Wasser. Ich begann mich zu fragen, ob da vielleicht jemand versuchte, etwas zu sagen ...

Ein paar Monate später fuhr ich mit meinem jüngsten Sohn zu einem Forellenhof. Hier gab es fertig vorbereitetes Angelzeug, Eimer für den Fang und vor allen Dingen einen See voller Fische, deren einziges Lebensziel es offenbar war, von der Öffentlichkeit gefangen zu werden. Diese Fische sprangen förmlich aus dem Wasser in ihrer Begierde, an unseren Köder anzubeißen. Zuerst war es wunderbar. Wir fingen sieben ordentlich große Fische in einer Stunde! Unglaublich!

Ob es wohl der Lastwagen war, der ankam, um riesige Mengen Nachschub in den See zu kippen, der uns danach ein wenig den Spaß an der Sache nahm? Diese Fische waren offenbar mit dem Mais aufgezogen worden, der uns als Köder verkauft wurde. Soweit es die vertrauensselig hereinkommenden Fische betraf, war das hier einfach nur ein Mittagessen an einem anderen Ort. Wir nahmen unsere sieben Fische mit nach Hause, grillten und aßen sie, aber wir konnten uns nicht so richtig als Angler fühlen. Es waren ja keine wilden Fische – diese Fische waren schon gefangen gewesen, bevor wir sie fingen ...

Der Forellenhof erinnert mich an so manche evangelistische Aktivität, die ich beobachtet habe. Überall im Land bekommen bekehrte Christen Sonntag für Sonntag das Evangelium gepredigt, ob sie es brauchen oder ob es ihnen gefällt oder nicht – zahme Fische, die sich freiwillig erneut von denen fangen lassen, die sich wie echte Angler fühlen wollen.

Echte Evangelisation sieht vielleicht eher so aus wie die Angelerlebnisse der Familie Plass. Sie erleben vielleicht ein paar Katastrophen, während Sie Geduld und Technik erlernen; Sie müssen vielleicht treu an fremden Gewässern stehen, von denen jeder „weiß", daß man dort nichts fängt – vielleicht werden Sie sogar versehentlich einmal eine Möwe erwischen, aber zumindest werden Sie wissen, daß Sie dort angeln, wo die wilden Fische sind, und daß es der Mühe wert sein wird, wenn Sie etwas fangen.

Gebet

Gib uns den Mut, in fremden Gewässern zu angeln. Amen.

Wann?

Wenn ihr mich sucht, werdet ihr mich finden. Ja, wenn ihr mich von ganzem Herzen sucht, ...

Jeremia 29, 13

Dieser Vers verfolgt mich seit Jahren. Warum? Nun, ich nehme an, weil er mir eine Frage stellt, die ich nie zufriedenstellend beantwortet habe. Wie Goethe auf dem Totenbett schreie ich ständig: „Mehr Licht – mehr Licht!", doch wenn die Gelegenheiten kommen, bin ich dann bereit, Gott und die Erkenntnis Gottes von ganzem Herzen zu suchen? Weiß ich überhaupt, was das eigentlich bedeutet? Schon ein kurzer Blick auf mein bisheriges Verhalten ist nicht allzu ermutigend.

Zum Beispiel am späten Abend. Ziemlich oft bin ich der letzte, der zu Bett geht, weil ich noch in meinem Lieblingssessel gesessen und irgendeine obskure Sportsendung angeschaut habe. Gott sitzt vermutlich zunehmend gelangweilt und schläfrig in dem anderen Sessel. So gegen Mitternacht fällt mir dann plötzlich ein, daß es da ein brennendes Thema in meinem Leben gibt, über das ich dringend mit Gott reden muß. Das Thema ist so lebenswichtig, daß ich *fast* den Fernseher ausschalte, aber nicht ganz. Wenn freilich die nächste Werbepause kommt, schaffe ich es endlich, etwas sehr Dynamisches zu tun – ich drehe den Ton herunter. Eilig schildere ich Gott in groben Zügen mein Problem oder Anliegen, immer mit einem Auge auf der Mattscheibe, weil ich nichts vom Viertelfinale der ukrainischen Mannschafts-Meißel-Balancier-Meisterschaft verpassen will, wenn es sich vermeiden läßt.

Wenn das Programm weitergeht, sage ich etwas wie: „Nun, ich lege das bei dir ab", und dann wieder rauf mit der Lautstärke und zurück zu den Meißeln.

Eine Karikatur vielleicht, aber nicht allzu weit von der Wahrheit entfernt, fürchte ich. *Wenn* ich diszipliniert bin und treu bete – und ich meine diszipliniert, nicht angekettet –, werden die Lasten, aus denen mein persönliches Kreuz besteht, nicht weniger schwer, aber sie sind ordentlicher gepackt. Es ist, als hätte man einen richtig gepackten Rucksack anstelle von fünfzehn überfüllten Plastiktüten, die jeden Augenblick reißen werden.

Also warum quäle ich mich dann immer noch mit den Plastiktüten herum? Ach, ich weiß es selbst nicht!

Gebet

Vater, ich weiß ja, daß du nicht aufhörst, mich zu lieben, weil ich nicht genug Zeit und Konzentration für meine Kommunikation mit dir verwende. Ich hoffe, allmählich fangen wir alle an zu verstehen, daß der Platz, den wir in deinem Herzen einnehmen, uns keine religiöse Miete oder dergleichen abverlangt. Andererseits verpassen wir so viel, wenn wir dir nicht nahe sind. Vergib uns die Zeiten, in denen wir es versäumen, dich aktiv zu suchen. Hilf uns, dir von ganzem Herzen zu begegnen – auch wenn gerade etwas Gutes im Fernsehen läuft. Amen.

Speisen mit dem König

Es ist ein Zeichen meiner Liebe, wenn ich deine Schuld aufdecke und dich mit Strenge erziehe. Nimm dir das zu Herzen und kehre um! Merkst du es denn nicht? Noch stehe ich vor deiner Tür und klopfe an. Wer jetzt auf meine Stimme hört und mir die Tür öffnet, bei dem werde ich einkehren. Gemeinsam werden wir das Festmahl essen.

Offenbarung 3, 19-20

Regelmäßigen Lesern meiner abgeschmackten Ergüsse wird nicht entgangen sein, daß gewisse Motive in allem, was ich schreibe, immer wieder auftauchen, und daß Essen – oder besser gesagt das Genießen von Mahlzeiten – definitiv eines davon ist.

Seien Sie nachsichtig mit mir, wenn ich Ihnen eines oder zwei meiner Lieblingsszenarien schildere.

Ungefähr drei Meilen von meinem Wohnort entfernt gibt es einen Landgasthof, den aufzusuchen besonders an einem Wochentagsabend eine wahre Freude ist. Sich mit einem guten Freund, zwei Weingläsern, einer Flasche vom Roten des Hauses und einer großen Schüssel Pommes frites an einem der Bartische niederzulassen kommt dem Himmel auf Erden so nahe wie nur wenige andere Dinge, die ich erlebt habe.

Genau in einer solchen Situation kamen ein enger Freund von mir und ich zu dem Schluß, daß es, wenn wir sparten, alles zusammenkratzten, ein Darlehen aufnahmen und gut planten, vielleicht tatsächlich machbar sein könnte, gemeinsam ein kleines Anwesen in Frankreich zu erwerben. Eine große Entscheidung für uns, aber jetzt haben wir es getan. Wir haben ein hutzeliges kleines Häuschen in der Normandie, und es ist einfach herrlich.

Hier ist noch ein Szenario.

Ich habe einen Freund, der mich regelmäßig zu Vortragsterminen und dergleichen fährt. Ich kann nicht viel essen, bevor ich spreche, aber hinterher finden wir auf dem Heimweg recht oft ein (meist indisches) Restaurant und genießen ein spätes Abendessen. Das mag vielleicht nicht gut für die Verdauung sein, aber ich kann Ihnen sagen, daß es ziemlich gut für die Seele ist. Ich würde sagen, daß wir bei diesen Gelegenheiten tiefer und mit mehr beiderseitigem Gewinn miteinander reden als bei jeder anderen. Ungezwungene Gemeinschaft – so nenne ich das.

Ich könnte die Liste fortsetzen.

Bridget und ich zum Beispiel gehen gern irgendwo an einem ruhigen Plätzchen essen, wo wir „wir selbst" sein können, statt uns von unseren Aufgaben definieren zu lassen. Wir brauchen das dringend. Es ist nicht nur das Essen, der Ort oder die Gesellschaft, die solche Anlässe so genußreich und bedeutungsvoll machen – es ist die üppige Mischung aus allem, und es reicht sehr tief, bis hinunter in das Herz der Gewohnheiten und der Geschichte und der Tradition und der wahren Bedeutung der Dinge.

Und sehen Sie – Jesus, derselbe Jesus, der sich an jenem wunderbaren Morgen in Galiläa vor zweitausend Jahren mit seinen Freunden ein paar Fische briet und sie verspeiste, sagt heute zu uns, daß er, wenn wir ihm die Tür öffnen, hereinkommen wird, nicht, um mit uns zu beten, nicht, um mit uns Gottesdienst zu feiern, nicht, um mit uns in der Bibel zu lesen, sondern um mit uns zu *essen.* Wie deutlich erkennen wir die echte Stimme Jesu und was für eine Freude ist es, mit ihm zu essen.

Gebet

Komm herein, Herr. Bitte setz dich. Laß uns essen und reden.

Ihm gefallen wollen wollen

„Ich, der allmächtige Gott, fordere euch nun auf: Bringt den zehnten Teil eurer Ernte in vollem Umfang zu meinem Tempel, damit in den Vorratsräumen kein Mangel herrscht! Stellt mich doch auf die Probe, und seht, ob ich meine Zusage halte! Denn ich verspreche euch, daß ich dann die Schleusen des Himmels wieder öffne und euch mit allem überreich beschenke."

Maleachi 3, 10

Ich habe einmal einen ziemlich albernen Witz gemacht, aber so albern war er nun wieder nicht, daß ich Ihnen nicht davon erzählen könnte.

Ich unterhielt mich mit meiner Freundin Hilary McDowell, deren vorzügliches Buch *Some Day I'm Gonna Fly* (sie hat mir zwanzig Pfund dafür bezahlt, daß ich etwas Nettes über ihr Buch sage) Anfang 1995 erschienen ist. Wir waren bei einem Frühstück, zu dem ihr Verlag SPCK (nochmal zwanzig Mäuse) eingeladen hatte, um das Erscheinen des ersten Solo-Werkes von Hilary zu feiern; es war also ein großer Anlaß.

Hinterher sagte ich zu Hilary: „Weißt du, wenn dieses Buch wirklich ankommt, solltest du ernsthaft darüber nachdenken, dir einen Agenten zu besorgen, der für dich die zukünftigen Verträge und dergleichen aushandelt."

„Ach ja", sagte Hilary euphorisch, „aber der Herr ist doch mein Agent."

„Nun ja", erwiderte ich, „das ist großartig, aber selbst er nimmt zehn Prozent. Da könntest du genauso gut jemanden nehmen, der sich auch noch um die Verträge kümmert." Meine Güte, haben wir gelacht!

Das Buch Maleachi ist voll von Gottes Empörung über die Einstellung Israels zu Opfern und Gottesdienst, am eindrücklichsten vielleicht dort, wo er sich bitter darüber beklagt, daß nur zweitklassige, kranke und verletzte Tiere geopfert würden, die für zu minderwertig erachtet würden, um sie irdischen Herrschern anzubieten, doch für den Schöpfer des Universums seien sie gut genug.

Wir sind in den Gemeinden heutzutage ziemlich fixiert auf den Zehnten – ob man den Zehnten nun vom Netto- oder vom Brutto-Einkommen geben sollte, scheint unglaublicherweise eine faszinierende, andauernde Debatte zu sein. Mir scheint, durch Maleachi will Gott uns sagen, daß er sich eine radikale Veränderung unserer Einstellung wünscht, nicht eine gewissenhafte Entrichtung von Prozentsätzen, die sicherstellen, daß er seinen „Anteil" bekommt.

Gott möchte, daß wir ihm reichlich von unserer Zeit und Liebe und Fürsorge für andere geben *wollen*, ganz abgesehen von dem rein finanziellen Geben. Er sehnt sich danach, daß wir uns wünschen, ihm unser Allerbestes zu bieten, nicht die ausgefransten Reste dessen, was wir haben und was wir sind, und es ist diese großzügige Öffnung des Herzens, die ihn veranlassen wird, die Schleusen des Himmels zu öffnen und uns mit Segnungen zu überschütten. Aber passen Sie auf – wenn sich Ihr Herz verändert, wird sich auch Ihre Vorstellung davon verändern, wie eine anständige Belohnung aussieht ...

Ein Vorschlag

Lesen wir noch einmal die Geschichte vom reichen Jüngling (Markus 10,17-23), und fragen wir uns, was Jesus wohl zu uns gesagt hätte, das wir im Austausch für die Schätze im Himmel hergeben sollen. Hätte sich mein Gesicht verdüstert? Wäre ich traurig davongegangen?

Wessen Anerkennung?

„Wenn du aber jemandem hilfst, dann soll deine linke Hand nicht wissen, was deine rechte tut; niemand soll davon erfahren. Dein Vater, der alles sieht, wird dich dafür belohnen."

Matthäus 6, 3-4

Heimlich zu geben, ist nicht leicht für einen normalen Sterblichen wie mich. Ich habe es immer gern, wenn *irgend jemand* davon weiß, geht es Ihnen nicht auch so?

Diese sehr herausfordernde (und ärgerliche) Passage wühlt an der Basis unseres Glaubens herum wie ein sehr entschlossener Hund auf der Suche nach einem Knochen. Wird das Geschnüffel dieses Hundes dort unten ein Fundament zutage fördern, oder wird deutlich werden, daß das Gebäude unseres Glaubens viel weniger standfest ist, als wir dachten? Denn, lieber Leser, hier wird uns eine ganz einfache Frage gestellt, und der Antwort auf diese Frage, wie immer sie bei Ihnen und mir persönlich ausfällt, muß gerade ins Gesicht gesehen werden, wenn wir für unseren Glauben so etwas wie Echtheit in Anspruch nehmen wollen. Letzten Endes ist die Frage diese: Ist mir der Glaube an die Gegenwart Gottes real genug, nah genug und persönlich genug, um mich zum Geben, zum Beten oder zur Freundlichkeit zu motivieren, ohne daß ich den „Applaus" anderer dazu brauche?

Eigentlich ist das eine Frage über eine Beziehung, nicht wahr? Muß ich es jemandem anderes sagen, wenn ich von einer Reise aus meiner Frau Blumen schicke? Nein, das habe ich nicht nötig, denn ich stelle mir vor, wie sie sich darüber freut, und ich freue mich auf den Augenblick unseres Wiedersehens, denn dann werde ich ihre Reaktion tatsächlich sehen, hören und fühlen. Das wird mein Lohn sein, und das ist genug. Während ich unterwegs bin und meiner Arbeit nachgehe, wärme ich mich an dem heimlichen Wissen um das, was ich getan habe, und – das ist der entscheidende Punkt – ich genieße es ebenso sehr wie sie. (An dieser Stelle schaut mir meine Frau über die Schulter und merkt an, sie hätte nichts dagegen, wenn das ein bißchen öfter vorkäme.)

Was Jesus hier zum Ausdruck bringt, ist beängstigend klar und kompromißlos. Was immer ich tue, um den Applaus und die Anerkennung der Welt einzuheimsen, hat keinen Wert in den Augen des Vaters. Diese Dinge bedeuten gar nichts. Die Dinge aber, die ich insgeheim tue und die einem aufrichtigen Wunsch entspringen, ihm zu gefallen, werden belohnt werden. Aber verlieren Sie nicht den Mut, wenn Ihre Antwort auf diese wesentliche Frage bei Ihnen eine gewisse Niedergeschlagenheit ausgelöst hat. Mir erging es auch nicht viel besser. Reden wir mit Gott darüber – er ist wirklich sehr nett ...

Gebet

Vater, manche von uns haben nicht sehr viel vorzuweisen, wenn es um die Realität unserer Beziehung zu dir geht. Wir möchten dich gerne so sehr schätzen und lieben, daß deine Anerkennung unsere einzige Sorge ist, aber so weit sind wir noch nicht. Lehre uns und halte uns fest, solange es dauert. Amen.

Mein Freund

Aber Jesus betete: „Vater, vergib ihnen, denn sie wissen nicht, was sie tun!“ Unter dem Kreuz verlosten die Soldaten seine Kleider.

Lukas 23, 34

Manche Leute denken, daß Jesus, als er diese Worte aussprach, Gott darum bat, uns allen unsere gemeinschaftliche Sünde zu vergeben, ihn an jenes Kreuz zu nageln, wie wir es damals taten und seither immer und immer wieder getan haben. Nun, das hört sich natürlich einleuchtend an, aber es ist falsch. Gott hat mir gestern abend gesagt, daß es falsch ist. Das heißt, das hat er eigentlich nicht, aber ich wünschte, er hätte, denn das würde bestätigen, was ich darüber denke.

Wissen Sie, ich glaube, daß Jesus ein ziemlich spontaner Charakter war, und wenn man gerade Nägel durch die Hände geschlagen bekommt und ein spontaner Charakter ist, neigt man vielleicht nicht unbedingt dazu, sorgfältig formulierte Gebete über die gemeinschaftliche Sünde der Menschheit von sich zu geben. Das Interessante daran ist, daß diese Reaktion, wenn wir sie örtlich begrenzt verstehen, im Grunde eine noch viel stärkere Bedeutung für uns alle hat.

Es klingt fast so, als hätte Jesus eine plötzliche, ehrfurchtgebietende Erkenntnis der rächenden Wut gehabt, die sein Vater gegenüber den Männern empfand, die mit jenen mörderischen Hämmern die Hände und Füße seines geliebten Sohnes bearbeiteten. Eilig sendet er ein vorbeugendes Gebet zum Himmel, um sicherzugehen, daß sie nicht der Blitz trifft, bevor sie eine Chance hatten, durch eben jenes Ereignis, auf das sie Jesus gerade vorbereiteten, gerettet zu werden.

Jene Männer müssen sich den Toren des Himmels mit einem gewissen Zittern genähert haben, um das Mindeste zu sagen. Vielleicht erkannte der diensthabende Engel sie wieder und runzelte die Stirn, während die Szene, in der sie eine so brutale Rolle gespielt hatten, sich vor seinem geistigen Auge abspielte. Vielleicht pfiff er ein paar seiner Kumpels heran, und sie bauten sich alle mit verschränkten Armen zu einer soliden, anklagenden Mauer auf, um stillschweigend die Botschaft zu übermitteln, daß diese Mörder des Sohnes Gottes sich geschnitten hatten, wenn sie dachten, sie könnten hier herein. Und vielleicht brach, gerade als jene Männer sich schuldbewußt abwandten, Jesus selbst durch die Reihe der Engel und rief: „Was macht ihr denn da? Das hier sind meine Freunde – laßt sie herein. Ich habe mich so darauf gefreut, sie zu sehen ..."

Ich bin sicher, das ist eine üble Denunziation gegen die Engel, aber dafür können sie mich später noch an den Hammelbeinen kriegen. Der Punkt ist, daß ich mich auch eines Tages den Himmelstoren nähern muß, und ich glaube kaum, daß ich dabei mit einer Versicherungspolice mit der Überschrift „Der Plan der Erlösung" wedeln werde. Ich denke – ich weiß – ich werde meinen Hals recken, um einen Blick auf Jesus zu erhaschen, meinen Freund, der mir versprochen hat, diejenigen Sünden zu vergeben, die auf *mir* lasten, und der ohne Zweifel sein Versprechen halten wird.

Gebet

Vater, vergib uns, wir wissen nicht, wie sehr wir dich verletzt haben.

Rein werden

„Ich sage dir: Ihre große Schuld ist ihr vergeben; sonst hätte sie mir nicht so viel Liebe zeigen können. Wem wenig vergeben wird, der liebt auch wenig." Zu der Frau sagte Jesus: „Deine Sünden sind dir vergeben."

Lukas 7, 47-48

Lesen Sie ruhig die ganze Geschichte. Sie beginnt in Vers 36, und sie enthält eine der größten Verheißungen von allen, eine Verheißung, die so vertraut ist und an die für uns selbst zu glauben uns dennoch so schwer fällt, daß wir sie leicht übersehen oder ihr ausweichen.

Jesus *wird* unsere Sünden vergeben.

Ich habe schon immer eine vage Dankbarkeit gegenüber der Frau in dieser Geschichte empfunden, weil sie mir so deutlich zeigt, daß zur echten Buße zwei wichtige Dinge gehören. Erstens werden wir, wenn wir die vollmächtige Persönlichkeit Jesu und seinen Anspruch auf unser Leben erkannt haben, wahrscheinlich tiefe Trauer und Reue darüber empfinden, daß wir nicht so sind, wie er uns haben möchte.

Zweitens aber, und das ist das Wichtige, *werden* wir ihm das zum Ausdruck bringen *wollen.* Und lassen Sie sich bitte nicht durch jene abhalten, die sagen, daß Gefühle um jeden Preis vermieden werden müßten. Leute, die das sagen, haben vielleicht nicht ganz unrecht – manchmal –, aber schauen Sie sich doch an, in welchem Zustand diese arme Frau ist, meine Güte! Sie ist absolut niedergeschmettert von dem Wissen, daß Gott weiß, was sie tut und was sie ist, und daß ihm das weh tut.

Muß es nicht unaussprechlich wunderbar gewesen sein, als Jesus, nachdem er sie vor diesem verknöcherten alten Bonzen verteidigt hatte, sich zu ihr wandte und ihr ganz einfach sagte, es werde alles gut werden, denn ihre Sünden seien vergeben. Der Einzige auf der Welt, der die Macht und Autorität hatte, sie rein zu machen, hatte mit vier lebensverändernden Worten genau das getan. Keine Gefühle? Wer will da wem etwas vormachen?

Lassen Sie uns beten

Herr Jesus, es gibt Dinge in unserem Leben, in der Vergangenheit und Gegenwart, die uns unglücklich und traurig machen. Du weißt, was das für Dinge sind. Bei manchen davon bist du der einzige, der darüber Bescheid weiß.

(Erzählen Sie ihm von den konkreten Dingen in Ihrem Leben – nur zu, außer ihm hört Sie niemand. Wenn Sie dabei die Fassung verlieren, ist das auch nicht das Ende der Welt. Sagen Sie es ihm jetzt ...)

Jesus, die Frau in dem heutigen Text hörte deine Stimme ganz deutlich sagen, daß ihre Sünde vergeben und sie rein geworden war. Manche von uns sind nicht sehr gut darin, deine Stimme zu hören, und manche von uns glauben nicht einmal, daß das wirklich möglich ist, aber würdest du uns bitte helfen, ein kleines bißchen Bewußtsein davon zu erlangen, sei es ein winziger Schimmer oder ein blendender Blitz, daß du uns tatsächlich auf genau dieselbe Weise vergibst? Danke, Herr Jesus. Amen.

Der zweite Tod

„Fürchte dich nicht vor dem, was dir noch bevorsteht. Der Teufel wird einige von euch ins Gefängnis bringen, um euch auf die Probe zu stellen. Zehn Tage lang werdet ihr leiden müssen. Doch wenn du treu bleibst, treu bis zum Tod, werde ich dir den Preis des Siegers geben: das ewige Leben. Hört genau hin, und achtet darauf, was Gottes Geist den Gemeinden sagt. Wer durchhält und das Böse besiegt, dem wird der zweite, der ewige Tod nichts anhaben können."

Offenbarung 2, 10-11

Eines Abends, ziemlich spät, kam ein Freund von mir auf einen Kaffee und ein Gespräch vorbei. Er leitet eine ziemlich große Gemeinde in unserer Nachbarstadt, und bei dieser Gelegenheit war er ein bißchen niedergeschlagen. Ein Mitglied seiner Gemeinde, ein vierzigjähriger verheirateter Mann mit drei Kindern, war ein paar Tage zuvor plötzlich tot zusammengebrochen.

„Das Furchtbare ist", sagte mein Freund, „daß es nicht die geringste Vorwarnung gab; es war keine Vorbereitung möglich. Eben noch schien er fit wie ein Turnschuh, und im nächsten Augenblick – aus." Er schüttelte den Kopf. „Diesmal fiel mir einfach nichts zu sagen ein." Er lehnte sich zurück und starrte einen Moment lang an die Decke. „Ob es wohl irgendwelche Untersuchungen darüber gibt, ob bei Christen tödliche Unfälle oder plötzliche Todesfälle seltener sind als bei anderen Gruppen? Ich muß sagen, trotz all dem Zeugs von wegen ‚die Haare auf euren Köpfen sind gezählt' sieht es für mich so aus, als ob es überall genauso wäre."

Ich empfand eine Menge Mitgefühl für meinen Freund und für die Familie, über die dieses Unglück hereingebrochen war, aber ich hatte auch den Eindruck, daß über Leiden manches gelehrt wird, was uns Scheuklappen aufsetzt, wenn ich so sagen darf. Leiden war schon *immer* ein Teil des christlichen Lebens, angefangen bei Jesus und bis heute im Leben gewöhnlicher Menschen wie dieser jungen

Witwe und ihrer Kinder. Es ist grauenhaft, aber lassen Sie uns nicht so tun, als gäbe es das nicht. Christen haben offenbar unter genau denselben Dingen zu leiden wie alle anderen auch. Der Unterschied ist, daß Jesus in unseren Leiden und Schmerzen ebenso wohnt wie in unseren Freuden. Er steckt mit uns drin.

Sicher, manchmal greift Gott ein, um Leiden zu beseitigen, aber vielleicht sollten wir uns auf die Tatsache konzentrieren, daß er auch dann eingreift, wenn er das Leiden *nicht* beseitigt; und wenn *er* nicht am besten weiß, was zu tun, ist, dann gute Nacht! Er hält das Wertvollste von uns in seiner Hand verborgen, und diesen Teil von uns kann niemand beschädigen oder stehlen.

Er forderte die Christen in Smyrna auf, treu zu sein bis in den Tod. Wie ihnen wird auch dem Mann, der diese Woche gestorben ist, der zweite Tod nichts anhaben können. Im Moment wird das denen, die ihn geliebt haben, nicht viel helfen, aber wenn er erst wieder mit seiner Familie vereint ist, werden sie begreifen, daß das von Anfang an das Allerwichtigste war.

Gebet

Vater, Jesus hat nie gesagt, daß es leicht sein würde, aber er hat versprochen, immer bei uns zu sein. Hilf uns, dir zu vertrauen, was auch immer geschieht.

Bedingungslose Liebe

Denn da bin ich ganz sicher: Weder Tod noch Leben, weder Engel noch Dämonen, weder Gegenwärtiges noch Zukünftiges, noch irgendwelche Gewalten, weder Himmel noch Hölle oder sonst irgend etwas können uns von der Liebe Gottes trennen, die er uns in Jesus Christus, unserem Herrn, bewiesen hat.

Römer 8, 38-39

Das sind großartige, aufrüttelnde Worte, nicht wahr? Die Verheißung, die sie enthalten, ist genau das, was die meisten von uns (ich selbst eingeschlossen) gerne hören, aber es gab eine Zeit, in der mir jedesmal schlecht wurde, wenn ich sie hörte, weil sie in meinen Ohren so hohl und bedeutungslos klangen. Was war der Grund? Nun, ich machte gerade eine schwierige Zeit durch, und mein Vertrauen zu Gott war ein Teil dieser Schwierigkeiten. Jemand las einen Vers wie den oben zitierten vor und sprach über die unveränderliche, niemals endende Liebe Gottes und zitierte nur wenig später irgendeinen anderen Vers, aus dem hervorzugehen schien, daß jeder von uns sich ganz leicht und endgültig von Gott trennen könne. Es machte mich wahnsinnig. Seither habe ich andere Christen kennengelernt, besonders solche, deren Zuversicht meist sowieso nicht besonders stark ist, die nur darüber staunen können, mit welchem Gleichmut dieses Paradox von Leuten hingenommen wird, die es nicht wirklich durchdacht haben. Für all jene Leute (und für mich selbst) habe ich hier ein paar bescheidene Anmerkungen.

Gott liebt uns ohne jede Vorbedingung. Was immer wir sind oder nicht sind – was immer wir tun oder nicht tun, er wird uns ungeachtet all dessen weiterhin lieben. Denken Sie an die Geschichte vom verlorenen Sohn. Was wäre darin deutlicher zu sehen als die Leidenschaft, mit der dieser Vater an seinem Sohn hängt, der sein Zuhause verlassen hat. Lassen Sie es mich noch deutlicher sagen.

Selbst in den Momenten, als der verlorene Sohn mit Prostituierten schlief und tat, was immer er sonst noch trieb, war sein Vater, der genau wußte, was für Sachen er machte, ihm in Liebe zugetan und wartete auf seine Rückkehr und machte schon Pläne für das Fest, mit dem man diese Rückkehr feiern würde. Glauben wir ernsthaft, daß diese beharrliche und tiefe Liebe und Zuneigung durch Rückfälle oder Fehler, die der verlorene Sohn *nach* seiner Rückkehr beging, verändert oder verringert werden könnte? Verstehen Sie mich nicht falsch, ich meine nicht, daß wir die Erlaubnis zum Sündigen hätten. Was ich zu sagen versuche, ist, daß diese ganze Sache – diese ganze *Sache* mit Erlösung, Jesus, Kreuzigung, Auferstehung, Buße und Himmel Gottes Idee und Initiative ist. So sehr hat er die Welt geliebt ...

Gebet

Vater, danke für die leidenschaftliche, ewige Liebe, die du uns schenkst. Vielleicht haben sich manche von uns wieder von zu Hause entfernt. Ruf uns zurück – hilf uns, uns zu erinnern, was Jesus uns über dich gesagt hat. Amen.

Eine Explosion von Farben

„Das gilt für alle Zeiten. Ich schließe diesen Bund mit euch und allen Lebewesen. Der Regenbogen soll ein Zeichen für dieses Versprechen sein. Wenn er in den Wolken erscheint, dann werde ich an meinen Bund denken, den ich mit euch und den anderen Lebewesen geschlossen habe: Nie wieder eine Wasserflut! Nie wieder soll das Land vernichtet werden!"

1. Mose 9, 12-15

Der Regenbogen garantiert, daß unsere Welt nie wieder von Wasser bedeckt sein wird. Das ist natürlich eine gute Nachricht (wenn sie auch kaum ein Trost für diejenigen sein dürfte, deren kleine Winkel in der Welt durch örtliche Überschwemmungen vernichtet werden), aber ich glaube, der Regenbogen verheißt noch viel mehr als das.

Man könnte ihn als eine Erklärung sehen, daß Gott für immer den Gedanken aufgegeben hat, die Menschheit auszuradieren – eine Verpflichtung, wenn Sie so wollen, mit dem Problem zu arbeiten anstatt dagegen. Dieses Versprechen wurde unverbrüchlich eingehalten. Das Leben und der Tod Jesu sind ein machtvoller Erweis der Tiefe jener Verpflichtung. Nichts könnte wichtiger sein als das.

Auf die weniger offensichtliche Interpretation der Regenbogen-Verheißung bin ich gekommen, als meine Frau mit einer Klasse von Schülern über das Thema Licht arbeitete. Es machte großen Spaß, sich all die Sachen über Prismen und Spiegel und Experimente mit schwarzen Pappbögen mit Löchern darin anzuschauen. Mir fielen alle möglichen Dinge wieder ein, die ich fast völlig vergessen hatte. Herausragend darunter war die Tatsache, die für mich als kleines Schulkind erstaunlich und, ehrlich gesagt, nicht sonderlich überzeugend war, daß Licht in Wirklichkeit gar nicht weiß ist, sondern eine Mischung aus den Farben, die das Spektrum bilden.

*R*ichard *O*f *Y*ork *G*ave *B*attle *I*n *V*ain. Natürlich! Rot, Orange, Gelb, Grün, Blau, Indigo und Violett – die Farben, die sich, wenn man sie auf einer Pappscheibe anordnete und diese rasch rotieren ließ, in Weiß verwandelten und bewiesen, daß die lächerliche Behauptung unseres Lehrers völlig zutreffend war.

Das Spektrum, das wir den Regenbogen nennen, ist ein Schlüssel, ein Hinweis, eine Verheißung, eine Garantie, daß die Liebe Gottes kein einziger, unveränderlicher Lichtstrahl ist, der unpersönlich uns alle bescheint, sondern eine wahre Explosion von Farben, von denen eine genau die richtige Wellenlänge haben wird, um mit ihrem Licht in die dunklen Winkel meines und Ihres Lebens einzudringen und sie zu erleuchten.

Wenn das nächste Mal Regen und Sonnenschein zusammentreffen und Sie sich fühlen, als lebten sie in einer Waschmaschine, blicken Sie auf und sehen Sie, wie Gott Ihnen ganz persönlich zeigt, was wir Anglikaner das Friedenszeichen nennen würden – in strahlendem Technicolor.

Gedanke

Richard of York mag ja vergeblich in den Kampf gezogen sein, aber sein Beitrag zum naturwissenschaftlichen Schulunterricht ist nicht zu verachten.

Etwas, worauf wir uns freuen können

Es ist vielmehr das eingetreten, was schon der Prophet Jesaja vorausgesagt hat: „Was kein Auge jemals sah, was kein Ohr jemals hörte und was sich kein Mensch vorstellen kann, das hält Gott für die bereit, die ihn lieben."

1. Korinther 2, 9

Wir unterhielten uns über den Himmel. Ich äußerte die Ansicht, daß die Qualität des ewigen Lebens viel enger mit unserem Leben auf der Erde verbunden sein wird, als wir es uns vorstellen. „Sicherlich", sagte ich, „muß doch die Essenz all der schönen Dinge in der Welt dort zu finden sein, denn sie sind ein Teil von ihm und ein Teil von uns. Ich schätze, daß alles Gute und Harmlose und Schöne hier unten die Chance hat, in irgendeiner Form dort oben zu überleben. Zum Beispiel rechne ich fest damit, im Himmel Kricket zu spielen."

„Na, dann will ich aber nicht hin", ereiferte sich eine der Damen. „Wenn du denkst, daß ich mir im Himmel Kricketspiele anschaue, dann hast du dich geschnitten. Die dauern ja hier schon eine Ewigkeit!"

„Nein, nein", protestierte ich, „das mußt du auch nicht. Jeder von uns hat seine eigene Liste von Dingen, die uns viel bedeuten. Wir werden uns nicht mit etwas befassen müssen, das uns nicht gefällt."

Die meisten von uns hatten irgend etwas zu dieser vergnüglichen, wenn auch höchst spekulativen Diskussion beigetragen; nur ein Mann namens Jim hatte noch gar nichts gesagt. Jim war ein Mann, der Jesus wirklich liebte, aber seine Sprache und alles, was er in diesem Zusammenhang sagte, hörte sich oft ziemlich abstrakt und etwas phantasielos biblisch an. Er lauschte unserer Diskussion mit einem leichten, wohlwollend skeptischen Lächeln.

„Was für ein Gedanke", sagte jemand anderes, „daß wir dann vielleicht genau das tun oder haben dürfen, was wir uns immer am meisten gewünscht haben, aber nie bekommen konnten?“ Ich wollte gerade etwas darauf antworten, als ich bemerkte, daß das Lächeln von Jims Gesicht verschwunden war. An seine Stelle war eine Miene getreten, die eine tiefe, geistliche Sehnsucht auszudrükken schien. Selten habe ich in den Augen eines Menschen so viel von seinem Herzen gesehen wie in Jims Augen in diesem Moment. Wahrscheinlich irgendein Bibelvers, dachte ich, der alles, was wir gesagt haben, säuberlich vom Tisch fegt. „Was denkst du, Jim?“ fragte ich.

„Oh!“ Er schien von weither in die Wirklichkeit zurückzukehren. „Ich mußte gerade daran denken, wie sehr ich mir immer“ – der abwesende Blick kehrte in seine Augen zurück – „ich habe gerade daran gedacht, wie herrlich es wäre, wenn ich dort, nun ja – eine eigene Drehbank bekommen könnte ...“ Irgendwo im Himmel machte sich jemand eine Notiz.

Gebet

Vater, wir kennen eigentlich keinerlei Einzelheiten über den Himmel, aber wir wissen, daß du uns liebst und daß wir dir als einzelne wichtig sind. Der Vers, den wir heute gelesen haben, scheint angefüllt zu sein mit der Begeisterung, mit der du gute Dinge für uns planst, und wir würden gern selbst ein bißchen von dieser Begeisterung spüren. Hilf uns, daran zu denken, daß du Himmel und Erde gemacht hast. Amen.

Immer gegenwärtig

„Geht hinaus in die ganze Welt und ruft alle Menschen in meine Nachfolge! Tauft sie und führt sie hinein in die Gemeinschaft mit dem Vater, dem Sohn und dem Heiligen Geist! Lehrt sie, so zu leben, wie ich es euch aufgetragen habe. Ihr dürft sicher sein: Ich bin immer und überall bei euch, bis an das Ende dieser Welt!"

Matthäus 28, 19-20

Wie reagieren wir auf den Gedanken – die Tatsache – daß Jesus immer bei uns ist? Ist das peinlich, ermutigend, erschreckend für uns, oder bedeutet es uns überhaupt nicht viel, weil wir ihn ja nicht sehen können?

Ich erinnere mich an eine Begebenheit, die ich anderswo in fiktiver Form wiedergegeben habe, die aber ein sehr reales Erlebnis für mich ist, als ein Mitglied unserer Gemeinde, das gebeten worden war, an diesem Sonntagmorgen die Predigt zu halten, einen leeren Stuhl vor die Gemeinde hinstellte und alle aufforderte, ihn genau zu betrachten.

„Stellen Sie sich vor", sagte er dramatisch, „Jesus würde plötzlich auftauchen und auf diesem Stuhl sitzen. Wie würden Sie sich fühlen? Wären Sie nicht zutiefst besorgt? Würden Sie dann nicht am liebsten weglaufen und sich verstecken, weil Sie sich für Ihre Sünden schämen? Würden Sie nicht beschließen, einen großen Bogen um dieses Gebäude zu machen, bis er wieder weg wäre?"

Nun, wie hätten Sie sich dabei gefühlt? Ich empfand bei dieser Gelegenheit beinahe genau das Gegenteil von dem, was der Redner meinte, das ich empfinden sollte. Damit meine ich nicht, daß mir die Chance, Jesus zu sehen, willkommen gewesen wäre, weil ich keine Sünden begangen hätte – lachhaft! Nein, ich wollte einfach nur bei *ihm* sein. Der Gedanke brachte mich beinahe zum Weinen.

Ich wollte, daß er mein Leben in die Hand nimmt und mir sagt, was ich tun soll, und alles in Ordnung bringt. Und genau das wünsche ich mir auch jetzt, selbst wenn ich ihn nicht sehen kann. Ich möchte ihn bei mir haben – immer.

Gedanke

Was wäre, wenn er nicht immer bei uns gewesen wäre? Werfen Sie einen Blick auf Psalm 124.

Ich komme wieder

„Seid ohne Sorge, und habt keine Angst!" forderte Jesus seine Jünger auf. „Vertraut Gott, und vertraut mir! Denn im Hause meines Vaters gibt es viele Wohnungen. Wenn es nicht so wäre, hätte ich euch nicht gesagt: Ich gehe hin, um dort alles für euch vorzubereiten. Und wenn alles bereit ist, werde ich wiederkommen und euch zu mir holen. Dann werdet auch ihr dort sein, wo ich bin."

Johannes 14, 1-3

Ist Ihnen schon einmal aufgefallen, wieviel Wert manche Rockstars auf ihre bescheidene Herkunft legen und wie sehr sie betonen, daß sie unter all dem Glanz und Glitzern ganz gewöhnliche Leute wie Sie und ich seien? Manchmal werden im Fernsehen Sendungen gezeigt, in denen solche Leute ihre alten Nachbarschaften und Treffpunkte aufsuchen und mit pittoresken Einheimischen posieren, als wären sie nie weggegangen. Man bekommt beinahe den Eindruck – und den soll man natürlich auch bekommen – daß nicht viel fehlte, und sie würden wieder in eine jener Doppelhaushälften einziehen, möglichst nahe der, in der sie aufgewachsen sind. Ich nehme an, bei dem einen oder anderen von ihnen ist das auch wirklich so, aber im allgemeinen – ich glaube kaum! Die meisten „Stars" werden mit der Zeit ziemlich unnahbar, wenn auch zugegebenermaßen aus sehr verständlichen Gründen. Wenn Sie ein Gesicht haben, das jeder kennt, dann werden Sie Ihre Privatsphäre um jeden Preis schützen – falls Sie auch nur halbwegs bei Sinnen sind.

Doch es hat nie einen größeren Star gegeben als Jesus. Freiwillig verließ er seinen Platz an der Seite seines Vaters, um ein menschliches Leben zu beginnen, wie es sich bescheidener nicht denken läßt. Als er mit dreiunddreißig Jahren seinen Dienst begann, wählte er sich ganz gewöhnliche Leute aus, damit sie ihn begleiteten und nach seinem Tod seine Botschaft weiter verbreiteten. Er verweigerte sich allen Verlockungen, die Macht, die ihm zu Gebot stand, zu seinem eigenen Vorteil zu nutzen, und erlitt am Ende einen quälenden Verbrechertod, so daß zweifellos alle, die überhaupt darüber nachdachten, fest davon überzeugt waren, daß es mit allem, was er je beginnen wollte, nun wohl eindeutig ein Ende hatte.

Die Auferstehung brachte Jesus auf den höchsten vorstellbaren Platz zurück, wieder an der Seite seines Vaters. Hätte er seinen Ruhm so nutzen wollen, wie es die meisten Menschen tun, so wäre jetzt die Zeit gewesen, sein kurzes Leben, seinen elenden Tod und die kleinen Leute zu vergessen, die ihm drei Jahre lang durch jenen winzigen Winkel in Zeit und Raum gefolgt waren, der Israel vor zweitausend Jahren war.

Aber das tat er nicht. Er tut es auch jetzt nicht. Jesus ist der Mega-Star, der sich nicht abseits hält, der Mann an der Spitze, der nie seine Freunde vergißt, der Multimillionär, der alles teilen will. Er beschäftigt sich damit, schöne Zimmer für uns vorzubereiten. Und eines Tages, wenn alles fertig ist, wird er kommen und uns holen, und wir werden im Haus seines Vaters leben, und ich vermute, es wird eine kleine Party geben. Sie, die Sie das jetzt lesen – Sie werden dabei sein.

Gedanke

Er kommt wieder, wissen Sie ...

Ein bißchen fade?

Eine gewaltige Stimme hörte ich vom Thron her rufen: „Hier wird Gott mitten unter den Menschen sein! Er wird bei ihnen wohnen, und sie werden sein Volk sein. Ja, von nun an wird Gott selbst als ihr Herr in ihrer Mitte leben. Er wird alle ihre Tränen trocknen, und der Tod wird keine Macht mehr haben. Leid, Angst und Schmerzen wird es nie wieder geben; denn was einmal war, ist für immer vorbei."

Offenbarung 21, 3-4

Für diejenigen unter uns, die leiden, ist es ein wunderbarer Gedanke, daß Gott sein himmlisches Taschentuch hervorholen, unsere Augen trocknen und uns auffordern wird, uns ordentlich die Nase zu putzen. Eine herrliche Vorstellung, aber so ganz wohl ist mir dabei nicht. Ich kann mir ein Leben ganz ohne Tränen nicht vorstellen. Was meinen Sie? Ich bin mir nicht sicher, ob ein Dasein ohne alles Negative sonderlich reizvoll wäre. Damit meine ich nicht, daß ich das morbide Verlangen hätte, ständig unglücklich zu sein, und, geben wir es nur zu, ich lebe in einem Land, in dem es an körperlichen Annehmlichkeiten kaum mangelt, so daß ich sowieso ziemlich verwöhnt bin. Ich habe es *gern*, genug zu essen und zum Anziehen zu haben und ganz allgemein glücklich zu sein.

Nein, mein Problem ist, daß meine Inspiration zum Schreiben im allgemeinen und zur Lyrik im besonderen ihre Wurzeln in persönlichen Schwierigkeiten und Schmerzen hat. Ich genieße es, diese Schichten von Konflikten abzubauen, das Rohmaterial der Erfahrung auszugraben und daraus die Wahrheit zu gewinnen, die es unweigerlich enthält. Was für ein Leben wird es sein, wo die Gewürze der Stimmungsschwankungen und Konfrontationen, des Zorns und der Vergebung, der Debatten und Zusammenstöße und von Frank Brunos Versuchen, wieder Weltmeister zu werden, alle fehlen? Wird das nicht ein bißchen fade?

Panik im Himmel. Gott rauft sich die Haare und ruft: „Meine Güte, natürlich! Es wird alles scheußlich fade! Natürlich wird es das. Ausgerechnet Adrian Plass stößt auf einen so himmelschreienden Fehler, und ich habe nichts davon gemerkt. Wie dumm von mir! Jetzt muß ich noch einmal ganz von vorn anfangen ..."

Ich strecke durch den Dunst meiner eigenen Torheit hindurch die Hand nach einer Antwort aus, und sie kommt, wie immer, in Form einer Frage.

„Bei den seltenen Gelegenheiten, wo du echten Schalom-Frieden gehabt hast, die Gabe, die du dir immer am meisten gewünscht hast, hättest du sie da gerne für ein bißchen mehr Konflikt und Konfrontation eingetauscht?"

„Nein, aber –"

„Hat dir *irgend etwas* gefehlt in jenen Momenten?"

„Nein, aber –"

„Wenn ich dir diesen Frieden jetzt und für immer anbieten würde, würdest du ihn annehmen?"

„Ja, aber –"

„Werde ich aber nicht tun."

„Oh, aber –"

„Darum verspürst du das Bedürfnis, Deine Erfahrungen in Lyrik zu verwandeln. Es ist unwahrscheinlich, daß du auf dieser Seite des Himmels je den vollkommenen Frieden erlangen wirst."

„Und was ist mit der anderen Seite des Himmels?"

„Eben."

Gedanke

Vielleicht ist Konflikt roher Friede – er schmeckt viel besser, wenn er gegart und abgekühlt ist.

Inspiration

„Dann wird der Richter zu denen an seiner rechten Seite sagen: ‚Kommt her! Euch hat mein Vater gesegnet. Nehmt das Reich Gottes in Besitz, das er seit Erschaffung der Welt für euch als Erbe bereithält! Denn als ich hungrig war, habt ihr mir zu essen gegeben. Als ich Durst hatte, bekam ich von euch etwas zu trinken. Ich war ein Fremder bei euch, und ihr habt mich aufgenommen. Ich war nackt, ihr habt mir Kleidung gegeben. Ich war krank, und ihr habt mich besucht. Ich war im Gefängnis, und ihr seid zu mir gekommen.‘ Dann werden sie fragen: ‚Herr, wann bist du denn hungrig gewesen und wir haben dir zu essen gegeben? Oder durstig und wir gaben dir zu trinken? Wann haben wir dir Gastfreundschaft gewährt, und wann bist du nackt gewesen und wir haben dir Kleider gebracht? Wann warst du denn krank oder im Gefängnis und wir haben dich besucht?‘ Der Richter wird ihnen dann antworten: ‚Das will ich euch sagen. Was ihr für einen meiner geringsten Brüder getan habt, das habt ihr für mich getan!‘“

Matthäus 25, 34-40

C. S. Lewis und G. K. Chesterton sind meine literarischen Helden. Beide bringen Wörter zum Tanzen. Klarheit, Tiefe und Unterhaltsamkeit sind die Kennzeichen ihrer Werke. Kürzlich jedoch fand ich mein altes Exemplar von *The Unutterable Beauty* von Studdert Kennedy, dem anglikanischen Geistlichen, der den Spitznamen „Woodbine Willie“ trug, weil er die Gewohnheit hatte, während des ersten Weltkrieges in den Schützengräben Zigaretten zu verteilen. Diese Gedichtanthologie habe ich mir kurz nach meiner Bekehrung mit sechzehn Jahren gekauft. Die Verwundbarkeit und Wirklichkeit, die aus manchen der Stücke sprach, beeindruckte mich ungeheuer. Hier ist ein Auszug aus „Es ist nicht vollbracht“:

Ich kann die Schrift der Jahre nicht mehr lesen
vor Tränen in den Augen
Alles verschwimmt, bleibt ohne Sinn
und voller Widersprüche
wie das Gekritzel eines Kindes,
voll wilder, wilder
Hoffnung, und Sehnsucht, intensiv
wie Schmerzen, über die banales Tun
nur spottet – oder Schlimmeres.
Ich gebe sie nur ab und hoffe,
daß deine große Weisheit, die
die Schrift so vieler Leben liest,
dies Kritzeln wohl verstehen wird
und was es sich zu sagen müht – und doch nicht sagt ...

Ich habe einmal eine alte Dame kennengelernt, die sich erinnerte, wie ihr Vater so krank wurde, daß er einige Wochen lang kein Geld mehr verdienen konnte, um seine Familie zu ernähren. „Studdert Kennedy kam jeden Tag vorbei", sagte sie, „und brachte einen Liter Milch und einen Laib Brot, und ich saß auf seinem Knie, während er sich mit Mutter und Vater unterhielt. Ehrlich gesagt, ich habe keine Ahnung, wie er das gemacht hat, denn er gab immer alles weg, was er hatte. Meine Mutter sah ihn morgens mit Jacke und Weste aus dem Haus gehen und später nur im Hemd zurückkommen."

Kennedy hielt nicht viel von seinen guten Taten, und um der anderen willen machte er sich in seiner Kunst verwundbar bis zur offenen Wunde – ein guter und treuer Knecht, der schon lange in den Frieden seines Herrn eingegangen ist. Ich danke Gott für sein Beispiel und seine Inspiration.

Gedanke

Liebevolle Demut ist wirklich eine wunderschöne Rose.

Ein Mann, der von Leidenschaft erfüllt ist, reitet ein wildes Pferd.
Benjamin Franklin

VÄTERLICHE LEIDENSCHAFT

Reaktionen auf das Buch Hosea

Lieber Vater,
ich stelle diesen Brief an Dich meinen Andachten über Hosea voran, weil es ein so seltsames, emotionales Erlebnis war, sie zu schreiben, und weil der Inhalt dieses Buches etwas an sich hat, das ich einfach nicht verstehe, so sehr ich mich auch bemühe. Sicher, wenn ich etwas nicht verstehe, ist das nicht gerade eine markerschütternde Überraschung – warum sollte ich auch damit rechnen, mehr zu kapieren als alle anderen? Aber weißt Du, es ist nicht so, daß ich nach theologischen Einsichten oder geistlichen Visionen oder exegetischer Erleuchtung lechze (diese Dinge gibt es doch immer in Blackpool bei den Bibelwochen, nicht? – entschuldige bitte) oder etwas dergleichen. Es ist nur, daß alles, was ich gedacht und gefühlt habe, während ich von Hoseas endlosem Kampf las, den Leuten die Tiefe Deiner Liebe und die Intensität Deiner Verletzbarkeit und Deines Zorns begreiflich zu machen, mich zu einer echten und ernsthaften Frage führt:

WIE KANNST DU, DER SCHÖPFER DES UNIVERSUMS, EIN VATER *UND* EIN VOLLKOMMENES WESEN SEIN?

Übrigens, ich hoffe, Du findest die Frage nicht unverschämt. Manche Leute finden die Art und Weise, wie ich mit Dir rede, gänzlich unannehmbar. Sie sagen, ich sollte Ehrfurcht vor Dir haben, und daß ich, wenn ich Ehrfurcht hätte, nie auf so plump-vertrauliche Weise mit Dir sprechen würde. Nun, ich habe Neuigkeiten für sie.

Ich *habe* Ehrfurcht vor Dir. Das Allerletzte, was ich möchte, ist, es mir mit Dir zu verderben, zum Teil, weil mir das Angst machen würde, aber auch deshalb, weil ich weiß, daß Du mich liebst, und es mir ein entsetzlicher Gedanke ist, dafür verantwortlich zu sein, daß Du verletzt wirst. Unsere Beziehung ist mir sehr kostbar. Das Wissen, daß es diese Beziehung zwischen Vater und Kind ist, mit der Du beschreibst, wie die Dinge zwischen Dir und mir stehen sollten, ist etwas, das ich sorgsam in meinen Händen berge wie den kostbarsten Edelstein. Und bis zu einem gewissen Grad hilft es mir, Dich zu verstehen, denn ich habe selbst vier Kinder (natürlich nicht ganz so viele wie Du), und dadurch, daß ich sie habe, habe ich sehr viel über Dich gelernt. Wir haben viel mehr gemeinsam, als ich dachte.

Zum Beispiel habe ich gelernt, daß immer dann, wenn eines meiner Kinder sich danebenbenimmt, die Liebe, die ich für es empfinde, eher noch heller brennt als sonst. Alles in mir sehnt sich danach, daß der Riß geheilt wird, sobald ein ehrenvoller Friede möglich wird. In der Vergangenheit habe ich dazu geneigt, zu denken, daß Du mir wahrscheinlich den Rücken kehrst, wann immer ich mich danebenbenehme, und daß ich mich dann eine ganze lange Weile lang perfekt benehmen müßte, bevor Du so weit besänftigt wärst, daß Du mich wieder anlächeln würdest. Es tut mir leid, daß ich Dich so falsch beurteilt haben. Ich hätte wissen sollen, nicht wahr, schon durch das Lesen der Bibel, daß Du schon immer nur zu gern bereit warst, jedem zu vergeben, dem seine Fehler wirklich leid tun.

Ich habe auch die rasiermesserscharfe Klinge kennengelernt, die mitten in das Herz eines jeden Vaters schneidet, wenn ein Kind verletzt, unglücklich, verlassen oder enttäuscht ist und es keine unmittelbare Möglichkeit gibt, seine Probleme zu lösen. Ich weiß jetzt, daß Du alle diese Dinge empfindest, aber viel intensiver als ich, und das Wissen um diesen gemeinsamen Nenner weckt in mir den Wunsch, meine Arme um Dich zu legen, um zu trösten und getröstet zu werden. Ist das falsch? Es fühlt sich nicht falsch an.

Ich habe gelernt, daß alle möglichen unterschiedlichen Dinge zwischen einem Kind und seinem Vater vor sich gehen. Manchmal spiele ich einfach mit meiner Tochter. Wir machen alle möglichen albernen Dinge zusammen, lachen viel und spielen einander alberne Streiche. Manchmal helfe ich ihr (oder ich versuche es zumindest) bei ihren Hausaufgaben für die Schule. Wir sitzen zusammen am Küchentisch, brüten gemeinsam über Rechenproblemen, die überhaupt nichts mit dem zu tun zu haben scheinen, womit ich mich herumgeschlagen habe, als ich zur Schule ging. Hin und wieder werde ich ärgerlich auf sie, besonders, wenn sie absichtlich ihren älteren Bruder ärgert und eine jener furchtbaren, quietschenden, quatschenden, nörgelnden Streitereien anfängt, bei denen es eigentlich um nichts geht, die aber alle anderen zum Wahnsinn treiben. Manchmal gehe ich in ihr Zimmer und sehe sie an, wenn sie fest schläft, und denke darüber nach, wie sehr ich sie liebe. Und all das tust du auch mit uns, nicht wahr, Vater? Du lachst mit uns, Du lehrst uns, und Du erziehst uns, und Du betrachtest uns voller Liebe, wenn wir im Frieden sind.

All diese Dinge habe ich dadurch über Dich gelernt, daß ich meine eigenen Kinder habe, und das Wissen, daß Du und ich dieselben Dinge empfinden (wenn auch in einem sehr unterschiedlichen Maßstab), gibt mir viel Wärme und Sicherheit.

Aber was ist mit den Unterschieden zwischen Dir und mir, Vater?

In einem der Gedichte, die ich für diesen Abschnitt geschrieben habe, gibt es eine Zeile, die sagt, Du seist „belastet mit Vollkommenheit und mit Leidenschaft". Wie machst Du das, Vater? Wie machst Du das? Wie wirst Du fertig mit den Gefühlsstürmen, wo Du nicht einmal für eine Weile schmollen darfst (kannst?), oder ausrasten, wenn es besser gewesen wäre, das Zimmer zu verlassen und dann wieder hereinzukommen oder jemandem anderes die Schuld in die Schuhe zu schieben, wenn es doch Deine eigene Schuld war, oder Trost in einem dreistöckigen Whisky zu suchen oder Deinen eigenen Eltern und deren Eltern die Probleme anzulasten, die in Wirklichkeit Deinen eigenen Erziehungsfehlern zuzuschreiben sind, oder Drohungen auszusprechen, die Du nicht wahrmachen kannst und später wieder zurücknehmen mußt?

Wie kannst Du, der Schöpfer des Universums, ein Vater *und* ein vollkommenes Wesen sein? In diesem Buch, der Geschichte des Propheten Hosea, spüre ich, wie große Wellen der Liebe und des Zorns von Dir her jenen unausstehlichen Israeliten entgegenbranden, die Dir soviel bedeutet haben, und ich, selbst ein Vater, empfinde auf meine eigene, schwächliche Weise großes Mitgefühl für Dich. Und es geht mit uns immer noch genauso weiter, nicht wahr?

Wünschst Du Dir manchmal, Du wärst nicht vollkommen?

Alles Liebe,

Adrian

Ein Teufelskreis

In diesem Buch sind die Worte des Herrn an Hosea, den Sohn Beeris, aufgeschrieben. Damals regierten in Juda nacheinander die Könige Usija, Jotam, Ahas und Hiskia. In Israel herrschte König Jerobeam, der Sohn Joaschs.

Hosea 1, 1

Die Kommentare zu Hosea sprechen von der Schwierigkeit, einen zusammenhängenden Sinn in dem Buch als ganzem zu entdecken, doch wie es aussieht, hat der Prophet mindestens sechs verschiedenen Königen von Israel seine Standpauken gehalten – wir sprechen also in Wirklichkeit über eine lange, komplexe Periode in der Geschichte der Nation. Das sich wiederholende Muster von Zorn und Vergebung muß als über einen Zeitraum von vielen Jahren ausgedehnt betrachtet werden.

Was für eine lästige Nervensäge dieser Hosea gewesen sein muß!

Jedesmal, wenn die Obrigkeit – Könige oder Priester – irgendein moralisch fadenscheiniges System zusammengeflickt hatten, um die sündigen Ausschweifungen des Volkes zu sanktionieren, kam dieser Hosea daher und „verdarb“ alles, indem er die Wahrheit sagte.

In manchen Ehen (natürlich nicht in meiner) ist es ein bißchen ähnlich. Paul Tournier spricht davon, daß manche Ehefrauen zu „Polizistinnen“ im Leben ihrer Männer werden, indem sie ständig mit dem metaphorischen Finger drohen, sobald ihre Gatten vom geraden, schmalen Weg abweichen. Eine Beziehung, die einst voller Zärtlichkeit und gegenseitigem Idealismus war, wird so kalt und angespannt, und die Liebe verwandelt sich in Mißbilligung auf der einen und ärgerlichen Groll auf der anderen Seite. Die Ehefrau übernimmt eine Elternrolle, um mit der Regression ihres Mannes in die Unbeholfenheit eines Heranwachsenden fertig zu werden.

Das ist mehr oder weniger das, was sich zwischen Gott und Israel abspielt, zumindest soweit es die Israeliten betrifft. Der Gott, der für alle ihre Bedürfnisse sorgte, der sich leidenschaftlich um sie kümmerte, als sie ihn am meisten brauchten, ist zu einem ärgerlichen Störfaktor geworden, einem nörgelnden Ehepartner, der nicht mehr erwünscht ist, oder einem predigenden Vater, der nur alle davon abhalten will, sich eine schöne Zeit zu machen. Der Teufelskreis von Mißbilligung und Groll, aus dem nur schwer auszubrechen ist, drückt sich hier auf sehr menschliche Weise aus. Hoseas Botschaft von Gott ist angefüllt mit der verzweifelten, schmerzenden Wut, die jene kennzeichnet, die betrogen und vernachlässigt worden sind.

Offen gesagt, ich glaube nicht, daß Hosea von sehr vielen Leuten zu Passa eine Karte bekam, und heute wäre er wohl genauso unbeliebt wie damals, aber oh, wie gut könnten wir ihn in dieser Zeit gebrauchen.

Gebet

Du hast uns damals geliebt, und du liebst uns heute. Durch Jesus hast du offenbart, daß du kein Polizist bist, sondern ein Vater. Vergib uns, daß wir dich vernachlässigt haben, und zieh uns zurück zu dir, Vater, damit wir uns nicht deinem Zorn stellen müssen.

Familienangelegenheiten

„Nenne deinen Sohn Jesreel", sagte der Herr zu Hosea, „denn bald werde ich das Blutbad rächen, das König Jehu in Jesreel angerichtet hat. Ich werde seine Nachkommen bestrafen und dem Königreich Israel ein Ende machen. In der Ebene Jesreel werde ich das gesamte Heer Israels auslöschen." Gomer wurde danach wieder schwanger und brachte ein Mädchen zur Welt. Da sprach der Herr zu Hosea: „Nenne das Kind Lo-Ruhama! Denn ich habe kein Erbarmen mehr mit den Israeliten und werde ihre Schuld nicht länger vergeben! Aber mit den Judäern will ich Mitleid haben: Ich werde sie retten, denn ich bin der Herr, ihr Gott. Ich werde aber nicht für sie Krieg führen und ihnen nicht mit Bogen und Schwert, mit Pferden und Reitern helfen." Als Gomer ihre Tochter Lo-Ruhama nicht mehr stillte, wurde sie ein drittes Mal schwanger und brachte einen Jungen zur Welt. Da sagte der Herr: „Er soll Lo-Ammi heißen. Denn ihr seid nicht mehr mein Volk, und ich bin nicht mehr für euch da."

Hosea 1, 4-9

Sehr geehrte Miss Osborne,
erste Kontakte mit der Familie ergaben die folgenden Informationen:

Vater ist arbeitslos, behauptet aber, meist sehr lautstark vom oberen Fenster seines Hauses, er sei ein Sprachrohr Gottes. *Hosea der Prophet* behauptet, Gott habe ihn angewiesen, eine ehebrecherische Frau zu heiraten und ihre Beziehung als eine Art visuelle Illustration für die religiösen Unzulänglichkeiten des Volkes zu benutzen.

Die erwarteten Schlangen begieriger Bewerberinnen blieben aus, doch Hosea fand – unerklärlicherweise – eine bereitwillige Kandidatin mit dem etwas muppets-ähnlichen Namen *Gomer*, einer Angehörigen der Familie *Diblajim*, die unserem Büro seit etlichen Jahren einschlägig bekannt ist.

Hosea zeugte sodann drei Kinder mit Gomer, und ihr Wohlergehen ist es, das uns Sorgen macht. Allein schon die Namen, die Hosea für sie wählte, deuten darauf hin, daß alle drei gefährdet sind.

Jesreel, der älteste Junge, ist nach einem blutigen und brutal unmenschlichen Massaker benannt, weil er das Symbol des Ratschlusses Gottes ist, die ganze Volksgemeinschaft zu vernichten. Dies hat nicht gerade dazu geführt, daß die Nachbarschaft den Jungen ins Herz geschlossen hat.

Das zweite Kind, ein Mädchen, heißt *Lo-Ruhama,* was soviel wie „nicht geliebt" bedeutet, ein weiteres Zeichen für die Weigerung GOTTES, der Welt im Ganzen zu vergeben. Ein solcher Name dürfte kaum dazu geeignet sein, das sich entwickelte Selbstvertrauen des Kindes zu steigern.

Lo-Ammi, der zweite Sohn, macht sozusagen das Maß voll. Sein Name übermittelt eine Botschaft Gottes an alle und jeden, daß sie nicht sein Volk sind und er nicht ihr Gott ist. Lo-Ammi wird nicht oft zu Partys eingeladen.

Ich empfehle, sofort einen Sozialarbeiter hinzuzuziehen, da Hosea der Prophet und Gomer offenbar nicht in der Lage sind, zu begreifen, daß der Gott, den Hosea zu repräsentieren behauptet, niemals zulassen würde, daß Kinder den Schikanen ausgesetzt werden, die diese drei erduldet haben.

Mit freundlichen Grüßen
Vic Stapley

Gebet

Vater, das Alte Testament wirft ständig mit Dingen über dich um sich, die ich einfach nicht akzeptieren werde – kann – will, aber führe uns in alle Wahrheit, was immer sich als die Wahrheit herausstellen wird.

Praktizierte Vergebung

Der Herr sprach zu mir: „Obwohl deine Frau deine Liebe nicht erwidert hat, sondern ständig die Ehe bricht, sollst du sie wieder bei dir aufnehmen und sie liebhaben. Denn auch ich liebe die Israeliten, obwohl sie anderen Göttern nachlaufen und deren Opfermahlzeiten essen." Da kaufte ich meine Frau für fünfzehn Silberstücke und viereinhalb Zentner Gerste zurück und sagte zu ihr: „Du wirst jetzt bei mir bleiben und dich mit keinem anderen Mann mehr einlassen. Aber ich werde lange Zeit nicht mit dir schlafen." Genau so wird es Israel ergehen: Lange Zeit werden sie ohne König und Fürsten sein, es wird keine Schlachtopfer und keine heiligen Steinmale geben, auch keine Götterfiguren und Priestergewänder.

Hosea 3, 1-4

Vergebung zu definieren und herauszufinden, wie man das eigentlich macht, ist die ständige Sorge vieler Christen, wie Sie in einer Einleitung zu dem Abschnitt über Jakobus bemerkt haben werden. Diejenigen unter uns, die versuchen, Jesus zu folgen, wissen nur zu genau, daß wir unmittelbar aufgefordert sind, denen zu vergeben, die uns verletzen. Als Petrus seinen Meister fragte, wie viele Male er seinem Bruder vergeben solle, dachte er vermutlich, die Antwort werde etwa so lauten: „Nun, zwei- oder dreimal ist mehr als genug – viermal ist das allerhöchste ..." In Wirklichkeit natürlich sagte Jesus, wie wir alle wissen, Petrus solle „siebzigmal siebenmal" vergeben, und damit meinte er nicht, daß wir, nachdem wir vierhundertneunzig Mal die Sticheleien unseres Bruders ertragen haben, ihm beim vierhunderteinundneunzigsten Mal die Nase verbeulen dürften. Vergebung soll für immer sein.

Aber ist das nicht schwierig?

Die Erfahrung, die viele von uns gemacht haben, ist, daß wir uns wirklich sehr bemühen, unsere Gefühle gegenüber Leuten zu verändern, die uns Unrecht getan haben, doch wir entdecken immer, daß die alte Bitterkeit und der Zorn wieder an die Oberfläche steigt, wenn wir am wenigsten damit rechnen. Ich vermute, das liegt daran, daß „Christsein" heutzutage eine ziemlich verkopfte Angelegenheit geworden ist. Gott ist sehr praktisch, und entgegen einer verbreiteten Überzeugung schließen sich praktisches und geistliches Denken nicht gegenseitig aus. Lesen Sie den Jakobusbrief.

Hosea erhielt den Befehl, nicht nur Gomer zu vergeben, sondern sie zurückzukaufen und körperlich als seine Frau wiedereinzusetzen, obwohl sie Ehebruch begangen hatte. Die Vergebung spielte sich in diesem praktischen Rahmen der Wiedereinsetzung als Ehefrau ab, eines Aktes, der nicht von Hoseas Gefühlen gegenüber seiner Frau abhing, sondern von seinem Gehorsam gegenüber dem Willen Gottes. Vielleicht bekommt die Sache mit der Vergebung, wenn es uns gelingt, durch einen Akt des Gehorsams Leute, die uns verletzt haben, in Bereiche unseres Lebens hineinzulassen oder aktiv hineinzuziehen, in denen wir sie eigentlich lieber nicht haben möchten, tatsächlich eine Chance, zur gelebten Wirklichkeit zu werden. Ich behaupte keineswegs, daß das leicht sein wird, aber wer hat überhaupt dieses lächerliche Gerücht in die Welt gesetzt, es müsse leicht sein?

Fragen, denen wir nicht ausweichen dürfen

Wem habe ich nicht vergeben? Was kann ich tun?

Das wunde Land

Ihr Israeliten, hört, was der Herr euch zu sagen hat! Der Herr führt einen Rechtsstreit gegen die Bewohner des Landes. Denn Treue und Liebe sind ihnen fremd, sie wollen den Herrn nicht als ihren Gott anerkennen. Sie betrügen und lügen, sie morden, stehlen und brechen die Ehe, sie begehen eine Bluttat nach der anderen. Darum wird das Land vertrocknen, alles, was dort lebt, wird verdursten. Die Tiere auf dem Feld, die Vögel am Himmel und sogar die Fische im Meer – sie alle gehen zugrunde.

Hosea 4, 1-3

Es verändert sich nicht viel, nicht wahr? Die ersten beiden Verse könnten genausogut eine Beschreibung des moralischen Niedergangs sein, der gegenwärtig allen sogenannten zivilisierten Nationen gemeinsam zu sein scheint, und der dritte spiegelt die Anliegen und Warnungen wieder, die unentwegt von denen geäußert werden, die unsere natürliche Umwelt durch unsere Zerstörungen und unseren Mißbrauch gefährdet sehen.

Wissen Sie, manchmal regt sich in meinem Innern ein tiefer, düsterer See der Furcht. Das geschieht dann, wenn ich die Tatsache vor Augen habe, daß unsere Gesellschaft im großen und ganzen dem Gedanken, daß ein allmächtiger Gott irgendwann auf diesen Niedergang reagieren wird, keinerlei Glauben schenkt. „Sie wollen den Herrn nicht als ihren Gott anerkennen", sagt Hosea in diesem Abschnitt, und falls jemand noch auf der Suche nach einem starken Thema ist, über das er beten könnte, dann könnte er hier fündig werden. Beten Sie, daß mehr und mehr Menschen das fehlende Puzzleteil finden, das dem ganzen Bild seinen Sinn gibt. Beten Sie, daß die schreckliche Verzerrung des Bildes Gottes, für die wir als Christen verantwortlich sind, die Wahrheit nicht verschleiern wird. Beten Sie um Heilung für diese zunehmend unmoralische Gesellschaft und für die Natur. Beten Sie schließlich, daß Gott im Land anerkannt wird.

Finden Sie es nicht auch interessant, daß Gott den Tod und den Verfall in der Natur mit dem moralischen und geistlichen Niedergang in Zusammenhang sieht? Was könnte er damit meinen, wenn er sagt, daß „das Land trauert"? Die neutestamentliche Sicht ist, daß die ganze Schöpfung stöhnend auf die Erlösung wartet. Offenbar ist alles, was existiert, von Gott, mit Gott verbunden und unlösbar Teil seiner gesamten Schöpfung. Irgendwie – und ich behaupte keineswegs, das zu verstehen – schlagen sich Schmerz und Sünde oder Hochstimmung und Tugend in unserem Leben auch in den Felsen und Meeren um uns her nieder. Das Wesen und die Komplexität dieses Meisterwerkes Gottes können wir nicht einmal annähernd verstehen, aber diese Verständnislosigkeit ist vielleicht ein guter Ausgangspunkt.

Überlegung

Jesus sagt uns, daß im Himmel großer Jubel über jeden einzelnen Sünder herrscht, der Buße tut, und dieser Jubel durchdringt auch die physische Welt. Ebenso werden, wenn wir irgendeine kleine selbstsüchtige Tat begehen, die Vibrationen überall zu spüren sein. Arbeiten wir für eine breitere Anerkennung Gottes, und verschaffen wir dem Land eine Verschnaufpause.

Propheten und Priester

Je zahlreicher die Priester wurden, desto mehr haben sie sich gegen mich aufgelehnt. Darum werde ich ihnen ihr angesehenes Amt wegnehmen, und sie werden sich vor allen Leuten schämen müssen. Sie hoffen, daß mein Volk viele Sünden begeht, denn dann können sie sich am Fleisch der Sündopfertiere satt essen. Darum soll es ihnen gehen wie den anderen Israeliten: Ich werde sie für ihren Eigensinn bestrafen, ich werde ihnen das Böse, das sie tun, heimzahlen!

Hosea 4, 7-9

Eines Morgens erhielt ich einen ungewöhnlichen Brief von einem christlichen Hotel in einem exotischen Winkel der Welt. Nachdem ich die ersten beiden Absätze gelesen hatte, mußte ich laut lachen, und Bridget sah mich über die Kante ihres Kaffeebechers fragend an.

„Ich bin eingeladen worden, ‚Hausprophet' in einem Ferienhotel zu werden", sagte ich.

Bridget lachte über den Titel, doch als ich ihr sagte, wo sich das Hotel befand, spiegelten ihre Augen das gierige Schimmern wieder, das auch in meinen glomm. Wie durch ein Wunder fühlten wir uns beide deutlich geführt, das Angebot eines kostenlosen Urlaubs auf dieser tropischen Insel anzunehmen, die wir ohnehin schon immer gerne hatten besuchen wollen. Doch als ich weiterlas, entdeckte ich leider (und überraschenderweise), daß erwartet wurde, daß ich für meine Reisekosten selbst aufkam, eine Bedingung, die meinen Träumen, mich in der Sonne zu entspannen und im Austausch dafür gelegentlich meinen Mit-Hotelbewohnern eine freundliche Prophezeiung mit auf den Weg zu geben, ein abruptes Ende machte.

„Na ja", sagte Bridget und machte ein enttäuschtes Gesicht, „du bist ja kein Prophet, also hättest du es sowieso nicht machen können."

Ich nickte resigniert und griff nach der Marmelade.

Dann vergaß ich das Ganze völlig, bis mich vor kurzem ein Freund allen Ernstes fragte, ob ich mich für einen Propheten hielte oder nicht. Meine erste Reaktion war ein sarkastisches Schnauben, doch er blieb hartnäckig, so daß ich schließlich sagte, abgesehen von einem oder zwei Einzelfällen wüßte ich nicht, daß Gott je buchstäblich durch mich gesprochen habe. Später ließ ich mir noch einmal durch den Kopf gehen, was ich gesagt hatte, und war ein wenig entsetzt, als ich mir überlegte, wieviel ich (angesichts meines Nicht-Propheten-Status) *über* Gott geredet und geschrieben habe. Was für eine Anmaßung! Wie auch immer, überlegte ich, heutzutage sind alle Christen Priester, wie die Bibel sagt, so daß die Verantwortung für das, was wir zu anderen sagen, und für die Art, wie wir unseren Glauben darstellen, enorm groß ist, wer immer wir auch sind.

Mir wurde heiß und kalt, als ich mich an manche meiner verbalen Exzesse erinnerte – und dieser Abschnitt aus Hosea hat die Sache auch nicht besser gemacht. Gott scheint zu sagen, daß die Priester Israels die Macht, die ihnen gegeben war, vollkommen mißbrauchten – statt die Weisungen und den Willen Gottes zu repräsentieren, paßten sie sich zu ihrem eigenen Nutzen dem an, was die Sünder wollten.

So kann es einem gehen ...

Gebet

Vater, ob wir nun Propheten oder Priester sind, hilf uns, wenn wir anderen von dir erzählen, daß wir sichergehen, daß wir für dich sprechen und nicht für uns.

Sich umdrehen

Mein Volk geht zu heiligen Bäumen, um sich Rat zu holen. Sie erwarten Auskunft und Hilfe, indem sie mit Holzstäben das Orakel befragen. Besessen von ihrer Hurerei und Treulosigkeit, sind sie auf Abwege geraten; von mir, ihrem Gott, wollen sie nichts mehr wissen.

Hosea 4, 12

Hier ist ein Auszug aus einem Gespräch, das ich mit einer alten Freundin hatte – nennen wir sie „Rita". Rita gehört zu den Leuten, in deren Welt sich jeder einmal um die eigene Achse zu drehen scheint, bevor er etwas sagt. Rita machte uns eine Kanne Tee, dann setzte sie sich und sagte (natürlich nachdem sie sich einmal umgedreht hatte): „Gestern war ich mit Brett und Emma aus, und sie sagte –"

Ich: Brett?

Rita: Brett und Emma, ja, und sie sagte –

Ich: Brett? Wie kann jemand Brett heißen?

Rita: Er heißt nun mal so. Das ist sein Name. Wieso?

Ich: Es ist nur, daß das ein ziemlich komischer Name ist. Er kann doch nicht von Geburt an Brett heißen, oder?
(Wir drehen uns beide einmal um, bevor wir unser Gespräch fortsetzen.)

Rita: Oh nein, eigentlich heißt er Ricky, aber wir nennen ihn alle Brett.

Ich: Ja, aber warum?

Rita: Weil er dämlich ist.

Ich: Ah! Von wegen Brett vorm Kopf ... aha, verstehe. Und das macht ihm nichts aus?

Rita: Nein. Wenn man ihn Ricky nennt, dreht er sich nicht mal um, aber wenn man ihn Brett nennt, sagt er: „Ja, was?" Er weiß, daß er dämlich ist, weißt du.

Ich: Verstehe.

Rita: Jedenfalls, Emma drehte sich um und sagte zu mir ...

Wie immer die Namen dieser Israeliten lauteten, Gott muß versucht gewesen sein, jeden von ihnen „Brett“ zu nennen. Leute, die nach dem Bilde Gottes geschaffen waren – ja sogar ein ganzes *Volk*, das von ihm gerettet, ernährt und beschützt worden war –, setzten ihr Vertrauen auf hölzerne Götzen. Bretter, die sich von Brettern Offenbarungen erhofften. Wie konnten sie nur so dämlich sein?

Wo Sünde und Selbstbezogenheit ist und kein echter Wille zur Veränderung, ist es praktisch unmöglich, dem Blick dessen zu begegnen, der seine Ablehnung des Bösen niemals verwässern wird. Später klagt Gott, daß die Leute nicht von ganzem Herzen zu ihm schreien, sondern „auf ihren Betten heulen“. Das erinnert mich an die Zeit, als ich bewußt an meiner Sünde festhielt und höchstens lange genug innehielt, um zu jammern, Gott habe kein Interesse mehr an mir – Sie wissen sicher, was ich meine. Kein Anflug von Buße, nur Gejammer, weil mir nicht gestattet wird, meinen Kuchen der Zügellosigkeit auch noch mit der Garnierung geistlichen Trostes zu überziehen. Von dort bis zum „Bretterdienst“ ist es nur ein kleiner Schritt, und dann kann nichts mehr richtig laufen, bis wir uns, wie Ritas Freunde, umdrehen und etwas sagen – von ganzem Herzen zu Gott.

Gebet

Wir gehen das Risiko ein, uns zu dir umzuwenden, Vater, weil wir wissen, daß das Risiko, es nicht zu tun, viel größer ist.

Religion und Entspannung

Wenn jemand mir treu ist, so ist mir das lieber als ein Schlachtopfer. Und wenn jemand mich erkennen will, freut mich das mehr als jedes Brandopfer!

Hosea 6, 6

Vor einigen Jahren schrieb ich ein Buch mit dem Titel *Mr. Harpers Traum vom Leben*, eine fiktive Darstellung meiner Erlebnisse als Mitarbeiter in einem Internat für milieugestörte Jungen. Das grauenhafte Wort „milieugestört" bedeutete einfach, daß diese Kinder nicht in der Lage waren, mit den Situationen zurechtzukommen, in denen sie sich befanden. Meine Aufgabe als Hausvater war es, mich um die täglichen körperlichen und emotionalen Bedürfnisse von ungefähr fünfundzwanzig dieser Kinder zu kümmern, was die Hälfte der gesamten Schülerzahl ausmachte. Ich war einundzwanzig, und die Tatsache, daß ich mich diesem Job gewachsen fühlte, zeigt, wie naiv ich gewesen sein muß.

Zuerst sah es furchtbar einfach aus. Ich begleitete einen erfahrenen Mitarbeiter namens Bob, als er die Kinder weckte, das Duschen und Anziehen überwachte, mit ihnen frühstückte und die kleinen Arbeiten im Haushalt inspizierte, die jedes von ihnen vor dem Unterricht zu erledigen hatte. Alles wirkte entspannt und mühelos. Die Jungen waren jederzeit vollkommen kooperativ, und Bob brauchte nie auch nur seine Stimme zu erheben, geschweige denn böse zu werden. Sie taten einfach, was sie sollten. Ich erinnere mich, daß ich an jenem ersten Morgen geschriene Befehle und Flüche von der anderen Seite des Hauses her hörte und mir selbst dazu gratulierte, daß ich auf der Seite war, wo die angenehmen Kinder lebten. Komisch fand ich nur, daß sie alle netten Kinder auf der einen und alle schwierigen auf der anderen Seite untergebracht hatten.

Am nächsten Morgen, als ich zum ersten Mal auf mich allein gestellt war, dachte ich, die beiden Gruppen müßten vertauscht worden sein. Aber das war nicht so. Es war die veränderte Mitarbeiterbesetzung, die den Unterschied ausmachte. Wo am Vortag Kooperation und Freundlichkeit geherrscht hatten, gab es nun Groll und Streitereien, wo Ruhe geherrscht hatte, lauter Lärm und Chaos, und wo Bereitwilligkeit und Fleiß geherrscht hatte, Faulheit und Meckerei. Ich fand es furchtbar. Schlimmer wurde alles noch dadurch, daß die Jungen auf der anderen Seite, die heute von Bob betreut wurden, völlig verwandelt waren und sich benahmen wie kleine Engel.

Ich machte eine lange, mühselige Phase durch, in der ich Abläufe und Regeln aufstellte, Strafen festsetzte und andere Hilfsmittel anwandte, um die Kontrolle zu gewinnen. Die Reaktion meiner Schützlinge war negativ und voller Groll, und es dauerte sehr lange, bis ich Bobs täuschend entspannter Art, Aufsicht zu führen, auch nur halbwegs nahe kam, doch mit Erleichterung stellte ich irgendwann schließlich fest, daß diese vorläufigen Strukturen durch echte Beziehungen ersetzt werden konnten. Warum, ach, warum nur brauchten sie so lange, bis sie verstanden, daß mir viel an ihnen lag?

Gebet

Warum, ach, warum brauchen wir so lange, bis wir verstehen, daß dir viel an uns liegt? Laß den Tag kommen, an dem wir die Religion gehen lassen können.

Pu-Stöckchen

Samaria, die Stadt des Königs, wird zerstört, und der König wird von den Feinden weggeführt, so hilflos, wie ein Zweig den Fluß hinuntertreibt.

Hosea 10, 7

Haben Sie schon einmal Pu-Stöckchen gespielt? Das Spiel wurde von A. A. Milne erfunden, und es geht ganz einfach. Sie stehen mit jemandem auf einer Brücke über einem Fluß oder Bach, und jeder wirft ein Stöckchen ins Wasser. Dann gehen Sie schnell hinüber zur anderen Seite der Brücke, und derjenige, dessen Stöckchen als erstes unter der Brücke hervorkommt, ist der Sieger.

Großes Geschick ist dazu nicht nötig, aber unsere Familie hat es immer gern gespielt, besonders, als unsere Kinder noch klein waren. Unsere Lieblingsbrücke ist am Rande von Alfriston, einem wunderhübschen alten Dorf in den Sussex Downs, ein paar Meilen von unserem Wohnort entfernt. Sie sollten es sich einmal ansehen, wenn Sie noch nicht dort waren.

In diesem Abschnitt sagt Gott durch Hosea, daß er fähig ist, die mächtigsten Nationen, Völker und Institutionen einfach davontreiben und verschwinden zu lassen wie jene Pu-Stöckchen. Sie und ich mögen diese Tatsache sehr deprimierend oder äußerst ermutigend finden, je nachdem, welches unser „Stöckchen" ist.

Wir könnten es zum Beispiel deprimierend finden, daß Geld, Aussehen, Macht, menschliche Leistung, das Leben selbst oder alles andere, was die Welt zu bieten hat, sich mit so einem leichten Wurf fortnehmen läßt. Viele von uns haben alles, was wir haben, was wir sind und worauf wir hoffen, in solche Lappalien investiert. Die Vorstellung, wie Gott sich über ein Brückengeländer beugt und unser kostbares Bündel von Dingen in einen langsam fließenden, unaufhaltsamen Strom fallen läßt, der es für immer von uns fort trägt, ist nicht besonders attraktiv.

Andererseits, wenn wir unsere Prioritäten richtig gesetzt haben, kann es uns gewaltig den Rücken stärken, daß er ebenso in der Lage ist, unsere schwärzesten Sünden und Sorgen – die widerlichen, verkohlten Holzstücke, wenn Sie so wollen – zu nehmen und ebenso leichthändig in den fließenden Bach zu werfen. Wenn wir dann schnell hinüber zur anderen Seite gehen, werden wir sie gerade noch auf der anderen Seite herauskommen sehen, und wir können beobachten, wie sie kleiner und kleiner werden, bis sie in der Ferne völlig verschwinden.

Eine Übung

Spielen Sie Pu-Stöckchen mit Gott. Stellen Sie sich neben ihn auf die Brücke und geben Sie ihm nach reiflicher Überlegung die Dinge, die Sie los sein möchten, eines nach dem anderen. Wenn sie alle weg sind, eilen Sie mit ihm hinüber und sehen Sie zu, wie sie davonschwimmen. Dann schlage ich vor, daß sie von der Brücke aus über die Grünfläche nach Alfriston gehen, um zu feiern, am besten vielleicht mit den köstlichen Erdbeertörtchen, die es dort zum Tee gibt ...

Ein Blick zurück

Der Herr sagt: „Als Israel jung war, begann ich, es zu lieben. Israel, meinen Sohn, rief ich aus Ägypten. Schon oft habe ich die Israeliten gerufen, doch stets sind sie mir davongelaufen. Sie haben den Götzen geopfert und vor ihren Götterfiguren Räucheropfer angezündet. Ich war es, der Ephraim das Laufen lehrte, ich nahm ihn immer wieder auf meine Arme. Aber die Menschen in Israel haben nicht erkannt, daß alles Gute, das ihnen geschah, von mir kam. Mit Freundlichkeit und Liebe wollte ich sie gewinnen. Ich habe ihre Last leicht gemacht – wie ein Bauer, der seinem Ochsen das Joch hochhebt, damit er besser fressen, ja, der sich bückt, um ihn selbst zu füttern."

Hosea 11, 1-4

Die Person, die diesen Abschnitt schrieb, muß von Gott ausgewählt worden sein, weil sie wußte, wie es ist, schwierige oder rebellische Kinder im Teenageralter zu haben (Entschuldigung – das war eine Tautologie, nicht wahr?).

Es ist vielleicht eine törichte Phantasie, aber ich stelle mir vor, wie Gott zu Hause im Sessel sitzt und in alten Fotoalben blättert, in denen zu sehen ist, wie er die Kinder Israels aus Ägypten befreite. Ich habe ähnliches auch schon gemacht, geseufzt und den ersten Anflug einer Träne weggewischt, als jene sorgfältig aufbewahrten Schnappschüsse mich an die Zeit erinnerten, in denen meine Kinder mit ihren grundlegenden körperlichen Bedürfnissen so sehr von Bridget und mir abhingen, daß ein ernster Zwist oder Streit zwischen uns überhaupt nicht in Frage kam. Wir kümmerten uns um sie, und sie kuschelten sich an uns – das war mehr oder weniger die Abmachung. Wenn sie dann älter werden, kann der Verlust dieses einfachen Zusammenlebens (auch wenn er meist nur vorübergehend ist) nahe herankommen, das Herz der Eltern zu brechen. Diese Veränderung der Beziehung ist eigentlich der Durchgang zu einer anderen, aber ebenso tiefen Nähe, solange wir als Mütter und Väter bereitwillig durch die Tür gehen und sie fest hinter uns schließen, aber der Schmerz, den dieser Vorgang mit sich bringt, kann manchmal unerträglich sein.

Hier ist also Gott, der Vater, schmunzelt über die ersten unsicheren Schritte seiner Kleinen und erinnert sich an die Freude, mit der er sie heilte, ihnen zu essen gab und Hindernisse aus ihrem Weg räumte, doch gleichzeitig schüttelt er in gequälter Fassungslosigkeit den Kopf über die Tatsache, daß diese seine kostbaren Kinder jetzt ihr Vertrauen in andere, von Menschen gemachte Götter setzen und den vergessen haben, der sie mit wirklicher Macht und Leidenschaft liebt.

Ich möchte nicht respektlos erscheinen, aber was den Schmerz betrifft, hört er sich genauso an wie ich, und das finde ich sehr hilfreich. Wenn Gott mich wirklich auch nur annähernd mit der selben stürmischen Liebe ansieht, die ich für meine eigenen Kinder empfinde (und das ist natürlich eine kolossale Untertreibung), dann verletze ich ihn wahrscheinlich viel mehr, als mir bisher klar war, wenn ich ihn ignoriere und mich den fremden Göttern zuwende, die diesen kleinen Winkel des zwanzigsten Jahrhunderts bewohnen. Wir sind an den Gedanken gewöhnt, daß Gott zornig sein kann, aber wie reagieren wir auf das Wissen, daß er verletzt ist?

Gebet

Vater, wir haben dich verletzt. Vergib uns, und laß uns wieder nah bei dir sein.

Nur für jetzt

„Ach, wie könnte ich dich im Stich lassen, Ephraim? Wie könnte ich dich aufgeben, Israel? Sollte ich dich vernichten wie die Städte Adma und Zebojim? Nein, es bricht mir das Herz, ich kann es nicht; ich habe Mitleid mit dir! Mein Zorn wird dich nicht wieder treffen, ich will dich nicht noch einmal vernichten, Ephraim. Denn ich bin Gott und kein Mensch. Ich bin der Heilige, der bei euch wohnt. Ich komme nicht, um euch im Zorn zu töten. Alle werde ich zurückbringen, die aus diesem Land verschleppt wurden. Ich werde ihnen vorangehen und brüllen wie ein Löwe. Sie werden mir folgen und mit Zittern zurückkehren – über das Meer im Westen, aus Ägypten und Assyrien."

Hosea 11, 8-11

Vergib uns, wenn wir sagen
wir wollen dich in die Arme nehmen
trauriger Vater, weinender Gott
atemlos von den Stürmen
des Zorns – der Barmherzigkeit
die Fäuste fest um deinen Kummer geballt
um die Male
den Preis
den Beweis
Wie kannst du uns aufgeben?
Wie kannst du uns dahingeben?
Natürlich kannst du das nie
konntest es nie
wirst es nie
Belastet mit Vollkommenheit und mit Leidenschaft
leg deinen Kopf nieder
laß uns dich für eine Weile halten

Wir wollen versuchen, für dich zu sein
was du so oft für uns gewesen bist
Still, Herr, sei wieder ein Kind
Erinnerst du dich an Marias Arme?
So warm
so anders
Lieg ganz still, und bald wirst du stark genug sein
um als Löwe vom Osten herbeizustürmen
Wir werden zitternd vom Westen kommen
wir versprechen es dir
wie Vögel
wie Tauben
wie Kinder, die sich plötzlich erinnern
wer sie zu lachen gelehrt hat
Aber nur für jetzt
vergib uns, wenn wir sagen
wir wollen dich in die Arme nehmen
trauriger Vater, weinender Gott.

Freie Liebe

„Ich bin der Herr, euer Gott, ich habe euch aus Ägypten befreit. Mich allein habt ihr als euren Gott kennengelernt, und nur ich kann euch helfen! In der glühenden Hitze der Wüste habe ich euch begleitet und bewahrt. Ich habe euch gutes Land gegeben, und ihr seid stets satt geworden. Doch je besser es euch ging, desto überheblicher wurdet ihr. Mich, den Herrn, habt ihr vergessen! Darum falle ich euch an wie ein Löwe. Wie ein Leopard liege ich am Weg auf der Lauer."

Hosea 13, 4-7

Wenn ich wollte, könnte ich das Licht nehmen
Ein schimmerndes Blatt Papier
Es in meiner Faust zerknüllen
Und dann – wäre es Nacht
Wenn mir danach wäre
Könnte ich den Tag mit Feuer vernichten
Mir die Hände an euren verkohlten Hoffnungen wärmen
Mit der kleinsten Bewegung meines Armes
Einem Flackern meines Willens
Euch und all eure Finsternis hinwegfegen
Aber ich kann dich nicht zwingen, mich zu lieben
Kann dich nicht zwingen, mich zu lieben
Kann dich nicht zwingen, mich zu lieben
Ich kann dich nicht, werde dich nicht,
kann dich nicht zwingen, mich zu lieben

Wenn ich wollte, könnte ich das Meer hochheben
Als wäre es ein blaugrünes Tischtuch
Verlorene, vergessene Dinge aufdecken
Ungeschriebene Geschichte
Es wäre leicht, die Gebeine wiederzubeleben
Von Männern, die nie dachten,

ihre Heimat noch einmal zu sehen
Einen Schiffbrüchigen habe ich so erweckt
Die Geschichte jener Rettung, jener Heimkehr
Könnte beweisen, daß ihr mir wichtig seid
Doch wenn ich auch ICH LIEBE DICH aufs Meer und an den Himmel schreiben kann
Kann ich dich nicht zwingen, mich zu lieben.
Kann dich nicht zwingen, mich zu lieben
Kann dich nicht zwingen, mich zu lieben
Ich kann dich nicht, werde dich nicht,
kann dich nicht zwingen, mich zu lieben.

Hosea-fiziert?

„Die Einwohner von Samaria werden bestraft, weil sie sich gegen mich, ihren Gott, gestellt haben. Die Männer werden im Krieg fallen, die Kinder werden am Felsen zerschmettert, den schwangeren Frauen wird der Bauch aufgeschlitzt." – Dann wird der Herr sagen: „Ich will meinem Volk helfen, sich nie mehr von mir abzuwenden! Von Herzen gern begegne ich ihnen wieder mit Liebe und bin nicht länger zornig auf sie. Ich gebe ihnen neues Leben, so wie der Tau die Blumen zum Blühen bringt. Ja, Israel wird blühen wie die Lilien, und seine Wurzeln werden stark sein wie die Wurzeln der Bäume auf dem Libanon."

Hosea 14, 1. 5-6

Der lebhafte Kontrast zwischen diesen beiden Abschnitten ist ein Merkmal, das im Alten Testament immer wieder zu finden ist. Gott scheint mit verwirrender Geschwindigkeit wild zwischen zerschmetternder, rachsüchtiger Wut und warmherziger, mitfühlender Vergebung hin- und herzuschwingen. Ich habe jemanden anderes gefragt, mir ehrlich zu sagen, was er von der Persönlichkeit halte, die sich hier zu offenbaren scheint, weil ich selbst kein scharfes Bild davon bekommen konnte. Es ist schwierig, sich der eigenen Reaktion auf solche Passagen zu stellen, weil jede Reaktion durch das Sieb der religiösen Konditionierung gefiltert ist. Ich muß mir selbst die *Erlaubnis* geben, mich mit dem zu befassen, was ich wirklich darüber denke.

„Nun", sagte mein Freund, innerlich kämpfend, aber im Gegensatz zu mir entschlossen die Halbwahrheit festnagelnd, „er kommt als ziemlich unreif herüber, nicht wahr? Ich meine, er tut all die Dinge, von denen Lehrern und Eltern immer eingebleut wird, daß sie sie niemals tun sollten – gewaltige Drohungen aussprechen und sie dann nicht wahr machen, mörderisch zornig werden und dann wieder ganz sentimental. So wirkt es auf mich. Aber das kann natürlich nur ein Irrtum sein."

„Mmmm ..." Mir schien es genauso. Dieser Gott schien nicht viel Ähnlichkeit mit Jesus zu haben.

Nun, hier ist ein Gedanke. Es ist nur ein Gedanke. Bitte exkommunizieren Sie mich nicht inoffiziell. Sprechen Sie darüber – denken Sie darüber nach.

Hosea heiratet eine Frau, die sich als untreu und unbeständig erweist. Hosea ist ein ehelich treuer, aber emotional unreifer Bursche von extrem leidenschaftlichem Naturell, der seine Frau liebt, und ihre Fremdgeherei treibt ihn zu Anfällen von irrationaler Wut, gefolgt von tränenreichen Beteuerungen seiner Liebe und Vergebung. Gott, der sich nach jemandem umsieht, durch den er Israel von seinem Zorn, seinem Schmerz und seiner Bereitschaft zu einem Neuanfang wissen lassen kann, beschließt, dieses unzulängliche, aber (was das Wesentliche ist) verfügbare Vehikel zu benutzten, auch wenn die Botschaft auf diesem Wege grob Hosea-fiziert wird. Hosea seinerseits beschließt, daß er sich ein wenig dichterische Freiheit nehmen kann, was die Gründe angeht, aus denen er Gomer überhaupt geheiratet hat, und schon haben wir's. Gott, durch einen Menschen gefiltert. Wäre nicht das erste Mal – und, das versichere ich Ihnen, auch nicht das letzte.

Gebet

Vergib mir, wenn ich mich hier zu weit hinausgelehnt habe, aber dies ist für viele von uns ein echtes Problem. Was wir allerdings wissen, ist, daß Jesus der lebendige Ausdruck deines Wesens ist, und dafür sind wir zutiefst dankbar.

Alle Sünde ist eine Art des Lügens.
Augustinus

UNERLAUBTE EXKURSIONEN

Die Geschichte von David und Batseba

Ganz recht, wir sprechen über David; denselben David, der den philistinischen Riesen Goliath erschlug; denselben David, der Löwen und Bären tötete, als er noch ein Hirtenjunge war, der die Schafe seines Vaters hütete; denselben David, der dem manisch-depressiven Saul besänftigende Harfenmusik vorspielte und später durch die wahnsinnige Eifersucht dieses Königs ins Exil getrieben wurde, weil der die Sprechchöre des israelischen Volkes nicht mehr ertragen konnte:

„Saul hat tausend Mann erschlagen, David aber zehntausend!"

Wir sprechen über David, der um seinen engsten Freund Jonathan, den Sohn Sauls, trauerte, als der an der Seite seines Vaters auf dem Schlachtfeld starb, und der dann nach Jerusalem zurückkehrte und zum König gemacht wurde, viele Jahre, nachdem der große Prophet Samuel den Hirtenjungen mit Öl gesalbt und gegen alle Wahrscheinlichkeit angekündigt hatte, daß es genauso kommen werde.

Es ist dieser David, der die Bundeslade Gottes endlich wieder zurück in die heilige Stadt brachte und vor Freude davor tanzte und der, als seine erste Frau Michal ihn deswegen verspottete, sagte:

„Ich habe dem Herrn zu Ehren getanzt. Er hat deinem Vater und seinen Nachkommen die Herrschaft genommen und sie mir anvertraut. Mich hat er zum König über sein Volk Israel eingesetzt, und ihm zu Ehren will ich auch künftig tanzen. Ja, ich wäre sogar bereit, mich noch tiefer zu erniedrigen als heute."

Es ist dieser David, der von Gott durch den Propheten Nathan die Verheißung erhielt, daß er einer der berühmtesten Männer der Welt werden würde.

David.

Wissen Sie, David liebte Gott wirklich. Er liebte ihn *wirklich*. Er liebte seine Großzügigkeit und konnte nicht begreifen, warum er jemanden, der als ein Niemand und mit nichts begann, derartig mit Segnungen überschüttete. Er sagte:

„Du weißt, wie ich bin. Warum tust du das? Weil du es so willst. Weil du es versprochen hast. Nun, dann tu es, und – danke."

David ging es so gut! Frauen, Konkubinen, Kinder, Reichtum – er hatte alles. Jedem gegenüber fair, Gerechtigkeit für alle, das war Davids Stil. Ein guter König. Ein Mann Gottes. Jede Schlacht, jeden Feldzug begann er mit denselben Fragen an Gott: „Soll ich ziehen? Ist es richtig? Was willst *du*?" Und stets bekam er auf seine Fragen eine Antwort, und die Schlachten und Feldzüge wurden gewaltige Erfolge.

Alles war gut. Das Leben war reich und erfüllt. Israel war in guten Händen. Wie konnte ein Mann wie David auf den falschen Weg geraten?

Wo ist die Schlacht?

Als der Frühling kam, begann wieder die Zeit, in der die Könige ihre Feldzüge unternahmen. Auch König David ließ seine Soldaten ausrücken: Unter Führung Joabs zogen seine Offiziere mit dem ganzen Heer Israels in den Krieg gegen die Ammoniter. Sie verwüsteten das Land der Feinde und belagerten die Hauptstadt Rabba. David selbst blieb in Jerusalem. Eines Nachmittags, als David seine Mittagsruhe beendet hatte, ging er auf das flache Dach seines Palastes spazieren. Da fiel sein Blick auf eine Frau, die im Hof eines Nachbarhauses ein Bad nahm. Sie war sehr schön. David wollte unbedingt wissen, wer sie war, und schickte einen Diener los, der es herausfinden sollte. Man berichtete ihm: „Die Frau heißt Batseba. Sie ist eine Tochter Eliams und verheiratet mit Uria, einem Hetiter."

2. Samuel 11, 1-3

Es ist so leicht, auf den falschen Weg zu geraten.
Eines Abends machte David einen Spaziergang auf dem Dach des Palastes. Es war Frühling, die Zeit der Schlachten, die Zeit, in der Könige normalerweise in den Krieg zogen. Es war ein schöner Abend. Die Luft prickelte. Er hatte versucht zu schlafen, aber er konnte sich einfach nicht entspannen. Kein Wunder. Die Armee war unter Führung des großen israelitischen Feldherrn Joab ausgezogen.

Joabs Auftrag war klar umrissen: Vernichte die Ammoniter. Und damit hatte er bereits begonnen, indem er die Stadt Rabba belagerte.

Klar, daß der König nicht schlafen konnte! David, der Soldat, der Ex-Guerilla, der Feldherr, der Mann der Tat, muß seine Entscheidung, zu Hause zu bleiben, tief bedauert haben. Er muß danach gelechzt haben, die Behaglichkeit seines Palastes zu verlassen und dort zu sein, wo er hingehörte: draußen auf dem Feld bei seinen kämpfenden Männern. Es mußte schon etwas sehr Mächtiges,

Stimulierendes kommen, um diese Gedanken an Blut und Schlacht aus seinem Geist zu vertreiben.

Er schlenderte am Rand des Palastdaches entlang und blickte hinaus auf die Stadt, die still vor ihm im Mondlicht lag. Plötzlich blieb er stehen, und sein Blick blieb am Hof eines Wohnhauses unweit seiner königlichen Residenz hängen. Eine Frau badete dort. Sie war nackt – und schön, schöner als jede andere Frau, die er je gesehen hatte. Er wollte sie. Also schickte er einen Diener los, um herauszufinden, wer sie war.

Er wollte sie.

Daß er seine eigenen Frauen und Konkubinen hatte, interessierte ihn jetzt nicht. Und auch nicht, daß diese Frau sich als die Frau des Uria erwies, eines treuen Soldaten, der in diesem Augenblick unter Davids Banner um die Einnahme der Stadt Rabba kämpfte.

Er wollte sie.

Ihr Name war Batseba.

Er brannte nach ihr, und er wollte sie – jetzt.

Gebet

Vater, manchmal, wenn wir in den Kampf ziehen sollten, bleiben wir zu Hause. Vergib uns und schütze uns.

Selbsttäuschung

David sandte Boten zu ihr und ließ sie holen. Batseba kam, und er schlief mit ihr. Danach kehrte sie in ihr Haus zurück. Gerade vorher hatte sie die Reinigung vorgenommen, die das Gesetz nach der monatlichen Blutung vorschreibt.

2. Samuel 11, 4

David fackelte nicht lange. Noch in derselben Nacht ließ er Batseba zu sich kommen. Er schlief mit ihr in jener Nacht. Und am Morgen schickte er sie nach Hause.

An dieser Stelle scheiden sich unsere Wege von denen solcher Leute, die nie etwas Falsches getan haben, denn sie werden das Weitere einfach nicht verstehen. Sehen Sie, David wußte, daß er falsch gehandelt hatte. Oh ja! Daran gab es keinen Zweifel. Er kannte Gottes Gesetz so gut wie jeder andere:

Du sollst nicht ehebrechen.

Das Gesetz galt für Volk und König gleichermaßen, und das wußte er. Wahrscheinlich zum ersten Mal in seinem Leben hatte David Gott bewußt ausgeschlossen. Nun, da die Tat begangen war, kam ihm der Gedanke, es sei ratsam, dem Propheten Nathan für eine Weile aus dem Weg zu gehen. Könnte ja sein, daß der alte Mann über seine Hotline etwas von Gott gehört hatte, und bisher war David noch nie von Gott getadelt worden.

Und überhaupt, vielleicht würde bald Gras über die Sache wachsen. War es denn so eine furchtbare Sünde? Er hatte sie *so sehr* begehrt. Die schiere Gewalt seiner Gefühle hatte es in dem Augenblick irgendwie richtig erscheinen lassen. Und Uria, der Ehemann, brauchte es ja nie zu erfahren. Batseba und ihre Dienerinnen wurden durch königlichen Befehl zum Schweigen gebracht. Von daher kein Problem. Ja, vielleicht würde einfach Gras über die Sache wachsen, und später irgendwann würde er auch mit Gott wieder seinen Frieden machen – wenn der Staub sich sozusagen gelegt hatte. Und wenn Uria aus dem Krieg zurückkehrte, würde er ihm ein schönes Geschenk geben – in Anerkennung seiner Verdienste im Krieg, versteht sich. Uria würde sich sehr geehrt fühlen. Nun, wer würde das nicht? Batseba würde das auch gefallen.

David konnte weiterhin der große, gute König sein, der von allen geliebt und respektiert wurde. Es war nur ein dummer Ausrutscher gewesen, ganz gegen seine Art. Einen Fehler mußte man ihm doch zugestehen. Meine Güte, schließlich hatte er so viele Dinge richtig gemacht! Sicher, Nathan würde es vermutlich anders sehen, aber dem brauchte er in nächster Zeit nicht unbedingt zu begegnen. Ja, sicher, bald würde Gras über die Sache wachsen.

So mühte sich David, sich selbst zu beruhigen, doch tief in seinem Herzen wußte er mit einer dunklen, einsamen Gewißheit, daß er, zumindest fürs erste, Gott verloren hatte und auf sich gestellt war.

Gebet

Vater, schütze uns vor der gefährlichen Selbsttäuschung, daß die Sünde gar nicht so schlimm sei.

In Netzen gefangen

Nach einiger Zeit merkte Batseba, daß sie schwanger war. Sie schickte einen Boten zu David, der es ihm sagen sollte.

2. Samuel 11, 5 (auch 6-11 lesen)

Es wuchs kein Gras über die Sache. Es wurde schlimmer – viel schlimmer. Eine der Dienerinnen Batsebas erschien im Palast und brachte eine Botschaft. Sie wollte nur mit dem König selbst sprechen. Nein, sie würde *nicht* mit Davids Diener sprechen. Ja, sie *mußte* mit dem König selbst sprechen, unter vier Augen. Als sie endlich vor ihn geführt wurde, brachte sie kaum einen Ton heraus. David war freundlich zu ihr – lockte sie. Endlich sagte sie es ihm. Ihre Herrin Batseba war schwanger. Was schlug der König vor?

Ja, was?

Angespannt, die Lippen weiß vor Schrecken, entließ David das Mädchen und überdachte seine Möglichkeiten.

Alles zugeben? Alles vor Uria gestehen, wenn er zurückkehrte? Nathan rufen? Die Schuld vor Gott bekennen? Gestehen, daß der gute König David einem kämpfenden Soldaten die Frau geraubt und für eine lauschige Nacht benutzt hatte?

Nein! Er war David! Er würde es niemals ertragen, weniger zu sein als die Summe der großartigen Eigenschaften, die man seinem Namen im ganzen Land Juda und weit darüber hinaus zuschrieb. Selbsterhaltung, das war jetzt die Devise. Es gab noch eine andere Möglichkeit, und sie konnte funktionieren. Wenn Uria in allernächster Zeit mit seiner Frau schlief, würde, wenn das Baby kam, jeder annehmen, daß es von ihm war. Doch Uria war im Krieg. Uria war vor Rabba.

David ließ ihn kommen, und als er einige Tage später eintraf, begrüßte er ihn persönlich, fragte ihn nach dem Stand der Schlacht, redete mit ihm wie ein Soldat mit dem anderen, schüttelte ihm die Hand, schickte ihn für die Nacht nach Hause und sandte ein Geschenk in sein Haus.

In dieser Nacht konnte David wieder schlafen. Der Alptraum war vorüber – so dachte er zumindest.

Doch Uria, ein aufrechter Offizier seiner kämpfenden Männer, der es mit den Vorschriften sehr genau nahm, lehnte es ab, behaglich in seinem eigenen Haus zu schlafen, während seine Leute die Strapazen an der Front ertragen mußten. Er schlief vor dem Tor des Palastes.

Wie seine Augen geleuchtet haben müssen, als er dem König erklärte, warum er nicht nach Hause gegangen war. David würde ihn verstehen. Er wußte, wie das war. Schließlich hatte auch er Männer im Kampf befehligt. Natürlich würde er es verstehen.

Gedanke

Ach, was für verworrene Netze wir doch weben.

In die Dunkelheit

David bat ihn: „Bleib heute noch hier, Uria. Morgen lasse ich dich dann wieder ziehen." So blieb Uria noch in Jerusalem. Am Abend lud David ihn zum Essen ein und machte ihn völlig betrunken. Doch auch diesmal ging Uria nicht nach Hause, sondern schlief wieder bei der Leibwache am Palast.

2. Samuel 11, 12-13

Wie hast du dich gefühlt, als du erfuhrst, daß dein cleverer Trick mit Uria nicht geklappt hatte, David? Hast du dich geschämt, oder hast du nur wilde Panik verspürt, die deinen Verstand antrieb, zu arbeiten, zu planen, einen Ausweg zu finden – irgendeinen Ausweg – um das Problem zu beseitigen?

Erriet Uria, daß irgend etwas nicht stimmt? An jenem Abend, als du ihn abermals im Palast empfingst, ihm reichlich zu essen gabst, dafür sorgtest, daß er viel zuviel trank und dich mit ihm über Krieg und Frauen unterhieltest, kam ihm da ein Verdacht, daß irgend etwas im Busch war – etwas, das er nicht ganz durchschaute? Denn in jener Nacht ging er auch nicht nach Hause, nicht wahr? Er schlief wieder im Zimmer der Diener.

Sag, David, glaubst du, daß Uria in jener Nacht gut schlief oder daß er seltsame Alpträume von sinnlosem, blutigem Kämpfen und Sterben erlitt, von einer Frau, die nackt durch ein Unwetter rannte, von einer anderen Schlacht, die nicht mit Schwertern, sondern mit irgend etwas anderem gefochten wurde – einer Schlacht, die er bereits verloren hatte, ohne auch nur die Chance zum Kampf gehabt zu haben?

Und was ist mit dir, David? Hast du in jener zweiten Nacht von Urias Heimaturlaub geschlafen? Ich wette, das hast du nicht. Ich wette, du lagst wach, und deine Gedanken kreisten immer um die eine Frage – was mache ich, wenn er *wieder* nicht nach Hause geht? Und am Morgen, als du erfuhrst, daß Uria immer noch da war, immer noch im Palast, als du wußtest, daß Plan A nicht funktionieren würde, war das der Moment, in dem du dich endlich der Tatsache stelltest, daß außer dem Geständnis, das für dich nicht in Frage kam, nur noch Plan B übrig blieb?

Uria mußte sterben, nicht wahr? Du warst an dem Punkt angekommen, wo dir völlig egal war, was du tun mußtest, solange nur dein Verbrechen vertuscht werden konnte, selbst wenn du dazu ein weiteres, noch schlimmeres Verbrechen begehen mußtest.

Gebet

Vater, gib denen, die dabei sind, in die tiefste Dunkelheit zu treten, den Mut umzukehren.

Gefährliche Sicherheit

Am nächsten Morgen schrieb David einen Brief an Joab und gab ihn Uria mit. Darin befahl er seinem Heerführer: „Stell Uria an die vorderste Front, wo der Kampf am härtesten tobt! Keiner von euch soll ihm Deckung geben. Zieht euch mitten in der Schlacht von ihm zurück, damit er getroffen stirbt." Joab hatte die Feinde in der belagerten Stadt schon länger beobachtet, und so wußte er, wo ihre gefährlichsten Leute standen. Genau dort setzte er nun Uria ein.

2. Samuel 11, 14-16

Am Morgen nach Urias zweiter Nacht im Palast schriebst du einen Brief an Joab, den Kommandanten deiner Streitkräfte. Joab würde tun, was immer ihm aufgetragen wurde. Er wußte genau, woher die Butter auf seinem Brot kam. War irgend etwas in dir angewidert von den Worten, die du in jenem Brief schriebst, David? Du erinnerst dich doch an die Worte, oder? Es war ja eigentlich nur eine ganz kurze Botschaft.

„Joab, stell Uria in die vorderste Linie, wo am heftigsten gekämpft wird, dann zieh dich zurück und laß ihn allein. Ich will, daß er stirbt."

Und wer übergab Joab diese Anweisung? Laß mich raten. Der gute alte Uria, nicht wahr? Er meldete sich schneidig im Lager zurück, um sein eigenes Todesurteil zu übergeben. Dann ging er hinaus, um ohne Widerworte den grimmigsten Verteidigern Rabbas entgegenzutreten, und starb vor den Mauern der Stadt, überrascht von dem unerklärlicherweise plötzlich zurückbleibenden Rückhalt, doch stolz, sein Leben im Dienst des Königs zu lassen, der ihn erst vor ein paar kurzen Tagen so großzügig bewirtet und vertraulich mit ihm geredet hatte.

Plan B lief wie am Schnürchen, nicht wahr, David? Und alles, was du fühltest, war Erleichterung. In nur wenigen kurzen Wochen hattest du gelernt, dich taub zu stellen gegenüber der einst vertrauten Stimme, die sagte:

„Du sollst nicht lügen.
Du sollst nicht begehren.
Du sollst nicht ehebrechen.
Du sollst nicht morden."

Wie so viele Leute vor und nach ihm entdeckte David, daß er schon nach wenigen Schritten in den Sumpf der Täuschung und Grausamkeit beinahe vergessen hatte, wie es war, rein zu sein. Er war in Sicherheit – jedenfalls in Sicherheit vor dem Urteil der Menschen. Uria war im wahrsten Sinne des Wortes erledigt. Zeit, sich zu entspannen? Vielleicht.

Gedanke

Nach den Maßstäben der Welt „in Sicherheit" zu sein, kann sehr gefährlich sein.

Nägel

Da antwortete David: „Geh zurück und melde Joab: Laß dich durch diese Niederlage nicht entmutigen! Der Krieg ist eben so grausam: Mal trifft es diesen, mal jenen. Kämpfe entschlossen weiter gegen die Stadt, bis du sie zerstört hast. Nur Mut, Joab!“

2. Samuel 11, 25

Irgendwo in einem entlegenen Winkel seines Herzens muß, als David diese hohlen Worte aussprach, der Hirtenjunge, der ehrbare Soldat, der Knecht des Herrn sich in Qualen gewunden haben – rasend vor Wut auf sich selbst und alle anderen.

Suchte David nach jemandem, dem er die Schuld geben konnte? Wenn es so war, frage ich mich, ob dafür nicht Gott sein erster Kandidat war.

War's dir nicht ernst, als dein Ruf mich ereilte,
war das nur Rauch und Schall?
In meiner Jugend, als ich für dich brannte,
wußtest du von meinem Fall?
Ich war so sicher, ich würde mich niemals,
niemals mich scheiden von dir;
ich bin nur ein König, der nahm, was er wollte,
was hast du erwartet von mir?

War es gelogen? Hast du mich getäuscht?
Stimmt es nicht, daß du mich liebst?
Besser zu sterben, ehe ich glaub',
daß du mich doch nicht liebst.
Sprich es nur aus, du nennst mich Mörder,
da hilft kein Trug und Schein!
Doch ich wollt' es nie soweit kommen lassen
und du schienst weit weg zu sein.

Schließlich bin ich nicht der einzige Sünder,
ich stelle mich nur hinten an.
All deine Worte von Liebe und Gnade
ändern nun auch nichts daran.
Wirst du vergeben? Ich muß es wissen,
kann es wieder sein wie zuvor?
Was wird nur aus mir, wenn du antwortest: Nein,
es kann nie wieder sein wie zuvor?

Du wirst nicht vergeben, du antwortest: Nein,
nein, es kann nicht so sein wie zuvor;
irgendwie wird es geh'n, wenn du antwortest: Nein,
nein, es kann nicht so sein wie zuvor.

War's dir nicht ernst, als dein Ruf mich ereilte,
war das nur Rauch und Schall?
In meiner Jugend, als ich für dich brannte,
wußtest du von meinem Fall?
Ich wünschte, am Morgen, wenn ich zu dir rufe,
wärst du da und zu Ende die Qual.

Gedanke

Vor und nach Golgata werden unablässig die Nägel eingeschlagen.

Ein Schlag ins Gesicht

Als Batseba hörte, daß Uria gefallen war, hielt sie die Totenklage für ihren Mann. Gleich nach der Trauerzeit ließ David sie zu sich in den Palast holen und heiratete sie. Bald darauf brachte sie einen Sohn zur Welt. Der Herr aber verabscheute, was David getan hatte.

2. Samuel 11, 26-27 (auch 12, 1-7 lesen)

Batseba trauerte.

Ja, richtig gelesen. Batseba trauerte um ihren toten Mann. Wenn der König von Israel eine Frau zu sich rufen läßt, um mit ihr zu schlafen, dann schickt sie kein Briefchen zurück, in dem sie schreibt: „So eine bin ich nicht." Sie hatte keine Wahl. Batseba gab nichts von sich her. Ihr Mann war tot. Sie trauerte um ihn.

Was das Mißfallen Gottes angeht – ja, so könnte man es ausdrücken. Diese Tat muß Gott, sehr gelinde gesagt, wirklich mißfallen haben. Doch so zornig er auch gewesen sein mag, es waren mehr als neun Monate verstrichen seit Davids Spaziergang auf dem Palastdach, und bisher war keine Reaktion von Gott gekommen – kein Wort von Nathan. Alles hatte sich beruhigt. Vielleicht war *doch* Gras über die Sache gewachsen.

Als David sich in einem Winkel des Königspalastes am Feuer wärmte, entsprach seine Stimmung der winterlichen Jahreszeit – kalt, aber gelassen. Die Furcht war beinahe verschwunden, aber die Freude ebenso. Das Baby machte viel Vergnügen, aber wirklich glückliche Momente waren selten, um das Mindeste zu sagen. Trotzdem, die Panik war vorbei. Man konnte sich wieder entspannen. Manchmal schaffte man es beinahe, die alptraumhaften Ereignisse des letzten Jahres zu vergessen. Allmählich sah es tatsächlich so aus, als ob es keine Folgen geben würde – keine Strafe.

Er hörte kaum, wie der Diener einen Besucher ankündigte, und als er sich schließlich zur Tür umwandte, war er nicht besonders interessiert – bis er sah, wer es war. Dann schien sein Magen zu einem Eisklumpen zu gefrieren, und die alte Angst packte ihn und schnürte ihm die Luft ab, so daß er einen Moment lang nur stumm die Gestalt anstarren konnte, die dort im Eingang stand. Es war Nathan.

Wie erleichtert muß David sich gefühlt haben, als er merkte, daß Nathan nur vorbeigekommen war, um ihm eine kleine Geschichte zu erzählen – doch was für ein Schlag ins Gesicht muß die Pointe gewesen sein!

Gebet

Verpaß uns einen, wenn nötig, Herr.

Der Wahrheit ins Gesicht sehen

Ein Lied Davids.

Er schrieb es, nachdem der Prophet Nathan ihn wegen seines Ehebruchs mit Batseba zurechtgewiesen hatte.

Du großer, barmherziger Gott, sei mir gnädig, hab Erbarmen mit mir! Lösche meine Vergehen aus! Meine schwere Schuld – wasche sie ab, und reinige mich von meiner Sünde! Denn ich erkenne mein Unrecht, meine Schuld steht mir ständig vor Augen. Gegen dich habe ich gesündigt – gegen dich allein! Was du als böse ansiehst, das habe ich getan. Darum bist du im Recht, wenn du mich verurteilst, dein Urteil wird sich als wahr erweisen. Seit mein Leben im Leib meiner Mutter begann, liegt Schuld auf mir; von Geburt an bestimmt die Sünde mein Leben. Du freust dich, wenn ein Mensch von Herzen aufrichtig und ehrlich ist; verhilf mir dazu, und laß mich weise handeln! Reinige mich von meiner Schuld, dann bin ich wirklich rein; wasche meine Sünde ab, und mein Gewissen ist wieder weiß wie Schnee! Du hast mich hart bestraft; nun laß mich wieder Freude erfahren, damit ich befreit aufatmen kann! Siehe nicht länger auf meine Schuld, vergib mir alle meine Sünden! Erschaffe in mir ein reines Herz, o Gott; erneuere mich und gib mir Beständigkeit!

Psalm 51, 1-12 (auch 13-19 lesen)

Ach, David, was für ein Schock diese kleine Geschichte war! Was für ein markerschütternder, sprachlos machender Schock! Nathan spielte mit dir wie mit einem Fisch, und jetzt warst du fest am Haken. Er wußte alles, und das bedeutete, daß auch Gott alles wußte. Die ganze Sache war ins Licht gezerrt, und zum ersten Mal in deinem Leben sahst du dich einem außerordentlich zornigen Gott gegenüber. Zählte der Prophet dir nicht deine Verbrechen in allen Einzelheiten auf? Und er ließ dich nicht im Zweifel darüber, was Gott über deine Taten empfand. Trauer, Enttäuschung, Zorn.

Nun muß ich dir sagen, David, daß ich sehr beeindruckt davon bin, wie du an dieser Stelle mit der Situation umgegangen bist. Nathans Anklage muß die ganze spröde Härte durchbrochen haben, die du während der vergangenen neun Monate aufgebaut hattest, und das Herz des alten David erreicht haben, des Mannes, der seinen Gott fürchtete und liebte. Keine Ausreden, kein Wutanfall, kein Versuch, die Schuld jemandem anderes zuzuschieben. Du hast wirklich zu Gott *gesprochen*. Und das Erstaunliche ist, daß wir nach all den Jahrtausenden genau wissen, was du sagtest, denn hier sind deine eigenen Worte im einundfünfzigsten Psalm, in Gottes Buch, der Bibel.

Gebet

Danke für das Beispiel, wie David von ganzem Herzen umkehrte.

Ein anderer?

Denn Gott hat die Menschen so sehr geliebt, daß er seinen einzigen Sohn für sie hergab. Jeder, der an ihn glaubt, wird nicht verlorengehen, sondern das ewige Leben haben.

Johannes 3, 16

Es ändert sich nicht viel, nicht wahr David? Brandopfer, Gottesdienste, Gebetstreffen, Bibellese; alles nutzlos, solange es nur als schicke Kaschierung der schmutzigen Unterwäsche dient. Du hast wirklich reinen Tisch gemacht, als du mit Gott über das sprachst, was du getan hattest, und dafür bewundere ich dich. Das hat Mut gekostet.

Aber es hat nichts an den Tatsachen geändert.

Anklagepunkte: Ehebruch und Mord.

Urteil: Schuldig.

Gesetzliche Strafe für beide Vergehen: Tod.

Das jüdische Gesetz, wissen Sie. Es ist absolut klar, und Sie können es selbst nachlesen, wenn Sie wollen. Drittes Buch Mose, Kapitel zwanzig, Vers zehn:

Wenn ein Mann mit der Frau eines anderen Israeliten die Ehe bricht, sollen beide getötet werden.

Drittes Buch Mose, Kapitel vierundzwanzig, Vers siebzehn:

Wer einen anderen Menschen umbringt, muß ebenfalls sterben.

Du hättest sterben müssen, David. Du wußtest das, Nathan wußte das, Gott wußte das. Du hättest sterben müssen – bist du aber nicht. Gott hat jenes Gebet von dir gehört, und offenbar hast du ihn genauso angerührt, wie Nathans Worte dich angerührt hatten. Er vergab dir – er ließ dich am Leben. Es war ihm lieber, dich als einen liebenden Freund zurückzugewinnen, als das Gesetz seinen Lauf nehmen zu lassen und dich ganz zu verlieren, und in einer Übersetzung der Geschichte heißt es, daß Gott „deine Sünde einem anderen auferlegte".

Er legte deine Sünde einem anderen auf? Wem?

Könnte es jemand sein, der Tausende von Jahren später in einer kleinen judäischen Stadt namens Betlehem geboren wurde (du kanntest Betlehem gut, nicht wahr, David?), jemand, der eigens dazu kam, um die Schuld für Leute wie dich zu tragen und es uns allen möglich zu machen, wieder in die Freundschaft mit Gott zurückzukehren? Er ist noch berühmter als du, David. Du kanntest ihn damals noch nicht, aber inzwischen mußt du ihm begegnet sein. Sein Name ist – aber du kennst ja seinen Namen, nicht wahr?

Ich stelle mir vor, daß ihr viel gemeinsam habt, du und er. Du warst ein Mann nach dem Herzen Gottes, trotz all deiner Sünden, und er ist Gottes geliebter Sohn, der nie einen falschen Schritt tat. Ich würde etwas drum geben, eine Fliege an der Wand zu sein, wenn ihr beide zusammenkommt.

Gedanke

So sehr hat Gott dich geliebt ...

Dominosteine

„Doch wegen deiner Tat spotten die Feinde Gottes noch mehr über ihn. Darum muß der Sohn, den Batseba dir geboren hat, sterben.“ Nach diesen Worten ging Nathan wieder nach Hause. Der Herr ließ das Kind, das Urias Frau geboren hatte, todkrank werden. David zog sich zurück, um für seinen Sohn zu beten. Er fastete tagelang und schlief nachts auf dem Fußboden. Seine Hofbeamten kamen und versuchten, ihn zum Aufstehen zu bewegen, doch ohne Erfolg. Auch zum Essen ließ er sich nicht überreden.

2. Samuel 12, 14-17

David mußte nicht sterben, aber es war eine sofortige und grausige Strafe zu zahlen. Das Kind, Batsebas Sohn, das lebendige Zeugnis für das Verbrechen des Königs, würde sterben.

Er war nur ein kleines Baby, aber auch ihm wurde Davids Sünde auferlegt. Er wurde todkrank. David lag sieben Tage lang auf der bloßen Erde, ohne zu essen, weinte und flehte Gott an, das Kind am Leben zu lassen. Inzwischen schaute Batseba Tag für Tag zu, wie der kleine Körper seine Kraft verlor und die Augen, die vor Interesse und Neugier hätten funkeln sollen, trüb und leblos wurden, als ob ihr kleiner Sohn irgendwie wüßte, daß diese Welt nicht für ihn war.

Vielleicht sang sie leise, als sie dasaß und ihn in den Armen wiegte.

Still, mein Kind,
dein Papa betet mit Flehen,
und ich kann vor Tränen nicht sehen,
in deinen Augen die stumme Frage,
warum ich so bitterlich klage;
ach Kind, ich muß um dich weinen.

Du ganz besonderes Kind,
du bleibst nicht für lange hier,
doch sagt nicht mein Liebeslied dir,
dem Kleinen,
und deines Vaters Tränen,
daß wir uns nach dir sehnen?
Ach Kind, ich muß um dich weinen.

Verzeih, mein Kind,
ich werd' dich nicht lange so wiegen,
doch du mußt lernen zu fliegen,
in meinen Gedanken werd' ich dir stets
gern zuschauen dabei von fern,
ach Kind, ich muß um dich weinen.

Horch, mein Kind,
Schmerz folgt mir auf allen Wegen,
meine Tränen fallen wie Regen
auf deine Stirn,
doch wir werden uns wiedersehen,
und dann werd' ich dir alles gestehen,
ach Kind, warum ich weine.

Gedanke

Nach manchen Arten bewußter Sünde werden Menschen in Mitleidenschaft gezogen wie umstürzende Dominosteine.

Was zählt?

Am siebten Tag starb das Kind. Keiner der Diener wagte es David mitzuteilen, denn sie befürchteten das Schlimmste. „Schon als das Kind noch lebte, ließ er sich durch nichts aufmuntern", sagten sie zueinander. „Wie wird er sich erst verhalten, wenn er erfährt, daß es tot ist? Er könnte sich etwas antun!" Doch als David bemerkte, wie die Hofleute miteinander flüsterten, ahnte er, was geschehen war. „Ist der Junge tot?" fragte er, und sie antworteten: „Ja, er ist gestorben." Da stand David auf, wusch sich, pflegte sich mit wohlriechenden Salben und zog frische Kleider an. Dann ging er ins Heiligtum und warf sich nieder, um den Herrn anzubeten. Danach kehrte er in den Palast zurück und ließ sich etwas zu essen bringen.

2. Samuel 12, 18-20 (auch 21-23 lesen)

Am siebten Tag starb das Kind. Die Diener des Königs fürchteten sich davor, ihm die schlechte Neuigkeit zu überbringen. Die ganze Woche über war er völlig zerbrochen gewesen über den immer schlimmer werdenden Zustand seines Sohnes. Erschöpft vom Mangel an Schlaf und Nahrung, emotional ausgelaugt, nachdem er Stunde um Stunde unter Tränen im Gebet verbracht hatte, wie würde David auf die Nachricht reagieren, daß das Kind tot war? Mit einem Zusammenbruch? Einem totalen Kollaps? Niemand konnte den Mut zusammenraffen, es ihm zu sagen. Am Ende konnte ihm selbst nicht entgehen, daß ihm etwas verheimlicht wurde.

Nun gibt es einige Dinge, die David in diesem Augenblick nicht tat, als er begriff, daß das Baby trotz seines Flehens gestorben war.

Er brach nicht zusammen.

Er schrie und wütete nicht gegen Gott, weil seine Gebete nicht erhört wurden.

Er stürzte sich nicht in Suff und Ausschweifung, um zu vergessen.

Er versank nicht im Sumpf des Selbstmitleids.

Tatsächlich tat er zum Erstaunen seiner Diener, wie dieser Abschnitt in allen Einzelheiten berichtet, folgendes. Er stand auf, bürstete sich die Haare, zog sich um, ging in den Tempel, um Gott *anzubeten*, und dann kehrte er in den Palast zurück und verzehrte eine sehr gute Mahlzeit.

Herzlos? Nein. Du hattest ein Herz für dieses Baby, David. Wohlgemerkt, ich kann schon verstehen, daß die Leute in deiner Umgebung erstaunt waren. Vermutlich war es so, daß sie nicht richtig verstanden hatten, wie nahe du Gott gestanden hattest, bevor dieses ganze Unheil seinen Lauf nahm, und wie ungemein erleichtert du warst, daß ihr sozusagen wieder miteinander sprechen konntet. Er war wieder deine erste Priorität geworden, und nur das zählte wirklich für dich.

Frage

Was zählt wirklich für mich?

Warum?

Denn wer bittet, der wird bekommen. Wer sucht, der findet. Und wer anklopft, dem wird geöffnet.

Matthäus 7, 8

David, ich wollte wirklich gern verstehen, wie deine Beziehung zu Gott es dir möglich gemacht hat, mit dem Tod deines Kindes klarzukommen, aber ich habe lange dazu gebraucht. Weißt du, für dich war es anders. Du bist mehr oder weniger von Gott aufgezogen worden. Deinem eigenen Vater warst du nie so wichtig, und Saul schwang mit verwirrender Geschwindigkeit und Häufigkeit zwischen Wut und Zuneigung hin und her. Du hast sie beide geliebt, doch es war Gott, der sich wirklich um dich kümmerte. Es war Gott, der dir die Liebe und Wegweisung gab, die du so dringend brauchtest. Du scheinst etwas über ihn *gewußt* zu haben, das die meisten von uns nicht wissen, etwas, das es dir möglich machte, den Tod deines Kindes ohne Bitterkeit und Zorn anzunehmen. Um deinetwillen bin ich froh darüber, doch als ich diesen Teil der Geschichte zum ersten Mal las, stand mir nur eine einzige Frage vor Augen, die ich stellen mußte, weil ich ich bin und nicht du.

Warum tötete Gott das Kind? Ich meine – warum?

Ich will damit nicht sagen, daß ich der Logik der Ereignisse nicht folgen könnte. Die Mechanik war mir schon klar – Ursache und Wirkung und das alles. Das sah ich alles ein, aber – warum tötete Gott das Kind?

Der Gedanke, daß er das getan hatte, tat mir weh und riß eine dunkle Höhle in mir auf. Er machte mir Angst. Warum hat er das getan? Wie konnte er das tun?

Natürlich *gab* es Antworten. Ich hörte sie – gab sie sogar wieder, wenn Leute mir dieselbe Frage stellten.

Es war eben eine andere Zeit und eine andere Kultur.

Das Leben wurde geringer geachtet.

Das Baby wäre vielleicht sowieso gestorben.

Gott hat seine eigenen Gründe, die wir nicht verstehen.

Es ist sowieso falsch, Gottes Tun in Frage zu stellen.

Suchen Sie sich eine Antwort aus. Ein bißchen Sinn steckt in allen, und vielleicht sind sie absolut richtig. Ich hätte fast aufgegeben, doch zum Glück nimmt Gott es ernst, wenn etwas uns tiefen Kummer macht.

Gebet

Vater, danke, daß du uns zuhörst, wenn wir verstört oder verwirrt sind. Hilf uns, darauf zu vertrauen, daß du uns nicht für das echte Bedürfnis verurteilst, in Fragen wie dieser Frieden zu finden. Wir wissen, daß es in diesem Leben keine endgültigen Antworten gibt, aber wir sind dankbar für die vorläufigen.

Eine Antwort

Doch er wurde blutig geschlagen, weil wir Gott die Treue gebrochen hatten; wegen unserer Sünden wurde er durchbohrt. Er wurde für uns bestraft – und wir? Wir haben nun Frieden mit Gott! Durch seine Wunden sind wir geheilt. Wir alle irrten umher wie Schafe, die sich verlaufen haben; jeder ging seinen eigenen Weg. Der Herr aber lud alle unsere Schuld auf ihn.

Jesaja 53, 5-6

Warum tötete Gott das Kind?

Ich hatte nicht aufgehört, auf eine Antwort auf diese Frage zu hoffen, aber ich hatte mir in der Zwischenzeit angewöhnt, Dinge wie dieses auszulassen, wenn ich mit Leuten über meinen Glauben redete. Es war etwa so, wie wenn eine Freundin Sie bittet, ihr eine Referenz zu schreiben, und Sie lügen darin eigentlich nicht richtig, aber Sie vermeiden es, groß auf die Schwächen einzugehen, die ihr die Bewerbung vermasseln könnten. Eigentlich ziemlich albern, nicht wahr? Gott hat so einen Unfug gewiß nicht nötig. Ich weiß, der Apostel Paulus sagte, der Ton habe kein Recht, den Töpfer in Frage zu stellen, aber ich konnte nicht anders. Ich wollte wirklich Bescheid wissen – über das Baby, meine ich, David – dein Kind.

Warum?

Gäbe es heute noch Propheten wie Nathan (falls es sie gibt, bin ich ihnen noch nicht begegnet – jedenfalls nicht solchen wie Nathan), so hätte ich einen von ihnen gefragt, aber da das nicht ging, fragte ich Gott direkt, und schließlich gab er mir zwar nicht *die* Antwort, aber *eine* Antwort. Seine Antwort handelte von seinem eigenen Sohn. Sie handelte davon, wie er zuließ, daß Jesus vor Gericht gestellt, geschlagen, verhöhnt und getreten wurde. Er ließ zu, daß sein eigenes, geliebtes Kind ausgerechnet von den Leuten, die zu retten es gekommen war, verletzt und mißhandelt wurde. Er ließ zu, daß wir ihn unter dem Gewicht des Kreuzes zermalmten, das er seiner eigenen Todesstätte entgegenschleppte, und weigerte sich um unseretwillen, ihn von seiner Bürde zu befreien.

Er ließ sein „Baby" an ein Stück Holz nageln, ohne auch nur eine Hand zu seiner Rettung zu erheben, denn hätte er das getan, so wären wir dem Gericht ausgeliefert gewesen.

Er erduldete den unsäglichen Schmerz, seinen Sohn schreien zu hören, er fühle sich verlassen, und änderte nichts an der Situation, weil er uns liebt.

Und ich fing an, zu verstehen David, daß er, auch wenn noch viele Fragen offenbleiben, wenn es um den Tod von Babys geht, ganz genau weiß, was er tut.

Gebet

Danke, daß du dein Kind in unsere Arme gelegt hast.

Schließt sich der Kreis?

Dann ging David zu seiner Frau Batseba und tröstete sie. Er schlief mit ihr, und sie brachte wieder einen Sohn zur Welt. David nannte ihn Salomo (der Friedliche). Der Herr liebte das Kind, darum gab er dem Propheten Nathan den Auftrag, hinzugehen und dem Jungen einen zweiten Namen zu geben: Jedidja (Liebling des Herrn).

2. Samuel 12, 24-25

Hört sich alles ziemlich gut an, nicht wahr? David ist nicht nur wieder bei Gott, er darf auch noch Batseba behalten. Der Tod des ersten Babys hat ihm großen Kummer gemacht, doch es kommen noch reichlich weitere Söhne – Salomo, Absalom, Amnon, Adonija – und vor allem ist David mit Gott im reinen.

Sieht aus, als hätte sich der Kreis geschlossen.

Sieht aus wie das Ende eines Alptraums.

Sieht aus, als müsse man diese Geschichte mit dem Satz abschließen: „Und sie alle lebten glücklich bis an ihr Ende." Leider stimmt das nicht ganz. Sicher, Davids Verhältnis zu Gott blieb für den Rest seines Lebens gut, abgesehen von der albernen Affäre mit der Volkszählung einige Jahre später, und es besteht kaum ein Zweifel, daß diese Beziehung für den König weiterhin die oberste Priorität behielt, doch der Rest, nun ja, der Rest ist ein ziemliches Chaos.

Nathan hatte David gewarnt, daß eine weitere Strafe für seine Verbrechen Ärger in der Familie sein würde, und da behielt der Prophet absolut recht. Furchtbarer Ärger. Furchtbare Zeiten. Furchtbare Verletzungen durch Absalom, den Sohn, den er vermutlich am meisten liebte. Absalom war – nun, Sie können über Absalom und David im zweiten Buch Samuel nachlesen; es ist eine der herzzerreißendsten Geschichten in der Bibel. Dort können Sie auch vom Tode Amnons, dem Verrat Adonijas und von Davids Ende lesen.

Die Reinheit der Absichten und Motive, die ihn vor der Affäre mit Batseba so sehr ausgezeichnet hatte, gewann David nie wieder völlig zurück, doch schließlich kann es in Davids Leben wie auch im Leben aller Gläubigen vor und nach ihm nur einen Helden geben, und das ist Gott, der Gott, von dem David selbst sagte:

Er hat mich von all meiner Sorge erlöst.

Gebet

Danke, Vater, daß du uns diese ausführliche und aufregende Schilderung aus Davids Leben zugänglich machst. Sie hilft uns, zu verstehen, daß jeder, egal, wie nah er dir auch ist, fallen kann. Wir beten, daß du Leute wie David aufrufst, in dieser Zeit der respektablen Mäßigung in deiner Gemeinde für dich zu arbeiten – Leute, die zu großen Tugenden und großer Sünde fähig sind und die am Ende die Wahl treffen, dir zu folgen. Mögest du der einzige Held in unser aller Leben sein.

Es gibt nichts Neues
außer dem, was vergessen war.
Madame Bertin

NEUE ANFÄNGE

Chancen zum Aufstehen und Weitergehen

Die Tatsache, daß Bridget und ich währen der letzten Jahre drei Reisen nach Australien unternommen haben, ist in sich schon ein Beweis für einen ziemlich dramatischen Neuanfang. Es gab eine Zeit, in der finanzieller Druck und die Sachzwänge scheinbar endloser Schichtarbeit in Kinderheimen uns nur wenig Hoffnung ließen, je weiter von zu Hause wegzukommen als bis zum Laden an der Ecke. Wenn man freilich etwas einmal getan hat, so weiß man, daß man es tun *kann*, und dadurch wird es wahrscheinlicher, daß man es wieder tun wird. Wir sind Gott wirklich dankbar, daß er uns die Möglichkeit gibt, Dinge zu tun und an Orte zu reisen, die wir uns nie erträumt hätten, und natürlich dafür, daß er Leute zu dem Glauben inspiriert, es lohne sich tatsächlich, dafür zu bezahlen, daß wir kommen und zu ihnen sprechen. Mir fällt es immer noch äußerst schwer, diese Vorstellung zu akzeptieren, wie auch meinen Freunden, die sich störrisch weigern, mir eine stark ermäßigte Summe pro Satz dafür zu zahlen, daß ich zu ihnen spreche, wenn wir uns in der Kneipe treffen.

Bridget findet die Sache mit den Vortragsreisen genauso aufregend wie ich, aber wie sie an anderer Stelle berichtet, nagte an ihr stets die Sorge, daß die Leute ihren Beitrag zu unseren Darbietungen nur dulden, weil sie nun einmal mit mir verheiratet ist, demjenigen, der die Bücher schreibt. Diese tiefe Unsicherheit hat sich erhalten, obwohl die Indizien, die dagegen sprechen überwältigend sind. Sie wird mir nicht dafür danken, daß ich das sage, aber wo immer wir zusammen aufgetreten sind, waren die Leute voll des Lobes und der Wertschätzung für sie. Aber so ist das nun einmal mit tiefen Unsicherheiten, nicht wahr? Als Jugendlicher war ich völlig überzeugt, daß kein normales Mädchen jemals freiwillig mit mir ausgehen würde, und diese Überzeugung hielt sich selbst dann noch, als ich regelmäßig mit einem äußerst attraktiven Mädchen ausging. Jedes Mädchen, das mich mochte, überlegte ich, mußte wohl unter Wahrnehmungsstörungen leiden, so daß zumindest in diesem Bereich ihre Ansicht nicht zählte. Bridget ist genauso. Wenn ein ganzes Publikum von fünfhundert Leuten über sie herfallen und laut schreien würde, daß es sie um ihrer selbst schätze, würde eine kleine Pause eintreten, und dann würde man eine leise Stimme aus der Tiefe des Menschengebirges sagen hören: „Das meint ihr nicht wirklich."

Während unserer dritten Reise nach Australien spitzte sich dieses Problem durch eine bestimmte Bemerkung während eines Radiointerviews zu und schien sich immer weiter zu verschlimmern, bis eine Geschichte, die uns von einer Freundin erzählt und von Gott inspiriert wurde, Bridget zu einem Neuanfang in ihrer Wahrnehmung der Dinge verhalf.

Das Radiointerview, das live übers Telefon geführt wurde, sollte eine Werbemaßnahme für unseren bevorstehenden Auftritt in Sydney sein und enthielt die folgende Frage, gestellt in dem typisch schleppenden australischen Tonfall:

„Was macht Bridget eigentlich genau? Hält sie Einsatzkarten hoch, oder kommt sie im Trikot auf die Bühne, oder was?"

Später sagte Bridget, daß sie sich, als sie diese Worte hörte, so fühlte, als hätte sie einen heftigen Schlag in den Solarplexus bekommen, als taumelte sie zurück, krümmte sich und rang vor Schmerz und Demütigung nach Atem. Nur ihr Stolz machte sie fähig, zu lachen und zu lächeln, als wäre nichts passiert, anstatt vor Zorn und Verletzung wie ein Kind in Tränen auszubrechen.

Den ganzen Abend und die ganze Nacht über kämpfte Bridget darum, die Wut und Empörung zu unterdrücken, die immer wieder in ihr aufstiegen. Sie sagte, es fühle sich an wie eine emotionale Prellung. Während sie wach dalag, gingen ihr immer wieder dieselben Fragen und Ängste durch den Kopf.

„Wie konnte dieser *Kerl* so etwas sagen? Was für ein sexistischer, chauvinistischer Idiot! Aber wenn er nun recht hätte? Mache ich mich vielleicht wirklich lächerlich? Selbst wenn nicht, was stimmt mit mir nicht, daß ich mir das so zu Herzen nehme? Warum kann mich der Gedanke, ich sei um meiner selbst willen nichts wert, immer noch so angreifen?"

Am Morgen waren die Schmerzwellen verebbt, doch wie bei vielen akut heimwehkranken Leuten geriet auch sie, kaum daß die Vernunft den Heilungsprozeß in Gang gebracht zu haben schien, schon durch die Erinnerung daran, wie bedroht sie sich gefühlt hatte, wieder ins Trudeln. Bridgets innerer Friede war ihr geraubt worden, und es fiel ihr schwer, zu sehen, wie sie ihn zurückgewinnen oder ersetzen könnte.

Am Tag, nachdem der Interviewer unwissentlich ein solches Problem verursacht hatte, saßen Bridget und ich zusammen mit den anderen, die an unseren Auftritten beteiligt waren, dicht gedrängt in einem Kleinbus auf dem Weg zum nächsten Veranstaltungsort. Während dieser Fahrt verkündete plötzlich Karen Beckett, eine hervorragende Sängerin und ideale Mitreisende, die uns während der Tour begleitete: „Ungefähr hier hätten mein Mann und ich beinahe einmal einer kleinen Schildkröte das Leben ruiniert."

Das hörte sich zu gut an, um es zu verpassen.

„Es war so", sagte Karen. „Wir fuhren die Hauptstraße entlang, und ich entdeckte plötzlich diese kleine Schildkröte drüben auf der anderen Seite der vierspurigen Straße. Sie war gerade dabei, von der Straße hinauf auf den Grünstreifen zu klettern, mußte also schon eine Ewigkeit damit verbracht haben, von einer Seite zur anderen hinüberzukriechen. Wie sie es vermieden hatte, von Autos und Lastwagen überrollt zu werden, weiß ich nicht, aber irgendwie hatte sie es geschafft. Wie auch immer: Meine Kinder hatten noch nie eine Schildkröte gesehen. Wir hielten also an, und Trev, mein Mann, lief zwischen den vorbeifahrenden Autos hindurch über die Straße und brachte die Schildkröte zurück zum Wagen, wo wir warteten. Die Kinder waren hin und weg von dem kleinen Kerlchen und wollten es mit nach Hause nehmen, doch dann pinkelte es uns alle mächtig voll – vor Angst, nehme ich an –, und das brachte irgendwie in jedem von uns den Naturschützer zum Vorschein. Es regte uns zu dem Gedanken an, daß es wohl besser wäre, die Schildkröte in ihrer natürlichen Umgebung zu belassen. So setzte ich sie neben dem Wagen auf den Grünstreifen, und wir fuhren weiter.

Nun, wir waren noch nicht weit gekommen, als ich plötzlich begriff, was wir getan hatten. Wir hatten sie auf unserer Seite abgesetzt! Nun mußte das arme kleine Geschöpf noch einmal von vorn mit dem Tod pokern, und die Chancen, daß es ihm ein zweites Mal gelingen würde, hinüberzukommen, ohne zu Mus zerquetscht zu werden, waren gering, um es vorsichtig auszudrücken."

Später erzählte mir Bridget, sie habe an dieser Stelle der Geschichte zu sich selbst gesagt: „Genauso komme ich mir vor. Nachdem ich mich jahrelang bemüht habe, hinüber auf die andere Seite meines furchtbaren Selbstbildes zu kommen, und mit knapper Not all den Geschossen entgangen bin, die das Leben nach mir schleudert, hat mich eine einzige blöde Bemerkung wieder ganz an den Anfang zurückgeworfen."

Damals war ich verblüfft über die Eindringlichkeit, mit der Bridget ihre nächste Frage stellte.

„Was habt ihr dann gemacht?"

„Na ja", sagte Karen, „wir haben bei der nächste Ausfahrt kehrtgemacht und sind zurückgefahren. Ehrlich gesagt, wir kamen uns dabei ziemlich blöde vor, aber wir konnten uns einfach nicht damit abfinden, daß das kleine Ding dieses furchtbare Risiko noch einmal eingehen mußte. Die Schildkröte hatte sich gerade wieder auf den Weg gemacht, als wir ankamen. Trev nahm sie hoch, mit Pipi und allem, und trug sie hinüber zu der Stelle, wo wir sie gefunden hatten. Bestimmt hatte sie ihrer Mama allerhand zu erzählen, was?"

Wir alle genossen die Geschichte, aber Bridget lachte nicht nur, sondern sie spürte auch, wie die letzten Überreste ihrer gerade erlittenen Prellung sanft entschwanden. Sie dachte an all die Gelegenheiten, bei denen Angehörige und Freunde ihr in der Vergangenheit geholfen hatten, wieder aufzustehen, und sie über eine Straße geführt hatten, die für sie allein zu schwierig zu überqueren schien – Telefonate, an die sie sich nicht herantraute; Begegnungen, die sie fürchtete; Bitten um Verzeihung, die ihr schwerfielen; Versöhnung, die davon abhing, daß sie vergebungsbereiter war, als sie es sich zutraute. Sie dachte auch an die Zeiten, in denen sie und Gott in Situationen, denen sie sich ganz und gar nicht gewachsen fühlte, auf sich gestellt waren und sie sich auf ihn hatte stützen können.

Und so geht es natürlich nicht nur Bridget. So geht es uns allen. Wir alle sind angewiesen aufeinander und auf Gott. Jesus hat versprochen, uns einen Frieden zu hinterlassen, der uns nicht genommen werden kann, was immer die Welt uns entgegenschleudert. Er wird uns nicht an einer Straßenkreuzung stranden lassen, so gelähmt von unserem überwältigenden Unzulänglichkeitsgefühl, daß wir unfähig sind, auch nur einen Schritt weiterzugehen.

Wie tief die alten Wunden auch reichen mögen – und ich weiß, daß manche von uns von ihnen schier entzweigerissen werden –, durch Gottes Gnade wird es immer möglich sein, einen Neuanfang zu machen.

Gebet

Vater, manche von uns brauchen dringend einen Neuanfang. Wenn wir nun deine Worte lesen und über ihren Sinn nachdenken, gib uns eine neue Hoffnung, daß wir Schwierigkeiten und Katastrophen sicher durchqueren können. Sei bei uns, wenn wir Ausschau halten nach Gelegenheiten, anderen zu helfen, die einen Neubeginn nötig haben, und mach unsere Gedanken klar, damit wir deine Stimme voller Weisheit und Wegweisung hören können. Wir vertrauen darauf, daß du uns nie im Stich läßt, Herr – hilf unserem Mangel an Vertrauen. Amen.

Ein neues Lied

Ein Lied Davids.

Voller Zuversicht hoffte ich auf den Herrn, und er wandte sich mir zu und hörte meinen Hilfeschrei. Ich war in eine verzweifelte Lage geraten – wie jemand, der bis zum Hals in einer Grube voller Schlamm und Kot steckt! Aber er hat mich herausgezogen und auf festen Boden gestellt. Jetzt haben meine Füße wieder sicheren Halt.

Psalm 40, 1-3

Ich identifiziere mich mit diesem ganzen Abschnitt, bis auf die ersten sieben Wörter. Ich war noch nie sehr geduldig, weder mit Gott noch mit sonst jemandem. Als jemand, der ständig Wörter zu Papier bringen muß, habe ich jedoch meine besonderen Gründe, um bereitwillig die in den anderen achtundvierzig Wörtern enthaltene Wahrheit zu bezeugen.

Dieser Prozeß, aus lauter Schmutz und Schlamm herauszukriechen (lachen Sie bitte nicht) und ein neues Lied in den Mund gelegt zu bekommen, ist etwas, das ich jedesmal erlebe, wenn ich eine neue Arbeit in Angriff nehme. Ganz egal, wie erfolgreich das letzte Projekt gewesen sein mag, ich hocke immer wieder trübsinnig vor meinem Computer, erfüllt von der Gewißheit, daß ich nie wieder etwas schreiben werde. Während ich so dort sitze, greife ich vielleicht nach meinem letzten Buch und blättere darin.

„Wie in aller Welt", frage ich mich dann, „habe ich es nur fertig gebracht, das alles zu schreiben? Wie kann jemand, dessen Verstand so leer und unproduktiv ist, wie meiner sich jetzt anfühlt, ein ganzes Buch produzieren, das andere Leute sogar lesen wollen?"

Und ich werde immer niedergeschlagener.

In der Überzeugung, daß mein Berufsleben vorüber ist, drücke ich mißmutig auf eine oder zwei Tasten, nur um der alten Zeiten willen, bevor ich mir die Jacke überziehen und mich auf den Weg zum Arbeitsamt machen werde. Ein paar Wörter erscheinen auf dem Bildschirm und fügen sich zu einem mißlungenen Satz zusammen; ich korrigiere den Satz; dann muß ich einen zweiten Satz schreiben, um den ersten zu erklären; plötzlich erregt irgend etwas an dem, was ich gerade geschrieben habe, mein Interesse; ich richte mich auf meinem Stuhl auf und setzte mich bequemer zurecht; meine Finger vollführen eine Art Klavierspieler-Imitiation, während sie über der Tastatur schweben; ich stürze mich kopfüber ins Formulieren; ich schreibe wieder.

Natürlich rede ich hier nicht davon, daß Gott mir die Worte gibt, die ich schreiben soll. Das, wovon ich rede, ist das ewig gegenwärtige göttliche Prinzip der Bewegung von der Verzweiflung zu einem neuen Anfang. Geben Sie nicht auf. Ob Sie Ihre Inspiration zur Fürsorge für einen pflegebedürftigen Verwandten oder zur Komposition eines Concertos verloren haben, gehen Sie dahin, wo die Arbeit zu tun ist, und lauschen Sie. Vielleicht beginnt die Musik nur mit ein paar kaum hörbaren Tönen in der Ferne, aber es gibt immer ein neues Lied zu singen.

Gebet

Vater, wir wünschen uns, daß andere in der Musik unseres Lebens dich hören.

Ein neuer Anfang

Dann sehen alle Völker, wie der Herr dir Recht verschafft, Jerusalem, und ihre Könige bestaunen deinen neuen Glanz. Du wirst einen neuen Namen tragen, der Herr selbst wird ihn dir geben. Ein Schmuckstück wirst du sein, das der Herr in seiner Hand hält wie ein König seine Krone. Man nennt dich nicht länger „die verstoßene Frau" und dein Land nicht „die Verlassene". Nein, du heißt dann „meine Liebste" und dein Land „die glücklich Verheiratete". Denn der Herr wird dich lieben und sich über dich freuen, und dein Land wird nicht mehr vereinsamt sein.

Jesaja 62, 2-4

Ich kann Ihnen gar nicht sagen, wie traurig es Bridget und mich macht, daß wir nicht mehr einfach ins Auto steigen und nach Tunbridge Wells fahren können, um meine Mutter zu besuchen, seit sie gestorben ist.

Meine Mutter war so ein bedeutender Teil unseres Lebens, und der Schmerz über ihren Verlust hat noch nicht sehr nachgelassen. Sie war eine zähe, großzügige, manchmal launische Genießerin des Lebens, die andere genau das sein ließ, was sie waren. Bridget bezeichnete sie als „meine beste Freundin".

In den letzten vier Jahren vor ihrem Tod war Mama infolge eines Schlaganfalls an den Rollstuhl gefesselt, und obwohl sie weitgehend die Person blieb, die wir liebten, kam es zu einem unvermeidlichen Nachlassen der optimistischen, kontaktfreudigen Art, die sie kennzeichnete, bevor sie krank wurde. Manchmal war sie regelrecht streitlustig.

Interessanterweise gehen die meisten unserer Erinnerungen an Mama automatisch in die Zeit vor ihrem Schlaganfall zurück, als sie in dem Dorf, in dem sie wohnte, noch eifrig aktiv und ihren Enkelkindern eine warmherzige, engagierte Oma war. Jene Person war die wirkliche Marjorie Plass, doch diese Tatsache verloren wir in der letzten Zeit vor ihrem Tod fast aus den Augen.

In unserer Küche steht eine gerahmte Vergrößerung eines Fotos von Mama, als sie zehn Jahre alt war, also genauso alt, wie Katy jetzt ist. Das 1928 aufgenommene Bild zeigt ein hochgewachsenes, dünnes kleines Mädchen, das seine Röcke hochhebt und durchs Meer watet. Neugierig schaut sie zum Ufer herüber, als ob sie zu verstehen versucht, was jemand ihr zuruft. Das Gesicht der kleinen Marjorie, für immer festgehalten in diesem lange zurückliegenden Augenblick, ist stark und selbstbewußt, angefüllt mit einem Optimismus, der gar nicht ausgedrückt werden muß, weil er ein Teil von ihr ist. Jenes Kind lebte weiter in der Erwachsenen, die Mama wurde, und half ihr, einige sehr schwierige Jahre durchzustehen. Seltsamerweise sehe ich in jenem zweiundsechzig Jahre alten Bild mehr von der Person, die ich kannte, als in jedem anderen Erinnerungsstück oder Foto, und das ist gut so, denn es wird das kläräugige Gesicht eines Kindes sein, das Bridget und ich wiedererkennen werden, wenn wir sie im Himmel wiedertreffen.

Gedanke

Im Himmel wird das Kind in uns noch einmal neu anfangen können.

Eine neue Welt

So spricht der Herr: „Ich will einen neuen Himmel und eine neue Erde schaffen. An den alten Himmel und an die alte Erde wird niemand mehr denken, sie werden vergessen sein. Freut euch und jubelt über das, was ich tue: Jerusalem wird von fröhlichem Gesang erfüllt sein, und die Menschen sind voller Freude. Auch ich werde jubeln über Jerusalem und über mein Volk glücklich sein. Weinen und Klagen werden verstummen. – Wolf und Lamm werden friedlich zusammen weiden, der Löwe wird Heu fressen wie ein Rind, und die Schlange wird sich von Erde ernähren. Sie werden nichts Böses mehr tun und niemandem schaden auf meinem ganzen heiligen Berg. Mein Wort gilt!"

Jesaja 65, 17-19. 25

Führen Sie einen ewigen Kampf, um eine Lebenssituation zu erreichen, mit der Sie gar nicht fertig würden, wenn es Ihnen je gelänge, sie zu erreichen? Lassen Sie mich erklären, was ich meine.

Nehmen Sie unsere Familie – bitte, nehmen Sie sie. In meiner erbärmlichen Zukunftsvision herrscht die totale Kooperation aller Mitglieder des Haushalts. Mein zweitältester Sohn zum Beispiel würde lange Zeit damit zubringen, das Bad zu reinigen und für den nächsten Benutzer vorzubereiten, nachdem er es selbst benutzt hat; meine süße Tochter würde darauf bestehen, mindestens zweimal täglich Geige zu üben (ohne daran erinnert zu werden), und zwar zu Zeiten, die dem Rest der Familie genehm sind; mein dritter Sohn würde meiner Frau regelmäßig den Staubsauger aus der Hand winden und auf keinen Fall zulassen wollen, daß sie sich überanstrengt, wenn er das doch genauso gut erledigen kann, und mein ältester Sohn würde jedes Wochenende vorbeikommen, um seine Brüder und seine Schwester den ganzen Samstag über zu Unternehmungen mitzunehmen, so daß Bridget und ich auf fröhlich ziellose Weise herumwursteln könnten, wie wir es zu tun pflegten, bevor wir unbedachterweise mit dem Kinderzeugen begannen.

Allerdings hat dieses Szenario ein paar Schwachstellen. Erstens trage ich zu dem allgemeinen Chaos genausoviel bei wie jeder andere. Wenn ich nicht gerade an einem meiner ganz kurzen Anfälle fanatischer, erdrutschartiger, unduldsamer Ordnungsliebe leide, bin ich der größte Schluderjan. Würde mir sicher nicht leicht fallen, das jetzt noch zu ändern.

Zweitens: Obwohl wir ständig für die Verwirklichung dieses häuslichen Utopia zu kämpfen scheinen, bin ich nicht sicher, ob es mir wirklich Spaß machen würde, wenn es soweit käme. Unser Familienleben war schon immer so reichhaltig wie ein Früchtebrot, und das würde ich, glaube ich, vermissen, wenn wir plötzlich *dermaßen* zivilisiert wären.

Nein, ich glaube, ich überlasse die neue Erde lieber Gott. Irgendwie ahne ich, daß er in der Lage sein wird, aus dem, was war, das Beste herauszupicken und es in einer neuen und aufregend glänzenden Form neu zu gestalten, die nichts von der kernigen Üppigkeit des Familienlebens verloren, aber vieles dazugewonnen haben wird, weil er das Kommando führt und nicht ich!

Eine Erinnerung

Ich habe es schon zuvor gesagt, und ich werde es wieder sagen: Im Himmel wird es wunderbar.

Eine neue Art von Gesetz

So spricht der Herr: „Es kommt die Zeit, in der ich mit dem Volk Israel und dem Volk von Juda einen neuen Bund schließe. Er ist nicht mit dem zu vergleichen, den ich damals mit ihren Vorfahren schloß, als ich sie mit starker Hand aus Ägypten befreite. Diesen Bund haben sie gebrochen, obwohl ich doch ihr Herr war! Der neue Bund mit dem Volk Israel wird ganz anders aussehen: Ich schreibe mein Gesetz in ihr Herz, es soll ihr ganzes Denken und Handeln bestimmen. Ich werde Gott sein, und sie werden mein Volk sein. Niemand muß dann den anderen noch belehren, keiner braucht seinem Bruder mehr zu sagen: ‚Erkenne doch den Herrn!' Denn alle – vom Kleinsten bis zum Größten – werden erkennen, wer ich bin. Ich vergebe ihnen ihre Schuld und denke nicht mehr an ihre Sünden. Mein Wort gilt!"

Jeremia 31, 31-34

Für manche Leute ist gerade dieser neue Anfang vielleicht die einzige wirkliche Hoffnung, die ihnen im Leben geblieben ist. Ich erinnere mich, wie ich durch die Fernsehnachrichten von der offenbar wahllosen Ermordung des Sohnes von Bill Cosby erfuhr, eines sozial engagierten jungen Mannes, den sein berühmter amerikanischer Vater oft als „mein Held" bezeichnete. Als ich die Bilder des tiefbetrübten Komikers sah, wie er mit seiner Frau sein Haus verließ, um den Leichnam seines Sohnes heimzuholen, mußte ich an die oft beschworene und nichtsdestoweniger wahre Binsenweisheit denken, daß Reichtum und Status angesichts eines solchen Verlustes bedeutungslos werden. Ich bin ganz sicher, daß Bill Cosby seinen letzten Dollar und jeden Fetzen seines internationalen Ruhmes für die Chance hergeben würde, wieder mit seinem Sohn zusammenzusein. Welcher religiösen Überzeugung diese beiden Männer waren bzw. sind, weiß ich nicht. Ich hoffe wirklich, daß ihnen das Gesetz Gottes ins Herz geschrieben worden ist, denn wenn es so ist, dann wird es für beide in der Zukunft einen neuen, wunderbaren Anfang geben, trotz der Qualen, die Mr. Cosby in jenem Augenblick zweifellos durchmachte.

Ich kann mir einfach nicht vorstellen, wie man einen solchen Verlust überleben kann, ohne die Hoffnung auf ein Wiedersehen zu haben, die Jesus verheißt. Für einen Gläubigen ist es schon schlimm genug, einen geliebten Menschen zu verlieren, nicht wahr? Wie muß es erst sein, wenn man vor der massiven, schwarzen Mauer steht, die sich vor denen auftürmt, die den Tod als das absolute Ende ansehen?

Manchmal wird gesagt, daß die Leser dieser Andachten auf jeden Fall gläubige Christen seien, und in den meisten Fällen trifft das sicher zu, aber ich weiß auch, daß es eine Minderheit gibt, für die das nicht gilt. Bitte, wenn Sie Gott nie gekannt haben, reden Sie mit ihm, und reden Sie mit Leuten, die ihn kennen. Vielleicht werden dann Sie und später auch die Menschen, die Sie lieben, Ihre eigenen Neuanfänge erleben und bereit sein für alles, was das Leben Ihnen entgegenschleudert.

Gebet

Vater, höre die Stimmen derer, die dich brauchen. Schreibe dein Gesetz in ihre Herzen und vergib ihnen ihre Sünden.

Ein neuer Morgen

„Gott reicht mir bittere Kräuter zu essen und füllt mir den Becher mit Wermut. Er gibt mir Steine statt Brot, er tritt mich tief in den Staub. Was Friede und Glück ist, weiß ich nicht mehr. Du, Herr, hast mir alles genommen. Darum sagte ich: Meine Kraft ist geschwunden, und meine Hoffnung auf den Herrn dahin. Meine Not ist groß, ich habe keine Heimat mehr. Schon der Gedanke daran macht mich krank. Und doch denke ich ständig daran und liege am Boden. Aber eine Hoffnung bleibt mir noch, an ihr halte ich fest: Die Güte des Herrn hat kein Ende, sein Erbarmen hört niemals auf, es ist jeden Morgen neu! Groß ist deine Treue, o Herr!"

Klagelieder 3, 15-23

Ein Zeugnis wie dieses bringt manche christlichen Gruppen auf die Palme. Sie verabscheuen es so sehr, weil es zerlumpt und unordentlich und unzulänglich und kaum in ein säuberliches religiöses Päckchen zu packen ist. Für Leute, die es gern haben, wenn ihr Christentum auf von Menschen gemachten geraden Schienen läuft, klingen solche wilden und hoffnungslosen Herzensschreie beunruhigend und bedrohlich. Und doch ist es aus zwei sehr guten Gründen absolut wesentlich, daß wir solche lauten, schmerzerfüllten Schreie zu Gott hören und ihren Sinn ermessen.

Erstens spiegelt sich darin wider, wie die Dinge für manche Leute tatsächlich sind, und Sie können argumentieren, bis Ihr Gesicht purpurrot mit kleinen rosa Punkten ist, wie das Leben eines Christen aussehen sollte – alles, was ich Ihnen darauf antworten kann, ist, daß so ein „sollte" selten mit uhrwerkartiger Präzision läuft. Leute werden von Ereignissen durchgeschüttelt und verletzt und verwirrt, und wenn wir ehrlich sind, müssen wir zugeben, daß Probleme unter Gläubigen und Ungläubigen gleichmäßig verteilt sind. Für unseren Nächsten Jesus zu sein, die höchste Berufung, die Männer und Frauen kennen, beinhaltet, daß wir den Schmerz anderer hören und bejahen, ohne gleich religiöse Platitüden von uns zu geben, die bewirken, daß wir uns besser fühlen, aber den Leidenden der Verzweiflung näherkommen lassen als je zuvor. Jesus beschwor uns, einander zu lieben. Schwierig, nicht wahr?

Zweitens ist ein solcher Aufschrei ungemein ermutigend, denn er schließt mit einem plötzlichen Auftauchen des Wissens, offenbar aufgrund vergangener Ereignisse, daß die Liebe Gottes niemals aufhört und an jedem Morgen neu ist. Wenn ein Mann, der so unglücklich und niedergedrückt ist wie dieser, durch dieses Bewußtsein plötzlich befreit wird, dann ist sein Zeugnis wahrhaftig wertvoll. Das ist keine locker-flockige, pseudo-religiöse Sache. In meinem Leben und im Leben vieler, die in diesem Moment diese Worte lesen, war es manchmal nur deshalb möglich, weiterzumachen, weil zwar Alpträume kommen mögen, wenn man im Reich Gottes lebt, es aber stets die wunderbare Möglichkeit eines neuen Morgens gibt.

Gebet

Hilf uns, ehrlich und treu zu sein, Herr.

Ein neues Herz

„Mit reinem Wasser wasche ich eure Schuld von euch ab. Dem Götzendienst, der euch unrein gemacht hat, bereite ich ein Ende. Ich will euch ein anderes Herz und einen neuen Geist geben. Ich nehme das versteinerte Herz aus eurer Brust und gebe euch ein lebendiges Herz. Mit meinem Geist erfülle ich euch, damit ihr nach meinen Weisungen lebt, meine Gebot achtet und sie befolgt. Dann wohnt ihr wieder in dem Land, das ich euren Vorfahren gegben habe. Ihr werdet mein Volk sein, und ich werde euer Gott sein."

Hesekiel 36, 25-28

Ich kenne keinen mächtigeren Trieb als das Verlangen, für meine Kinder „alles gut" zu machen. Manchmal führt das zu Fehlern. Kinder sollten nicht immer vor den Konsequenzen ihres Handelns bewahrt werden, und bestimmt gab es Situationen, in denen Bridget und ich viel zu schnell eingesprungen sind, um eines von ihnen vor einer Katastrophe zu bewahren. Aber wir lieben sie nun einmal so sehr, und wir können den Gedanken nicht ertragen, daß es einem von ihnen an Zufriedenheit mangelt. In meinem Fall hat das zweifellos mehr mit meiner Vergangenheit als mit ihrer Gegenwart zu tun, aber – nun ja, Sie wissen, was ich meine.

Gelegentlich war ich wirklich froh, daß wir diese reflexartige Reaktion auf ihre Probleme haben. Einmal zum Beispiel klingelte um fünf Uhr morgens das Telefon. Wenn um diese Zeit das Telefon klingelt, kann es nur entweder eine schlechte Nachricht oder ein Anruf aus Australien sein. In diesem Fall war es mein ältester Sohn, der damals in Kent lebte, und er sagte nichts als: „Könnt ihr sofort herkommen? Mir geht es gut, aber es ist etwas Schlimmes passiert, und ich brauche euch hier, so bald es geht."

Ich glaube, Bridget und ich waren innerhalb von fünf Minuten angezogen und saßen im Wagen. Als wir fünfunddreißig Minuten später ankamen, fanden wir einen Polizeistreifenwagen vor der

Haustür und erfuhren, daß in der Nachbarwohnung jemand in den frühen Morgenstunden angegriffen worden war. Als er einen dumpfen Schlag hörte, machte mein Sohn die Tür auf und fand den Unglücklichen gefesselt und geknebelt auf dem Treppenabsatz vor seiner Wohnungstür. Er stand immer noch unter Schock, als wir mit ihm bei uns zu Hause ankamen. Zwar waren wir nicht in der Lage, „alles gut" zu machen, aber Gott sei Dank konnten wir für ihn da sein, als er uns brauchte.

Lesen Sie diesen Abschnitt, und Sie werden den leidenschaftlichen Herzensschrei eines Vaters hören, daß mit seinen Kindern einfach alles gut werden möge. Dies ist eine Liste der Dinge, die er tun wird, um dafür zu sorgen, daß es dazu kommt. Bis dieses Werk vollendet ist, ist Gott für uns da, wann immer wir ihn brauchen, und dazu brauchen wir nicht einmal ein Telefon.

Gebet

Leg deinen Geist in uns, Herr.

Ein neues Gebot

„Ihr sollt einander lieben, so wie ich euch geliebt habe. An eurer Liebe füreinander wird die Welt erkennen, daß ihr meine Jünger seid."

Johannes 13, 34-35

Wie würde sich die Gemeinde Jesu verändern, wenn dieses Gebot allgemein befolgt würde? Wäre uns ein solcher neuer Anfang willkommen? Ich habe meine Zweifel.

Sehen Sie, das Problem ist, daß Jesus nicht sagt: „Ihr sollt einander lieben, so wie ihr euch schon immer geliebt habt." Er sagt: „Ihr sollt einander lieben, so wie ich euch geliebt habe." Das ist wahrhaftig ein gewaltiger Anspruch, nicht zuletzt deshalb, weil die Liebe, die Jesus seinen Jüngern erzeigte, eine (für sie) verwirrende Mischung aus kompromißlos harten Worten, überwältigender Barmherzigkeit und einer ganz außergewöhnlichen Bereitwilligkeit war, ihnen Vollmachten und Aufgaben zu übertragen, die sie unmöglich überschauen konnten. Mit anderen Worten, das Prinzip, daß er nur das tat, was er seinen Vater tun sah, wurde von Jesus genauso rigoros auf seine persönlichen Beziehungen angewandt wie auf sein allgemeines Wirken.

Wie viele von uns wären bereit, Punkte auf unserer persönlichen Tagesordnung zu streichen, weil die Liebe Gottes zu dem Menschen, der vor uns steht, es verlangt? Wäre ich es? Wären Sie es? Mir sinkt jedesmal das Herz, wenn wieder einmal eine Streitfrage im Leben der Gemeinde auftaucht, nicht, weil ich nicht der Meinung wäre, daß wir Streitfragen austragen sollten, sondern weil es immer auf beiden Seiten der Frage einen kleinen Haufen scheuklappenbewehrter Fanatiker gibt, deren Stimmen lauter und schneidender sind als die vernünftigeren Argumente derer, für die Jesus an erster Stelle steht und die es nötigenfalls auch akzeptieren können, sich geirrt zu haben.

Der Säuretest bleibt immer der gleiche.

Jesus selbst erscheint leibhaftig direkt vor mir und sagt: „Sieh mal, Adrian, ich verstehe, worauf du hinauswillst, aber es ist nun einmal so, daß du dich irrst."

Ich habe die Wahl zwischen zwei Antworten:

„Trotzdem glaube ich, daß ich weiter für diesen Punkt einstehen muß – ich habe das sehr sorgfältig durchdacht."

Oder: „Gut, Herr, du weißt es am besten, ich folge dir."

Wenn ich feststelle, daß ich eher die erste Antwort geben würde, dann habe ich nicht das Recht, mich überhaupt zu Fragen des Glaubens und des Lebens zu äußern. Die Aufgabe, zu lieben, wie Jesus liebte, verlangt eine Identifizierung mit dem Geist des persönlichen Opfers, der ihn am Ende ans Kreuz brachte.

Hart, nicht wahr?

Gebet

Herr, lehre uns, wie wir dich und einander lieben können. Heile unsere Gemeinde.

Abendmahl

Dann nahm er das Brot. Er dankte Gott dafür, teilte es und gab es ihnen mit den Worten: „Das ist mein Leib, der für euch hingegeben wird. Feiert dieses Mahl immer wieder. Denkt daran, was ich für euch getan habe, sooft ihr dieses Brot eßt." Nach dem Essen nahm er den Becher mit Wein, gab ihn den Jüngern und sagte: „Dies ist mein Blut, mit dem der neue Bund zwischen Gott und den Menschen besiegelt wird. Es wird für euch zur Vergebung der Sünden vergossen."

Lukas 22, 19-20

Die Kirche, in die wir in Hailsham gehen, ist recht klein, und da sie eher eine Art Saal ist, fehlt ihr die prachtvolle Würde einer gewöhnlichen Pfarrkirche. Und doch erlebe ich an den Sonntagen, an denen wir das Abendmahl feiern, ein Gefühl des Mysteriums und der unermeßlichen Bedeutung, das nicht tiefer sein könnte, wenn ich mich in der prächtigsten Kathedrale des Landes befände.

Es liegt eine Gefahr darin, die Dinge, die man liebt, in ihre Bestandteile zu zerlegen, aber ich habe versucht, mir darüber klar zu werden, warum dieses schlichte Ritual eine so tiefe Wirkung auf mich hat. Eines Sonntags saß ich hinten und sah zu, wie die Gottesdienstbesucher Reihe um Reihe nach vorne gingen, wo sie sich im Halbkreis aufstellten, um Brot und Wein von dem Priester und seinem Helfer zu empfangen. Ich kenne eine Menge Leute in unserer Gemeinde, einige davon sogar sehr gut. Als ich sah, wie meine Brüder und Schwestern wie Kinder darauf warteten, ihren Anteil am Leib und Blut Jesu zu bekommen, war mir zum Weinen zumute. Ich kenne die Kämpfe, die manche von ihnen durchgemacht haben, und sie kennen meine. Ich weiß, daß eine ganze Menge Leute in unserer Gemeinde sich ganz und gar nicht würdig fühlen, solch kostbare, edelsteinartige Gaben von Gott zu empfangen. Und doch stehen wir jedesmal zum Abendmahl auf wie Kinder von ihren Schultischen und strecken zaghaft unsere Hände aus in der ewig erneuerten Hoffnung, daß Jesus uns einen Teil von sich geben wird, damit wir ihn demütig aufbewahren, wie auch Gott vor so vielen Jahren seinen neugeborenen Sohn in die Welt gab.

Wir sind eine Gemeinschaft der Unsicherheit und Hoffnung, menschliche Wesen in allen Formen und Größen, doch mit genau den gleichen Rechten als Kinder, die in die Familie Gottes adoptiert sind. Indem wir jene wenigen kurzen Schritte in der Kirche nach vorn gehen, drücken wir, wenn auch nervös, unseren Glauben an diese Aussage aus. Sind wir einmal dort – tut er das Übrige. Es ist wunderbar.

Gebet

Danke für deine lächelnde Gegenwart im Abendmahl.

Eine neue Schöpfung

Gehört jemand zu Christus, dann ist er ein neuer Mensch. Was vorher war, ist vergangen, etwas Neues hat begonnen. All dies verdanken wir Gott, der durch Christus mit uns Frieden geschlossen hat. Er hat uns beauftragt, diese Botschaft überall zu verkündigen. Denn Gott hat durch Christus Frieden mit der Welt geschlossen, indem er den Menschen ihre Sünden nicht länger anrechnet, sondern sie vergibt. Gott hat uns dazu bestimmt, diese Botschaft von der Versöhnung öffentlich bekanntzugeben.

2. Korinther 5, 17-19

Ich hatte schreckliche Angst, als wir zum ersten Mal nach Amerika reisten. Meine Bücher hatten sich dort nicht sehr gut verkauft, außer in ein paar einzelnen Gemeinden und kleinen Nischen in der christlichen Szene. Man hatte mir Schauergeschichten von dem weitverbreiteten Puritanismus erzählt, der mein Material anstößig und überhaupt nicht witzig finden würde. Vermutlich war ich ein bißchen verwöhnt. Die meisten Zuhörer kommen zu meinen Veranstaltungen, weil sie bereits etwas von mir gelesen haben, und werden deshalb kaum feindselig sein. Doch die meisten von denen, die Eintrittskarten für unsere ersten Veranstaltungen in den USA kauften, hatten keine Ahnung, worauf sie sich da einließen.

Am Ende war es ein nervenaufreibendes Erlebnis, aber nur so lange, bis wir merkten, daß die Amerikaner eigentlich auch nicht anders reagierten als die Leute in anderen Teilen der Welt. Einer der drei Säle, in denen Bridget und ich sprachen, war ein riesiges Gemeindehaus am Stadtrand von Los Angeles. An jenem Abend müssen wohl mehr als tausend Leute dabeigewesen sein, und wir hatten eine herrliche Zeit, deren Höhepunkt es war, den Leiter der Gemeinde kennenzulernen und einige Zeit mit ihm zu verbringen. Dieser Mann, ein Australier, wie sich herausstellte, war genau die Sorte Botschafter Christi, die die Christenheit in Amerika zu brauchen scheint. In der Öffentlichkeit entspannt und angreifbar, was seine Fehler und Unzulänglichkeiten anging, stand Barry vollkommen hinter der Aufgabe, denen Jesus vorzustellen, die ihn dringend brauchten, ohne sich dabei von persönlichen Voreingenommenheiten und Einstellungen aufhalten zu lassen. In den Worten dieses Abschnitts: Gott forderte durch den Geistlichen zur Versöhnung auf, und soweit wir es ermessen konnten, kam diese Aufforderung ziemlich unverfälscht durch. Das Ergebnis war eine sehr lebendige und ungewöhnlich entspannte Gemeinde, in der der Einzelne die Freiheit hatte, sich Christus anzugleichen statt dem Mann oder der Frau auf dem Podium.

Amerika ist nicht der einzige Ort, der mehr solcher Leiter gebrauchen könnte.

Gebet

Vater, wir wünschen uns, daß die Leute in uns dir begegnen, nicht nur uns in uns.

Eine neue Menschheit

Aber weil Jesus am Kreuz sein Blut vergossen hat, gehört ihr jetzt zu ihm. Ihr seid ihm jetzt nahe, obwohl ihr vorher so weit von ihm entfernt lebtet. Durch Christus haben wir Frieden. Er hat Juden und Heiden in seiner Gemeinde vereint und die Mauer niedergerissen, die trennend zwischen ihnen stand. Sie sind nun sein Volk. Als er sein Leben opferte, hat er ihre Feindschaft beendet. Denn die Mauer war das jüdische Gesetz mit all seinen Geboten und Forderungen, und dieses Gesetz hat er endgültig außer Kraft gesetzt. Durch Christus leben wir nicht länger voneinander getrennt, der eine als Jude, der andere als Heide. Als Christen sind wir eins. So hat er zwischen uns Frieden gestiftet. Christus ist für alle Menschen am Kreuz gestorben, damit wir alle Frieden mit Gott haben. In seinem neuen Leib, der Gemeinde Christi, können wir nun als Versöhnte miteinander leben.

Epheser 2, 13-16

Die Bitterkeit, mit der manche Christen über ihre Brüder und Schwestern sprechen, nimmt mir den Atem.
Irgendwo in England sprach ich einmal auf einem Wochenende in einer Gemeinde, die über ein bestimmtes Thema mehr oder weniger zerstritten war. Dieses Thema war der Pfarrer. Eine Fraktion schien sicher zu sein, daß ihr Geistlicher bestenfalls nutzlos und schlimmstenfalls eine Art Agent des Teufels sei. Die andere Fraktion fand – welche Überraschung –, daß er die heiligste Gestalt in der Geschichte der Gemeinde Jesu sei.

Der Anführer der Anti-Brigade holte mich vom Bahnhof ab. Auf dem ganzen Weg zum Tagungsort klärte er mich über das Versagen des Pfarrers als Prediger auf, sein mangelndes Einfühlungsvermögen gegenüber den Gemeindegliedern, seinen Mangel an Gastfreundschaft in dem Haus, das ihm „eigens zu diesem Zweck!“ zur Verfügung gestellt war, seine Unfähigkeit bei der Leitung des Kirchenvorstands und seine halsstarrige Neigung zum Sakramentalismus. Ich bat ihn, mir etwas Gutes über den Pfarrer zu sagen. Widerstrebend gab er zu, daß der Garten des Pfarrhauses neuerdings besser gepflegt sei. Doch er verdarb es gleich wieder, indem er hinzufügte, wenn der Pfarrer nur soviel Zeit mit seinen Gemeindeglieder verbringen würde wie mit seinen Blumen, wären alle erheblich besser dran. Später, am Tagungsort, wurde ich von Mitgliedern der Pro-Pfarrer-Fraktion belagert, die begierig waren, ihre Sicht der Sache vorzubringen, für den Fall, daß ich schon eingewickelt worden wäre.

Der Pfarrer erwies sich als ein sehr umgänglicher Mann, der unter der Last dieses Konflikts, den er sich offensichtlich überhaupt nicht erklären konnte, schier am Zerbrechen war. Es war ein schreckliches Wochenende. Als ich die Leute offen zur Rede stellte, war man sich vorübergehend einig, daß manches nicht so war, wie es sein sollte, doch nichts änderte sich. Ich spreche nur sehr selten über solche Dinge, aber es war, als hätte sich etwas Zerstörerisches, Böses mitten in diese Gemeinschaft hineingeschlichen.

Beten wir, daß die Macht des Kreuzes Christen, die im Streit miteinander liegen, einen neuen Anfang bringt.

Gebet

Herr Jesus, du bist unser Friede. Gott verhüte, daß dein Tod umsonst gewesen wäre. Wo Bitterkeit und Zorn sind, sprich zu denen, die sich ändern müssen, und vertreibe das Böse aus den Gemeinschaften, die dazu verleitet wurden, dich aus den Augen zu verlieren.

Ein neuer Mensch

Darum hat mir der Herr aufgetragen, euch in aller Deutlichkeit zu sagen: Lebt nicht länger wie Menschen, die Gott nicht kennen! Ihr Denken ist verkehrt und ohne Ziel, denn ohne Gottes Licht ist es finster in ihnen. Sie wissen nicht, was es bedeutet, mit Gott zu leben, und widersetzten sich ihm hartnäckig. Ihr Gewissen ist abgestumpft, deshalb geben sie sich allen nur denkbaren Lastern hin und sind in ihrer Gier, das Leben zu genießen, unersättlich. Aber ihr habt gelernt, daß solch ein Leben mit Christus nichts zu tun hat. Was Jesus wirklich von uns erwartet, habt ihr gehört und auch verstanden: Ihr sollt euch von euerm alten Leben, dem „alten Menschen“ mit all seinen trügerischen Leidenschaften, endgültig trennen und euch nicht länger selbst zerstören. Gottes Geist will euch mit einer völlig neuen Gesinnung erfüllen. Ihr sollt den „neuen Menschen“ anziehen, wie man ein Kleid anzieht. Diesen neuen Menschen hat Gott selbst nach seinem Bild geschaffen; er ist gerecht und heilig, weil er sich an das Wort der Wahrheit hält. Belügt euch also nicht länger, sondern sagt die Wahrheit. Wir sind doch als Christen die Glieder eines Leibes, der Gemeinde Jesu. Wenn ihr zornig seid, dann macht es nicht noch schlimmer, indem ihr unversöhnlich bleibt. Laßt die Sonne nicht untergehen, ohne daß ihr euch vergeben habt. Gebt dem Teufel keine Chance, Unfrieden zu stiften.

Epheser 4, 17-27

Manchmal denke ich, ich bin schon zu lange Christ. Lassen Sie mich das erklären.

Ich habe mit sechzehn Jahren angefangen, hinter Jesus herzukrabbeln; damit sind es jetzt zweiunddreißig Jahre, seit ich das Leben zuletzt aus der Perspektive eines Ungläubigen betrachtet habe. Aus diesem Grund habe ich ebenso wie viele andere Christen große Schwierigkeiten mit Passagen wie dieser. Die Schuldfalle klafft vor mir auf, und ich tappe gehorsam hinein, weil ich denke, daß ich mich als völliger Versager erweisen muß, wenn ich mich an solchen Erwartungen messe. An diesem Gedanken ist sicherlich etwas Wahres, aber er ist noch nicht die ganze Geschichte. Seien wir zur Abwechslung einmal positiv. Ich sage Ihnen, was ich denke, und Sie entscheiden, ob Sie mir zustimmen.

Erstens lese ich diesen Abschnitt mit den Augen von jemandem, der wirklich Jesus nachfolgen will. Gott sei Dank dafür! Guter Anfang, was? Sodann, vielleicht entspreche ich nicht dem, was hier von mir gefordert wird, doch dieser Mangel ist mir zumindest bewußt, und die Kluft zwischen dem, was ich bin, und dem, was ich sein sollte, liegt mir schwer auf dem Herzen. Ich *möchte* mich von meinem alten Leben trennen. Ich *möchte* mit einer völlig neuen Gesinnung erfüllt werden. Ich *möchte* den neuen Menschen anziehen.

Drittens habe ich schon einige Schritte in die Richtung gemacht, in die Gott möchte, daß ich gehe. Sie waren vielleicht nur klein, und hin und wieder mag sich auch ein Schritt zurück eingeschlichen haben, aber ich weiß, daß ich sie getan habe, und auch dafür danke ich Gott.

Es wäre sehr traurig, wenn die Auswirkungen dieser Schuldfalle das gute Wirken Gottes in unserem Leben verschleiern würden. Mag sein, daß wir nicht viel sind, aber was wir sind, und was wir sein werden, wird durch ihn möglich; also danken wir ihm dafür.

Gebet

Danke, Vater, daß du uns, wenn auch langsam, auf dein Ebenbild zu wachsen läßt.

Ein neuer Bund

Seit Christus da ist, gilt diese neue Ordnung. Er ist der Hohepriester über alles, was Gott uns verheißen hat. Seinen Dienst verrichtet er in einem Heiligtum, das größer und vollkommener ist als jedes andere, was je von Menschen betreten wurde. Denn dieses Heiligtum haben nicht Menschenhände errichtet, es gehört nicht zu dieser Welt. Christus opferte auch nicht das Blut von Böcken und Kälbern für unsere Sünden. Als er im Allerheiligsten sein eigenes Blut ein für allemal zum Opfer gab, hat er uns für immer und ewig von unserer Schuld vor Gott befreit. Nach den Regeln des alten Bundes wurde jemand, den die Sünde unrein gemacht hatte, wieder rein, wenn er mit dem Blut von Böcken und Stieren oder mit der Asche einer geopferten Kuh besprengt wurde. Wieviel mehr wird uns das Blut Jesu Christi von unseren Sünden reinwaschen! Erfüllt vom Heiligen Geist, hat er, der ohne jede Sünde war, sich selbst für uns als fehlerloses Opfer Gott dargebracht. Jetzt brauchen wir unser Vertrauen nicht länger auf Ordnungen setzen, die uns doch nicht vom Tod erretten. Wir sind frei, um dem lebendigen Gott zu dienen.

Hebräer 9, 11-15

Was für eine seltsame Kluft besteht doch zwischen der Großartigkeit und kosmischen Bedeutsamkeit dieser Passage und den Dingen, die tatsächlich im Leben von Menschen geschehen, wenn sie durch Jesus die Vergebung Gottes empfangen. Ich bin froh, daß wir in den Evangelien auch einige Blicke darauf erhaschen, wie alltäglich ein großer Teil des Lebens Jesu auf der Erde ablief.

Ich frage mich immer wieder, wie Jesus wohl geantwortet hat, wenn jemand wie – nun, zum Beispiel wie Maria und ihre Schwester Marta ihn nach Vergebung, nach der Ewigkeit und nach dem Himmel fragte. Offensichtlich verbrachte er viel Zeit mit diesen beiden. Ihr Haus war für ihn wahrscheinlich eine Art zweites Zuhause. Da muß es doch Gelegenheiten gegeben haben – nach einem guten Essen zum Beispiel –, wo eine der Schwestern etwas sagte wie: „Sag uns, worum es eigentlich geht, Meister. Warum bist du wirklich gekommen? Sag uns, wie der Himmel wirklich ist! Was werden wir dort tun? Erzähl uns bitte kein Gleichnis und halte uns keine Predigt – komm schon, die Jünger kommen erst in einer halben Stunde wieder; sag uns, wie es wirklich ist."

Meinen Sie, Jesus schmunzelte, wenn er so etwas hörte, und gab jene leisen, vertraulichen Antworten, die wir so gerne von seinen Lippen hören würden? Meinen Sie, seine Augen wurden vielleicht ein bißchen feucht, wenn er über den Himmel sprach, den Ort, wo er mit seinem Vater war, bevor die Zeit begann, und wohin er viel früher zurückkehren würde, als diese beiden Frauen ahnten? Meinen Sie, er verriet irgendwelche Geheimnisse? Wie gerne wäre ich dabeigewesen, Sie nicht auch?

Keine Sorge, der neue Bund besteht nicht nur aus ein paar wohlgesetzten Worten in einem dicken, schwarzen Buch. Er ist etwas, das Jesus für Sie getan hat, weil er Sie liebt, und wenn Sie ihm begegnen, wird Ihnen alles im besten Sinne des Wortes ganz alltäglich erscheinen.

Gebet

Danke, Jesus, daß du dich selbst gegeben hast.

Ein neuer Name

Hört genau hin, und achtet darauf, was Gottes Geist den Gemeinden sagt. Wer durchhält und das Böse besiegt, wird Brot vom Himmel essen. Als Zeichen des Sieges werde ich ihm ein Täfelchen aus weißem Marmor geben. Darauf steht ein neuer Name, den nur der kennt, der ihn erhält ... – Denn wer durchhält und das Böse besiegt, den werde ich zu einer Säule im Tempel meines Gottes machen; er wird dort immer bleiben. Und er soll den Namen meines Gottes tragen und wird ein Bürger des neuen Jerusalem sein, der Stadt, die Gott selbst auf dieser Erde errichten wird. Auch meinen eigenen neuen Namen wird er erhalten.

Offenbarung 2, 17; 3,12

Einer der interessantesten Graffiti-Sprüche, die ich je gesehen habe, befand sich auf einer Brücke über einen Bach in einer sehr wohlhabenden Gegend östlich von Harpenden. Das erste, was daran auffiel, war, daß diese drei Worte die einzige Verunzierung des Mauerwerks waren. Die Häuser zu beiden Seiten des Baches und in der ganzen Gegend waren sehr, sehr groß und luxuriös, ganz und gar nicht die Art von Nachbarschaft, von der man annimmt, daß daraus Wändebeschmierer hervorgehen. Ein junger Rebell jedoch hatte offensichtlich beschlossen, aus der Schablone auszubrechen, indem er in leuchtend gelber Kreide ein Zeichen setzte. In großen Lettern hatte er geschrieben:

NIGEL IST UNERSCHÜTTERLICH

Etwas obskur und zaghaft vielleicht verglichen mit den Schmierereien, die man heutzutage an den Wänden öffentlicher Toiletten findet, doch ohne Zweifel fühlte sich der Schreiber besser danach, während Nigel die ganze Sache vermutlich furchtbar peinlich war, meinen Sie nicht?

Die Psychologen sagen uns, daß das Schreiben auf Wände und Türen viel mit Identität zu tun hat. Hat man einmal seinen Namen oder sein Zeichen auf einer Oberfläche hinterlassen, wo sie von anderen gesehen werden, gehört einem dieser Platz, und man empfindet mehr Zutrauen, der zu sein, der man ist. Oder so ähnlich.

Bevor nun die Gedankenpolizei die Pferde sattelt und losreitet, um mich zu schnappen: Ich habe nicht vor, zu sagen, daß Gott herumläuft und garstige Sprüche auf öffentliche Wände kritzelt, aber ich finde es interessant, daß in diesem Abschnitt Jesus seine Absicht erklärt, den Namen Gottes, den Namen der Stadt Gottes und (faszinierenderweise) seinen eigenen neuen Namen nicht auf eine Wand oder Tür, sondern auf uns zu schreiben. Finden Sie es nicht auch ermutigend, daß Jesus so sehr an uns glaubt, daß er seinen Namen auf Sie und mich schreiben will, damit wir öffentlich und für ewig mit ihm verbunden sind? Die Abmachung ist, daß er, wenn wir ihm gehorsam sind, sein völliges Zutrauen zu uns demonstrieren wird, indem er seine Identität mit unserer verwebt.

Sollten wir uns darauf einlassen? Ich denke, die Schrift steht an der Wand, finden Sie nicht?

Gebet

Wir wären stolz, deinen Namen zu tragen, Herr Jesus. Hab Geduld mit uns.

Ein neuer Himmel

Dann sah ich eine neue Welt: den neuen Himmel und die neue Erde. Denn der vorige Himmel und die vorige Erde waren vergangen, und auch das Meer war nicht mehr da. Ich sah, wie die Stadt Gottes, das neue Jerusalem, von Gott aus dem Himmel herabkam: festlich geschmückt wie eine Braut an ihrem Hochzeitstag. Eine gewaltige Stimme hörte ich vom Thron her rufen: „Hier wird Gott mitten unter den Menschen sein! Er wird bei ihnen wohnen, und sie werden sein Volk sein. Ja, von nun an wird Gott selbst als ihr Herr in ihrer Mitte leben. Er wird alle ihre Tränen trocknen, und der Tod wird keine Macht mehr haben. Leid, Angst und Schmerz wird es nie wieder geben; denn was einmal war, ist für immer vorbei."

Offenbarung 21, 1-4

Meistens genieße ich mein Leben, doch manchmal fühle ich mich müde und traurig. Als Kind hatte ich manchmal unglückliche Nächte, doch der Morgen hatte eine wundersame Macht der Erneuerung. Besonders gern ging ich im Sommer morgens hinaus, gleich nachdem die Sonne aufgegangen war, um zu sehen, wie das Licht wie ein goldener Fluß über den roten Klinkerweg strömte, der vor unserem Haus entlanglief. Dieses wunderbare tägliche Schauspiel der Brandneuheit beflügelte einen zu dem Gedanken, daß jede Veränderung zum Besseren möglich sein könnte.

Jahre vergingen, und der Zauber des Morgens wurde allmählich verwässert. Das Aufwachen hatte nicht mehr automatisch die Wirkung, die innere Dunkelheit zu vertreiben, und der dumpfe Schmerz der verlorenen Unschuld war ständig gegenwärtig. Immer noch liebte ich die erste Morgensonne, doch das Gefühl, daß sie eine Veränderung ankündigte, war eher eine Erinnerung als eine Wirklichkeit.

Daß ich Christ wurde, half eine Menge, nachdem ich erst einmal verstanden hatte, daß die sofortige und totale Freude nicht mit jedem Exemplar der „Reise ins Leben" verteilt wurde. Der Gedanke einer gefallenen Welt erklärte manches an der Art, wie das Leben so viel zu versprechen schien, aber seine Versprechen nur so unzuverlässig einlöste. Die Welt mag unvollkommen sein, doch überall um uns her, und besonders in der Natur, finden sich Hinweise und Indizien, die erahnen lassen, wie Gott sich die Dinge ursprünglich gedacht hat.

In vieler Hinsicht sind die Dinge für mich sehr gut gelaufen. Das weiß ich. Ich habe eine Familie, die mich liebt, und einen Beruf, der mir enorme Befriedigung verschafft. Ich bin an Orte gereist, die ich mir nie zu sehen erhofft hätte, und habe Leute kennengelernt, die mir sehr wichtig geworden sind; und doch ist da ein Teil von mir, der diesen gefallenen Planeten leid ist. Auf nichts freue ich mich mehr als auf den wunderbaren, brandneuen Morgen, der in dieser Passage verheißen ist. Alle Dinge werden neu gemacht, und wir werden nicht mehr müde und traurig sein, weil Himmel und Erde genau so sein werden, wie sie schon immer gedacht waren.

Gebet

Ich kann nicht abwarten, das zu sehen, Vater.

Kann es denn wahr sein,
was ständig behauptet wird,
daß die Seelen kein Geschlecht haben?
Ich bezweifle es, ich bezweifle es stark.
S. T. Coleridge

ZU ZWEIT AUF DER REISE

Das verführerische Lied der Lieder

Die Reaktionen auf diese Reihe von Andachten waren höchst interessant und unterschiedlich.
Einige Christen stimmen offenbar völlig mit Mr. Cholmondley-Warner, einer von Harry Enfields Comic-Figuren, überein, der Sex als eine „eheliche Unannehmlichkeit" bezeichnet. Bei manchen Leuten, die sich mir gegenüber äußerten, hatte ich den deutlichen Eindruck, daß ihrer Meinung nach Gott an dem Tag, als er zuließ, daß dieses Buch in die Bibel aufgenommen wurde, eine Art Blackout gehabt haben mußte.

Ich erinnere mich, wie bei einer anderen Gelegenheit eine derselben Personen die Ansicht äußerte, es sei, obwohl Jesus in jeder anderen Hinsicht ein normaler Mann gewesen sei, höchst unwahrscheinlich, daß er je eine sexuelle Versuchung verspürt habe. Ich kann verstehen, daß es dieser Person widerstrebt, jemandem, der für sie der Inbegriff der Reinheit ist, eine so grundlegende und aufdringlich ungebärdige menschliche Erfahrung zuzuschreiben, aber, wie ich schon an anderer Stelle gesagt habe, wenn er nicht auf diese Weise versucht wurde, dann war er definitiv nicht „versucht wie wir".

Jene, die mit äußerstem Abscheu auf den Inhalt des Gedichts reagieren, sollten sich vielleicht behutsam die Frage stellen, warum sie eine so starke persönliche Abneigung gegen diesen Aspekt der

Schöpfung Gottes haben. Sie könnten vielleicht auch über die Tatsache nachdenken, daß aus der Sicht orientalischer Leser das Hohelied Salomos als außerordentlich züchtiges Loblied auf die Ehe und die Freuden des Ehelebens gilt. Weit davon entfernt, ein bedauerlicher und auf ein unerklärliches Versehen zurückzuführender Zusatz zu Gottes sonst so bewundernswertem Buch zu sein, ist es in Wirklichkeit eine kraftvoll positive Bestärkung für die Art von verbindlicher Ehebeziehung, die heutzutage von allen Seiten angegriffen wird.

Falls Ihnen jemand weismachen will, Gott stehe dieser Seite des Lebens kalt-gesetzlich und negativ gegenüber – zeigen Sie ihm das Hohelied!

Andere dagegen, besonders Frauen, berichten von einem befreienden Gefühl, mit dem sie den festlichen Jubel über das schiere Frausein genossen haben, der diese Verse erleuchtet. Eine schon ältere Dame sprach mit fröhlicher Harmlosigkeit davon, wie sehr sie die überschwenglich anerkennende Weise, mit der Teile des weiblichen Körpers beschrieben werden, „erregt" habe. Für zwei Kisten Wein würde ich Ihnen ihre Bemerkungen im Wortlaut wiedergeben, aber leider hat mir die Bible Reading Fellowship nur eine geliefert.

Ein zweiter, allgemeinerer Einwand war, man könne das Buch zwar als eine Allegorie auf die Liebe Christi zu seiner Gemeinde lesen und interpretieren, aber der Text selbst enthalte kaum Hinweise darauf, daß ein solches Verständnis beabsichtigt sei. Als Nicht-Theologe kann ich zu dieser Anmerkung wenig sagen, außer daß ich in gewissem Sinne nicht glaube, daß das so oder so eine Rolle spielt. Ich halte es für völlig legitim, das ganze Buch als Dichtung und nichts sonst zu genießen (und ich hoffe, alle Leser dieser Andachten werden es aus dieser Sicht ganz durchlesen, bevor sie sich den einzelnen Abschnitten zuwenden, zu denen ich mich geäußert habe). Das Problem ist, sich auf die allegorische Piste zu begeben, ist ein bißchen so wie damals in unserer Kindheit, wenn wir in unseren klapprigen Seifenkisten ohne jegliche Bremsen steile, holperige Hänge hinunterrasten. Hat man erst einmal damit angefangen, ist es sehr schwer, wieder aufzuhören – also habe ich es gelassen.

Ob dieser Ansatz nun legitim ist oder nicht, ich bin zuversichtlich, daß die Leidenschaft Gottes für seine Gemeinde mindestens so extrem und allumfassend ist wie die Liebe, die sich in diesen Versen ausdrückt. Schließlich ist es Jesus selbst, der sich (unter vielen anderen) die bildhafte Rolle des Bräutigams der Gemeinde aneignet, die seinen Leib auf der Erde bildet, und diese Gemeinde besteht, wie Sie wissen, aus Ihnen und mir. Vielleicht ist es ein Hinweis darauf, wie tief die Menschheit gefallen ist, daß manche von uns so heftig über die körperlichen Aspekte dieser Beziehung stolpern, wenn sie als Metapher verwendet wird, daß wir vergessen, aufzublicken und zu sehen, wie wertvoll und bedeutsam die Parallelen zu der ungestümen Liebe, der leidenschaftlichen Loyalität, der tiefen Hingabe und der reichen Erfüllung des Ehelebens im besten Sinne sind.

Wie auch immer, körperliche Leidenschaft ist keine Unzucht, genauso wenig, wie eine Mohnblume im Licht des Sonnenuntergangs eine lebenszerstörende Droge ist. Beide wurden geschaffen, um schön zu sein, und weder über die eine noch über die andere hat Gott seine Meinung geändert.

Gebet

Vater, hilf uns, dieses wunderschöne Gedicht in allen seinen Schichten zu lesen und zu verstehen, die uns Nahrung für die Seele geben. Wir danken dir für das Geschenk der Liebe zwischen jenen Männern und Frauen, die ihre Beziehungen dir unterstellt haben, und wir bitten dich um Vergebung dafür, wo wir in Gedanken dazu geneigt haben, etwas Schönes in etwas Schmutziges zu verwandeln. Danke auch besonders für die Beziehung zwischen Jesus und seiner Gemeinde. Hilf uns, die Tiefe und den Reichtum dieser Beziehung zu verstehen und deine leidenschaftliche Liebe zu uns anzunehmen. Amen.

Die Macht und der Duft

Das schönste aller Lieder, von Salomo.

Komm und küß mich, küß mich immer wieder! Ich genieße deine Liebe mehr als den besten Wein. Der Duft deiner Salben betört mich. Dein Name ist wie ein besonderes Parfüm, darum lieben dich die Mädchen. Nimm mich bei der Hand! Schnell, laß uns laufen, zu dir nach Hause wollen wir eilen! Du bist mein König! Ich freue mich über dich, du bist mein ganzes Glück. Deine Liebe ist kostbarer als der edelste Wein. Kein Wunder, daß die Mädchen für dich schwärmen!

Hoheslied 1, 1-4

Es ist erfrischend, in eine Atmosphäre einzutauchen, die so angefüllt ist mit der Ekstase zweier Liebender wie das Hohelied. Ich bete darum, daß Sie sich dem Herzen Gottes näher fühlen werden, und sicherer geborgen in der göttlichen Intelligenz als je zuvor, wenn Sie diese leidenschaftliche Allegorie des geistlichen Verlangens und der geistlichen Vereinigung lesen. Es hat etwas sehr Mutmachendes, daß Gott sich ausgerechnet ein so menschliches Szenario aussucht, um seine Gefühle für uns zu offenbaren.

Eine Zeile in dieser Einleitung jedoch, nämlich die, in der es heißt, der Name des Liebhabers sei wie ein besonderes Parfüm, das vergossen wird, macht mich ziemlich traurig. Mißverstehen Sie mich nicht, ich liebe diese Vorstellung. Sie erinnert mich daran, wie es ist, wenn gute Freunde und Verwandte zu uns zu Besuch kommen. Wenn eines meiner Kinder durchs Haus ruft, daß einer von diesen besonders geliebten Leuten vor der Tür steht, scheint schon der Klang des Namens dem Tag einen neuen, süßeren Duft zu verleihen. Dasselbe habe ich als Kind noch stechender empfunden. Einer meiner Brüder rief laut: „Mama ist wieder da!“, und plötzlich war alles – nun ja, wieder gut. Das Haus war warm, alles war normal und duftete nach Geborgenheit.

Meine Traurigkeit hängt mit dem Namen Jesu zusammen. Seit ich Mitte der sechziger Jahre Christ wurde, hatte dieser Name die Macht, mich zu stärken, mich zu erwärmen, mich zu stützen, mich zum Weinen zu bringen, mich daran zu erinnern, wem ich gehöre und was ich tun sollte, oder all diese Dinge auf einmal. Bei manchen Leuten dagegen löst das Wort „Jesus" fast so etwas wie Ekel und Abscheu aus, hauptsächlich deswegen, weil der Mann, der diesen Namen trug, von viel zu vielen jener Leute, die ihm nachzufolgen behaupten, beharrlich als eine leidenschaftslose und eigentlich ziemlich jämmerliche Persönlichkeit dargestellt wurde, die mit dünner, unschöner Stimme etwas davon blökt, daß die Leute aufhören sollen, schlimme Dinge zu tun. Wie traurig.

Das Hohelied Salomos läßt die Waage weit in die andere Richtung kippen, ohne den geringsten moralischen oder geistlichen Kompromiß, und der süße Duft des Namens Jesu steigt von jeder Seite empor.

Gebet

Bitte stelle die Macht und den Duft deines Namens wieder her, Herr.

Der Ort, an dem wir stehen

Schaut nicht auf mich herab, ihr Mädchen von Jerusalem, weil meine Haut so dunkel ist, braun wie die Zelte der Nomaden. Ich bin dennoch schön, so wie die wertvollen Zeltdecken Salomos. Meine Brüder waren streng mit mir, sie ließen mich ihre Weinberge hüten. Doch mich selbst zu pflegen, meinen Weinberg, dafür hatte ich keine Zeit! Darum hat die Sonne mich dunkel gebrannt.

Hoheslied 1, 5-6

Manche Aspekte dieses Gedichts sind sehr schwer zu verstehen, aber es scheint, daß das Mädchen in diesem Abschnitt von seinen Brüdern in den Weinberg geschickt wurde, um in der heißen Sonne zu arbeiten. Infolgedessen ist sie gebräunt und schön, und in diesem Zustand begegnet ihr später Salomo (als Hirte verkleidet?), der sich in sie verliebt und sie schließlich zu seiner Braut macht.

Das Thema ist nichts Ungewöhnliches – ich denke, Aschenputtel ist mehr oder weniger dieselbe Geschichte in einer anderen Form –, doch als Bild für die christliche Erfahrung hat es eine besondere Bedeutung, nämlich, daß der Heilige Geist uns an dem Ort, an dem wir stehen, finden und uns die Macht der Liebe zeigen wird, nicht an dem Ort, an dem wir vielleicht gemeint haben, stehen zu sollen. Dazu kommt, daß uns oft das Gesicht Gottes zuerst in Gestalt einer Person oder einer Reihe von Ereignissen begegnet, die gar nicht besonders mit christlichen Etiketten gekennzeichnet sind.

Wenn ich heute zurückblicke auf die Zeit, bevor ich Christ wurde, sehe ich, was ich damals (und auch noch einige Jahre nach meiner Bekehrung, um ehrlich zu sein) nicht sehen konnte, nämlich die Art und Weise, wie Gott mich in Zeiten der Verlassenheit wie ein Vater behandelte. Ich erinnere mich zum Beispiel an ein Café in Tunbridge Wells, in dem ich als orientierungsloser, gelangweilter, abgebrannter und einzigartig unattraktiver Jugendlicher einen Großteil meiner Zeit verbrachte. Die Chefin, eine Italienerin namens Inez, war einer der ganz wenigen Lichtstrahlen in meiner ansonsten trostlosen Welt. Sie gab mir gelegentlich etwas zu essen, lächelte mich an, redete mit mir und gab mir das Gefühl, nicht ganz und gar eine Zeitverschwendung zu sein. Ich hoffe, sie liest diese Zeilen. Es wäre schön, wenn sie wüßte, wie dankbar ich ihr war und bin. Heute danke ich auch Gott dafür, daß er in ihr für mich da war, und das zu einer Zeit, als ich noch nicht einmal wußte, daß er existiert.

Wenn Sie Jesus begegnen wollen, sind Sie nicht am falschen Ort, denn genau da, wo Sie sind, wird er Sie finden, und dann *werden* Sie zu dem Ball im Königsschloß gehen.

Gebet

Vater, manche von uns haben das Gefühl, schlecht behandelt worden und am falschen Ort gelandet zu sein. Besuche uns mit deiner Liebe, Herr, an dem Ort, wo wir stehen.

Für immer in Liebe

Wenn mein König mit mir speist, riecht er den Duft meines Nardenöls. Mein Geliebter ruht an meiner Brust wie ein mit Myrrhe gefüllter Beutel. Er duftet wie die Blüten des Hennastrauchs, der in den Weingärten von En-Gedi wächst.

Wie schön du bist, meine Freundin, wunderschön bist du, deine Augen glänzen wie das Gefieder der Tauben. Schön bist auch du, mein Liebster – wie freue ich mich über dich! Das Gras ist unser Lager, Zedern sind die Balken unsres Hauses und die Zypressen unser Dach.

Hoheslied 1, 12-17

Verliebtsein ist so etwas Allumfassendes, nicht wahr? Dieser Abschnitt hat diese verträumte, versunkene, wiederholende Qualität, die man damit verbindet, wenn man sich Hals über Kopf verliebt.

Zwei Freunde von uns verliebten sich, als wir noch in den Midlands wohnten. Wir kannten sie beide sehr gut, aber getrennt voneinander, wenn Sie wissen, was ich meine. Wahrscheinlich sind sie sich gar in unserem Haus zum ersten Mal begegnet. Philip und Jane hatten beide ihre Fünfziger schon zur Hälfte hinter sich, und wir waren überrascht und ein bißchen erschrocken, als wir hörten, daß sie nicht nur eine Beziehung begonnen hatten, sondern sogar mit Volldampf in Richtung Ehe rollten! Wie würden diese beiden sehr unterschiedlichen und unabhängigen Persönlichkeiten damit zurechtkommen, in dieser Phase ihres Lebens ihren persönlichen Lebensraum miteinander zu teilen? Ich ging mit Philip einen trinken und fragte ihn, wie es laufe. Er befand sich in einem Zustand unheilbarer Schwärmerei. Offenbar waren er und Jane über absolut alles genau der gleichen Meinung.

„Ist das nicht ein bemerkenswerter Zufall?“ sagte Philip.

„Ja, Philip“, bestätigte ich überflüssigerweise, „das ist ein bemerkenswerter Zufall.“

„Weißt du“, fuhr Philip verträumt fort, „neulich abends saß ich mit Jane genau hier in der Kneipe, und sie schüttete mir versehentlich etwas aus ihrem Glas über die Hose.“

„Ach du liebe Güte“, sagte ich, „wie ärgerlich –“

„Ich sagte zu ihr: ‚Keine Sorge, Jane, ich erachte es als eine Ehre, von dir bekleckert zu werden – wirklich ...‘“

Danach habe ich nicht mehr zugehört. Heute erachten es Philip und Jane fröhlich als eine Ehre, sich gegenseitig zu bekleckern, und ich hoffe, sie genießen ihr gemeinsames Leben.

Warum habe ich mich hier über meine Freunde ausgelassen? Nun, ich finde den Gedanken interessant, daß die idyllische Verliebtheit, die in diesen Versen aus Salomos Gedicht zum Ausdruck kommt, in unserer Beziehung zu Gott nie völlig nachlassen wird. Lesen Sie sie noch einmal, und denken Sie darüber nach, daß dieser Traum für immer bleiben wird.

Gebet

Hilf uns, daß wir nie aufhören, in dich verliebt zu sein, Herr.

Eine Lilie unter Dornen

Ich bin nur eine Narzisse in der Scharonebene, eine Lilie aus den Tälern. Wie eine Lilie unter Dornen, so ist meine Freundin unter allen andren Mädchen! Wie ein Apfelbaum unter den Bäumen des Waldes, so ist mein Liebster unter allen anderen Männern! In seinem Schatten möchte ich ausruhen und seine Früchte genießen.

Hoheslied 2, 1-3

Eine wunderschöne Passage, nicht wahr? Kein Kommentar von mir könnte viel hinzufügen. Eine Kleinigkeit jedoch fällt mir auf. (Ja, ja, Sie haben recht – mir fällt immer irgendeine Kleinigkeit auf.) Das ist die Zeile, wo der Mann seine Geliebte unter den Mädchen mit einer Lilie unter Dornen vergleicht. Was bedeutet das?

Hier sind zwei mögliche Interpretationen, die beide interessante Schlußfolgerungen nach sich ziehen.

Erstens ist da ein Anklang an Verletzbarkeit. Dornengestrüpp ist dafür bekannt, das Wachstum zarterer Pflanzen zu ersticken oder zu behindern. Vielleicht klingt hier das Risiko an, das Gott einging, indem er Jesus als wahren Menschen dem Dornengestrüpp der unerlösten Menschheit aussetzte. Jenes Baby im Stall von Betlehem, zerbrechlich und abhängig, muß für Gott und all seine Engel ein Anblick gewesen sein, den sie mit großem Stolz und großer Furcht betrachteten. Wie würden wir uns um ihn kümmern? Was würde am Ende aus ihm werden? Die Antwort ist natürlich, daß Maria und Josef ihre Sache wohl sehr gut gemacht haben, aber wir alle gemeinsam ihn ans Kreuz brachten. Die Lilie wurde zerdrückt, aber nicht zerstört.

Dieses Prinzip der Verletzbarkeit Jesu ist, glaube ich, wichtig für unser Verständnis, wie der Leib Christi auf der Erde heute funktionieren sollte. Eine spätere Andacht, in der von Mutter Teresa die Rede ist, wird vielleicht deutlicher machen, was ich damit meine.

Die zweite Interpretation ist einfach, daß etwas sehr Schönes und Besonderes mitten unter uns wächst, wie wild und billig das Leben in den Spätnachrichten (und in unseren Wohnzimmern) manchmal auch zu sein scheint. In jedem von uns, mitten in jeder Situation, im Herzen jedes Sturms, jeder Seuche und jeder Tragödie, können die Blüten, die ersten Sprossen oder zumindest die Saat des Wachstums der Liebe niemals zerstört werden. Und, nur für den Fall, daß jemand denken sollte, das sei sentimentales Gesülze, möchte ich für mich und viele andere hinzufügen, daß es die Lilie unter Dornen ist, die uns in sehr vielen Situationen das Überleben möglich gemacht hat.

Gebet

Jesus, so verletzlich, so schön, so stark, hilf uns, aufrecht zu stehen.

Ganz normale Helden

Ins Weinhaus hat er mich geführt, dort zeigt er mir, daß er mich liebt. Stärkt mich mit Rosinenkuchen, erfrischt mich mit Äpfeln, denn ich bin krank vor Liebe! Sein linker Arm liegt unter meinem Kopf, und mit dem rechten hält er mich umschlungen. Ihr Mädchen von Jerusalem, ich beschwöre euch: Laßt uns jetzt allein! Wir sind wie scheue Rehe und Gazellen – schreckt uns nicht auf, wir lieben uns.

Hoheslied 2, 4-7

Mama! Ich bin wieder da, Mama; rate mal – Robert Wilson hat mich heute abend zu sich eingeladen, und ich bin ganz schwach vor Liebe! Hol die Rosinen heraus und spick uns einen Apfel – ich brauche eine Stärkung ..."

Zu Anfang ist es schwierig, die stilisierte Romantik jener fernen Kultur und Zeit mit heutigen Erfahrungen in Zusammenhang zu bringen.

Aber im Grunde waren die Menschen in der ganzen Geschichte immer mehr oder weniger gleich, und das ganz besonders, wenn es um Herzensangelegenheiten geht. Nur der Kontext der Einzelheiten verändert sich (obwohl es sogar Rosinen und Äpfel heute wieder in Form von Müsli gibt, nicht wahr? Vermutlich sorgte die Mutter der Geliebten Salomos dafür, daß sie jeden Morgen ein gutes, nahrhaftes Frühstück bekam, bevor sie loszog, um zu turteln).

Die relative „Gewöhnlichkeit" der biblischen Gestalten zu verstehen kann eine Hilfe dabei sein, ein konstruktives Verhältnis zur Heiligen Schrift zu entwickeln. Jahrelang hatte ich, vermutlich unter dem Einfluß der düster-dramatischen Lithographien in unserer großen Familienbibel und der Kinofilme, in denen Charlton Heston oder Victor Mature, begleitet vom vollen Orchester, den Blick zum Horizont richteten, den vagen Eindruck, daß Leute wie Mose und Samuel (a) Amerikaner, (b) fünf Meter groß und (c) unfähig sein mußten, einen Satz zu sagen, der nicht vor kosmischer Bedeutsamkeit triefte. Was für ein Unfug!

Gott hat schon immer mit fehlbaren Menschen gearbeitet, da eine andere Sorte nie zur Verfügung stand. Manche der großen Gestalten des Alten Testaments hatten besondere Talente und Qualitäten, doch wenn wir die Berichte über ihr Leben lesen, entdecken wir, daß sie auch deutliche Fehler und Schwächen hatten. Was uns den Zugang zu Passagen wie der heutigen und vielen anderen in der Bibel erschweren kann, ist diese illusorische Vorstellung, daß unsere Emotionen, Erfahrungen, Beziehungen und geistlichen Kämpfe im Vergleich zu denen der „Helden" der Bibel irgendwie banal und unwichtig seien.

Keine Sorge; wenn Sie je verliebt waren, werden Sie das Hohelied Salomos verstehen, und wenn Sie im zwanzigsten Jahrhundert Gott dienen, sind Sie bereits der Held in Ihrem eigenen Epos.

Gedanke

Wenn die Bibel heute geschrieben würde, hätten wir dann das Buch George, das Buch Irene, das Buch Stan und das Buch . . . ?

Eine Zeit für alle Menschen

Er sagt zu mir: „Steh auf, meine Freundin, meine Schöne, und komm! Die Regenzeit liegt hinter uns, der Winter ist vorbei! Die Blumen beginnen zu blühen, die Vögel zwitschern, und überall im Land hört man die Turteltauben gurren. Die ersten Feigen werden reif, die Reben blühen und verströmen ihren Duft. Steh auf, meine Freundin, meine Schöne, und komm!" – Nur mir gehört mein Liebster, und ich gehöre ihm, dem Hirten, der seine Schafe auf Wiesen voller Lilien weidet. Abends, wenn es kühl wird und die Nacht ihre Schatten über das Land breitet, dann komm zu mir, mein Liebster! Sei schnell wie eine Gazelle, flink wie ein junger Hirsch, der von den rauhen Bergen kommt!

Hoheslied 2, 10-13. 16-17

Dies muß wohl eine der berühmtesten Frühlingsrhapsodien aller Zeiten sein, gesungen von einem, der nicht nur durch die neue Jahreszeit in Entzücken gerät, sondern auch noch verliebt ist, eine ziemlich unschlagbare Kombination.

Eines der Klischees im Christentum ist die geistliche Symbolik der Zeiten, nicht wahr? Wir werden geboren, wir leben, wir durchwandern den Abend unseres Lebens, wir sterben, wir werden wiedergeboren. Diese Parallelen sind natürlich nur deshalb zu Klischees geworden, weil in ihnen nicht nur die spezifisch christlichen Zyklen anklingen, sondern der Rhythmus des Lebens selbst. Im Lauf der Jahre wird meine Dankbarkeit für die jahreszeitlichen Veränderungen immer stärker. In diesem Land ein Jahr zu durchleben ist so, als führe man in majestätischer Zeitlupe auf der großartigsten Themenpark-Bahn, die je konstruiert wurde.

Die Symbole? Nun, für mich sind da noch Symbole innerhalb der Symbole. Hier ist ein Beispiel.

Vor unserem Haus steht eine große japanische Zierkirsche. Der Baum steht dort offenbar schon seit vielen Jahren. Während neunundvierzig Wochen des Jahres wächst er unauffällig vor sich hin, doch wenn der Frühling kommt, bringt er eine triumphale Explosion rosafarbener Blüten hervor. Drei Wochen lang leuchtet ein riesiger Ball aus Farbe über der Straße wie der kostbarste aller kostbaren Juwelen und hebt sich besonders herrlich von einem blauen Himmel ab. Nach diesem kurzen, aber spektakulär erfolgreichen Auftritt ist der Zauber vorbei, und unsere Nachbarn fangen an, sich über matschige Blüten in ihren Vorgärten zu ärgern.

Als ich vor über zehn Jahren krank war, war mir das Blühen dieses Baums wie ein Zeichen vom Himmel, das mir zeigte, daß Gott eine besondere Magie anwendet, um aus etwas Glanzlosem Schönheit hervorzubringen. Jedes Jahr freue ich mich auf eine Wiederholung dieser kleinen Optimismusübung – eine Art botanischer Regenbogen, ein Symbol innerhalb eines Symbols.

Ich liebe den Frühling.

Gebet

Danke für die Jahreszeiten und die Möglichkeit der Veränderung.

Verirrte Liebende

Nachts auf meinem Bett sehnte ich mich nach meinem Liebsten. So gern wollte ich bei ihm sein, doch er war nicht da! Ich will aufstehen, die Stadt durchstreifen, durch die Gassen und über die Plätze laufen. Meinen Liebsten muß ich finden! Ich suchte nach ihm, doch vergebens. Bei ihrem Rundgang griff die Wache mich auf: „Habt ihr meinen Liebsten gesehen?" fragte ich sie. Kaum war ich an ihnen vorbei, da fand ich ihn, dem mein Herz gehört. Ich hielt ihn fest und ließ ihn nicht mehr los. Ich führte ihn in das Haus meiner Mutter, in jene Kammer, in der sie mich geboren hat.

Hoheslied 3, 1-4

Von all den herzzerreißenden Briefen, die ich hin und wieder von Leuten bekomme, gehen mir diejenigen besonders nahe (vielleicht, weil ich sie so gut nachfühlen kann), in denen sich ein verzweifeltes, aber unerfülltes Verlangen nach Gott ausdrückt. Wie die Sprecherin in dieser Passage schreien diese unglücklichen Seelen aus der dunklen Nacht ihrer Verzweiflung nach einem Zeichen oder Hinweis, daß sie nicht allein sind – daß Gott sie tatsächlich hört und liebt, daß sie irgendwann mit ihm vereint sein werden und daß – nun, Sie wissen schon –, daß alles warm und kuschelig und wunderbar sein wird.

Oft haben diese Leute bereits die diversen obligatorischen Ratschläge gesucht und bekommen und hoffen, daß ich ihnen vielleicht irgendeine neue, super-effektive Idee bieten könnte, die ihr Leben verändern wird. Ojemine!

Ich nehme an, wenn Gott ein System wäre, ein Mechanismus oder auch nur eine Montageanleitung für einen Ikea-Schrank, dann könnte ich ihnen vielleicht auf diese Weise helfen, aber das ist er nicht – er ist eine schöpferische, dynamische Persönlichkeit, die sich nicht einstellen oder programmieren läßt, um eine bestimmte Wirkung zu erzielen.

Addieren Sie dazu die Komplexität jedes der menschlichen Wesen, die mit ihm zu tun haben, und das Problem scheint noch unlösbarer zu werden. Was ich aus persönlicher Erfahrung sagen kann, ist, daß, wenn Sie einer jener verirrten Liebenden sind, für Sie der richtige Augenblick kommen wird, um von Ihrem Bett aufzustehen und in der Stadt herumzugehen, auf den Straßen und Plätzen, und nach Ihrem Gott zu suchen, und dann werden Sie ihm begegnen. Aber es muß der richtige Zeitpunkt sein, der Moment, den er für Sie gewählt hat.

Und wenn Sie ihn dann finden – und das werden Sie –, dann nehmen Sie ihn nicht für selbstverständlich. Lassen Sie ihn nicht gehen.

Gebet

Vater, höre die Rufe aus der Dunkelheit und strecke deine Arme nach uns aus. Wir sehnen uns so sehr danach, bei dir zu sein.

Zu schön, um wahr zu sein

Wie schön du bist, meine Freundin, wie wunderschön! Deine Augen hinter dem Schleier glänzen wie das Gefieder der Tauben. Dein Haar fließt über deine Schultern wie eine Herde Ziegen, die vom Gebirge Gilead ins Tal zieht. – Deine Brüste sind wie junge Zwillinge einer Gazelle, die auf Blumenwiesen weiden. Abends, wenn es kühl wird und die Nacht ihre Schatten über das Land breitet, will ich zu dem Hügel kommen, der nach Myrrhe und Weihrauch duftet. Deine Schönheit ist vollkommen, meine Freundin, kein Makel ist an dir.

Hoheslied 4,1. 5-7

Als ich ein Jugendlicher war, erschien in der *Times* eine Anzeige. Das kleine Kästchen auf der letzten Seite bot einfach demjenigen, der sich zuerst meldete, ein kostenloses Auto an – einen Mini. Es waren keine Bedingungen daran geknüpft, nichts war zu bezahlen, die Sache hatte nicht den geringsten Haken. Jemand hätte umsonst ein Auto bekommen können, aber nicht ein einziger antwortete auf die Anzeige. Vermutlich dachten die Leser, sie sollten irgendwie hereingelegt werden. Natürlich war das genau die Reaktion, mit der die Leute gerechnet hatten, die die Anzeige aufgaben; doch das Auto stand tatsächlich zur Verfügung.

Glauben Sie, daß es dumm von den Leuten war, argwöhnisch zu sein? Nun, schauen Sie sich diese Passage an, die etwas noch viel Wertvolleres anbietet als einen Mini, und fragen Sie sich, ob Sie dieses Angebot für echt halten. Lassen Sie mich erklären.

Das Hohelied Salomos ist, wie ich in der Einleitung erwähnt habe, neben vielem anderen ein Bild für die Liebe Gottes zu seiner Braut, der Gemeinde. Und das bedeutet, falls Sie es noch nicht gemerkt haben, zu Ihnen – und mir. Nun hätte ich gerne, daß wir uns die folgende Frage stellen: Wenn wir einmal Dinge wie die Brüste wie Zwillinge einer Gazelle aus dem Spiel lassen, glauben wir wirklich, daß es das ist, was Gott sieht, wenn er uns betrachtet?

Sind wir nicht nur schön, sondern wunderschön in seinen Augen? Findet er uns wirklich lieblich? Ist es möglich, daß wir in seinen Augen ohne Makel sind? Ist es vorstellbar, daß wir in seiner Brust eine solche freudige Erregung hervorrufen?

Er sagt, daß dies alles wahr ist. Vielleicht ist ein Haken dabei. Ich glaube es nicht. Noch weniger, als wenn die Familie Plass angeln geht. Die Selbstkritik ist uns so eingefleischt, daß wir vergessen, daß wir an Christus hängen. Wir sind so schön wie er, nicht aufgrund dessen, was wir sind oder was wir tun, sondern weil er in uns ist und wir in ihm. Können wir das annehmen? Kommen Sie – den Mini haben wir schon verpaßt –, versuchen wir es diesmal.

Gebet

Manche von uns kommen sich nicht sehr schön vor, Herr. Hilf uns, in deiner Liebe zu versinken.

Süße Schmeicheleien

Du hast mich verzaubert, mein Mädchen, meine Braut! Mit einem einzigen Blick hast du mein Herz geraubt. Schon eine Kette deines Halsschmucks zog mich in deinen Bann! Wie glücklich macht mich deine Liebe, mein Mädchen, meine Braut! Ich genieße deine Liebe mehr als den besten Wein. Dein Duft ist bezaubernder als jedes Parfüm. Wie Honig schmecken deine Lippen, meine Braut, ja, süße Honigmilch ist unter deiner Zunge! Und wie der Wald dort auf dem Libanon, so duften deine Kleider.

Hoheslied 4, 9-11

Ich wünschte, ich hätte mehr Talent für süße Schmeicheleien. Wohlgemerkt, meine Frau würde zutiefst argwöhnisch werden, wenn ich mich plötzlich an sie heranschliche und ihr sagte, daß unter ihrer Zunge Honigmilch sei und ihre Kleider dufteten wie der Wald auf dem Libanon. Und was die Behauptung angeht, daß ich ihre Liebe mehr genieße als den besten Wein, so bin ich keineswegs sicher, daß sie mir das glauben würde.

Im Ernst, es ist sehr schade, daß in vielen Ehen mit der Zeit nicht nur die Romantik verschwindet, sondern sich sogar ein ständiger Konflikt breitmacht. Eine leider sehr verbreitete Sicht der Ehe wurde mir in einer Szene demonstriert, die ich einmal in einem Waschsalon beobachtet habe. Als ich hereinkam, war bereits eine lautstarke Auseinandersetzung zwischen einem Mann und einer Frau von Anfang sechzig im Gange.

„Du kannst nie zuhören!" schimpfte die Frau. „Du kannst nur Lärm machen!"

„Hau bloß ab!" gab der Mann wütend zurück. „Du bist nichts als eine blöde, großmäulige alte Plaudertasche!"

„Keine Sorge!" schnappte sie. „Ich will überall sein, bloß nicht in deiner Nähe!"

Und damit rauschte die Frau durch die Tür hinaus und verschwand.

Eine birnenförmige Dame, die die Feindseligkeiten von den Wäschetrocknern aus beobachtet hatte, rutschte ein wenig auf ihrer Bank hin und her und sprach dann den Mann mit gleichgültiger Stimme an. „War das Ihre Frau?"

Der Mann hörte auf, vor sich hin zu murmeln, und starrte sie an.

„Mit der verheiratet?" sagte er ungläubig. „Die würde ich nie heiraten, und wenn sie die letzte Frau auf der Erde wäre."

„Ach", sagte die birnenförmige Dame mit unveränderter Gleichgültigkeit. „Ich dachte, das müßte Ihre Frau sein, so wie Sie mit ihr geredet haben."

Das ist vielleicht ein extremes Beispiel dafür, wie die Ehe gesehen wird, aber es ist wirklich schade, daß so viele Ehen als Romanzen beginnen, nur um dann später so zu verkommen, daß der Ehepartner die einzige Person ist, zu der man je richtig garstig ist.

Gebet

Herr, an Salomos Standard kommen wir nicht heran, aber wir möchten gern wieder ein wenig Romantik in unsere Ehen bringen. Hilf den Verheirateten unter uns, unsere Partner mit neuen Augen zu sehen und ganz neu schätzen zu lernen.

Schließe uns auf

Mein Mädchen ist ein Garten, in dem die schönsten Pflanzen wachsen. Aber noch ist er mir verschlossen. Meine Braut ist eine Quelle mit frischem Wasser, aber noch kann ich nicht davon trinken. An Granatbäumen reifen köstliche Früchte, und die Hennasträucher blühen. Dort wachsen Narde und Safran, Kalmus und Zimt, Weihrauchsträucher, Myrrhe und Aloe und die edelsten Balsamgewächse. Eine Quelle bewässert den Garten, ihr Wasser sprudelt herab vom Libanon.

Hoheslied 4, 12-15

Ich habe schon erwähnt, daß ich gelegentlich mit Grauen zurückblicke auf die Zeit, als ich als jugendlicher Schulschwänzer von fünfzehn oder sechzehn Jahren ohne Geld und ohne Aussichten ziellos durch Tunbridge Wells streifte. Nicht die Vorstellung des ziellosen Herumstreifens löst dieses Grauen aus – das ist immer noch eines meiner liebsten Hobbys –, sondern die Erinnerung an meinen Umgang mit dem Gefühl völliger Unzulänglichkeit, das ich im Blick auf die meisten meiner Beziehungen empfand. Ich gewöhnte mir einen ätzenden Sarkasmus an, mit dem ich vermutlich mehr Leute von mir abstieß, als ich mir damals je vorgestellt hätte. Wenn es auch die niedrigste Form der Schlagfertigkeit war, bot es doch für einen mit Schmerz angefüllten Versager wie mich die wirkungsvollste Möglichkeit, dafür zu sorgen, daß ich wenigstens manchmal bei irgend jemandem einen Eindruck hinterließ.

Ich bin sicher, daß viele Leute meine sarkastische Einstellung zur Raserei brachte. Ich kann es ihnen nicht verdenken. Aber ich glaube, wenn sie gewußt hätten, wie sehr ich mich danach sehnte, Herzlichkeit und Wärme zu geben und zu empfangen, während ich gleichzeitig versuchte, jedes Ego in Sichtweite zurechtzustutzen, wären sie erstaunt gewesen. Bei ein paar Freunden, wie sich denken läßt, eben denen, die rückhaltlos zeigten, daß sie mich schätzten, ließ ich meine Maske fallen, aber die waren dünn gesät.

Eine der größten Auswirkungen meiner Begegnungen mit Gott in den letzten Jahren war, Gott sei Dank, eine Freisetzung meines natürlichen, kindlichen Verlangens, zu lieben und geliebt zu werden, so wie ich bin, wie wenig beeindruckend ich auch sein mag. Ich glaube und hoffe, daß mein Sarkasmus sich heutzutage in Satire gewandelt hat. Wenn ich die heutige Passage lese, sehe und spüre ich in ihrem Herzen Gottes Verheißung, daß all die verschlossenen, schönen Gärten in unserem Innern eines Tages aufgestoßen werden und daß all die versiegelten Quellen vor Gefühlen und Gedanken und Worten übersprudeln können, die bisher kaum das Tageslicht gesehen haben. Ich weiß, daß manche von Ihnen, die Sie diese Worte heute lesen, das dringender brauchen als irgend etwas sonst auf der Welt.

Gebet

Schließe uns auf und befreie uns, Herr. Geh in diesem Garten spazieren. Trinke von dieser Quelle.

Was halten Sie von Gott?

Ihr Mädchen von Jerusalem, ich beschwöre euch: Wenn ihr meinen Liebsten findet, dann sagt ihm, daß ich krank vor Liebe bin. Warum beschwörst du uns, du schönste aller Frauen? Was hat dein Liebster anderen voraus? Mein Liebster ist schön und kräftig, unter Tausenden ist keiner wie er! Sein Gesicht schimmert wie Gold, sein Haar ist rabenschwarz, seine Locken erinnern an die Blütenrispen einer Dattelpalme.

Hoheslied 5, 8-11

Weil ich als Redner soviel unterwegs bin, lerne ich im Laufe eines Jahres eine enorme Anzahl von Gemeinden kennen und treffe Hunderte von Christen, die alle mögliche Arbeit tun, vom vollzeitlichen Dienst bis zum Kaffeekochen am Sonntagmorgen. Ich werde es nie leid, zu hören, was sich tut, besonders von Leuten, die in ihren Aktivitäten so richtig aufgehen. James Herriot hat geschrieben, Enthusiasten seien anziehend, doch Fanatiker seien unwiderstehlich. Ich stimme ihm zu. Recht oft jedoch streue ich, wenn ich mir eine Weile lang eine Schilderung der letzten Aktivitäten der Jugendgruppe oder der Fortschritte bei der Erweiterung des Gemeindehauses angehört habe, eine Frage ein, die ich schon öfter gestellt habe, als ich auf Missionstagen kalte Mahlzeiten bekommen habe, die eigentlich hätten heiß sein müssen.

„Was halten Sie von Gott?"

Meist lautet die Antwort nach einem Moment verdutzten Schweigens: „Wie meinen Sie das?"

„Nun, wie denken und fühlen Sie persönlich über Gott – über Jesus?"

Manche Leute könnten mir diese Frage nicht beantworten, selbst wenn ich den ganzen Tag stehenbleiben und warten würde, weil sie ihm in diesem Stadium ihres Lebens noch nicht richtig bewußt begegnet sind. Andere antworten mit unterschiedlichen Graden von Eifer oder Frömmigkeit, aber richtig Freude habe ich an denen, deren Augen und Gesten weich werden, wenn sie, sei es stockend oder beredsam, versuchen, mir zu sagen, wie sehr sie ihn lieben, und vielleicht auch, wie stolz sie darauf sind, für ihn zu arbeiten.

Das ist mehr oder weniger das, was in dieser Passage geschieht.

„Was ist denn so Besonderes an deinem Mann?“ fragen die Frauen.

Die Antwort ist lyrisch und überwältigend und enthält Worte, die seit zweitausend Jahren zusammenfassen, was wahre Gläubige für Jesus empfinden.

„So ist mein Liebster, mein Freund.“

Gebet

Hilf uns, dich im Mittelpunkt unserer Arbeit für dich stehen zu lassen, Herr, und eine gute, warmherzige Antwort zu geben, wenn wir nach dir gefragt werden.

Öffne deine Augen

Wohin ist dein Liebster denn gegangen, du schönste aller Frauen? Wir wollen mit dir gehen und nach ihm suchen, wo könnte er denn sein? Mein Liebster ging in seinen Garten, wo Balsamkräuter wachsen. Dort ist die Weide seiner Herde, dort pflückt er schöne Lilien. Nur mir gehört mein Liebster, und ich gehöre ihm, dem Hirten, der seine Schafe auf Wiesen voller Lilien weidet. Schön bist du, meine Freundin, schön wie Tirza, bezaubernd wie Jerusalem; du hast mich erobert wie ein mächtiges Heer, das zum Krieg auszieht. Wende deine Augen von mir ab, denn dein Blick überwältigt mich.

Hoheslied 6, 1-5

Haben Sie sich je gefragt, warum Gott zugelassen hat, daß Mutter Teresa einer so breiten Öffentlichkeit bekannt wurde? Wäre es nicht vernünftiger gewesen, sie still ihre Arbeit unter den Armen in Indien tun zu lassen, während die Power-Evangelisten vor der Öffentlichkeit agieren? Offenbar wollte Gott damit etwas sagen, und dieser Abschnitt könnte uns einen Hinweis geben, was das war.

„Wohin ist dein Liebster denn gegangen?"

Wenn diese Frage an Christen gerichtet wird, können Sie mit einer Vielzahl unterschiedlicher Antworten rechnen. Manche sind ganz sicher, daß er in einem bestimmten liturgischen Rahmen zu finden sei, andere wissen genau, daß der einzige Ort, wo man sich auf sein Erscheinen verlassen kann, ihre eigene Kirche zwischen halb elf und zwölf am Sonntagvormittag ist. Wieder andere haben ihn auf den Seiten der Bibel festgeklebt, einige sind sicher, daß er Dauergast bei „Spring" ist, und ein paar gibt es sogar, die ihn irgendwo in einem Fernseher ausmachen, fest unter der Kontrolle eines stahläugigen amerikanischen Evangelisten.

Was hätte Mutter Teresa gesagt? Ich vermute, daß sie ganz ähnlich geantwortet hätte wie das Mädchen in diesen Versen: daß er in den Garten gegangen sei, um seine Herde zu weiden. Doch für Mutter Teresa bestand die Herde aus kranken, schmutzigen, obdachlosen Menschen, und die Gärten waren die wimmelnden Straßen von Indien. Ich glaube, daß Gott diese bemerkenswerte Frau bekannt werden ließ, um uns daran zu erinnern, daß unser Liebster immer noch bei denen zu finden ist, die ihn brauchen, um uns begreiflich zu machen, daß wir, wenn unsere geistliche Sicht korrigiert ist, vielleicht wie Mutter Teresa in der Lage sein werden, Jesus in den Augen von Bettlern zu sehen, und Lilien auf den Straßen von Kalkutta.

Gebet

Öffne die Augen unseres Verstandes, Herr, damit wir sehen, wo du zu finden bist. Laß uns Hoffnung sehen, wo nur Verzweiflung war, und Schönheit, wo nur Häßlichkeit war.

Im Gegenteil

Dreh dich, Sulamith, dreh dich beim Tanz im Kreis, denn wir wollen dich bewundern! Was gibt es denn zu sehen, wenn ich den Reigen von Mahanajim tanze? Wie schön sind deine Füße in den Sandalen, du Fürstentochter! Die Rundungen deiner Hüften sind wie ein Halsgeschmeide, ein Werk aus Künstlerhand. – Dein Kopf ist schön und majestätisch wie das Karmelgebirge. Dein Haar schimmert wie Purpur, deine Locken können einen König fesseln. Wie schön du bist! Deine Liebe macht mich glücklich. Deine Gestalt gleicht einer hohen Dattelpalme, und deine Brüste sind wie ihre Früchte. Ich will auf die Palme steigen und ihre reifen Früchte genießen. Freuen will ich mich an deinen Brüsten, die den Trauben am Weinstock gleichen. Deinen Atem will ich trinken, der wie frische Äpfel duftet.

Hoheslied 7, 1-2. 6-9

Salomo muß der Star auf den alttestamentlichen Partys gewesen sein, meinen Sie nicht? Was für ein Aufreißertext! Ich frage mich, wie er wohl heute zurechtgekommen wäre. Ich bin mir nicht sicher, wie ein durchschnittliches modernes Mädchen wohl darauf reagieren würde, wenn man ihr sagte, ihr Schoß gleiche einer runden Schale, die stets mit Wein gefüllt sei. Auch über die Rundung der Hüften, die wie Halsgeschmeide ist, bin ich etwas verdutzt. Halsgeschmeide? Ich nehme an, diese Vergleiche hatten ihre Wurzel in kulturellen Dingen. Doch der Rest dieses Abschnitts – oh Mann!

Wenn jene, die die Bibel (ohne sie gelesen zu haben) als langweilig und trocken brandmarken, Texte wie diesen studieren würden, müßten sie vielleicht ihre Attacke auf eine ganz andere Front verlegen. Vielleicht würden sie sich am Ende gar beschweren, daß ein solch unverhüllt sinnlicher Ausdruck sexuellen Verlangens unangebracht sei in einem Buch, das beansprucht, das lebendige Wort Gottes zu sein. Schließlich, würden sie vielleicht argumentieren, spreche er sich an vielen anderen Stellen desselben Buches kompromißlos gegen sexuelle Unmoral aus. Aber genau das ist natürlich der Punkt. Leider hat die Kirche dazu geneigt, die negativen Aspekte der Sexualität überzubetonen, so daß sie für viele zu einem Bereich der dunklen Unterdrückung und der Schuldgefühle geworden ist. So wird Gott oft so wahrgenommen, als ginge es ihm nur darum, die Leute davon abzuhalten, ihren Spaß zu haben.

Lesen Sie den Abschnitt noch einmal. Ob allegorisch oder im Wortsinn, die Botschaft ist klar. Dieser Erklimmer von Palmen, dieser Genießer reifer Früchte, dieser Kenner von Wein und Küssen ist so weit davon entfernt, gegen Sex zu sein, wie man es nur sein kann. Gott steht der körperlichen Liebe nicht nur mit milder, wohlwollender Duldung gegenüber, sondern mit überschwenglicher Begeisterung, wenn sie im Rahmen einer geistlich hingegebenen Beziehung genossen wird. Er hat sie erfunden und sah, daß sie sehr gut war. Und das ist sie auch.

Gebet

Herr, hilf uns, keine Angst zu haben vor den Dingen, die du uns gegeben hast. Wir werden versuchen, positiv zu sein, wenn wir mit Leuten, die dich nicht kennen, über diese Dinge reden.

Irgendwohin

... deine Lippen will ich spüren, denn sie schmecken mir wie edler Wein. Ja, möge der Wein dich erfreuen, daß du ihn im Schlaf noch auf den Lippen spürst. Ich gehöre meinem Liebsten, und sein Herz sehnt sich nach mir. Komm, wir gehn hinaus aufs Feld, mein Liebster, unter Hennasträuchern laß uns die Nacht verbringen! In der Frühe wollen wir zum Weinberg gehen und sehen, ob der Weinstock treibt, ob seine kleinen Blüten aufgegangen sind und der Granatbaum schon die ersten Knospen hat. Dort will ich dir meine Liebe schenken!

Hoheslied 7, 10-13

Ein paar Wochen, bevor ich diese Andacht schrieb, fuhren Bridget und ich mit David und Katy hinüber nach Frankreich, um ein paar Tage in dem kleinen Ferienhäuschen in der Normandie zu verbringen, das uns zusammen mit ein paar Freunden hier am Ort gehört. Diese baufällige kleine Behausung, der zum Glück alles fehlt, was mit „Tele“ anfängt, steht neben einer Grundschule in einem verschlafenen Dorf und hat nur drei Zimmer, eine Art Wohn-Eß-Aufenthaltszimmer und zwei Schlafzimmer. Das optimistisch so benannte „Badezimmer“ ist auf Leute am unteren Ende des weniger großen Spektrums ausgelegt, aber man kann darin alles Nötige erledigen, wenn auch in recht verkrampften Posen.

Es ist kein elegantes Ferienhaus. Vermutlich würde es mit einem Viertelstern bewertet werden, aber das Häuschen und das faszinierend erleuchtete Tal, über dem es steht, sind angefüllt mit einem starken Zauber. Wer immer sich dort aufhält, scheint nicht anders zu können, als sich zu entspannen, und genau das taten auch wir bei dieser Gelegenheit.

Ich bin sowieso ganz hin und weg von Frankreich, aber bei diesem Besuch gab es ein besonderes Bonbon. Etwas in mir setzte sich zum ersten Mal seit langer Zeit hin und ließ es sich wohl sein. Wir machten kleine Spaziergänge irgendwohin, fuhren mit den Rädern über die Bauernhöfe zu einer Stelle, wo der Fluß unter einer alten, morschen Brücke entlangfließt, und unterhielten uns mit einer kleinen braunen Ziege, die ganz begierig zu sein schien, uns kennenzulernen; wir gingen hinauf in den nahen Wald, um Holz für unser Lagerfeuer zu holen, wir frühstückten spät und ausgiebig am Tisch an dem Fenster, von dem aus man das Tal sieht, und wir spielten Croquet auf dem Rasen (einer mit wildem Gras bewachsenen Fläche an der Seite des Hauses).

Etwas an diesem Abschnitt weckt beinahe wehmütige Erinnerungen an jene allzu wenigen friedlichen Tage, in den wir zusammen lachten und Dinge betrachteten und uns einfach daran freuten, Leute zu sein, die an einem lieblichen Ort sind und einander lieben. So etwas passiert nicht sehr oft, nicht wahr? Wenn der Herr und seine Braut wahrhaft vereint sind, wird es für alle Ewigkeit so sein.

Gebet

Komm bald, Herr Jesus.

Gefühle erlaubt

Laß mich deinem Herzen nahe sein, so wie der Siegelring auf deiner Brust. Ich möchte einzigartig für dich bleiben, so wie der Siegelreif um deinen Arm. Unüberwindlich wie der Tod, so ist die Liebe, und ihre Leidenschaft so unentrinnbar wie das Totenreich! Wen die Liebe erfaßt hat, der kennt ihr Feuer: Sie ist eine Flamme Gottes! Mächtige Fluten können sie nicht auslöschen, gewaltige Ströme sie nicht fortreißen. Böte einer seinen ganzen Besitz, um die Liebe zu kaufen, so würde man ihn nur verspotten.

Hoheslied 8, 6-7

Wie denken Sie über unzuverlässige Leute? Ich bringe manchmal mit meiner Unberechenbarkeit die Leute zur Raserei. Wenn nette Leute mir schreiben, kann es sein, daß sie schon am nächsten Tag ihre Antwort haben; es kann aber auch sein, daß sie mir irgendwann eine jener peinlichen Nachfragen schicken, in denen es heißt: „Ich füge eine Kopie des Briefes bei, den ich Ihnen vergangenes Jahr schrieb, da das Original offenbar auf dem Postweg verloren gegangen ist ..."

Unzuverlässige Leute können einen zur Weißglut bringen (ich habe einen akademischen Grad in Heuchelei), aber sie können auch sehr lebhaft und anregend sein. Wenn sich nicht alles immer unbedingt zu geraden Linien zusammenfügen muß, kann alles mögliche passieren, und die Folgen können wunderbar oder auch schrecklich sein.

Dasselbe gilt für die Gefühle. Als ich ein junger Christ war, wurden wir vor Gefühlen gewarnt, als wären sie gefährliche Ungeheuer, die auf unseren Schultern sitzen und uns trügerische Ablenkungen einflüstern, um uns vom geraden und schmalen Weg abzubringen. Im großen und ganzen habe ich diese Warnung akzeptiert, aber ich war schon ein wenig verwirrt darüber. Warum sollte ich, wenn doch meine ursprüngliche Begegnung mit Jesus eine so emotionale Sache gewesen war und ich selbst so ein emotionaler Mensch war, der alles so tief empfand, meine Gefühle ignorieren?

Heute erkenne ich die Abwehrhaltung, die sich vermutlich hinter solchen Lehren verbarg. In Zeiten, wo man Gott nicht sehen, hören, berühren, riechen, schmecken oder sonstwie spüren konnte, ließ sich eine durchschnittliche Jugendgruppe wahrscheinlich nur zügeln, indem man ihr vorher einbleute, daß die Art, wie man sich fühlt, so elend es auch sein mag, für die Situation eigentlich ohne Belang ist. Und richtig, es ist von entscheidender Wichtigkeit, daß man lernt, in den Zeiten, in denen man nichts mehr fühlt, dennoch auf das zu vertrauen, was man weiß, bzw. dem zu vertrauen, den man kennt. Doch eines der Dinge, die uns das Hohelied Salomos und dieser Abschnitt im besonderen lehrt, ist, daß Gefühle ein wesentlicher Teil unserer Beziehung zu Gott sind, denn Gottes Liebesaffäre mit der Gemeinde ist eine leidenschaftliche, emotionale Sache.

Wie jene unzuverlässigen Freunde spielen unsere Gefühle eine manchmal alarmierende, aber notwendige und möglicherweise sehr schöpferische Rolle in unserem geistlichen Leben. Seien Sie durchaus wachsam, aber nicht steif.

Ein Gebet

Öffne unsere Augen und unsere Herzen, Herr, für deine Liebe, stark wie der Tod, und deine Leidenschaft, unwiderstehlich wie das Totenreich.

Der große Sturm kommt zur Erntezeit.
Französisches Sprichwort

ÄHRENSAMMELN AM WEGESRAND

Ernte in der Bibel

Es ist so leicht, wichtige Dinge zu vergessen, nicht wahr? Ich gehörte zu einer Gruppe, die aufgefordert war, über das aufregendste Erlebnis zu reden, das jeder von uns je gehabt hatte. Es war eine christliche Gruppe, und deshalb ging es wohl oder übel bei den meisten Antworten um Bekehrung, Taufe, Heilung oder Derartiges. Einer oder zwei erwähnten Dinge wie Paragliding oder die Geburt ihrer Kinder, aber in der Hauptsache dominierten die im engeren Sinne geistlichen Abenteuer.

Ich sagte lange Zeit nichts, weil ich mir große Mühe gab, die wirklich zutreffende Antwort auf die Frage zu finden. Irgendwo im Hinterkopf glaubte ich die Antwort zu kennen, aber obwohl sich in meinem Kopf eine lange Liste von Kandidaten um den vordersten Platz rangelte, war es sehr schwer, die Wahrheit festzunageln.

Wie wäre es zum Beispiel mit 1995 in Afrika, als wir ein kleines Flugzeug charterten und damit von Johannesburg aus losflogen, um drei Wochen in einer Jagdhütte am Rande des Krüger-Nationalparks zu verbringen? Das war aufregend! Ganz früh an jedem Morgen fuhren wir mit einem offenen Jeep hinaus, um Tiere auf freier Wildbahn zu beobachten. Dann kehrten wir zu einem riesigen Frühstück in die Hütte zurück. Am Abend machten wir uns wieder auf den Weg, ausgerüstet mit starken Scheinwerfern vorn an den Fahrzeugen, um die riesigen afrikanischen Buschflächen bei

Einbruch der Dunkelheit zu erkunden. Diese beiden täglichen Ausflüge dauerten jeweils mindestens zwei Stunden. Ich weiß gar nicht, wo ich anfangen sollte, zu schildern, wie aufregend es war, Geschöpfe, die ich bisher nur im Zoo oder im Zirkus gesehen hatte, in ihrer natürlichen Umgebung zu beobachten. Wir verfolgten die Spur einer Löwin bis ins Dickicht und fanden die Stelle, wo sie ihre letzte Beute versteckt hatte. Als wir die Überreste betrachteten, merkten wir plötzlich, daß die Löwin selbst uns mit drohendem Argwohn von der Kuppe eines sehr nahen Hügels aus beobachtete. Wir erwischten einen Leoparden im Lichtkegel unseres Scheinwerfers und folgten ihm ganz vorsichtig durchs hohe Gras, während er Deckung suchte. Wir begegneten Giraffen, Elefanten, Wildhunden und einem prächtigen Rhinozeros. Dieses Erlebnis konnte es durchaus sein, woran ich dachte, aber – nein, das war es nicht.

Vielleicht hatte es etwas mit dem Schreiben zu tun? Ja, vielleicht war es das, woran ich mich zu erinnern versuchte – jener erstaunliche Tag, an dem ich zweieinhalb Stunden lang auf dem Spring Harvest Festival Exemplare des *Tagebuchs eines frommen Chaoten* signierte, zu einer Zeit in meinem Leben, in der alles andere schiefzugehen schien. Das mußte doch wohl der aufregendste Moment in meinem Leben gewesen sein? Nein – das war es immer noch nicht.

Mitzuerleben, wie meine Kinder geboren wurden? Umwerfend, aber – nein.

Der erste Kuß? Bestimmt nicht (ich versuchte gerade, ein gebratenes Hähnchen zu essen).

Unsere Hochzeit? Nein, zu beängstigend.

Wie wäre es mit dem Tag, als wir in unser erstes eigenes Haus einzogen? Das war *ungeheuer* aufregend. Trotzdem, das war es immer noch nicht, was mich am Hinterkopf kitzelte.

Was in aller Welt war es denn dann? Ich strengte meine grauen Zellen an. Es war frustrierend. Die Fingerspitzen meiner Erinnerung reichten gerade bis an den äußersten Rand des Erlebnisses heran. Es war etwas, das viel weiter zurücklag als jene anderen Erfahrungen – etwas so bebend, elektrisierend Aufregendes, daß schon die Aura dieser unerkannten Erinnerung meine Nerven zum

Kribbeln und Klingeln brachte vor Vorfreude auf – ja, *was* denn, meine Güte?

„Radieschen!“

Mein plötzlicher triumphierender Aufschrei wurde vom Rest der Gruppe aufgenommen, als hätte ich eine Art vegetarisches Fluchwort gerufen.

„Radieschen“, wiederholte ich. „Das aufregendste Erlebnis, das ich je hatte, war es, meine eigenen Radieschen wachsen zu sehen, als ich ungefähr drei Jahre alt war.“

Natürlich, das war es. Nichts war dem seither auch nur nahegekommen. Jetzt fiel mir alles wieder ein. Ich sah das kleine, quadratische Beet am Rande der Gartenfläche, die mein Vater bestellte, das Beet, das mir allein gehörte. Ich sah mich selbst sorgfältig mit einem Stöckchen eine Furche in die Erde ziehen und dann die Samen aus dem Päckchen ausstreuen, das ich in dem Laden im Dorf gekauft hatte, wo es alles unter der Sonne zu geben schien. Auf der Rückseite dieses Päckchens war ein Bild, das das platonische Ideal der Radieschenhaftigkeit zeigte, ein Bündel riesiger Radieschen, deren üppige, smaragdfarbene Blätter aus den leuchtend roten Wurzeln sprossen, die an der Basis in ein milchiges Weiß übergingen. So würden auch meine Radieschen aussehen. Nachdem ich die Samen mit Erde bedeckt hatte, durchbohrte ich das leere Päckchen an zwei Stellen mit einem Stöckchen, wie ich es bei meinem Vater gesehen hatte, und steckte das Stöckchen am Ende der Furche in die Erde, nur für den Fall, daß ich durch ein noch größeres Wunder als das des Pflanzenwachstums vergessen sollte, was ich dort ziehen wollte. Ich glaube auch, daß ich insgeheim der vagen Vorstellung anhing, daß die Pflanzen vielleicht auch froh um eine kleine Erinnerungsstütze wären, was aus ihnen werden sollte, wenn sie aus der Erde hervorsprossen.

Als ich neben meinem frisch bepflanzten Beet kniete, musterte ich eingehend das Stück erhobener Erde und fragte mich, ob der geheimnisvolle unterirdische Prozeß der Verwandlung in Radieschen wohl bereits begonnen hatte. Dabei hoffte ich, wenn ich noch ein paar Minuten hocken blieb, würde ich vielleicht sogar das erste kleine Zipfelchen Grün erscheinen sehen, wenn die Pioniere meiner Ernte sich zum Licht emporkämpften.

Von nun an hockte ich Tag für Tag eine Weile neben diesem Beet und sah nach meinen Radieschen, und im Laufe der Zeit machte sich bei mir ein gewisser Agnostizismus bezüglich der verheißenen Metamorphose bemerkbar. Dann – oh, was für eine unbeschreibliche Freude, als ich eines Morgens entdeckte, daß genau an den richtigen Stellen winzige grüne Triebe auftauchten – an den Stellen, wo ich kleiner Kerl verfügt hatte, daß sie auftauchen sollten, indem ich die Samen vor ein paar Tagen in jener nahezu geraden Linie ausgestreut hatte. Die Verheißung hatte sich erfüllt – sie wuchsen tatsächlich!

Wie alle ehemaligen Radieschen-Enthusiasten sich deutlich erinnern werden, besteht eine Radieschenpflanze im frühen Wachstumsstadium aus zwei winzigen, ovalen Blättern, die sich in entgegengesetzte Richtungen schieben, und für mich sahen sie genauso aus wie zwei kleine Hände, die sich so ausstreckten, als wolle jede Pflanze sagen: „Da bin ich!" Ich glaube, ich konnte mich nur knapp davon abhalten, jedem Radieschen einen Namen zu geben.

Von diesem ersten Tag des sichtbaren Wachstums an träumte ich nur noch von der Ernte. Ich war schrecklich ungeduldig. Tage vergingen. Als die ersten Spuren embryonischer roter Kügelchen durch die Erde schimmerten, wollte ich meine Radieschen herausziehen. Ich *lechzte* danach, meine Radieschen herauszuziehen! Eine höhere Macht hielt mich davon ab, aber nur mit knapper Not.

„Was ist, wenn sie zu groß werden?" erkundigte ich mich voller Sorge. „Was ist, wenn sie einfach aus dem Boden herauswachsen und umfallen und von – von Katzen gefressen werden?"

„Katzen fressen keine Radieschen."

„Oh."

Endlich kam der strahlende Tag. Die höhere Macht gab bekannt, daß einige meiner Radieschen soweit sein könnten, daß man sie herausziehen konnte. Es kann wohl nur wenige Erlebnisse geben, die so tief gehen und auf eine unschuldige Weise so sinnlich sind, wie die eigene Ernte aus der üppigen Erde zu ziehen. Und kann es für einen Dreijährigen – oder auch in jedem anderen Alter – etwas Aufregenderes geben, als so beiläufig wie möglich (wenn man bedenkt, daß man in Wirklichkeit vor Begeisterung zittert) in die Küche zu schlendern, um seiner Mutter die Erstlingsfrüchte seiner eigenen Mühe zu präsentieren? Zum Abendessen mußte es an jenem ersten Tag der Ernte stets *meine* Radieschen geben. Ich war so stolz.

In diesem Teil geht es um Ernte, wobei die erste und die letzte Andacht das Gebet behandeln, ohne das es keine Ernte geben kann. Lassen Sie uns, während wir uns hindurcharbeiten, daran denken, daß das Einpflanzen, die Vorbereitung, die tägliche Pflege und das schließliche Einbringen unserer persönlichen Ernte für Gott mit genau dem gleichen Staunen und der unschuldigen Begeisterung geschehen sollte, wie ich sie als Kind in meinem Garten erlebte. Unser bescheidener Beitrag zum Bedarf des Reiches Gottes mag uns klein erscheinen, aber ich kann Ihnen versichern, daß er uns, wenn wir ihn mit der richtigen Einstellung darbieten, mit derselben Ernsthaftigkeit und Dankbarkeit abgenommen werden wird, die meine Mutter zeigte, als sie jene Radieschen von mir entgegennahm, als ich drei war, und die Jesus selbst wohl gezeigt haben muß, als er vor zweitausend Jahren auf einem Berghang von einem kleinen Jungen die beiden Brote und fünf kleinen Fische (und vielleicht ein paar Radieschen?) entgegennahm.

Gebet

Vater, unsere Ernte für dich wird klein sein, aber wir bieten sie dir an im Vertrauen darauf, daß du alle Gaben von deinen Kindern liebst. Danke für die Wunder, die du mit Radieschen und dergleichen vollbringst. Amen.

Ehrlich!

So spricht der Herr: „Dieses Volk gibt vor, mich zu ehren – doch sie tun es nur mit den Lippen, mit dem Herzen sind sie nicht dabei. Ihre Frömmigkeit beruht nur auf Vorschriften, die Menschen aufgestellt haben."

Jesaja 29, 13

Das Gebet kann viele Aspekte haben, aber ich glaube, im Mittelpunkt all meines aufrichtigen Umgangs mit Gott steht eine Art respektvoller Freundschaft. Die Ehrlichkeit ist eine erst relativ kürzlich hinzugekommene Zutat zu meinem Gebetsleben. Bis ich die Mitte der Dreißiger erreicht hatte, war ich den Leuten, die Gott in diesem Abschnitt durch Jesaja anspricht, sehr ähnlich. Mein Mund sandte gewisse wohlgeformte, wohlorganisierte Geräusche in die theoretische Richtung Gottes, doch mein Herz war anderweitig beschäftigt. Das änderte sich, nachdem meine Frau und ich zur Abwechslung einmal ein sehr ehrliches Gebet gesprochen hatten.

„Gott", sagten wir, „wir wissen, daß wir uns bisher auf der ganzen Linie nicht besonders gut gehalten haben, aber wir wollen wirklich ganze Sache mit dir machen. Uns ist klar, daß wir nicht verstehen, was das bedeutet, aber was immer es kostet und wie weh es auch tut, bitte, laß es geschehen. Amen."

Zur Abwechslung prallte unser Gebet einmal nicht von der Decke ab und fiel zurück auf unsere Köpfe, und noch im selben Jahr entdeckte ich durch meine Krankheit und Wiederherstellung die Wirklichkeit der väterlichen Liebe Gottes auf eine ganz neue Weise. Zu dieser neuen Weise gehörte auch eine Entspannung in meinem Gebetsleben, ein Verständnis dafür, daß wir als Freunde Jesu in der Gegenwart Gottes herzlich willkommen sind. Es schien nur zwei Forderungen zu geben – sei da, und sei ehrlich. Mit Zorn, Tränen, Langeweile, schlecht formulierten Gebeten und so ziemlich allem anderen kam Gott schon zurecht, solange es ihm dargebracht wurde, wie ein Kind seinen Eltern seine Stimmungen darbringt.

Ich bin alles andere als ein disziplinierter Mensch, aber ich stellte bald fest, daß ich mir eine flexible Routine angewöhnte, die eine Bitte um Vergebung, Fürbitten für Freunde und Feinde und vor allen Dingen eine Zeit enthielt, die ich damit verbrachte, einfach mit Gott *zusammenzusein* und seine Freude am Zusammensein mit mir zu genießen. Ich wünschte, ich könnte so tun, als ob dieses idyllische Szenario seither ohne Unterbrechung fortbestanden hätte, aber ich bin nun einmal ein verdrehter Kerl. Ich vernachlässige das regelmäßige Gebet wochenlang und wundere mich dann, warum sich mein Leben formlos und ungeborgen anfühlt. Dann fange ich wieder an und frage mich, warum ich je aufgehört habe.

Aber das macht nie etwas aus – solange ich ehrlich bin, fangen wir einfach wieder an.

Gebet

Lassen Sie uns beten.

Geben Sie so gut, wie Sie bekommen

„Feiert als erstes das Fest der ungesäuerten Brote! Sieben Tage im Monat Abib sollt ihr Brot essen, das ohne Sauerteig gebacken wurde, wie ich es euch befohlen habe. Denn in diesem Monat seid ihr aus Ägypten fortgezogen. Keiner soll mit leeren Händen zu meinem Heiligtum kommen! Feiert dann das Erntefest, wenn ihr das erste Getreide einbringt, das ihr ausgesät habt. Als drittes sollt ihr das Fest der Wein- und Obsternte am Ende des Jahres feiern, wenn ihr die Früchte aus den Weinbergen und Gärten geerntet habt."

2. Mose 23, 15-16

Gott muß es ziemlich leid sein, unsere Reste zu bekommen. Ich erinnere mich, wie ich einmal mit Freunden in einem Restaurant saß und mit ihnen über den Bedarf an neuen Ältesten in ihrer Gemeinde sprach, einer recht großen freikirchlichen Gemeinde ein paar Meilen von uns entfernt an der Küste.

„Das Problem ist", sagte Jean, „daß alle so viel zu tun haben. Es gibt drei oder vier Leute, die wirklich gut wären, aber die können einfach nicht die Zeit erübrigen. Es wäre nicht fair, sie zu fragen."

Ich nickte und seufzte automatisch, wie ich es meistens tue. Wahrscheinlich wird in den Gemeinden heutzutage viel zuviel mitfühlend genickt und geseufzt. Erst hinterher wurde mir klar, wie ich eigentlich hätte reagieren sollen. Warum sollten Gott Leiter nach dem Kriterium angeboten werden, daß sie Zeit haben? Warum sollten ihm Leiter nicht nach dem Kriterium angeboten werden, daß sie für die Aufgabe geeignet sind oder (verzeihen Sie das unerhörte Ansinnen) daß er konkrete Personen zu den Aufgaben beruft, die er ihnen zugedacht hat? Warum sollten unsere Prioritäten sich nicht ändern, so daß wir für den wichtigsten Zweck von allen Zeit *schaffen*?

Ich glaube nicht, daß Gott die halb gerauchten Kippen unserer Zeit, unserer Mühe, unseres Geldes, unserer Konzentration oder unserer Liebe haben will. Was immer in unserem Leben geerntet wird, er will die Erstlingsfrucht haben, nicht die Spreu. Wenn Sie erleben wollen, wie zornig Gott bei diesem Thema werden kann, lesen Sie das Buch Maleachi. Ich neige dazu, mich davor zu drükken.

Ich muß an eine alte Tante von mir denken, die in Wales lebte. Nachdem sie sich mehrere Knochen in einem Bein gebrochen hatte, war sie an einen Rollstuhl gefesselt und konnte nicht mehr an den Aktivitäten im Dorf teilnehmen, die ihr so viel bedeutet hatten. Eine der Damen des Ortes organisierte eine Sammlung unter Tante Susans Altersgenossen und verwendete den Erlös, um eine ziemlich verwucherte Topfpflanze zu kaufen, die sodann der Invaliden überreicht wurde.

„Wissen Sie", vertraute die Sammlerin meiner Frau an, „ich habe jeden nur um zehn Pence gebeten, so daß sie gar nicht merkten, daß sie etwas hergaben."

Das trifft den Nagel auf den Kopf, nicht wahr?

Gebet

Vater, hilf uns, dir unser Bestes zu geben. Wir wollten zuerst nach dem Reich Gottes trachten, aber wir lassen uns davon ablenken. Zeig uns, was wir von unserer Ernte abgeben sollten.

Dringende Nachricht

„Habt ihr nicht selbst gesagt: ‚In vier Monaten beginnt die Ernte?' Macht doch eure Augen auf und seht euch um! Die Felder können abgeerntet werden."

Johannes 4, 35

Ich stimme völlig mit C. S. Lewis überein, wenn er sagt, daß wir im Himmel eine Menge Überraschungen erleben werden. Ich glaube, daß Gott gerecht ist, und daher vermute ich, daß viele Leute Belohnungen empfangen werden, von denen sie nie ahnten, daß sie sie verdient haben. Sollte das nicht wahr sein, hätte das fünfundzwanzigste Kapitel des Matthäusevangeliums keinerlei Bedeutung. Umgekehrt, so sagt uns Jesus, wird es andere geben, die vor Gott keine Anerkennung finden, obwohl sie lautstark behaupten, im Namen seines Sohnes sogar Wunder getan zu haben. Ich würde ja gerne glauben, daß jeder gerettet wird (nein, ich kann nicht behaupten, daß ich genau wüßte, was das bedeutet), aber wenn ich dem Jesus des Neuen Testamentes nachfolgen will, kann ich nicht anders, als mich von der leidenschaftlichen Dringlichkeit in Abschnitten wie diesem anstecken zu lassen. Jesus ist gekommen, um Sünder von irgendeiner Art ewiger Trennung zu retten. Darüber hat er sich ganz klar geäußert, was immer auch sonst jemand denken möchte. Wir überlassen die Überraschungen ihm und konzentrieren uns auf die Ernte – das scheint der Plan zu sein.

Einmal schloß ich mich einem Straßeneinsatz einer Gemeinde in London an. Bevor wir das Gemeindehaus verließen, beteten wir zusammen, und eine Frau gab eine hochdramatische Prophezeiung von einer „herabfahrenden Sense" und einer „gewaltigen Ernte", die einzubringen sei. Doch als wir an diesem bitterkalten Tag die Stelle erreichten, waren nur zwei „Kornähren" da, um uns zuzuhören, und großes Interesse schien keine von ihnen zu haben. Unser Redner, ein Mann, der wirklich ein Ohr für Gott hat, sagte, der Herr rufe jemanden mit einem Eheproblem, jemanden mit einer

Hörbehinderung und jemanden mit Atemschwierigkeiten. Doch keiner davon zeigte sich, und wir trotteten alle niedergeschlagen nach Hause. Ein Jahr später wurde der Redner auf der Straße von einem Mann angehalten, der ihm sagte: „Ich ging gerade vorbei, als Sie damals diesen Straßeneinatz gemacht haben. Ich hatte Probleme mit den Ohren, Bronchitis, und meine Ehe war am Auseinanderbrechen. Es war mir zu peinlich, stehenzubleiben, aber ich habe eine Gemeinde gefunden und bin Christ geworden."

Gott hatte diese ganze Aktion mobilisiert, um einen Mann zu retten. Die Ernte ist im Gang.

Gebet

Vater, zeig uns, was du tust, und wir machen mit.

Geizig?! Ich?!

Wenn ihr die Getreideernte einbringt, sollt ihr eure Felder nicht ganz bis an den Rand abmähen und keine Nachlese halten. Auch in euren Weinbergen soll es keine Nachlese geben. Sammelt die Trauben am Boden nicht ein, sondern überlaßt sie den Armen und Fremden! Ich bin der Herr, euer Gott.

3. Mose 19, 9-10

Eines der Laster, die ich am meisten hasse, ist Geiz und Pfennigklauberei. Zum Beispiel gibt es nichts Schlimmeres, als mit jemandem im Urlaub zu sein, der draußen vor dem Café auf einen wartet, weil „es doch Unsinn ist, für einen Kaffee Geld auszugeben, wenn wir uns im Ferienhaus umsonst selbst einen machen können“. Damit meine ich nicht, daß ich wahllos Geldverschwendung befürworte (obwohl ich bei den seltenen Gelegenheiten, bei denen ich Geld habe, womit ich das tun kann, sehr gut darin bin). Es ist nur so, daß ich deprimiert werde, wenn die verfügbaren Quellen vertrocknen. Wahrscheinlich hat das seine Gründe in meiner Kindheit, als wir nie genau wußten, ob mein Vater sich an einem Freitag vom Haushaltsgeld trennen oder wieder einmal Anstoß an irgendeiner eingebildeten Missetat meiner Mutter nehmen würde, so daß wir uns alle fragen mußten, was wir für den Rest der Woche essen sollten. Seither ist mir jedes willentliche Zurückhalten von Ressourcen verhaßt.

Stellen Sie sich also mein Entsetzen vor, als ich entdeckte, daß ich in meiner eigenen Persönlichkeit dasselbe Laster bis zur Knauserigkeit entwickelt habe. Es bricht nur gelegentlich aus, wie ein unterirdischer Fluß aus geschmolzenem Gestein, und es hat auch nicht nur mit Geld zu tun, aber es ist wirklich da. Eine panikartige Unsicherheit treibt mich dazu, alles, was gerade an Zeit, Geld, Aufmerksamkeit von anderen oder sonst etwas verfügbar ist, gierig an mich zu klammern. Ich ernte bis an den Rand meines Ackers und sammle den Ertrag meiner Ernte ein. Ein alles andere als anziehender Charakterzug, und ich bin immer sehr erleichtert, wenn die Anspannung nachläßt und ich sozusagen loslassen kann.

Mir ist klar, daß es vermutlich ein sehr beunruhigender Gedanke ist, und ziemlich billige Psychologie ist es vermutlich auch, aber versuchen Sie einmal, sich den Zug anzusehen, der Ihnen an anderen am meisten mißfällt, und prüfen Sie dann ehrlich nach, inwieweit er sich in Ihrem eigenen Charakter wiederfindet. Vielleicht bin ich ja der einzige!

Gebet

Vater, bitte gib, daß wir uns durch die Schwächen, die wir an uns selbst sehen, zur Großzügigkeit gegenüber anderen mit ihren Schwächen anhalten lassen.

Wo ist der Haken?

Anschließend sagte er zu Petrus: „Fahrt jetzt weiter auf den See, und werft eure Netze aus!" „Herr", gab Petrus zu bedenken, „wir haben die ganze Nacht gearbeitet und nichts gefangen, aber weil du es sagst, will ich es wagen." Sie warfen ihre Netze aus und fingen so viele Fische, daß die Netze zu zerreißen drohten. Deshalb winkten sie den Fischern im anderen Boot, ihnen zu helfen. Bald waren beide Boote bis zum Rand beladen, so daß sie beinahe sanken. Als Petrus das sah, fiel er erschrocken vor Jesus nieder und rief: „Herr, geh weg von mir! Ich bin ein sündiger Mensch!" Er und alle anderen Fischer waren fassungslos über diesen Fang, auch Jakobus und Johannes, die Söhne des Zebedäus, die Petrus bei der Arbeit geholfen hatten. Aber Jesus sagte zu Petrus: „Fürchte dich nicht! Du wirst jetzt keine Fische mehr fangen, sondern Menschen für mich gewinnen." Sie brachten die Boote an Land, verließen alles und gingen mit Jesus.

Lukas 5, 4-11

Für einen Agenten wäre Jesus ein ausgesprochen frustrierender Klient. Er verweigerte sich beinahe jeder Gelegenheit, seine natürlichen Vorzüge auszunutzen. Dies hier ist ein gutes Beispiel. Nach einer Nacht, an der außer der schlechten Fischausbeute nichts Besonderes war, gehen Petrus und seine Jungs, nachdem sie Beachtliches von diesem freundlichen Mann gehört haben, der ihr Boot gekapert hat, auf den Vorschlag Jesu ein, ihre Netze noch ein weiteres Mal auszuwerfen. Die Furcht und das Erstaunen des Petrus, als sie den riesigen Fang einholen, ist sehr verständlich, aber ich frage mich, ob sich in ihm nicht wenigstens für einen winzigen Moment ein gewisser Geschäftsinstinkt regte und ihn über die Möglichkeit spekulieren ließ, diesen seltsamen Mann vollzeitlich in seinen Fischereibetrieb einzubinden. Doch es gab wohl zwei gute Gründe, einen derartigen Vorschlag nicht zur Sprache zu bringen.

Erstens muß Petrus gespürt haben, daß diese Tat alles andere als kommerzieller Natur war. Jesus sagte – oder besser, er zeigte –, daß materieller Erfolg ihm leicht und reichlich zur Verfügung stand. Es war eine einmalige, fast beiläufige Machtdemonstration. Und das führt uns direkt zu dem zweiten Grund.

Petrus muß wohl verwirrt, fasziniert und seltsam erregt darüber gewesen sein, daß dieser Jesus, der die Umwelt vollkommen unter Kontrolle zu haben schien, ihn, einen einfachen Fischer, dazu aufrief, an einer rätselhaften Aufgabe namens „Menschenfischen" mitzuarbeiten. Aufregend ist es auch für uns, wenn wir erkennen, daß er uns *braucht*, um die einzige Ernte einzubringen, auf die es wirklich ankommt.

Fragen

Haben wir die Macht gesehen? Würden wir ihm folgen?

Wieviel?

„Ich, der Herr, der allmächtige Gott, fordere euch auf: Denkt doch einmal darüber nach, wie es euch geht! Ihr habt viel Saat ausgesät, aber wenig geerntet. Ihr eßt und werdet nicht satt, ihr trinkt und bleibt durstig. Was ihr anzieht, wärmt euch nicht, und das sauer verdiente Geld rinnt euch nur so durch die Finger. Darum sage ich, der Herr, der allmächtige Gott: Begreift doch endlich, warum es euch so schlecht geht! Geht ins Gebirge, schafft Holz herbei, und baut den Tempel wieder auf! Das gefällt mir, so ehrt ihr mich, den Herrn. Ihr habt eine große Ernte erwartet, aber es wurde so wenig daraus! Und was ihr noch heimbrachtet, das blies ich fort. Habt ihr immer noch nicht gemerkt, warum ich, der allmächtige Gott, so mit euch umgehe? Dies alles geschieht, weil mein Tempel verwüstet bleibt und jeder von euch nur darauf aus ist, sein eigenes Haus fertigzubauen. Darum fällt über Nacht nicht einmal mehr Tau auf eure Äcker, und sie bringen nur noch magere Erträge."

Haggai 1, 5-10

In meinem Eimer ist ein Loch ..."
Wie ich in dem Abschnitt über die alttestamentlichen Gestalten schon angedeutet habe, ist die Botschaft Haggais zeitlos. Die Empfänger der Botschaft des Propheten taumelten von Enttäuschung zu Enttäuschung; von bodenlosem Mißerfolg zu bodenlosem Mißerfolg. Sie arbeiteten hart, aßen und tranken gut, kleideten sich edel und verdienten jede Menge Geld, aber irgendwie waren sie nie richtig satt oder erfrischt, ihnen war nie warm, und nie waren sie flüssig. Nichts stellte sie zufrieden, weil die wichtigste Dimension ihres Lebens fehlte. Sie hatten es versäumt, ein Haus für Gott zu bauen. Der alte Tempel lag in Trümmern, während sie in ihren eleganten, vertäfelten Häusern wohnten.

Kein Wunder, daß die sogenannte „Health-and-Wealth"-Bewegung dem Tode entgegendämmert. Ihr Grundgedanke ist von Grund auf lächerlich. Jede christliche Bewegung, in deren Mittelpunkt nicht Jesus selbst steht, wird denselben Kreislauf endloser Bemühungen und Mißerfolge durchlaufen, bis die Ruinen der Demut und Abhängigkeit weggefegt und von der Mitte her neu aufgebaut werden.

Die heutige Gemeinde Jesu zahlt einen hohen Preis für den Leichtkauf-Stil der Evangelisation, der sagt, daß Sie das gesamte Erlösungspaket für eine geringe Anzahlung in Form eines Bestätigungsgebetes bekommen. Die Lehre Jesu über Buße und Kosten ist nicht gerade beliebt. Wie könnte sie das auch, wenn sie doch klar besagt, daß Sie ihm freiwillig Ihre gesamte Ernte geben und dankbar annehmen, was immer er Ihnen zurückgibt?

Gebet

Komm und lebe in mir, Jesus. Gib mir nur eine Minute, bis ich diesen ganzen Krempel hinausgeräumt habe …

Harter Fels

Andere Körner fielen auf felsigen Boden, wo nur wenig Erde war. Dort ging die Saat schnell auf. Die Sonne aber brannte, und die jungen Pflanzen vertrockneten, weil die Wurzeln nicht genügend Erde hatten.

Matthäus 13, 5-6

Eine Zeitlang arbeiteten meine Frau und ich in einer sogenannten „Approved School". Die jungen Mädchen, die in dieser trostlosen Einrichtung lebten, waren größtenteils bereits straffällig geworden oder schwer erziehbar. Viele von ihnen waren schwer verhaltensgestört, und alle waren ziemlich unzulänglich. Das Leben dieser Kinder war von Zerrüttung, Konflikten, Scheidung und allgemeinem emotionalem Chaos gekennzeichnet. Manche waren sexuell mißbraucht worden, andere hatten regelmäßig Schläge bekommen. Die Atmosphäre in diesem Internat war alles andere als fröhlich.

In großen Abständen bekam die Schule Besuch von evangelistischen Gruppen, die einen Abend damit verbrachten, über den Glauben zu sprechen und die Mädchen zur Buße aufzurufen. Als sie hörten, daß sich alles verändern würde, sobald sie Jesus in ihr Leben einluden, taten viele der Mädchen unter Tränen Buße und streckten sich verzweifelt nach dieser Botschaft aus, die so viel zu versprechen schien. Die Blitzaktions-Evangelisten verschwanden wieder und jubelten über ihren Erfolg, während die „Neubekehrten" zurückblieben und sich wunderten, wieso sich nichts verändert hatte, als sie am nächsten Morgen aufwachten.

Ganz abgesehen davon, daß Evangelisation ohne Nacharbeit verantwortungslos ist, hatten diese armen Mädchen keine Wurzeln in sich selbst. Die gute Erde, die durch beständiges Erleben von Vertrauen, Liebe und Geborgenheit entsteht, war in ihrem Leben einfach nicht vorhanden. Es waren steinige Orte, die Herzen jener Kinder.

Doch auch dort wird es eine Ernte geben. Gott liebt jedes dieser verzweifelten Kinder, und er ist durchaus in der Lage, Felsen zu zerbrechen, um neue Erde zu bilden. Freilich kann das ein langwieriger Prozeß sein, und dazu werden vermutlich Christen gebraucht werden, die nicht mit der Fertigrezept-Krankheit infiziert sind und sich langfristig der Aufgabe widmen, Menschen zu unterstützen, zu begleiten und zu betreuen, deren Leben zerstört war, lange bevor sie eine Chance hatten, überhaupt anzufangen.

Wenn Sie wirklich so einem Menschen helfen wollen, bitten Sie Gott, Ihnen jemanden zu zeigen, der einen Freund braucht. Aber seien Sie gewarnt – wahrscheinlich wird er Ihr Gebet erhören.

Gedanke

Wir alle sind verantwortlich für unsere eigenen Taten, aber manche von uns wissen nicht, wie man Verantwortung übernimmt. Wir müssen die Bürde des Lernens mit jemandem teilen, der nicht zu rasch aufgibt.

Eingehüllt von Liebe

Dann sagte Jesus zu den Jüngern: „Stellt euch vor, einer von euch hat einen Freund. Mitten in der Nacht geht er zu ihm, klopft an die Tür und bittet ihn: ‚Leihe mir doch bitte drei Brote. Ich habe unerwarteten Besuch bekommen und nichts im Haus, was ich ihm anbieten könnte.' Vielleicht würde der Freund dann antworten: ‚Stör mich nicht! Ich habe die Tür schon abgeschlossen und liege im Bett. Außerdem könnten meine Kinder von dem Lärm wach werden. Ich kann jetzt nicht aufstehen und dir etwas geben.'"

Lukas 11, 5-7

Vor einigen Jahren platzten meine Kinder vor Neugier, warum ich begonnen hatte, jeden Morgen eine Zeitlang einen Stapel brauner Umschläge durchzusehen, die auf meinem Schreibtisch oben im Wohnzimmer lagen.

„Nun", erklärte ich, „in jedem dieser Umschläge steckt ein Brief. Die Briefe sind alle an Gott geschrieben, und jeder handelt von jemandem, den ich kenne oder für den ich beten möchte."

„Und wirst du die alle abschicken?" fragte David.

„Na ja, ich glaube nicht, daß es einen Sinn hat, sie abzuschikken", erwiderte ich ernsthaft, „aber jeden Tag halte ich einen davon zu Gott hoch und bitte ihn, sich um die Person zu kümmern, über die ich darin geschrieben habe."

Die Jungen blätterten interessiert den Stapel Umschläge durch und lasen die Namen, die auf jedem davon notiert waren. Joe wurde hellwach, als er einen entdeckte, auf dem „FEINDE" stand.

„Das sind die besonders Schwierigen", sagte ich, „aber ich soll auch besonders für sie beten, also beiße ich einfach die Zähne zusammen und tue es."

„Sag uns doch, wer deine Feinde sind, Papa", sagte David.

„Nein, das wäre nicht fair."

„Funktioniert das denn?"

„Das sage ich euch in ein paar Monaten."

Und nach ein paar Monaten konnte ich ihnen sagen, daß es tatsächlich zu funktionieren schien! Beständiges Gebet scheint Ereignisse und Umstände und Leute und Einstellungen ganz allmählich in eine Position zu manövrieren, die näher bei Gott ist, oder bei dem, was er will.

Gedanke

Ich hoffe, ich stecke auch bei jemandem im Umschlag – und sei es als Feind ...

DIE MACHT DER GESCHICHTEN – ERZÄHLUNGEN, MIT DENEN SICH REISEN LÄSST

Gleichnisse

Eine gute Geschichte ist etwas Wunderbares, nicht wahr? Seit ich ein kleiner Junge war, waren Bücher, und hauptsächlich Erzählungen, ein entscheidender Punkt auf der Liste der Dinge, die mich trösten. Wir neigen dazu, Grundfähigkeiten wie das Lesen für selbstverständlich zu nehmen, doch selbst als ich noch nicht recht wußte, wem ich dafür danken sollte, war ich stets ungemein dankbar für diesen einfachen Weg zur Ablenkung. Mag sein, daß ich als kleines Kind unsicher und nervös war, aber Lesen lernte ich schon sehr früh, und ich merkte bald, daß es, was für Stürme sich in der Außenwelt auch immer zusammenbrauen mochten, fast immer möglich war, leise und rasch in die warme Geborgenheit eines Buches zu entfliehen.

Als ich zehn oder elf war, war aus mir eine Art Buchstabenmonster geworden, und ich nahm und verschlang wahllos jeden Fetzen Lesestoff, der mir in die Finger kam. Bizarre Ansammlungen von Büchern lagen um das Kopfende meines Bettes verstreut – Popes Homer-Übersetzung gleich neben dem *Kleinen grauen Hasen*, ein paar *Fünf-Freunde*-Bücher gestapelt auf Conrads *Bimbo von der „Narcissus“* – sie alle waren Rohmaterial für meine Geschichtenkonsumier-Mühle, ob ich sie nun verstand oder nicht (der tiefere

Sinn mancher Passagen im *Kleinen grauen Hasen* hat sich mir bis heute nicht erschlossen).

Einmal machte ich den Fehler, einem meiner eigenen Kinder zu erzählen, wie ich es angestellt hatte, meine Eltern dazu zu überreden, mir ein bestimmtes Buch zu kaufen, das ich haben wollte.

Ich erklärte ihnen, daß ich alle Bände einer bestimmten Buchreihe von Enid Blyton gelesen hatte (jener grauenhaften Schriftstellerin, deren Bücher rätselhafterweise von einer Kindergeneration nach der anderen mit Begeisterung verschlungen werden – diese kleinen Bengel weigern sich doch beharrlich, sie nicht zu mögen) und daß ich mir nun dringend den neuesten Band in der Serie wünschte, ein Buch mit dem Titel *Der Fluß der Abenteuer.* Weder Weihnachten noch mein Geburtstag waren in Sicht, und da meine Eltern nicht sehr wohlhabend waren, war mir nur zu bewußt, daß sie sich von den sieben Schilling und sechs Pence nur ungern trennen würden, besonders, zumal das Buch sowieso bald in der Leihbücherei auftauchen würde. Aber ich war erbarmungslos. Ich startete eine knochenharte, langfristige Kampagne, die einfach darin bestand, daß ich die Worte „Fluß der Abenteuer" ständig wiederholte, wobei meine Theorie war, daß meine Eltern irgendwann unter dem Druck zerbrechen und mir das Buch kaufen würden.

„Fluß der Abenteuer – Fluß der Abenteuer – Fluß der Abenteuer – Fluß der Abenteuer – Fluß der Abenteuer ..."

Das waren die Worte, die in den folgenden Wochen begannen, meine Mutter und meinen Vater zum Wahnsinn zu treiben. Ich war mit zehn Jahren schon so stur, wie ich es heute noch manchmal sein kann, und ICH WOLLTE DIESES BUCH HABEN. Ich war entschlossen, die Worte immer wieder zu wiederholen, bis meine Mission erfolgreich war, und nichts würde mich davon abhalten. Im Rückblick finde ich es hochinteressant, über die verschiedenen Phasen nachzudenken, die meine armen Eltern in ihrer Reaktion auf diese List durchliefen. Anfangs waren sie leicht amüsiert, weil sie vielleicht meine Beharrlichkeit rührend fanden, doch diese Phase ging rasch vorüber. Ihre Amüsiertheit wich bald der Verärgerung, als sie merkten, daß jede ihrer wachen Stunden in meiner Gegenwart mit denselben Worten angefüllt war, zusätzlich zu allem anderen, was passierte, wie etwa der Baß der Musik, die auf der Stereoanlage eines der anderen Kinder im Nebenzimmer lief.

Der Verärgerung folgten bald offener Zorn und Drohungen, die es jedoch samt und sonders nicht vermochten, meinen Redestrom einzudämmen oder auch nur kurz zu unterbrechen. Sein Inhalt hatte sich inzwischen zu einer Art gekürzter Fassung des Originals verdichtet.

„Flußbenteuer – Flußbenteuer – Flußbenteuer – Flußbenteuer – Flußbenteuer ..."

Sie hatten von Anfang an keine Chance, oder? Aber sie versuchten alles. Sie ignorierten mich.

Ich leierte weiter.

Sie versuchten, vernünftig mit mir zu reden.

Ich leierte weiter.

Sie machten mir Versprechungen für die ferne Zukunft.

Ich leierte weiter.

Sie sagten mir in ernstem Jetzt-ist-unsere-Geduld-am-Ende-Tonfall, genug sei genug.

Ich leierte weiter.

„Flußbenteuer – Flußbenteuer – Flußbenteuer – Flußbenteuer – Flußbenteuer ..."

Schließlich, mit rotgeränderten Augen, ausgemergelt und geschlagen, kauften sie mir das Buch. Es war einer der wenigen Siege in einer nicht sehr siegreichen Kindheit.

Als ich vor ein paar Jahren einem meiner Söhne diese Geschichte erzählte, hörte er mir mit großem Interesse zu und sah mich dann einen Moment lang nachdenklich an.

„Nintendo", sagte er dann. „Nintendo – Nintendo – Nintendo – Nintendo ..."

Meine Liebe zu Büchern, und insbesondere meine Neigung, sie als Ablenkung vom kniffligen Geschäft des Lebens zu benutzen, wurde an einem Punkt so stark, daß sie fast lebensbedrohlich wurde. Es ist mir etwas peinlich, mir diese Tatsache in Erinnerung zu rufen, aber ich gewöhnte mir an, mit einem Buch auf dem Lenker in die Schule zu radeln, um unterwegs noch ein bißchen lesen zu können. Ja, ja, Sie haben völlig recht – die Folgen waren absolut katastrophal. Ich erinnere mich jetzt noch an die Empfindung von

Schock und Entsetzen, als meine Welt explodierte, weil ich einem geparkten Auto oder Lieferwagen aufs Heck gekracht war. Und die unglaubliche Tatsache ist, daß das mehrere Male passierte. Nichts konnte mich abhalten!

Als Fußgänger schwebte ich in nicht geringerer Gefahr. Inzwischen ist es schon viele Jahre her, daß ich das Rauchen aufgegeben habe, aber damals war es so ungefähr das einzige, was ich außer Lesen sonst noch tat. Ein Päckchen Zigaretten und ein Roman – das war mein Allzeit-bereit-Ablenkungspäckchen. Das Problem war, daß ich mir, als ich älter und arbeitslos war, angewöhnte, mit einer Zigarette in der einen und einem Buch in der anderen Hand durch die Straßen zu gehen und dabei genauso wenig auf den Weg vor mir zu achten wie in den Tagen, als ich mit meinem mobilen Lesepult in die Schule fuhr. Ich las sogar weiter – jetzt werde ich fast rot! – wenn ich über die Straße ging. Was für eine Kielwelle wütender Autofahrer und Mit-Fußgänger ich hinter mir hergezogen haben muß!

Ich kann mir nur vorstellen, daß Gott eine ganze Legion Engel auf meinen Fall angesetzt haben mußte, die Überstunden machten, um zu verhindern, daß ich vorzeitig an einen Ort versetzt wurde, wo ich aufgrund des Fehlens meines Namens im wichtigsten Buch von allen verurteilt werden würde.

Als ich schließlich heiratete, hatten sich meine Lesegewohnheiten ein wenig gemäßigt, aber ich erinnere mich noch an Bridgets Verblüffung, mit der sie die langwierige Prozedur beobachtete, die ich meistens durchlief, bevor ich zu Bett ging. Etwa eine halbe Stunde brauchte ich dazu, drei oder vier Bücher auszusuchen, die ich mit ins Bett nahm, um dann, erschöpft von dem langen Auswahlprozeß, etwa zwei Minuten lang in einem davon zu lesen, bevor ich das Licht ausmachte und einschlief. Nicht weniger verblüfft war sie über die komplizierte Erklärung, die ich für dieses seltsame Verhalten vorbrachte.

„Weißt du“, erklärte ich, „ich brauche immer ein sehr lohnendes, ernsthaftes Buch, von dem ich sagen kann, daß ich es lesen *könnte* – obwohl ich es höchstwahrscheinlich nicht tun werde; dann brauche ich eins von meinen alten Daumenlutscherbüchern, falls ich Geborgenheit brauche; außerdem habe ich gerne mindestens ein Buch, das ich noch nicht gelesen habe, aber irgendwann unbedingt lesen möchte, wenn ich es auch wahrscheinlich heute abend nicht anfangen werde; und schließlich brauche ich noch das Buch, in dem ich tatsächlich gerade mittendrin bin – um es tatsächlich zu lesen, weißt du ...“

Na schön, vielleicht bin ich ein bißchen verrückt, aber ich glaube, es ist diese lebenslange Liebe zu Geschichten, die mich fähig macht, soviel Befriedigung darin zu finden, selbst Schriftsteller zu sein. Manchmal fragen mich die Leute, woher man die Ideen nimmt, wenn man dauernd schreiben muß, aber die Antwort besteht zu einem sehr großen Teil einfach darin, daß ich wahrscheinlich neugieriger darauf bin, wie meine Geschichten ausgehen als irgend jemand sonst. Als ich mitten dabei war, *Ein Außerirdischer im Kirchenschiff* zu schreiben, hatte ich keine Ahnung, wie die Geschichte enden würde, aber es machte mir einen Riesenspaß, mit diesen fünf Figuren gemeinsam im trübe erleuchteten Innern der Kirche jene vier Donnerstagabende zu verbringen und herauszufinden, wie die Ankunft des Außerirdischen „Nunc“ das Leben derer verändern würde, die ihm begegneten. In *Streßfamilie Robinson* war ich bis kurz vor Ende des Buches nicht sicher, ob Dip, die Freundin der Familie Robinson, mit der Familie zusammenziehen würde oder nicht. Ich wollte es vorher auch gar nicht wissen. Die Geschichte machte mir zuviel Spaß.

Ebenso viel Spaß hat es mir in den letzten zehn Jahren gemacht, vor Publikum Geschichten zu erzählen. In einer solchen Situation lernt man, wie Geschichten beim Erzählen wachsen und sich verändern und verbessern.

Hier, in diesem Abschnitt, der den Beginn des Wirkens Jesu nachzeichnet und schildert, wie er durch Gleichnisse lehrte, richten wir den Blick auf das Werk eines der größten Geschichtenerzählers aller Zeiten. Für mich ist es eine wahre Freude, zu wissen, daß Jesus das Medium der Fiktion benutzte, um kosmische Fakten zu vermitteln, und ich glaube nicht, daß es nur Einbildung ist, wenn ich empfinde, daß diese Geschichten im Laufe seines Wirkens mit einem großen Gefühl der Befriedigung immer weiter entwickelt und geschliffen wurden. Hier ist ein Künstler, der sein Publikum durch jahrelangen hautnahen, täglichen Kontakt genau kannte und hart daran arbeitete, Ereignisse und Erfahrungen des täglichen Lebens aufzubereiten, bis sie zu den vielschichtigen, mit sparsamen Mitteln erzählten Meisterwerken wurden, die wir heute kennen und vielleicht sehr unterschätzen.

Wie jeder, den schon unzählige Predigten gelangweilt haben, genau weiß, kann man mit einer schlechten Geschichte keine guten Aussagen vermitteln. Die Gleichnisse Jesu sind nicht nur trokkene, minimale Vehikel, um dürre alte Lehrsätze weiterzuverbreiten. Sie stehen in der besten Tradition des „Es war einmal", und ich liebe sie.

Gebet

Du bist ein Gott der Geschichten. Danke, daß du deinem Sohn die allerbesten beigebracht hast. Amen.

Schmetterlinge

Als Jesus hörte, daß man Johannes verhaftet hatte, zog er sich nach Galiläa zurück. Er verließ Nazareth und wohnte in Kapernaum am See Genezareth, im Gebiet von Sebulon und Naphtali. Damit erfüllte sich das Wort Jesajas: „Du Land Sebulon und Naphtali, Land am See und jenseits des Jordan, du gottloses Galiläa höre zu! Das Volk, das in der Finsternis wohnt, sieht ein großes Licht. Hell strahlt es auf über denen, die im Schatten des Todes leben und ohne Hoffnung sind." Von da an begann Jesus zu predigen: „Ändert euch von Grund auf! Kehrt um zu Gott! Denn die Herrschaft Gottes bricht jetzt an!"

Matthäus 4, 12-17

Im Bauch Jesu müssen die Schmetterlinge geflattert haben, als er die Nachricht von der Gefangennahme des Johannes hörte. Offensichtlich war dies, um einen angemessen theatralischen Begriff zu benutzen, das „Stichwort", auf das er gewartet hatte. Drei Jahre des öffentlichen Wirkens lagen vor ihm, die nicht mit Applaus, sondern mit einem sehr unangenehmen Tod enden würden. Es war ein langer Weg von den Kulissen zur Bühne – von Nazareth hinunter nach Kapernaum; zweifellos lang genug, um sich zu fragen, ob sein kürzlicher Sieg über die Versuchung in der Wüste ihn wirklich durch die aufreibend schwierigen Ereignisse und Begegnungen tragen würde, die nun ihren Anfang nehmen würden. Wie einsam er war.

Ob er sich wohl zwingen mußte, ruhig zu atmen, als er sich dem Ort und der Zeit näherte, wo alles, was er sagte und tat, in Erinnerung bleiben und aufgezeichnet und für Jahrtausende von Millionen Menschen studiert werden würde? Wenn der Gedanke daran ihn nicht nervös machte, war er nicht menschlich – aber das war er, also muß er auch nervös gewesen sein.

Meine eigene Erfahrung ist, daß es viel leichter wird, wenn man erst einmal angefangen hat. Das Warten ist furchtbar. Heute dreht mir die Angst nicht mehr den Magen um wie früher vor all meinen Auftritten als Redner, aber meine Schweißdrüsen werden manchmal immer noch heftig beansprucht. 1993 waren die schwierigsten Situationen, vor denen ich stand, ein Gefängnisgottesdienst, bei dem einige Störer schon aus dem Saal gewiesen worden waren, bevor ich anfing, und ein Kurzauftritt im Londoner Palladium in einer Weihnachtsveranstaltung, an der hauptsächlich Christen teilnahmen. Diese so unterschiedlichen Umgebungen versetzten meine schwächliche Psyche gleichermaßen in Angst und Schrecken. Die verdrossenen Gefangenen hatten sicherlich noch nie von mir gehört, und es war klar, daß ich mir jede Sekunde ihrer Aufmerksamkeit verdienen mußte. Das Publikum im Palladium kannte mich vermutlich, aber meine Güte, dies war das Palladium! Was in aller Welt hatte ich hier zu suchen?

Beide Veranstaltungen verliefen am Ende recht gut, doch beide Male war ich völlig verängstigt, als mein Stichwort kam. Die schlechte Neuigkeit ist, daß wir der Angst, der Herausforderung oder der Notwendigkeit eines Willensaktes nicht entgehen können, um auf die Bühne des Planes zu treten, den Gott für uns gemacht hat. Jesus hat das durchmachen müssen, und uns wird es in unserem kleinen Maßstab nicht besser gehen. Die gute Nachricht ist, daß Gott für den Epilog zuständig ist.

Ein Gedanke

Keine Auferstehung ohne Kreuzigung.

Liebevolle Väter

Am See Genezareth sah Jesus zwei Brüder: Simon, der später Petrus genannt wurde, und sein Bruder Andreas. Sie waren Fischer und warfen gerade ihre Netze aus. Jesus rief ihnen zu: „Kommt mit mir! Ich will euch zeigen, wie ihr Menschen für Gott gewinnen könnt." Da ließen sie ihre Netze liegen und folgten ihm. Etwas später sah er am Strand zwei andere Fischer, die Brüder Jakobus und Johannes. Sie saßen mit ihrem Vater Zebedäus im Boot und flickten Netze. Auch sie rief Jesus zu sich. Sofort verließen sie das Boot und ihren Vater und gingen mit Jesus.

Matthäus 4, 18-22

Erinnern Sie sich an *Das Zauberkarussell*? Das war eine Fernsehserie, die immer mit einer witzigen kleinen Figur namens Zebedäus endete, die auf einer Feder angehüpft kam und allen sagte, daß es nun Zeit zum Schlafengehen sei. Auf den biblischen Zebedäus wurde ich erst viel später aufmerksam, so daß ich mir heute noch vorstelle, wie der Vater von Jakobus und Johannes rund um das Boot hüpft und seine fischenden Söhne zum Schlafengehen zu überreden versucht. Ich muß dieses Bild verscheuchen, denn ich vermute, daß er, ebenso wie der Vater von Simon und Andreas, eigentlich ein sehr beeindruckender Mann war. Was für Väter müssen das gewesen sein, daß jeder von ihnen zwei Söhne heranzog, die tauglich und bereit waren, sich dem Sohn Gottes anzuschließen, als er auftrat, um die Welt zu retten? Wir kennen keine Einzelheiten, aber es ist wohl wahrscheinlich, daß viele Jahre lang Fürsorge, Unterweisung und Gebet in diese vier Jungen investiert worden waren.

Wir lernten einmal einen alten Mann namens George kennen, der über dreißig Jahre lang jeden Tag dafür gebetet hatte, daß sein Sohn Frank eines Tages Jesus kennenlernen würde.

George war ein stiller, hingegebener Christ, dem Taten wichtiger waren als Worte, und seine Hingabe wurde belohnt, als Frank im Alter von sechsunddreißig Jahren eine wahrhaft gründliche Bekehrung erlebte.

Wir lernten Frank kennen. Er war nicht nur bekehrt, er war zu einem Hände hebenden, vom Geist berauschten, Verheißungen beanspruchenden, Chorusse singenden Diener des lebendigen Gottes geworden. Als wir unsere Köpfe zum Tischgebet neigten, sprach Frank in Zungen, legte seine eigene Zungenbotschaft aus, sang einen Solochorus und pries Gott für die Gemeinschaft und das Essen. Als er fertig war, fühlten wir uns einigermaßen erschöpft.

Frank tadelte seinen Vater, daß er sich nicht eifriger auf Dinge des Geistes einließ. Ich beobachtete Georges Gesicht, als er ihm zuhörte. In dem stillen, liebevollen Lächeln, mit dem er seinen Sohn ansah, las ich ein tiefes und heiteres Vertrauen, daß derselbe Gott, der seine Gebete nach so vielen Jahren erhört hatte, den Eifer dieses überschwenglichen neuen Jüngers mildern und in die richtige Richtung lenken würde.

George war stolz auf seinen Sohn, und das gilt ebenso, vermute ich, für Zebedäus und den Vater von Simon und Andreas. Wenn sie auch vielleicht nicht ganz verstanden, was geschah, werden sie doch im Geist gespürt haben, daß es nicht wirklich ein Verlust ist, einen Sohn zu verlieren, wenn er fortgegangen ist, um Jesus zu folgen.

Ein Gebet

Hilf uns, im Gebet nicht nachzulassen.

Warum nicht?

Jesus wanderte durch das Land Galiläa, predigte in den Synagogen und verkündete überall die Heilsbotschaft vom Reiche Gottes. Er heilte alle Arten von Krankheiten und Leiden. Bald wurde überall von ihm gesprochen, selbst in Syrien. Man brachte viele Kranke zu ihm, die unter großen Schmerzen litten: Besessene, Belastete und körperlich Behinderte. Und er heilte sie alle. Eine gewaltige Menschenmenge folgte Jesus, wohin er auch ging. Leute aus Galiläa, aus dem Gebiet der Zehn-Städte, aus Jerusalem und dem ganzen Gebiet von Judäa liefen ihm nach. Selbst vom gegenüberliegenden Jordanufer kamen sie.

Matthäus 4, 23-25

Wie schon bei anderen Gelegenheiten bin ich auch hier in Versuchung, meine erste Reaktion auf diesen Abschnitt zu überspringen, weil sie zu abgerissen und persönlich erscheint. Leute, die Andachten schreiben, sollten stets nur leuchtend positiv sein – oder? Es waren nur vier Worte, die mich so stark betroffen machten: „... er heilte sie alle."

Jesus scheint alle geheilt zu haben, die zu ihm kamen, was auch immer ihre Krankheiten waren, und viele sagen, daß er heute noch dasselbe tut. Es besteht kein Zweifel, daß er *manche* Leute heilt. Meine Freundin Jenny Larcombe wurde nach jahrelangem Leiden auf höchst dramatische Weise geheilt, und die meisten von uns kennen wenigstens einen Menschen oder haben von einem gehört, der etwas Ähnliches erlebt hat. Doch für jeden, der gesund wird, gibt es zahllose andere, die krank bleiben. Es gibt jede Menge Bücher von selbsternannten Experten zu diesem Thema; manche tadeln uns dafür, daß wir nicht genug Glauben haben, andere erklären uns, daß wir die falsche Technik beim Beten anwenden, und wieder andere weisen darauf hin, daß Gott Gebete in vielerlei verschiedener Weise erhört, die nicht immer dem entspricht, was wir uns wünschen.

Ich nehme an, daß jedes dieser Bücher ein Stück Wahrheit enthält, aber ich habe manchmal genug von den ganzen Rationalisierungen, Sie nicht? Als ich diesmal diese vier Worte las, konnte ich an nichts denken außer an meinen Freund Ian, der seit einigen Jahren an fürchterlichen Rückenschmerzen leidet. Vor meinem Computer schloß ich die Augen und beschwor Gott, wie ich es schon oft getan habe, ihn anzurühren, wie Jesus vor zweitausend Jahren jene leidenden Menschen anrührte. Ich flehte ihn an, ich betete in Zungen. Ich weinte sogar ein bißchen. Das war gestern. Heute morgen rief ich Ians Frau an, um zu fragen, wie es ihm geht. Es hat sich eigentlich nichts verändert. Ich hätte Ihnen gerne in dieser Andacht berichtet, daß Gott ihn geheilt habe – aber bisher hat er das nicht.

Ein Gebet

Vater, ich kenne dich jetzt seit vielen Jahren, und wenn ich etwas ganz sicher weiß, dann ist es, daß ich ganz ehrlich zu dir sein kann. Ich liebe dich, und ich glaube, daß du mich liebst, aber ich verstehe nicht, warum du Ian nicht heilst, und ich wünschte mir sehr, du würdest es tun. Danke, daß du meine Verwirrung und mein Vertrauen annimmst. Amen.

Wurzeln

Bald hatte sich eine große Menschenmenge um ihn versammelt. Deshalb stieg er in ein Boot und redete zu ihnen in Gleichnissen. Die Leute blieben am Ufer stehen und hörten zu. „Ein Bauer säte Getreide. Dabei fielen einige Körner auf einen Feldweg. Sofort kamen die Vögel und pickten sie auf. Andere Körner fielen auf felsigen Boden, wo nur wenig Erde war. Dort ging die Saat schnell auf. Die Sonne aber brannte, und die jungen Pflanzen vertrockneten, weil die Wurzeln nicht genügend Erde hatten. Einige Samenkörner fielen zwischen die Disteln, in denen die junge Saat bald erstickte. Aber der übrige Samen fiel auf guten Boden, wuchs heran und brachte das Dreißigfache, das Sechzigfache und sogar das Hundertfache der Aussaat als Ertrag. Hört auf das, was ich euch sage!"

Matthäus 13, 3-9

In dem Abschnitt über die Ernte habe ich im Zusammenhang mit diesem Gleichnis die Mädchen erwähnt, mit denen meine Frau und ich gearbeitet haben, aber es erinnert mich auch an manche der Kinder, denen ich in Heimen begegnet bin. Mir fällt zum Beispiel Steve ein, der, obwohl er der ungeschickteste Dieb im Universum war, völlig unfähig zu sein schien, von seinen Aktivitäten zu lassen, die ihm ständig Scherereien einbrachten. Steve wurde *immer* erwischt.

„Ich verstehe das einfach nicht", sagte seine Mutter eines Tages zu mir. „Ich war immer eine gute Mutter – habe ihm Geburtstagsgeschenke gekauft und alles. Letztes Jahr habe ich ihm diesen großen Baukasten geschenkt. Fünfundzwanzig Pfund hat der gekostet – das heißt, soviel hätte er gekostet, wenn ich ihn bezahlt hätte ..."

Dann war da Tony, der in einer berüchtigten Wohnsiedlung lebte und in den Sicherheitstrakt eingewiesen worden war, nachdem man ihn wegen Brandstiftung festgenommen und angeklagt hatte. Tony erklärte die Motive hinter seinem Verbrechen so: „Also, das war so: Mein Kumpel hat mich gebeten, seine Wohnung abzubrennen, wegen der Versicherung, und da habe ich gesagt, paß auf, ich brenne dir deine Wohnung ab, aber ich will nichts damit zu tun haben." Während ich noch versuchte, dieser schwer faßbaren Logik zu folgen, schilderte mir Tony, der eigentlich ein sehr warmherziger Kerl war, in schillernden Farben den Alltag in seiner großen, turbulenten Familie.

„Wenn Leute zu uns an die Tür kommen", sagte er fröhlich, „schlagen wir sie manchmal zusammen, manchmal auch nicht. Kommt drauf an, wie uns gerade ist."

Die Samen des Lebens dieser Kinder sind wahrlich auf felsigen Boden gefallen. Die Erde der beständigen Liebe, des guten Beispiels und der Selbstbeherrschung war sehr flach. Ich habe an anderer Stelle beschrieben, wie bereitwillig sich solche Kinder nach dem Evangelium ausstrecken, nur um bald wieder zu verzweifeln, wenn es keine Wurzeln zu schlagen scheint. Aber es lohnt sich, zu wiederholen, daß felsiger Boden aufgebrochen werden *kann*. Die Erde kann tiefer und reichhaltiger werden. Dornen können ausgerissen werden. Es ist eine harte, langwierige, schweißtreibende Arbeit, die manchmal ein ganzes Leben lang dauert, aber es ist zu schaffen.

Ein Gebet

Vater, mach uns williger, Leuten zu helfen, die einen schlechten Start hatten. Hilf uns, nicht aufzugeben.

Es geht nicht darum, was *wir* wissen

Später kamen seine Jünger und fragten ihn: „Weshalb verwendest du solche Vergleiche, wenn du zu den Leuten redest?" Jesus antwortete: „Ihr könnt die Geheimnisse des Reiches Gottes verstehen, anderen sind sie verborgen. Denn wer schon viel versteht, dem wird die volle Erkenntnis geschenkt werden. Wer aber wenig versteht, dem wird auch noch geringe Erkenntnis verlorengehen. Deshalb rede ich in Gleichnissen. Denn obwohl sie Augen haben, erkennen sie nichts, und obwohl sie Ohren haben, verstehen sie nichts."

Matthäus 13, 10-13

Wenn ich auf Passagen wie diese stoße, wünschte ich, ich wäre ein Theologe oder des Griechischen kundig oder sonstwie ein Intellektueller. Da ich nichts von alledem bin, neige ich normalerweise dazu, mich zu der kleinen Reihe von William Barclays Kommentarbänden auf meinem Bücherregal zu flüchten.

„Oh, William", rufe ich in Panik, „bitte sag mir, was das bedeutet, damit ich deine Erklärung ein bißchen umstellen und dann an die Leser weitergeben kann, als wäre es meine eigene."

Aber diesmal werde ich das nicht tun. Sie können ja selbst bei Barclay nachschlagen, wenn Sie möchten. Ich werde Ihnen sagen, was das *meiner* Meinung nach bedeutet.

Das Seltsame an Jesu Antwort an die Jünger ist, daß sie im Grunde die Geheimnisse des Himmelreiches genauso wenig verstanden wie die anderen Leute, abgesehen von einem sehr wichtigen Aspekt. Die Jünger hatten, wie wir im vierten Kapitel gesehen haben, sofort und spontan auf die Person oder die Persönlichkeit Jesu reagiert.

Sie waren ihm gefolgt.

Sie waren immer noch angreifbare, mit Fehlern behaftete Menschen, doch ihr besonderes Wissen – das, was sie *hatten* und wozu noch mehr hinzugefügt werden sollte, war ihre Hingabe an Jesus und ihre Beziehung zu ihm. Die Leute, die Jesus zuhörten, hatten das noch nicht, so daß die Wahrheiten, die sich in den Gleichnissen ausdrückten (und vielleicht ganz besonders in diesem), ihnen sogar noch das wegnahmen, was sie an geistlicher Sicherheit gehabt hatten. Ob sie nun jede Einzelheit verstanden oder nicht, ist unwichtig, wenn wir ein Gleichnis als eine Geschichte definieren, die den Zuhörer vorne an der Tür ablenkt, während sich die Wahrheit durchs Seitenfenster ins Haus schleicht. Nun mußten sie sich mit dieser Wahrheit auseinandersetzen.

Was all das bedeutet, ist, wenn Sie meinen wirren Gedankengängen folgen können, daß wir niemals etwas Kostbareres besitzen werden als unsere Beziehung zum Sohn Gottes. Das Wissen, daß wir ihn brauchen, ist der Kern aller Weisheit, und wenn wir auch Leuten begegnen, die unseren Glauben kurz und klein argumentieren können, so kann doch niemand unsere Liebe zu Jesus zerstören.

Ein Gedanke

Weisheit ist etwas sehr Wünschenswertes, aber wenn es hart auf hart kommt, ist die Erkenntnis Jesu alle Erkenntnis, die wir brauchen.

Blindflug

„Damit erfüllt sich an ihnen, was Gott durch den Propheten Jesaja sagt: ‚Sie hören, aber sie verstehen es nicht. Sie sehen, aber sie erkennen es nicht. Denn ihre Herzen sind hart und gleichgültig. Sie sind schwerhörig und verschließen die Augen. Deshalb sehen und hören sie nicht. Sie wollen sich nicht ändern und umkehren, darum kann ich ihnen nicht helfen.' Aber ihr könnt glücklich sein, denn eure Augen können sehen und eure Ohren können hören. Ich sage euch: Viele Propheten und fromme Menschen hätten gern gesehen, was ihr seht, und gehört, was ihr hört, aber die Zeit war noch nicht da."

Matthäus 13, 14-17

Als ich Christ wurde, war ich furchtbar schockiert über die Kurzsichtigkeit aller anderen. Ich las über den Sklavenhandel und wußte ohne jeden Zweifel, daß ich, wenn ich damals gelebt hätte, erkannt hätte, wie unmoralisch er war. Was für Idioten diese Christen vergangener Zeiten gewesen sein mußten! Und ich war mir völlig sicher, daß ich auf Hitlers Gefasel nie hereingefallen wäre – da hätte schon mehr kommen müssen als ein Haufen irrer Nazi-Schläger, um einen geistlich wachen Menschen wie mich hinters Licht zu führen. Was die Gegenwart betraf, so fiel es mir schwer zu glauben, daß die meisten Leute für die Wahrheit über Jesus, die ich so deutlich vor Augen hatte, blind waren. Im Grunde war ich im großen und ganzen wahrscheinlich die klarsichtigste und scharfsinnigste Person im Universum.

Eigentümlicherweise fiel die Erkenntnis, daß meine geistliche Sehfähigkeit in Wirklichkeit sehr begrenzt war, mit einer plötzlichen Verschlechterung meiner körperlichen Sehfähigkeit zusammen. Zum ersten Mal in meinem Leben mußte ich eine Brille tragen, und abgesehen davon, daß ich jetzt endlich „We will magnify" mit echter Inbrunst singen konnte, gefiel mir das nicht besonders. Als ich meine Brille das erste Mal aufsetzte, war mir, als ob ein Insekt meinen Kopf von vorn gepackt hielte. Das Gute daran war, daß ich plötzlich lesen konnte, ohne meine Augen zu verkrampfen und Kopfschmerzen zu kriegen.

Mit dem geistlichen Sehen ist es ganz ähnlich. Einen klaren Blick gewinnt man nur mit der äußeren (inneren?) Hilfe des Heiligen Geistes. Ohne diese Hilfe ist das Christentum ungefähr so aufregend, wie ein Rezept zu verspeisen, und man bekommt schreckliche Kopfschmerzen davon. Das Aufregende an dem, was Jesus hier sagt, ist, daß es möglich ist, deutlich zu sehen, wer er ist und was seine Botschaft bedeutet, sonst hätte er sich nicht die Mühe gemacht, zu uns zu kommen. Verstockte Herzen *können* aufgeweicht werden, und getrübte Augen *können* sich wieder mit Licht füllen.

Gebet

Ich dachte, ich könnte alles sehen, aber jetzt weiß ich, daß ich nur sehr wenig sehe. Ich möchte sehen, Herr. Bitte öffne mir die Augen.

Im Kampf mit der Gier

„Ich will euch nun die Geschichte von dem Bauer, der seinen Samen aussäte, erklären. Bei jedem, der die Botschaft vom Reich Gottes hört, sie aber nicht ernst nimmt, kommt der Satan und reißt die Saat aus seinem Herzen. Damit ist der gemeint, bei dem der Same auf den Weg gesät wurde. Wie felsiger Boden ist ein Mensch, der die Botschaft hört und mit Freuden annimmt. Aber wenn er wegen seines Glaubens Schwierigkeiten bekommt oder Verfolgung einsetzt, denn ist es mit seiner Begeisterung schnell vorbei. Der Boden, der mit Disteln bedeckt ist, entspricht einem Menschen, der die Botschaft zwar hört und anfängt, danach zu leben. Aber die Sorgen des Alltags und die Verführung durch den Wohlstand ersticken Gottes Wort. So bleibt alles beim alten. Der gute Boden aber ist wie ein Mensch, der die Botschaft hört, versteht und dann dreißig-, sechzig- oder hundertfache Frucht bringt."

Matthäus 13, 18-23

Ist der Sämann in diesem Gleichnis verschwenderisch, großzügig oder einfach nur sehr enthusiastisch?

Diese Frage ging mir als erstes durch den Kopf, als ich dieses Gleichnis las, doch sie wurde sehr schnell überdeckt von einer anderen Frage, die durch die Worte „Verführung durch den Wohlstand" ausgelöst wurde.

Vor kurzem reiste ich in den Nordosten von England, um in einem dortigen Theater einen Abend zugunsten eines christlichen Freizeitheimes zu gestalten, das bald eröffnet werden sollte. Die Vereinbarung, unter der ich zugesagt hatte, war, daß nach Abzug der Kosten die Einnahmen des Abends 60/40 zu meinen Gunsten geteilt werden sollten, ein Arrangement, das meistens sehr gut funktioniert. Soweit es mich betraf, war es ein besonders erfreulicher Abend. Das Theater war mit mehr als fünfhundert Leuten voll besetzt, und die Reaktionen waren so positiv, wie ich sie mir nur wünschen konnte.

Hinterher, als ich mit den Veranstaltern in einem indischen Restaurant aß, wußte ich innerlich, daß ich nur meine Spesen verlangen und den Rest meiner sechzig Prozent für das Projekt spenden sollte. Stellen Sie sich mein Entsetzen vor, als ich merkte, daß, obwohl ich im persönlichen Bereich ziemlich großzügig bin, ein kleiner, aber dominanter Teil von mir zu gierig war, auf das Geld zu verzichten. Ich wollte es einstreichen und behalten. Ich wollte es nicht weggeben. Dabei fühlte ich mich hundeelend in meiner Haut, und so gab ich, während ich dort saß und mir das Tandoori-Huhn unter der Nase hineinschob, das ganze Problem an Gott ab. „Regle du das", sagte ich, „ich kann es nicht." Wenig später war ich sehr erleichtert, als ich das Geld weggab, ohne groß einen Gedanken daran zu verschwenden. Ich war Gott sehr dankbar – wirklich.

Meine Frage beim Lesen dieses Abschnitts drehte sich also um diese neu entdeckte Neigung, Geld an mich zu reißen. Lasse ich mich durch Wohlstand verführen? Die Antwort ist, daß mir das gut passieren könnte, aber der großzügige Sämann hat ein paar Dornen weggeschnitten, so daß ich glaube, es wird gutgehen.

Eine Frage

Kommt er an erster Stelle?

Großer Acker – kleine Ernte

Jesus erzählte ein anderes Gleichnis: „Gottes Reich ist mit einem Bauern zu vergleichen, der gutes Saatgut auf sein Feld säte. Eines Nachts, als alles schlief, kam sein Feind, säte Unkraut zwischen den Weizen und schlich sich davon. Als nun die Saat heranwuchs, ging auch das Unkraut auf. Da kamen die Arbeiter des Bauern und fragten ihn: ‚Hast du das Feld nicht mit gutem Samen bestellt? Woher kommt denn das Unkraut?‘ ‚Das muß mein Feind dazwischengesät haben‘, antwortete der Bauer. ‚Sollen wir das Unkraut ausreißen?‘ fragten die Arbeiter. ‚Nein, dabei würdet ihr ja den Weizen mit ausreißen. Laßt beides bis zur Ernte wachsen. Dann werde ich den Erntearbeitern befehlen: Sammelt zuerst das Unkraut ein und verbrennt es! Den Weizen aber bringt in meine Scheune!‘“

Matthäus 13, 24-30

Dieses Gleichnis ist eine Luftaufnahme der gesamten Geschichte der christlichen Gemeinde. Seit Jahrhunderten neigen die Kritiker dazu, nur das Unkraut zu sehen und nicht den Weizen, und sie haben Jesus dementsprechend beurteilt. Die Inquisition, die endlosen Spaltungen, die Grausamkeiten, die im Namen Christi denen angetan wurden, die ihn nicht kannten, die quälende Langweiligkeit vieler Gottesdienste – das sind nur einige der häßlichen Gewächse, die im Laufe der Jahre dem Teufel die Arbeit abgenommen haben. Gott hat das Durcheinander, das Männer und Frauen in der Gemeinde angerichtet haben, zugelassen, um diejenigen zu retten, die ihm wirklich nachfolgen, und das geschieht auf allen möglichen Ebenen.

Eine Zeitlang waren Bridget und ich stark engagiert in der Leitung einer Gemeindejugendgruppe, die zu ihren besten Zeiten zwischen vierzig und sechzig jungen Leuten in das ziemlich kleine Haus zog, das wir uns mit dem Vikar teilten. Aus dieser großen Anzahl wurde eine viel kleinere Gruppe von fünf oder sechs Leuten sozusagen herausdestilliert. Aus diesem kleinen Trüppchen, das sich (aus eigenem Antrieb) an einem weiteren Abend zu Gesprächen und Bibelstudium traf, sind drei später Geistliche geworden. Damit will ich auf keinen Fall andeuten, daß alle anderen Mitglieder der Jugendgruppe verzichtbares Unkraut waren, aber es scheint tatsächlich so, daß man in vielen Situationen einen großen Acker braucht, um eine kleine Ernte einzubringen.

Dieses Prinzip gilt auch auf der persönlichen Ebene. Vielleicht bringt Ihr Leben eine hundertprozentige Ernte ein; meines nicht. Gott läßt so manches Unkraut blühen neben den lohnenden Dingen, die in mir wachsen. Glücklicherweise weiß er, wie der Bauer in dem Gleichnis, wo sie herkommen, und er wird auch wissen, wie er sie los wird, wenn der rechte Zeitpunkt gekommen ist.

Gebet

Vater, bitte schütze den Teil von uns und der Gemeinde, der dir gehört.

Angebaut von Gott

Noch ein anderes Beispiel erzählte ihnen Jesus: „Mit dem Reich Gottes ist es wie mit einem Senfkorn, das auf ein Feld gesät wird. Es ist ein winziger Same, aber wenn er aufgeht und wächst, wird er zu einer großen Pflanze, ja zu einem Baum, in dem Vögel nisten können."

Matthäus 13, 31-32

Die Vorstellung, daß etwas Wunderbares aus etwas ganz Kleinem und Schlichtem wachsen kann, ist für die Welt nicht leicht zu begreifen, aber sie war schon immer typisch für Gott. Ich kann mir kein irdisches Komitee denken, und seien seine Mitglieder noch so weise, das zu dem Schluß käme, daß die Geburt Jesu in einem Stall in Betlehem der ideale Start für einen Heilsplan wäre.

Gott sieht Senfkörner, wo andere nichts sehen. Nehmen Sie meinen eigenen Fall.

Stellen Sie sich folgende Szene vor: ein Entscheidungskomitee im Himmel vor ungefähr zwölf Jahren. Um den Tisch sitzt ein Engelausschuß und studiert Akten, von denen jede auf dem vorderen Deckel mit den Worten ADRIAN PLASS beschriftet ist.

„Nein", sagt ein Engel kopfschüttelnd, während er die Akte durchblättert, „nichts zu machen, fürchte ich. Er ist übergeschnappt und nicht zu gebrauchen. Geht nicht mehr in die Gemeinde, hat seinen Job hingeschmissen – wie kann jemand so etwas nur machen, der drei Kinder hat, die von ihm abhängig sind ..."

„Schaut euch das hier an." Ein anderes himmlisches Wesen nimmt die düstere Geschichte auf. „An den meisten Abenden betrinkt er sich und läßt sich stundenlang nicht blicken. Ich weiß nicht, wie seine arme Frau damit klarkommt. Es scheint ihm richtig Spaß zu machen, in einem moralischen Sumpf zu versinken."

„Habt ihr gelesen, wie er vor anderen Leuten über die Gemeinde redet?“ Ein dritter Engel hält die aufgeschlagene Akte hoch und tippt mit dem Finger auf die Seite. „Beißend und destruktiv. Es ist so schon schwierig genug, den Laden am Laufen zu halten, auch ohne so ein negatives Gerede.“

„Also“, sagt ein weiteres Komiteemitglied und knallt seinen Ordner zu, „was wir hier haben, ist ein betrunkener, nörgelnder, verantwortungsloser, geistlich bankrotter, moralisch verwahrloster, hoffnungsloser Fall. Ganz eindeutig ein Fall für die Müllkippe. Habe ich recht?“

Zustimmendes Gemurmel rund um den Tisch, während ein Engel nach dem anderen seine Akte schließt und sich auf seinem Stuhl zurücklehnt. Nur ein Mitglied des Komitees hat bisher noch keine Meinung geäußert. Gott, der am Kopfende des Tisches schweigend zugehört hat, blickt nachdenklich in die Ferne und ergreift zum ersten Mal das Wort. „Ich glaube“, sagt er leise, „wir geben ihm eine Aufgabe als internationaler Schriftsteller und Redner.“

Gebet

Vater, manche von uns sind am Boden angelangt. Du hast einmal ein Senfkorn Glauben in uns eingepflanzt. Laß es jetzt anfangen zu wachsen. Danke.

Wirkliches Leben

„Man kann das Reich Gottes auch mit einem Sauerteig vergleichen, den eine Frau zum Brotbacken braucht. Sie nimmt eine große Menge Mehl und mischt ein wenig Sauerteig darunter, bis alles davon durchsäuert ist." Jesus benutzte immer wieder solche Beispiele, wenn er zu den Menschen sprach. In keiner seiner Predigten fehlten sie. Hier erfüllte sich das Prophetenwort: „Ich werde in Gleichnissen zu ihnen reden. Geheimnisse, die seit Weltbeginn verborgen waren, will ich ihnen enthüllen."

Matthäus 13, 33-35

Ob Sie nun das Leben, den Tod und die Auferstehung Jesu als ein Senfkorn oder als Sauerteig ansehen, man vergißt leicht, wie erstaunlich es ist, daß dieser kleine Anfang sich zu einer Situation ausgewachsen hat, in der allein in diesem Land fast jede Stadt, jede Ortschaft, jedes Dorf und jedes Kaff mindestens ein Gebäude enthält, das zu Ehren des Kommens des Sohnes Gottes errichtet wurde.

Das ist gewiß ein Zeichen für die Kraft des Evangeliums, aber leider ist es auch ein Zeichen dafür, wie es dem Teufel gelungen ist, zu verhindern, daß der Sauerteig der Gegenwart Gottes bis in den Teig des Alltagslebens hineinwirkt. Ein Freund von mir übernahm vor einigen Jahren eine große Stadtmission und sorgte für manche gerunzelte Stirn bei den Frommen, indem er sofort die drei Missionskirchen schloß, die zu jener Zeit in Betrieb waren. Seine Erklärung dafür war ganz einfach.

„Sie missionieren nicht", sagte er. „Jede dieser Kirchen hat ihre eigene kleine Gemeinde, die sonntags auftaucht, und das ist ja auch gut und schön. Sie schaden niemandem. Aber sie sind nicht dazu da, niemandem zu schaden. Die Missionskirchen sind dazu da, Gott in die Stadt zu bringen, und das tun sie nicht, also machen wir sie dicht, bis wir entschieden haben, wie wir die Aufgabe angehen wollen, für die wir hier sind."

Das Christentum läßt sich nicht in Scheunen lagern, die Kirchen genannt werden.

Warum sollten Dinge, die seit Weltbeginn verborgen waren, in Gleichnissen offenbart werden? Warum? Weil damals, als die Welt erschaffen wurde, der Mensch mit seinem Gott in der Kühle des Nachmittags durch einen Garten gehen konnte. Er mußte nicht warten, bis der Küster die Kirche aufgeschlossen hatte und der Pfarrer eingetroffen war. Gleichnisse handeln vom wirklichen Leben. Der Sauerteig war Teil des Teiges, als Adam mit Gott spazierenging.

Wir brauchen unsere Kirchen – natürlich. Aber vergessen wir nicht, daß das Ende all unserer Arbeit für Gott die Abschaffung von Gebäuden und Ritualen und Religion sein wird, denn er wird in allen Dingen sein, und wir werden ihn haben, und er wird uns haben, und alles wird eins sein.

Ein Gedanke

Diejenigen unter uns, die im vollzeitlichen Dienst stehen, arbeiten begeistert darauf hin, ihren Job zu verlieren.

Unbefugt

Dann entließ Jesus die Menschen und ging ins Haus. Später baten ihn seine Jünger: „Erkläre uns doch das Gleichnis vom Unkraut auf dem Acker." Und Jesus erklärte es ihnen: „Der Menschensohn selbst ist ein Landwirt, der den guten Samen aussät. Der Acker ist die Welt, der Samen das Volk des Gottesreiches, das Unkraut sind die Leute, die dem Satan gehorchen. Der Feind, der das Unkraut zwischen den Weizen sät, ist der Teufel. Die Ernte ist das Ende der Welt, und die Erntearbeiter sind die Engel. Wie das Unkraut vom Weizen getrennt und verbrannt wird, so wird es auch beim Gericht Gottes über die Welt sein. Der Menschensohn wird seine Engel senden. Sie werden aus dem Gottesreich alle Verführer und alle, die Unrecht tun, aussondern, sie in den Feuerofen werfen und verbrennen. Dort wird viel vergebliches Heulen und ohnmächtiges Jammern zu hören sein. Aber alle, die Gottes Willen tun, werden im Reich ihres Vaters leuchten wie die Sonne. Hört auf das, was ich euch sage."

Matthäus 13, 36-43

Sie haben Glück, denn ich kann ein völlig neues Licht auf diese Verse werfen. Kürzlich starb ein entfernter Verwandter von mir namens Bill Rae und hinterließ mir all seine Habe. In seinem Testament verlangte Bill, ich solle ein antikes orientalisches Gefäß, das sich auf seinem Dachboden befand, untersuchen, denn „der Inhalt würde dazu verhelfen, Teile der Bibel akkurater zu vermitteln als bisher". Ich fand das Gefäß, und in seinem Innern eine antike Schriftrolle, die ich den Experten übergab.

In ihrem Gutachten schätzen sie das Alter der Rolle auf zweitausend Jahre (na ja, eigentlich heißt es zwei Jahre, aber das ist bestimmt ein Tippfehler) und bezeichnen den Inhalt als „eine Abschrift des Matthäusevangeliums, mit bedeutenden Unterschieden zu der heute bekannten Version". Es sieht zweifellos authentisch aus, bis hin zu den Kapitel- und Verseinteilungen. Ich zitiere Ihnen ein Stück aus dem, was ich für die *Originalversion* der obigen Verse halte. Wie naiv waren wir doch!

„Der Menschensohn wird seine Engel senden. Sie werden aus dem Gottesreich alles aussondern, was zu dem führt, was wir etwas archaisch als Sünde bezeichnen, und alle, die aus Gründen, die außerhalb ihrer Einflußmöglichkeiten stehen, Böses tun. Sie werden sie in einem recht behaglichen Privathotel unterbringen, und dort wird viel Seelsorge und Lachen und Zähneputzen sein, und ein allgemeines Gefühl der Erleichterung, daß die Sache mit dem Feuerofen nur Effekthascherei war. Aber alle, die Gottes Willen tun, hätten sich eigentlich die Mühe sparen können, und der Menschensohn eigentlich auch, wenn man's recht bedenkt. Trotzdem, macht nichts, er hat ein paar ganz gute Sachen gesagt ..."

Eine Warnung

Wer Ohren hat zu hören, der höre.

Eine Frage

Welches eine Wort ist das Anagramm von Bill Rae?

Die Inspiration der Freude

„Das Reich Gottes ist wie ein verborgener Schatz, den ein Mann auf einem Feld entdeckte und wieder verbarg. In seiner Freude verkaufte er alles, was er hatte, um den Acker zu kaufen und so den Schatz zu bekommen."

Matthäus 13, 44

Für viel zu viele Leute endet dieses Gleichnis ganz anders: „Das Reich Gottes ist wie ein verborgener Schatz, den ein Mann auf einem Feld entdeckte und wieder verbarg. In seiner Freude ging er los, um alles zu verkaufen, was er hatte, aber er trödelte so lange herum, daß er nicht mehr rechtzeitig auf den Markt kam, und bis er ein paar gute Freunde um Rat gefragt und die Sache erst einmal überschlafen hatte, war seine Freude verblaßt, und auf einmal kam ihm die Idee gar nicht mehr so gut vor. Ihm fielen tausend gute, verantwortungsvolle Gründe ein, warum es besser wäre, das Feld erst einmal nicht zu kaufen, und überhaupt, wenn er in ein paar Jahren wieder hin ging, würde der Schatz bestimmt immer noch da sein. Doch dann würde er sich das Feld leisten können, ohne absolut *alles* zu verkaufen. Viel vernünftiger ..."

Gelegenheiten, auf die Inspiration der Freude hin zu handeln, kommen nicht sehr oft im Leben der meisten Menschen, und sie können zu großem Segen oder zu großer Traurigkeit führen, je nachdem, ob sie ergriffen werden oder nicht. Leider geht so mancher Schatz aus den „bestmöglichen" Gründen verloren.

Auch Schriftstellern passiert das manchmal, wenn das Bewußtsein plötzlich erleuchtet wird von einer Idee, die so strahlend brennt, daß man *weiß* (soweit es möglich ist, das bei irgendeiner kreativen Aktivität zu wissen), daß sie funktionieren wird. Nachdem man eine Nacht darüber geschlafen hat, können diese Inspirationen ziemlich langweilig wirken, besonders, wenn man dann mit jemandem anderes darüber spricht, und was noch an Glanz übrig ist, wird von der wenig begeisterten Reaktion des anderen getrübt.

Ich fange an zu lernen, der Erinnerung an diese strahlenden Momente zu vertrauen, zu glauben, daß die Begeisterung sich wieder einstellt, wenn ich die Idee tatsächlich in die Tat umsetze, und sie *nicht* anderen vorzusetzen, bevor ich meiner ursprünglichen Vision nachgegangen bin.

Wir leben in einer Gesellschaft, in der die Sehnsucht zu einem Wirtschaftszweig geworden ist, und für viele Leute fungiert die Zukunft als eine Ablenkung von der unannehmbaren Gegenwart. Jesus deutet hier an, daß dann, wenn wir den verborgenen Schatz der Freude entdecken – das ewige *Jetzt* der Gemeinschaft mit ihm –, es sich dafür lohnen wird, alles zu geben, zu verlieren, zu verkaufen, damit dieser Schatz wirklich unser wird. Die Welt ist sehr trügerisch, und wir werden sehr lange tot sein. Ergreifen Sie die Chance.

Gebet

Herr, wir haben dich – unseren Schatz – in einem Moment der Freude entdeckt, aber manche von uns sind nie zurückgekommen, um sich diese Freude anzueignen. Gib uns heute eine neue Entschlossenheit, alles, was wir sind und haben, für dich zu geben.

Ausverkauf

„Wer in das Reich Gottes will, muß handeln wie ein Kaufmann, der auf der Suche nach kostbaren Perlen ist. Er entdeckt eine Perle von unschätzbarem Wert. Deshalb verkauft er alles, was er hat, um sie zu besitzen."

Matthäus 13, 45-46

Ich habe einen Freund, der ständig das einzige findet, was er je wirklich wollte. Das Problem ist nur, daß es jedesmal etwas anderes ist. Als Kind vernachlässigt und mißhandelt, hat Sam, ein alleinstehender Mann, der in einem jener teuren Klamottenläden im West End arbeitet, einen bodenlosen Abgrund emotionaler Bedürfnisse, der durch katastrophale Beziehungen in der Vergangenheit noch tiefer geworden ist. Den Gedanken an eine Ehe hat er mehr oder weniger aufgegeben, da er fürchtet, diese Art lebenslanger Nähe nicht durchzuhalten. Heute sind Sams „Perlen" eher Dinge als Leute. Ich weiß nicht, wie oft bei mir schon das Telefon geklingelt hat, und Sam war dran, voll aufgeregter Begeisterung, weil er endlich wirklich weiß, was er braucht, um glücklich zu sein. Da war das Atelier hinten in seinem Garten: Sam wollte ein vernachlässigtes Zeichentalent entwickeln, und dazu brauchte er unbedingt einen besonderen Platz und eine besondere Ausrüstung. Er ging beinahe pleite, während er das Geld für dieses Projekt zusammenkratzte, doch heute ist aus dem „Atelier" eine Gartenhütte geworden, und Sam zeichnet nichts.

Einmal fuhr er in einem fast neuen Landrover vor unserem Haus vor. „Das war seit Jahren mein Traum", sagte er und tätschelte zärtlich sein neues Baby. „Wahrscheinlich werde ich für den Rest meines Lebens Schulden haben, aber das macht nichts; von jetzt an wird alles anders. Ich werde wahrscheinlich alles verkaufen und einmal um die Welt fahren." Natürlich hat er nichts dergleichen getan, und es dauerte nicht lang, bis das neue Fahrzeug durch eine alte Rostlaube ersetzt wurde, um das benötigte Kreditpotential für das unglaublich vielseitige elektronische Keyboard freizusetzen, das Sam das geben würde, was er *wirklich* wollte.

Hin und wieder gibt Sam für eine Weile auf. Während dieser Zeiten ruft er häufig bei uns an und kommt der Verzweiflung nahe. Er ist Christ – schon seit Jahren – aber sein Glaube bringt ihm, vielleicht, weil seine Persönlichkeit so sehr geschädigt ist, nicht viel Frieden. Dennoch begegnet er Jesus in der Fürsorge und Anteilnahme vieler gläubiger Freunde, und ich glaube, er ist sich der Wirklichkeit dieser Begegnung bewußt. Wir beten, daß er eines Tages aufhören wird, die weltlichen Perlen der Gebäude und Autos und all der anderen Dinge, die er ausprobiert hat, zu sichten, und sich mit Jesus zu begnügen, der ihn zweifellos alles kosten, ihm aber endlich geben wird, was er immer brauchte.

Ein Gedanke

Manchmal ist es unsere Aufgabe, vorübergehend Hüter der kostbaren Perle eines anderen zu sein.

Ungenießbare Fische

„Man kann das Gottesreich auch mit einem Netz vergleichen, das ins Meer geworfen wird und in dem viele verschiedene Fische gefangen werden. Wenn das Netz voll ist, zieht man es an Land, setzt sich hin und sortiert die eßbaren Fische in Körbe. Die ungenießbaren aber werden weggeworfen. So wird es auch am Ende der Welt sein. Die Engel werden kommen und die Bösen von den Gerechten trennen, um sie in das höllische Feuer zu werfen. Dort werden sie weinen und jammern, aber niemand kann ihnen helfen.“

Matthäus 13, 47-50

Die Leute, die dieses Gleichnis ursprünglich hörten, hatten sicher keine Ahnung, daß zweitausend Jahre später gebratener Fisch, zubereitet in Öfen von kompakterer und weltlicherer Art, auf den Straßen jeder Stadt und jedes Dorfes in diesem Land zu kaufen sein würde. Doch Jesu Schilderung dreht sich um etwas ganz anderes. Können Sie sich den Gestank vorstellen, wenn verdorbene Fische in die ewigen Öfen der Hölle geworfen werden? Ugh!

Machen Sie sich manchmal Sorgen, Sie könnten ein ungenießbarer, verdorbener Fisch sein? Ich schon. Ich bin im Netz, aber bin ich frisch?

Es ist nicht leicht, die feste Gewißheit zu empfinden, die wir gern empfinden möchten, und da nützt es auch nichts, mir Bibelverse unter die Nase zu halten, um mir zu zeigen, daß wir absolut gewiß sein *sollten*, denn viele von uns sind es nun einmal nicht – also was jetzt?

An anderer Stelle weist Jesus zum Beispiel darauf hin, daß Leute zu ihm sagen werden, daß sie in seinem Namen die Kranken geheilt und Dämonen ausgetrieben haben, doch er wird ihnen sagen, daß er sie nie gekannt hat. Er wird sie Übeltäter nennen. Ich kenne Gemeinden, wo die Leute ständig solche Dinge tun. Glauben Sie wirklich, daß irgend jemand von denen, die mit solch –

scheinbar – geistlichen Aufgaben beschäftigt sind, glaubt, er oder sie könnte ein ungenießbarer Fisch sein? Ich nicht.

An anderer Stelle sagt er, „Herr, Herr!“ zu rufen sei bedeutungslos, wenn man nicht wirklich tut, was er einem sagt. Nun, ich höre jede Menge wunderbarer Gebete – wirklich beeindrukkend. Würden manche von denen, die diese Werke vortragen, den Geruch von verdorbenem Fisch in ihrer Nähe überhaupt bemerken, oder ist er schon so vertraut, daß sie ihn nicht einmal mehr riechen können?

Und dann ist da das fünfundzwanzigste Kapitel dieses Evangeliums. Lesen Sie es. Beunruhigend, nicht wahr? Gebe ich den Hungrigen zu essen? Gebe ich den Durstigen Wasser? Lade ich Fremde in mein Haus ein? Bekleide ich die Nackten? Kümmere ich mich um die Kranken oder besuche die, die im Gefängnis sind? Wenn ich diesen Dingen nicht die angemessene Priorität und Aufmerksamkeit widme, dann sollte ich lieber einmal lange und tief einatmen – da wird ein Geruch von ungenießbarem Fisch in der Luft hängen, und dagegen sollte ich lieber etwas tun.

Eine Verpflichtung

Ich werde die Evangelien lesen, als hätte ich sie noch nie zuvor gelesen, und herausfinden, was es wirklich bedeutet, ein guter Fisch zu sein.

Verständlich

„Versteht ihr das alles?" „Ja", erwiderten sie, „wir verstehen es." Und Jesus fügte hinzu: „Wer das Reich Gottes verkündigt, macht es wie ein Hausherr, der Altes und Neues aus seiner Erfahrung berichtet."

Matthäus 13, 51-52

Ich liebe diese Stelle, Sie nicht auch? Sehen Sie nicht förmlich vor sich, wie die Jünger zusammensitzen und die Geschichten genießen, die Jesus ihnen erzählt, und dann plötzlich zu ihrem Entsetzen mit der Frage konfrontiert werden, ob sie alles verstanden haben? Ich stelle mir vor, daß eine kurze Pause eintrat, in der allen der Unterkiefer herunterklappte, gefolgt von allgemeinem, fadenscheinig selbstsicherem Nicken.

„Ob wir das alles verstehen? Na klar doch. Oder, Jungs?"

„Gar kein Problem ..."

„Kapiert, ja – ganz klar, danke."

„Ja! Sicher! Verdorbene Fische – logo!"

„Samenkörner, Sauerteig, Unkraut, Schatz –"

„Nicht zu vergessen die Perlen."

„Ach ja, richtig, ja, Perlen auch, ja."

„Und Netze."

„Netze, ja ..."

„Und alles dreht sich um das Reich, äh –"

„Gottes."

„Das war's, das Reich Gottes, genau."

„Ja ..."

Ein leichtes amüsiertes Lächeln muß um Jesu Lippen gespielt haben, als er das „Ja" seiner Jünger hörte. Ich halte es für äußerst unwahrscheinlich, daß sie zu diesem Zeitpunkt mehr als eine ganz nebelhafte Ahnung davon hatten, wovon ihr Meister redete. Später freilich, nachdem Jesus gestorben und auferstanden war, werden sie über jedem Wort gebrütet haben, an das sie sich erinnern konnten, und zum ersten Mal einen Blick auf die große Wirklichkeit erhascht haben, der sich in diesen täuschend einfachen Geschichten verbirgt.

Heute haben wir den Heiligen Geist bei uns, so daß Sie sich keine Sorgen zu machen brauchen, wenn Sie nicht alles verstehen, was Sie in der Bibel lesen. Er wird Ihnen alles klarmachen, was Sie wissen müssen.

Gebet

Vater, danke für die neuen Schätze – die Lehren Jesu. Wir möchten verstehen, was er sagt, und ganz besonders, was er zu uns als einzelnen Menschen sagt. Heiliger Geist, sei bei uns, während wir lesen – laß uns das Abenteuer gemeinsam bestehen.

Der predigt gut, der gut lebt.
Cervantes

REISEGEFÄHRTEN FINDEN

Die Frau am Brunnen

Persönliche Evangelisation, oder besser gesagt, meine Nachlässigkeit darin, war eines der Dinge, die mir eine Menge Schuldgefühle verursachten, als ich ein junger Christ war. Wohlgemerkt, ich machte mich zunächst mit großem Eifer ans Werk. Eine Zeitlang habe ich, wie ich schon in *Gesprengte Mauern* berichtet habe, die Botschaft wahllos und sicherlich zum großen Ärger der Betroffenen über ganz Tunbridge Wells verbreitet. Wenn ich es recht bedenke, hatte ich vermutlich Glück, daß ich nicht öffentlich gelyncht wurde von einem Mob aus all denen, die durchaus verständlicherweise zu dem Schluß gekommen waren, daß sie lieber die Ewigkeit in der Hölle verbringen wollten als zehn Minuten in der Ecke eines Cafés, belagert von mir und meiner großen Bibel.

Im Laufe der Zeit führte ein auffälliger Mangel an Ergebnissen zu einem Nachlassen meines Eifers (meine Zunge schrieb Schecks aus, die meine Erfahrung und Gelehrsamkeit nicht einlösen konnte, um eine Formulierung auszuleihen, die ich in einem Film gehört habe), doch das Gefühl, daß ich eigentlich jedem, dem ich begegnete, von Jesus erzählen müßte, verließ mich nie so ganz, und es ist bis heute geblieben, wenn sich auch seine Auswirkungen seit jenen ersten Tagen stark verändert haben.

Interessanterweise hat in einem gewissen Sinne meine Einstellung zur Evangelisation einen vollständigen Kreis beschrieben. Die krasse Botschaft von Gericht und Erlösung, mit der ich die Leute nervte, als ich sechzehn war, ist genau das, was mir auch heute als das Wesentlichste erscheint, das die Leute hören müssen. Der Unterschied ist ganz einfach mein Bewußtsein, daß das Evangelium von der Liebe Gottes getrieben wird und nicht von dem neurotischen Bedürfnis irgendeines organisierten Zweiges des Christentums, jeden potentiellen Bekehrten in sein eigenes unveränderliches Muster von Verhaltensweisen und Einstellungen zu zwängen. Die Notwendigkeit, daß Leute gerettet werden, ist vordringlich, doch, wie Paulus zweifellos sagen würde, wenn er heute lebte: „Was wollen wir nun hierzu sagen? Wahrlich, es gibt der Wege viele, eine Katze zu häuten.“ Das war mir gewiß nicht bewußt, als ich mit sechzehn auszog, die Welt zu bekehren.

Tatsache ist, daß nahezu jede Form der Evangelisation wirksam sein kann, einschließlich der traditionellen.

Bridget und ich haben zum Beispiel während eines großen christlichen Festivals, an dem wir in Australien teilnahmen, über die Arbeit eines meines Wissens bei uns unbekannten südamerikanischen Evangelisten gestaunt, der eine kurze, nicht sonderlich beeindruckende Ansprache hielt, jedoch sofort von Hunderten von Leuten belagert wurde, die irgendeinen Schritt auf Jesus zu machen wollten. Mir schien, besonders, nachdem wir den Mann kennengelernt und uns während einer oder zwei Mahlzeiten mit ihm unterhalten hatten, daß er jemand war, der seinem Meister so nahezu vollkommen hingegeben war, wie es nur möglich ist, und, was noch wichtiger ist, daß er jemand war, der tatsächlich die konkrete Gabe der Evangelisation empfangen hatte, von der Paulus im vierten Kapitel des Epheserbriefes spricht. Auf derselben Konferenz traten andere Redner auf, deren Ansprachen länger, geistreicher und auf den ersten Blick weitaus ansprechender waren als die des Südamerikaners, aber sie erzielten einfach bei weitem nicht die gleiche Wirkung. Gott hatte diesem Burschen auf die Schulter getippt.

Die Bereitstellung nützlicher Angebote für die säkulare Umgebung durch einzelne Gemeinden, wie etwa Krabbelgruppen, kann ein wertvolles Mittel der Evangelisation sein, solange dieser Dienst wirklich aus einem Geist der Nächstenliebe heraus angeboten und es Gott überlassen wird, die Mittel und das Tempo der Evangelisation zu bestimmen.

Den Mund zu halten, kann eine vorzügliche Form der Evangelisation sein.

Echte Freundschaft mit jemandem zu schließen kann zu einer höchst wirkungsvollen Evangelisation führen – der wirkungsvollsten von allen, soweit ich aus dem ersehen kann, was ich auf meinen Reisen rund um die Welt gehört habe.

Ich bin sicher, das ist nur der Anfang einer noch viel umfangreicheren Liste von Möglichkeiten, die Botschaft der Erlösung an die weiterzugeben, die sie hören müssen, aber gibt es irgend etwas, das sie alle gemeinsam haben? Nun, ich würde vorsichtig vermuten, daß überall da, wo Leute zu Christus gezogen werden, jemand zu finden ist, der sich wirklich die Mühe gemacht hat, seine Prioritäten in die richtige Reihenfolge zu bringen. Auch Jesus selbst mußte das tun, bevor er seine dreijährige Wirkungszeit begann, und wir erfahren davon in den folgenden Versen aus dem vierten Kapitel des Lukasevangeliums:

Erfüllt vom Heiligen Geist, kam Jesus vom Jordan zurück. Und der Geist Gottes führte ihn in die Wüste, wo er sich vierzig Tage aufhielt. Dort war er den Versuchungen des Teufels ausgesetzt. Jesus aß nichts während dieser ganzen Zeit, und der Hunger quälte ihn.

Da forderte ihn der Teufel auf: „Wenn du Gottes Sohn bist, dann mach doch Brot aus diesem Stein!"

Aber Jesus wehrte ab: „Nein, denn es steht in der Heiligen Schrift: ‚Vom Brot allein kann niemand leben. Leben kann nur, wer Gottes Wort aufnimmt und befolgt!'"

Dann führte ihn der Teufel auf einen hohen Berg und zeigte ihm in einem einzigen Augenblick alle Reiche der Welt und bot sie Jesus an: „Alle Macht über diese Welt und ihre Herrlichkeit will ich dir geben; denn mir gehört die Welt, und ich schenke sie, wem ich will. Wenn du vor mir niederkniest und mich anbetest, wird das alles dir gehören."

Wieder wehrte Jesus ab: „Nein! Denn Gott verlangt in der Heiligen Schrift von uns: ‚Du sollst allein Gott anbeten und nur ihm gehorchen!'"

Jetzt nahm ihn der Teufel mit nach Jerusalem und stellte ihn auf die höchste Stelle der Tempelmauer. „Spring hinunter!" forderte er Jesus auf. „Du bist doch Gottes Sohn! Es steht geschrieben: ‚Gott wird seinen Engeln befehlen, dich zu beschützen. Sie werden dich auf Händen tragen, und du wirst dich nicht einmal an einem Stein verletzen!'"

Aber Jesus wies ihn auch diesmal zurück: „Es steht geschrieben: ‚Du sollst Gott, deinen Herrn, nicht herausfordern!'"

Lukas 4,1-13

In Matthäus' Version derselben Geschichte erscheinen an dieser Stelle Engel und dienen Jesus.

Das Problem mit Passagen wie dieser ist, daß es im Laufe der Jahre fast unmöglich wird, sie klar wahrzunehmen, genau wie ein Gemälde an der Wohnzimmerwand zu einem so vertrauten Teil der häuslichen Umgebung werden kann, daß Inhalt und Sinn des Bildes, die einmal soviel bedeutet haben, gar keine Wirkung mehr auf diejenigen haben, die es jeden Tag sehen. Ein zusätzliches Problem mit diesem entscheidend wichtigen Ereignis im Leben Jesu ist, daß die gewohnte Sicht dieser vierzig Tage in der Wüste, diejenige, die sozusagen an den Wänden unseres Verstandes hängt, ein religiöses Bild ist, eine ordentliche, stilisierte, gesäuberte, harmlose Version einer der größten und mutigsten Heldentaten in der Geschichte dieser Welt ist. Hinter jenen albernen Bildern eines hochgewachsenen, blauäugigen, frisch geduschten und schamponierten Gottessohnes, der den Satan mit einer beiläufigen Handbewegung in seine Schranken weist, steckt etwas viel Tieferes, viel Rauheres, für uns viel Bedeutungsvolleres und Herausfordernderes und letzten Endes etwas viel Schöneres, weil es angefüllt ist mit Liebe.

Während jener schieren Hölle von vierzig Tagen Hunger und vierzig eiskalten Nächten in der Wüste mußte Jesus, indem er sich diesen drei Versuchungen des Teufels stellte, lernen, sich von materiellem Wohlstand, selbstsüchtigem Gebrauch und Genuß von

Macht und einem illusorischen Gefühl der persönlichen Sicherheit abzukehren, also von genau den Dingen, die ganz oben auf der Prioritätenliste der meisten Menschen damals wie heute standen und stehen. Nur, indem er das tat, konnte er das größte Wunder von allen vollbringen, die Wiedervereinigung seines Vaters mit Millionen, ja Milliarden von Menschen, die zutiefst geliebt waren und sind, aber auch zutiefst verloren. Die Logik dieses göttlichen Prinzips zu erfassen, fällt begrenzten Menschen wie uns unendlich schwer. Es erscheint einfach keinen Sinn zu ergeben.

Das wird für uns auch nicht leichter dadurch, daß die Seite der Gemeinde Jesu, die angreifbar für Versuchungen ist, in den letzten Jahren versucht hat, diese niedrigen geistlichen Prioritäten wieder an die Spitze der Liste zu rationalisieren, ja geradezu mit Gewalt dorthin zu treiben. Manche Gemeinden haben materiellen Wohlstand geradezu zu einer Art Geistesgabe umdefiniert; manche fehlgeleiteten Aspekte des sogenannten Dienstes des Heiligen Geistes bieten Leuten, denen man nicht einmal das Grillen von Würstchen anvertrauen sollte, Macht ohne Verantwortung; und das Subtilste ist vielleicht jene Lehre, die das „Reich Gottes hier und jetzt" fordert und es fertigbringt, „aus den ehrenwertesten theologischen Gründen" vor den Wirklichkeiten des Todes, des Himmels und besonders der Hölle die Augen zu verschließen. Diese Bewegungen sind um so gefährlicher, als ihre mutierten Gewächse aus einem Samen der Wahrheit entstehen.

Wohlstand, Macht und persönliche Sicherheit – das sind die Dinge, die Jesus auf der Prioritätenliste weit nach unten verschoben hat, und die Botschaft ist auch für uns ziemlich klar. Solange wir uns im tiefsten Herzen mehr auf diese weltlichen Güter verlassen als auf den Gott, der seinen Sohn sandte, um für uns zu sterben, sind wir nicht frei, um für ihn in der Evangelisation oder irgendeiner anderen Aktivität wirklich unser Allerbestes zu geben.

Ich weiß, daß das nicht leicht ist – nicht einmal ich bin so dumm, das zu denken –, doch es war auch für Jesus nicht leicht. Er überstand die Wüstenerfahrung nicht im Vorbeigehen wie ein vom Glück verfolgter Wimbledon-Spieler. Er hätte auch scheitern können. Er hätte entscheiden können, daß er lieber Geld und Frauen und Macht haben wollte, als seinem Vater gehorsam zu sein, und dann würden wir nicht jeden Sonntag in der Kirche sitzen, weil es keine Kirchen gäbe, in denen wir sitzen könnten. Jesus hatte keine Ahnung, ob er die Versuchung überwinden würde oder nicht. Wäre es anders, so wäre er nicht wirklich versucht worden und nicht wirklich ein Mensch gewesen.

Am Ende hat er es geschafft, wie wir wissen, und er hat es für uns getan. Er hat es getan, weil er wußte, daß er unsere einzige Chance war. Er wußte, daß eine gewaltige Katastrophe lauerte, wenn er diese Versuchungen nicht überwand. Ich muß sagen, mir scheint, daß die Gemeinde Jesu offenbar diesen dramatischen, dringlichen Grund für das Kommen Jesu aus den Augen verloren hat.

In der vergangenen Woche habe ich mich auf der Straße mit jemandem unterhalten, der mir sagte, wie schade er es fände, daß mit dem Christentum nicht so viele interessante Aktivitäten und Veranstaltungen verbunden seien wie mit anderen Religionen. Ich fing schon an mit dem altvertrauten Nicken und Zustimmen, in dem wir Christen so gut sind, als ich plötzlich dachte – wovon reden wir hier überhaupt? Das zentrale Thema sollte uns nicht an ein Kopf-an-Kopf-Rennen zwischen „Die goldene Eins“ im Ersten und „Wetten daß?“ im Zweiten erinnern. Es geht nicht darum, wer am besten aus Milchflaschendeckeln ein funktionierendes Modell eines Mähdreschers bauen kann. Wenn das Christentum wahr ist, und ich glaube, daß es so ist, dann reden wir über eine drohende kosmische Katastrophe, und abgesehen davon, daß wir die Dinge so gut wie möglich präsentieren wollen – natürlich wollen wir das –, sollten wir vor allen Dingen zu den Leuten sagen: „Hör mal, mach, was du willst – glaube, was du willst, aber eines sage ich dir, wenn du Jesus ablehnen willst, solltest du lieber hundertfünfzig Prozent sicher sein, daß du damit recht hast!“

Vor zweitausend Jahren biß der Sohn Gottes seine Zähne zusammen, stellte seine Prioritäten unverrückbar klar und machte sich in einer schnurgeraden Linie auf den Weg zu einem sicheren Tod. Er tat es für uns.

Wohlstand, Macht und persönliche Sicherheit – wo stehen sie auf meiner Liste, und was werde ich daran ändern? Sind sie erst einmal nach unten auf den Platz verschoben, der ihnen zukommt, und ist die Hingabe an Gott meine erste Priorität geworden, werde ich in der Lage sein, die Botschaft der Erlösung so gut weiterzugeben, wie es möglich ist, auf die Weise und an dem Ort, wie es Gottes Willen entspricht und richtig ist, genau wie es Jesus vor zweitausend Jahren mit dieser Frau aus Samarien tat.

Gebet

Vater, wir möchten wirklich gern mithelfen, die Botschaft der Erlösung weiterzugeben, aber manche von uns sind unsicher und nervös und wissen nicht, was dazu gehört. Bitte hilf uns, daß wir uns ernsthaft bemühen, dich an die Spitze unserer Prioritätenliste zu setzen, und so angefüllt sind mit Begeisterung über deine Liebe und der Dringlichkeit deines Verlangens, Menschen zu retten, daß aus unserem Leben, so unwahrscheinlich es jetzt klingt, das Evangelium leuchtet. Amen.

All die durstigen Menschen

Dort ist der Jakobsbrunnen. Müde von der langen Reise setzte sich Jesus an den Brunnen. Es war gerade Mittagszeit. Da kam eine Samariterin aus der nahegelegenen Stadt zum Brunnen, um Wasser zu holen. Jesus bat sie: „Gib mir etwas zu trinken!" Denn seine Jünger waren in die Stadt gegangen, um Lebensmittel einzukaufen. Die Frau fragte überrascht: „Du bist doch ein Jude! Wieso bittest du mich um Wasser, wo ich doch eine samaritische Frau bin?" (Normalerweise wollten die Juden nichts mit den Samaritern zu tun haben.) Jesus antwortete ihr: „Wenn du wüßtest, was Gott dir geben will und wer dich hier um Wasser bittet, würdest du mich um das Wasser bitten, das du zum Leben brauchst. Und ich würde es dir geben."

Johannes 4, 6-10

Heutzutage hört man viel von Gruppen von Christen, die um den Rand einer Ortschaft oder eines Stadtteils herummarschieren und ihn „für den Herrn beanspruchen". Zu hoffen wäre, daß sie sich auch mit dem Inneren dieser Gebiete beschäftigen werden. Ein Freund von mir wurde, als er noch sehr jung war, gebeten, ein Haus für obdachlose Männer im Londoner East End zu leiten. Jeden Abend machte er sich im Dunkeln auf den Weg zu den Plätzen, wo diese Männer (von denen viele Alkoholiker waren) ihre Nächte zu verbringen pflegten. Manchmal hatte er solche Angst, daß er kehrtmachte und wieder nach Hause rannte. Er war jedoch nur zeitweise ein Feigling. Er blieb beharrlich, und das Projekt gedieh. Er brachte Jesus zu Leuten, die ihm sonst vielleicht nie begegnet wären.

Hier sehen wir, wie Jesus sich in ein Gebiet begibt, das die Juden normalerweise mieden wie die Pest. Er marschierte nicht um es herum; er marschierte geradewegs hinein.

Nachdem er die Jünger weggeschickt hatte (warum waren eigentlich zwölf Männer nötig, um ein paar Lebensmittel einzukaufen?), setzte er sich noch weiter über die Konventionen hinweg, indem er eine samaritische Frau nicht nur ansprach, sondern sie sogar um etwas zu trinken bat. Wie die obdachlosen Männer, die mein Freund auf ihrem eigenen Terrain besuchte, war auch sie neugierig auf die Motivation hinter diesem ungewöhnlichen Verhalten. Die Antwort war in beiden Fällen dieselbe – Jesus war gekommen und hatte das Wasser des Lebens gebracht.

Es ist nicht leicht, Orte aufzusuchen, die in irgendeiner Weise fremd oder bedrohlich sind, aber wenn wir Jesus folgen wollen, werden wir darum nicht herumkommen. Es können die Leute nebenan sein, es kann die Kneipe am Ende der Straße sein, es kann das tiefste Borneo sein, doch wenn er uns ruft, dann gehen wir entweder – oder wir sind ungehorsam.

Gebet

Herr, meide ich irgend jemanden oder irgendeinen Ort, den ich besuchen soll? Ich brauche Mut. Bitte gib ihn mir, wenn ich ihn brauche, damit ich dich zu denen bringen kann, die lebendiges Wasser brauchen.

Unvergiftetes Wasser

„Aber Herr“, meinte da die Frau, „du hast doch gar nichts, womit du Wasser schöpfen kannst, und der Brunnen ist tief! Wo willst du denn das Wasser für mich hernehmen? Kannst du etwa mehr als Jakob, unser Stammvater, der diesen Brunnen gegraben hat? Er selbst, seine Kinder und sein Vieh haben schon daraus getrunken.“ „Jeder, der dieses Wasser trinkt“, erwiderte Jesus darauf, „wird bald wieder durstig sein. Wer aber von dem Wasser trinkt, das ich ihm gebe, der wird nie wieder Durst bekommen. Dieses Wasser wird in ihm zu einer Quelle, die bis ins ewige Leben hinein fließt.“ „Dann gib mir dieses Wasser“, sagte die Frau, „damit ich nie mehr durstig bin und nicht immer wieder herkommen und Wasser holen muß!“ „Gut, entgegnete Jesus, „geh, und ruf deinen Mann. Dann kommt beide hierher!“ „Ich bin nicht verheiratet“, wandte die Frau ein. „Das stimmt“, erwiderte Jesus, „verheiratet bist du nicht. Fünf Männer hast du gehabt, und der, mit dem du jetzt zusammenlebst, ist nicht dein Mann. Da hast du die Wahrheit gesagt.“

Johannes 4, 11-18

Manchmal erscheinen Zügellosigkeit und Sünde viel reizvoller als der Pfad der Tugend, besonders dann, wenn es der Pfad einer trockenen, blutleeren Pflicht ist. Als eine Streßerkrankung mich zwang, meine Arbeit aufzugeben, und meine ganze Welt zusammenbrach, schrieb ich die folgenden Worte:

Wer macht die giftigen Pfuhle
im Wüstenland
so süß und kühl
Willkommene Lügen
sterbend sich zu betrügen mit Wasser auf den Lippen
Die Helden suchen ohne Gift zu sterben in der Glut
Ich tauge nicht, was mich betrifft, zum Helden, der das tut.

In diesem Abschnitt bietet Jesus sauberes, gesundes, frisches Wasser anstelle sowohl des vergifteten Wassers negativer Verhaltensweisen und der Trockenheit liebloser Tugend.

Im Fall der samaritischen Frau ist es ihre Vorliebe für eine breite Auswahl enger männlicher Freunde, die das vergiftete Wasser bildet, das sie am Ende umbringen wird. Was für ein betäubender Schock es gewesen sein muß, als dem harmlos klingenden Ansinnen dieses ziemlich beeindruckenden Fremden ein so zutreffender Blitzstrahl der Erkenntnis folgte.

Gott versteht unser Versagen. Er kennt die Schwächen, die für die falschen Entscheidungen und Entwicklungen in unserem Leben verantwortlich sind. Doch das lebendige Wasser wird uns immer noch angeboten; ein Wasser, das unseren Geist und Körper reinigen und die Tugend zu einem Nebenprodukt der Freude machen wird.

Gebet

Herr, ich weiß, daß du mich nicht mit Samthandschuhen anfassen wirst, wenn klare Worte vonnöten sind. Du wirst mir sagen, was in meinem Leben nicht rein ist, und ich werde dich um lebendiges Wasser bitten, um es abzuwaschen.

Er lebt in unseren Herzen

Erstaunt meinte die Frau: „Ich sehe, Herr, du bist ein Prophet! Kannst du mir dann eine Frage beantworten? Unsere Vorfahren haben Gott auf diesem Berg dort angebetet. Warum also behauptet ihr Juden, man könne Gott nur in Jerusalem anbeten?“ Jesus antwortete: „Glaub mir, die Zeit wird kommen, in der es unwichtig ist, ob ihr Gott auf diesem Berg oder in Jerusalem anbetet. Ihr wißt ja nicht einmal, wen ihr anbetet. Wir aber wissen, zu wem wir beten. Denn das Heil der Welt kommt von den Juden. Doch es kommt die Zeit, ja sie ist schon da, in der die Menschen Gott überall anbeten können; wichtig ist allein, daß sie von Gottes Geist und seiner Wahrheit erfüllt sind. Von diesen Menschen will Gott angebetet werden. Denn Gott ist Geist. Und wer Gott anbeten will, muß seinen Geist haben und in seiner Wahrheit leben.“ Die Frau entgegnete: „Ja, ich weiß, daß einmal der Messias kommen wird. Der wird uns schon alles erklären.“ Da sagte Jesus: „Du sprichst mit ihm. Ich bin der Messias.“

Johannes 4, 19-26

Das religiöse Verständnis der Samariterin war skizzenhaft und vage, aber ein Punkt war ihr völlig klar: „Einmal wird der Christus kommen. Der wird uns schon alles erklären.“

Während eines Sommerurlaubs hatten wir an einem Samstagabend siebzehn Russen zu einem Grillfest in unserem Garten eingeladen.

Unsere Gäste waren in Feierstimmung. Sie waren als Touristen nach England gekommen, aber durch einen Zusammenbruch der Kommunikation in einem frühen Stadium hatte der Mann vor Ort, der die Reise organisierte, irrtümlich angenommen, es handele sich um siebzehn Jugendgruppenleiter auf einer Vorbereitungsreise. Häufige, unerklärliche Ausflüge zu Pfadfindergruppen, Schulen und Jugendzentren hatten bei den Russen völlige Verwirrung und ein wenig Verärgerung ausgelöst.

Nachdem nun das exzentrische Verhalten ihres Reiseleiters sich aufgeklärt hatte, tanzten und sangen sie unter unseren Apfelbäumen, fest entschlossen, ihren Spaß zu haben.

„Was halten Sie von Gott?" fragte ich einen von ihnen mit Hilfe eines Dolmetschers und glaubte, die Antwort voraussagen zu können.

„Man hat uns nichts über Gott beigebracht", erwiderte er, „aber" – und dabei klopfte er sich auf seine breite Brust – „er lebt in unseren Herzen."

Verstehen Sie, was ich meine, wenn ich sage, daß ich diesen Mann ein wenig beneidete? In unserem Teil der Welt könnte es sein, daß man uns zuviel über Gott beibringt, es uns aber an diesem schlichten Bewußtsein seiner Gegenwart bei uns fehlt. Wie mein Russe war auch die Samariterin im Besitz einer schlichten, sicheren Wahrheit: „Der Christus wird kommen ..."

Stellen Sie sich das atemlose Erstaunen vor, das diese Frau überfallen haben muß, als der Mann, der ihr seine Macht bereits unter Beweis gestellt habe, antwortete: „Du hast recht, und ich bin es – ich bin gekommen."

Gedanke

Gibt es so etwas wie einen verfeinerten Glauben? Inwiefern ist die Spannung zwischen Intelligenz und Schlichtheit hilfreich oder hinderlich für uns? Sind wir zu schnell bereit, anzunehmen, daß manche Gruppen, Rassen oder Religionen nichts von Jesus wissen?

Kommt und seht Jesus

Seine Jünger, die gerade aus der Stadt zurückkamen, wunderten sich, daß er mit einer Frau redete. Aber keiner fragte: „Was willst du von ihr? Warum sprichst du mit ihr?" Da ließ die Frau ihren Wasserkrug stehen, lief in die Stadt und berichtete aufgeregt allen Leuten: „Kommt mit! Ich habe einen Mann getroffen, der alles von mir weiß; dabei hat er mich noch nie gesehen! Ob er wohl der Messias ist?" Neugierig liefen die Leute aus der Stadt zu Jesus. Inzwischen hatten ihm seine Jünger zugeredet: „Herr, iß doch etwas!" Aber er sagte zu ihnen: „Ich habe eine Speise, die ihr nicht kennt."

Johannes 4, 27-32

Als das Einkaufskomitee von der samaritischen Entsprechung einer Aldi-Filiale zurückkehrte, so wird uns gesagt, waren die Jünger überrascht, ihren Meister im Gespräch mit einer samaritischen Frau vorzufinden, doch sie wollten sich nicht darüber äußern. Manche Leute meinen, das sei auf die Rücksichtnahme und den Takt der Jünger zurückzuführen, aber da habe ich meine Zweifel. An einer anderen Stelle der Evangelien hören wir, daß sie Angst hatten, Jesus zu sagen, worüber sie gerade sprachen, weil es ihn womöglich wütend machen könnte. Viel wahrscheinlicher erscheint mir, daß sie einfach allmählich lernten, daß alles, was er tat, so seltsam es auch wirken mochte, der Mühe wert sein mußte und daß sie nichts Besseres tun konnten, als auf ihn einzugehen.

Dieses Prinzip ist auch heute noch gültig. Finden Sie heraus, was Gott tut, und machen Sie mit, wie ein Freund von mir es einmal ausgedrückt hat, und stellen Sie keine unnötigen Fragen.

In schnöder Verachtung gegenüber vielen modernen, in drei Punkte gegliederten Predigten rennt die Samariterin nun aufgeregt davon, um zu evangelisieren, noch bevor sie überhaupt zum Buße-Tun gekommen ist. Wann immer und wo immer sich die Macht Jesu wirklich manifestiert, werden wir unweigerlich diese natürliche, spontane Verbreitung der guten Nachricht erleben, daß Jesus gekommen ist. Sie konnte einfach nicht an sich halten, und bald darauf hatte ihre ansteckende Begeisterung eine Versammlung hinaus zum Brunnen geführt.

Wir reden viel über Evangelisation (eine Tatsache, von der Gott bestimmt ganz begeistert ist!), doch wenn unsere Aktivität nur darin besteht, Veranstaltungen zu planen und zu organisieren und Gott dann zu fragen, ob er uns vielleicht beim Stühlestellen oder bei den Erfrischungen helfen möchte, werden wir nicht weit kommen. Jesus selbst, seine Macht und seine Liebe, müssen im Mittelpunkt und Vordergrund unserer Bemühungen stehen und die Leute in solche Begeisterung versetzen, daß sie losrennen und es anderen weitersagen.

Gebet

Hilf uns, dir ohne Frage zu folgen, Herr, und dich bei allem, was wir tun, in den Vordergrund zu stellen.

Passion und Privileg

„Hat ihm denn jemand etwas zu essen gebracht?" fragten sich die Jünger verwundert. Aber Jesus erklärte ihnen: „Ich lebe davon, daß ich Gottes Wille erfülle und sein Werk zu Ende führe. Dazu hat er mich in diese Welt gesandt. Habt ihr nicht selbst gesagt: ‚In vier Monaten beginnt die Ernte?' Macht doch die Augen auf und seht euch um! Die Felder können abgeerntet werden und die Arbeiter schon jetzt ihren Lohn bekommen, wenn sie die Frucht zum ewigen Leben ernten. Beide sollen sich über die Ernte freuen: wer gesät hat und wer die Ernte einbringt. Hier trifft das Sprichwort zu: Einer sät, der andere erntet. Ich habe euch auf ein Feld geschickt, das ihr nicht bestellt habt, damit ihr dort ernten sollt. Andere haben sich abgemüht, und ihr erntet die Früchte ihrer Arbeit."

Johannes 4, 33-38

Ich konnte noch nie besonders gut Ansprachen halten, die in drei Punkte gegliedert sind, deren Überschriften alle mit demselben Buchstaben anfangen, aber dieser Abschnitt handelt von Prioritäten, Passion und Privileg.

Angefeuert durch diese produktive Begegnung mit der Heidenwelt lehnt Jesus das Essen ab, das seine Jünger mitgebracht haben, und betont erneut seine oberste Priorität, nämlich Gehorsam. Beachten Sie, daß seine „Speise" nicht darin besteht, Tausende von Bekehrungen oder Krankenheilungen zu sehen, sondern einfach darin, den Willen dessen zu tun, der ihn gesandt hat. Es geht um die Beziehung. Was ist unsere Priorität?

Die Passion in diesem Abschnitt ist unverkennbar. Die Zeit ist gekommen, die Ernte einzubringen, und Jesus ist bis zum Rand angefüllt mit der Begeisterung des Heiligen Geistes angesichts der Dringlichkeit und Erstaunlichkeit und Macht und Herrlichkeit des Heilsplanes Gottes kurz vor seinem Höhepunkt. Was ist unsere Passion?

Das Privileg gilt für die Jünger und für uns. Wir sind Mitarbeiter Jesu auf den Feldern, die von den Propheten angelegt und bestellt worden sind und für die unser Freund, Bruder und König starb. Unermeßliche Arbeit ist schon von anderen geleistet worden. Jetzt sind wir an der Reihe. In unsere Hand wird eine glänzende Sichel der Liebe und der Wahrheit und des Gerichts gelegt. Die Ernte wartet auf uns. Empfinden wir das als Privileg?

Die Herausforderung dieser Passage ist enorm. Wenn das Christsein für uns nur ein Spiel ist, dann wird sie uns überhaupt nicht ansprechen. Es liegt eine eindrucksvolle symbolische Botschaft darin, daß Jesus irdische Speise zugunsten geistlicher Nahrung ablehnt. Das regt an und lädt ein zu einer Hingabe, die unsere fundamentale Abhängigkeit von den Dingen dieser Welt beseitigen wird. Ich finde das ziemlich beängstigend, Sie nicht?

Gebet

Herr, wir wollen deine Passion und deine Prioritäten teilen. Wir sind schwach und blind. Öffne unsere Augen für deine Macht und unser großes Privileg.

Sie erzählte ihnen von Jesus

Viele von den Leuten aus Sychar glaubten allein deshalb an Jesus, weil die Frau überall erzählt hatte: „Dieser Mann weiß alles, was ich getan habe." Als sie nun zu Jesus kamen, baten sie ihn, länger bei ihnen zu bleiben, und er blieb noch zwei Tage. So konnten ihn alle hören, und schließlich glaubten noch viel mehr Menschen an ihn. Sie sagten zu der Frau: „Jetzt glauben wie nicht nur deshalb an Jesus, weil du uns von ihm erzählt hast. Wir haben ihn jetzt selbst gehört und wissen: Er ist wirklich der Retter der Welt."

Johannes 4, 39-42

Diese samaritische Frau muß allerhand auf dem Kasten gehabt haben! Offensichtlich organisierte sie ein äußerst dynamisches kleines Ein-Frau-Missionsteam und stellte sich vermutlich auf dem Marktplatz auf eine samaritische Apfelsinenkiste, um ihre eindrückliche Begegnung in allen Einzelheiten zu schildern. Wären damals heutige christliche Verleger zugegen gewesen, hätte man sie vermutlich an Ort und Stelle unter Vertrag genommen, eines jener Zeugnis-Taschenbücher zu schreiben, die mit dem alten Leben (fünf Ehemänner) beginnen und mit dem neuen Leben (Ein-Frau-Missionsteam und so weiter) enden. Offenbar machten ihre Zuhörer ihr ihre schaurige Vergangenheit nicht zum Vorwurf, also muß das neue Leben in ihr wirklich unübersehbar gewesen sein.

Sie machte auch nicht den Fehler, den viele Evangelisten und Gemeindeleiter heutzutage machten, nämlich ihre Zuhörer zu sich zu ziehen anstatt zu Jesus. Alle wollten ihn selbst sehen, und nachdem sie ihn gesehen hatten, wollten sie ihn behalten, wie wir es sicherlich alle wollen würden. Dann konnten sie sagen, was, so hofft und betet man, *alle* Bekehrten schließlich werden sagen können: „Du hast uns von ihm erzählt, aber jetzt haben wir ihn selbst kennengelernt und wissen, wer er ist."

Das Größte, worauf irgendeiner von uns hoffen kann, was immer wir uns an geistlichem Wachstum erträumen, ist es, ein wirksamer Wegweiser zu sein, der auf Jesus deutet. Im allgemeinen ist es nicht nötig, daß Wegweiser sich über Transportmittel oder die Positionierung der Passagiere auslassen. Sie zeigen einfach, wo's lang geht.

Ich kann mich des Eindrucks nicht erwehren, daß diese kurze Zeit in einer samaritischen Stadt für Jesus eine angenehme Atempause gewesen sein muß. Er hatte Judäa verlassen, um den Pharisäern aus dem Weg zu gehen, und hier, mitten in einem Land, das von den Juden verachtet wurde, fand er Aufnahme und eine warmherzige Reaktion unter den Heiden. Vielleicht ist es kein Wunder, daß der Held in einem gewissen Gleichnis ein Samariter ist.

Zum Nachdenken

Ist unser neues Leben dynamischer als das alte? Ziehen wir Leute zu uns oder zu Jesus? Kümmern wir uns hinterher wieder um unsere eigenen Angelegenheiten? Könnte Jesus sich bei uns für eine Weile entspannen?

Wehe dem, der Gehorsam verlangt,
wo er nicht geschuldet wird;
wehe dem, der ihn verweigert,
wo er geschuldet wird!

Thomas Carlyle

GEHORSAM – SICH AUF DAS VORGENOMMENE ZIEL AUSRICHTEN

Die feuchte, dürre, heilsame Geschichte von Jona

So ziemlich jede Diskussion über die Autorität der Heiligen Schrift, die ich je hatte (und da gab es einige besonders fetzige rund um unseren Küchentisch, das kann ich Ihnen sagen!) drehte sich irgendwann entweder um Hiob oder Jona oder beide. Warum? Nun, ich bin kein Bibelhistoriker, aber wenn ich es richtig verstehe, sind diese beiden wunderbaren Schilderungen des Umgangs Gottes mit dem Menschen für das objektive, sachkundige Auge klare Beispiele für eine bestimmte, damals verbreitete Art des Geschichtenerzählens.

Ich werde nie die Empörung vergessen, die ich mit achtzehn oder neunzehn Jahren empfand, als ein enger, gläubiger Freund von mir an die Universität ging, um Theologie zu studieren, und nach seinem ersten Semester zurückkam und mit der gelassenen Unbekümmertheit, von der neu erworbenes Wissen so oft begleitet ist verkündete, das Buch Jona sei ein „typisches jüdisches Volksmärchen“. Da half nur noch die spanische Inquisition! Wie konnte er in *so* kurzer Zeit *so* verdorben worden sein? Schließlich wußte er so gut wie ich, da wir es ja beide in der Gemeindejugendgruppe gelernt hatten, daß jedes kleine Semikolon in der Bibel von Gott persönlich akribisch in die Heilige Schrift eingefügt worden war und daß das ganze Gebäude unseres Glaubens an dieser Tatsache verneint und abgerissen werden müßte, wenn auch nur ein kleiner Mauerstein sich als fehlerhaft erwiese. Das hatte der Vikar selbst gesagt, meine Güte! In jenen frühen Tagen war es für uns so notwendig, unserer Sache sicher zu sein, daß wir lieber solche „Gewißheiten" trugen wie schlecht sitzende Uniformen, als uns nur mit den kargen, individuellen Fetzen ehrlichen Fragens und konstruktiven Zweifels bekleidet dem kalten Hauch einer schwierigen Welt auszusetzen. Damals erschien mir die Aussage meines Freundes als übelste Ketzerei.

Heute freilich weiß ich, daß Gott vielleicht sogar solche Leute in den Himmel läßt, die meinen, Dogmatik sei eine neumodische Sorte Hundeleinen. Ihm geht es vor allem um das Herz und die Beziehung. Und überhaupt, in manche dieser schlecht sitzenden Kleidungsstücke wachsen wir erst im Laufe der Jahre hinein, nicht wahr?

Wie denke ich heute über die Heilige Schrift? Verzeihen Sie, wenn ich mich wiederhole, aber es scheint mir sehr wichtig, das ganz deutlich zu machen. Ich betrachte die Bibel als einen Brief von Gott an mich. Er hat persönlich jeden Aspekt ihres Inhalts überwacht, und es steht nichts darin, das nicht dort stehen sollte. Sie enthält jede Art von Schrifttum, die man sich vorstellen kann, einschließlich Lyrik, Geschichtsschreibung, Erzählungen, Prophezeiungen und Lehre. Dieser lange Brief beginnt mit „Lieber Adrian" und endet mit „Alles Liebe, Gott", und ich bin sehr dankbar dafür.

Was das Buch Jona im besonderen angeht, so ist es zweifellos eine der unterhaltsamsten Erzählungen in der Bibel, und offen gesagt, spielt es für mich nicht die geringste Rolle, ob es ein historisches Ereignis schildert oder nicht, denn es enthält, wie die Gleichnisse Jesu (sind *die* wahr?) soviel Information und Wahrheit über Gott und den Menschen, daß ich ganz sicher bin, daß der Heilige Geist dafür verantwortlich ist, daß es ins Alte Testament aufgenommen wurde.

Was hat uns nun dieses autoritative Stück der Heiligen Schrift zu sagen? Das Hauptthema des Buches ist vielleicht der Gehorsam, ein Merkmal des christlichen Lebens, auf das Jesus immer wieder zu sprechen kam. Mir fällt Gehorsam äußerst schwer, nicht zuletzt, weil es in den (scheinbar) kleinen Dingen ist, daß Gott uns am unmittelbarsten und aufdringlichsten herausfordert. Gut, ich weiß, daß viele Leute so etwas über die kleinen Dinge sagen, aber ich meine es wirklich so. Nehmen wir an, gerade jetzt, während ich diese Worte tippe, würde das Telefon klingeln, und jemand aus Amerika oder Afrika oder Australien würde mich fragen, ob ich alles stehen und liegen lassen und sofort abfliegen könnte, um vor fünftausend Leuten zu sprechen. Einem derartigen Ruf gehorsam zu sein und anzunehmen, daß er nicht nur von einem hektischen Organisator, sondern auch von Gott komme, würde mir viel leichter fallen, als meine normalen Reaktionen in einer rein häuslichen Situation unter Kontrolle zu halten.

Erst gestern abend (Sie finden das jetzt bestimmt ungeheuer behämmert) war ich in der Küche mit irgend etwas beschäftigt und sagte mir: „Ich glaube, ich trinke erst einmal ein Täßchen Tee." Die einzige andere Person im Haus war mein heranwachsender Sohn, der im Wohnzimmer vor dem Fernseher saß. Wir beide kommen meistens sehr gut miteinander aus, aber an diesem Tag hatten wir eine ziemlich stürmische Auseinandersetzung gehabt, und mir war ihm gegenüber nicht gerade nach Mildtätigkeit zumute. Wir hatten seit zwei Stunden nicht mehr miteinander gesprochen. Als ich den Kessel füllte und einen Teebeutel in meinen Becher hängte, fiel mir ein, daß das Großzügigste – und Hilfreichste –, was ich tun konnte, wäre, ihm auch eine Tasse Tee anzubieten. Aber ich wollte nicht. Warum sollte ich? Er hatte sich mir gegenüber zuvor auch nicht gerade vernünftig benommen. Warum sollte ich ihm eine Tasse Tee machen? Sollte er sich doch selber eine machen. Schließlich würde er ja nicht einmal merken, daß ich mir einen Tee gemacht hatte, ohne ihm auch einen anzubieten, da ich meinen in der Küche trinken würde. So!

Das sind die Situationen, in denen es besonders ärgerlich ist, Christ zu sein – und besonders lohnend. Mein Sohn würde es nicht merken, Gottes Sohn aber doch. Es war eine Gelegenheit, den Friedensschluß einzuleiten, und ich konnte sie entweder nutzen oder vergeuden. Ich machte eine zweite Tasse Tee, und plötzlich redeten wir wieder miteinander.

Ich weiß, das hört sich an wie eine Banalität, aber es ist nun einmal so, daß eine echte Veränderung unserer Verhaltensweisen und Einstellungen im Gegensatz zu der theoretischen, totalen Transformation, die uns manchmal von gewissen Strömungen in der Gemeinde verheißen werden, meistens in der guten Erde des moralischen Selbstvertrauens wächst, die aus solchen winzigen Erlebnissen siegreichen Gehorsams entsteht. Gott ist sehr clever, wissen Sie.

Ähnlich war es bei Evie, einer Frau, die ich in Südafrika kennenlernte und die als Hausmädchen für eine gläubige Ärztin namens Jane arbeitete, mit der ich befreundet bin. Jane erzählte Evie oft von Jesus, und schließlich kam Evie selbst zum Glauben. Auf die Frage, was sich in ihrem Leben verändert habe, seit sie Christ geworden sei, erwiderte sie, sie würde nun auch hinter den Möbeln abstauben und nicht nur an den sichtbaren Stellen, denn während Jane nicht oft an den verborgenen Stellen nachsehe, tue es der Herr immer, und er verlange ihren Gehorsam in solchen Dingen.

Ich würde gern noch zwei weitere wichtige Dinge an der Geschichte von Jona erwähnen.

Erstens hat Jesus sie als Bild oder Parallele für seinen eigenen Tod und seine Auferstehung angeführt; daher die Verbindungen zum Ostergeschehen, die ich in einigen der Andachten gezogen habe.

Zweitens bietet uns die Geschichte einen höchst faszinierenden und aufrüttelnden Einblick in die Art von Beziehung, die zwischen Gott und einem seiner Leute möglich ist.

Ich verspreche Ihnen, vom guten alten Jona gibt es viel zu lernen.

Gebet

Vater, schenke uns eine großartige Zeit mit Jona. Amen.

Wohin jetzt?

Der Herr sprach zu Jona, dem Sohn Amittais: „Geh in die große und mächtige Stadt Ninive, und kündige ihren Einwohnern an, daß ich sie strafen werde. Denn ich kenne ihre Bosheit."

Jona 1, 1-2

Als ich in den sechziger Jahren Christ wurde, war Führung einer der Ausrüstungsgegenstände, der zu einer Art unsichtbarem evangelikalem Allzeit-bereit-Päckchen gehörte, das an alle neuen Rekruten ausgegeben wurde. Von vorn oder von hinten (je nachdem, welcher Bibelvers gerade zitiert wurde) würde Gott jeden unserer Schritte leiten. Wir würden immer wissen, wohin wir gehen und was wir tun sollten, weil er es uns sagen würde.

Ich kann nicht für andere sprechen, aber diese subtile Irrlehre versetzte mich häufig (wann immer Gott nichts zu sagen schien) in einen Zustand der Lähmung und manchmal der neurotischen Nervosität (wann immer ein verirrter Gedanke mir durch den Kopf ging). Wollte der Herr wirklich, daß ich einen Zug nach Walsall bestieg und der ersten Person, der ich begegnete, eine blaue Strickjacke gab?

Während dieser Zeit sagte mir ein Freund, er fühle sich geführt, im Heiligen Land zu arbeiten, denn jedesmal, wenn er die Bibel aufschlage, finde er einen Hinweis auf Israel.

Gerade weil Gott *tatsächlich* Menschen klar und konkret führt, wenn es nötig ist, müssen wir die ziemlich abergläubische Sicht der Führung Gottes meiden, die in vielen Teilen der Gemeinde Jesu vorherrscht.

Gottes Kommunikationssystem basiert nicht auf einem verschmierten alten Matritzen-Handapparat, der Schriftstücke produziert, die so undeutlich sind, daß man sie nicht lesen kann. Wenn er zu Ihnen spricht – dann werden Sie es wissen!

Der Apostel Paulus ist da ein gutes Vorbild. Er betete ständig, traf vernünftige Entscheidungen und war stets bereit, seine Pläne zu ändern, wenn ein Traum, eine Vision oder ein direktes Wort Gottes ihm sagte, daß er in die falsche Richtung ging.

Natürlich interessiert sich Gott für jeden Schritt, den wir tun, aber wir veranstalten hier keinen geistlichen Marionettentanz. Jona wußte *genau*, was Gott von ihm wollte. Darum machte er sich aus dem Staub. Am Palmsonntag wußte auch Jesus genau, was Gott wollte. Er machte sich aber nicht aus dem Staub. Er zog in Jerusalem ein, in dem Wissen, daß sein Tod unvermeidlich war.

Gebet

Herr, hilf mir, dir im Gebet und im Lesen der Bibel nahe zu bleiben, damit unsere Beziehung alle Entscheidungen beeinflußt, die ich treffe. Ich vertraue darauf, daß ich dich klar und konkret hören werde, wenn es nötig ist.

Nicht mein Wille ...

Jona machte sich auf den Weg – aber in die entgegengesetzte Richtung! Er floh vor dem Herrn und kam zunächst in die Hafenstadt Jafo. Dort fand er ein Schiff, das gerade nach Taris segeln sollte. Er bezahlte das Geld für die Überfahrt und ging an Bord.

Jona 1, 3

Ich frage mich, was Jona so trieb, wenn er nicht gerade Prophetendienst schieben mußte? Vielleicht hing über seiner Tür ein Schild mit der Aufschrift: AMITTAI UND SOHN – STOCKSCHNITZER. Hin und wieder, wenn Jona fröhlich zu Hause saß, durch die Zähne pfiff und sich ein wenig mit besagtem Stockschnitzen vergnügte, flüsterte ihm plötzlich der Geist Gottes etwas ins Ohr, und ihm sank das Herz, wenn er merkte, daß es wieder einmal Zeit für eine Prophetennummer war. Warum war er das so leid? Was war der Grund für seinen bewußten Ungehorsam, als ihm gesagt wurde, er solle nach Ninive gehen? Genau können wir es nicht wissen – aber wir können es vermuten.

Meine Vermutung ist, daß sein Mangel an Begeisterung von dem Augenblick an bestand, als er zu begreifen begann, daß er nie mehr als ein Bote sein würde. Anfangs muß es sogar ziemlich aufregend gewesen sein – richtig belebend. Wie mächtig muß er sich gefühlt haben, wenn er die Feinde Israels mit dem Hammer Gottes als Strafe für ihre bösen Taten bedrohte. Vielleicht weigerten sich die ersten ein oder zwei, Buße zu tun, und wurden deshalb vernichtet.

Dann fing die Sache (zumindest, soweit es Jona betraf) an zu stinken. Auf die eindrucksvolle Ankündigung des Propheten von Unheil und Vernichtung hin kehrten die Leute um, und Jona begann zu merken, daß der Gott, dessen Botschaft er ausgerichtet hatte, es regelrecht *vorzog*, den Sündern zu vergeben. Ich schätze, Jona kam sich ein bißchen wie ein Trottel vor, wenn das passierte. Da hatte er so schön gewütet, und nun hatte Gott seine Meinung geändert. Gar nicht so einfach, unter solchen Umständen einen würdevollen Abgang hinzulegen.

Im Gegensatz zu Superman und Batman war Jona überhaupt nicht erpicht darauf, sein Superpropheten-Kostüm anzuziehen, jedenfalls nicht, wenn er sich am Ende wieder wie ein Idiot vorkommen mußte.

Gott behält sich das Recht vor, unseren Gehorsam einzufordern, wie es ihm richtig erscheint. Wenn es uns nicht paßt, können wir versuchen, davonzulaufen, aber wie Jona bald entdecken würde, funktioniert das nicht immer.

Gedanke

Bin ich bereit, mich für Gott zum Trottel zu machen?

Ärger für andere

Doch als sie auf dem Meer waren, ließ der Herr einen starken Sturm aufkommen. Das Unwetter tobte so heftig, daß das Schiff auseinanderzubrechen drohte. Angst packte die Seeleute, und jeder schrie zu seinem Gott um Hilfe. Sie warfen Ladung über Bord, damit das Schiff leichter wurde. Jona war unter Deck in den hintersten Raum gegangen, hatte sich hingelegt und schlief fest. Da kam der Kapitän zu ihm und rief: „Was liegst du hier herum und schläfst? Los, steh auf, und ruf zu deinem Gott um Hilfe! Vielleicht erbarmt er sich und läßt uns nicht umkommen!"

Jona 1, 4-6

Ich finde diese Verse ein bißchen beunruhigend. Wenn ich nicht diese Andachten für Sie schreiben müßte, würde ich dieses Stück überspringen und zu einer bequemeren Stelle weitergehen. Kann es wirklich wahr sein, daß mein Ungehorsam jede Menge Ärger für Leute mit sich bringen könnte, die gar nichts Falsches getan haben? Die Ehrlichkeit zwingt mich, zuzugeben, daß ich selbst schon die Erfahrung gemacht habe, daß es so ist. Ich bin zwar in letzter Zeit nicht nach Newhaven hinuntergefahren, um mich nach Dieppe einzuschiffen, aber ich habe mich ganz bewußt davor gedrückt, Probleme in Angriff zu nehmen, Beziehungen zu heilen oder Aufgaben zu erfüllen, die hohe Priorität in meinem Leben haben sollten. Die unschuldigen Mitreisenden, die unter den Folgen zu leiden haben, sind meist die Mitglieder meiner Familie. Schuldgefühle machen mich griesgrämig. Versagen bringt mich zum Herumjammern. Ich werde zu einer kleinen Wolke, die meinen kleinen Teil der Welt mit schlechtem Wetter überzieht.

In diesem Bericht liegt die kleine Wolke namens Jona wie ein Baby im Mutterschoß unten in den Tiefen des Schiffes, vielleicht in der Hoffnung, sich in der Bewußtlosigkeit verstecken zu können, wie es so viele von uns tun, wenn wir uns wie Flüchtlinge fühlen.

Was für ein Erwachen! Das Gefühl, gewaltsam in die Wirklichkeit zurückgezerrt zu werden, muß furchtbar gewesen sein – das ist es immer. Die Furcht und Panik in der Stimme des Kapitäns, das Tosen und Toben des Sturms und das unentrinnbare Wissen, daß Gott die Situation beim Schlafittchen gepackt hatte und schüttelte, bis sein ungehorsamer Diener herausfiel – all diese Dinge müssen sich zu einem Wach-Alptraum für den Propheten verbündet haben. Die Mannschaft hatte die Ladung über Bord geworfen, ein multikonfessionelles Gebetstreffen war abgehalten worden, alle waren starr vor Angst, und alles war Jonas Schuld!

Eine Frage

Werde ich endlich tun, was ich soll?

Geradestehen

... und so stellten sie ihn zur Rede: „Komm, sag uns, warum uns dieses Unglück getroffen hat! Was machst du hier? Aus welchem Land kommst du, und zu welchem Volk gehörst du?“ Jona antwortete: „Ich bin ein Hebräer und verehre den Herrn, den Gott des Himmels, der das Land und das Meer geschaffen hat.“

Jona 1, 8-9

Ist es nicht manchmal schwer, für etwas geradezustehen? Als ich ungefähr neun Jahre alt war, machte mein Vater Pfeil und Bogen für mich und meinen Bruder Ian, der zwei Jahre jünger war als ich. Er verbrachte Stunden damit, im Wald nach den richtigen – absolut geraden – Haselstöcken zu suchen, und saß dann vor der kleinen Baracke auf unserem Gartengrundstück und schnitt, schnitzte, band, spitzte und schnitt aus Pappe Leitfedern aus. Ian und ich probierten die Waffe aus. Sie funktionierte hervorragend. Später, als niemand in der Nähe war, tat ich, was ich hatte tun wollen, seit ich die vollendeten Bestandteile gesehen hatte. Ich schoß den Pfeil, so weit ich irgend konnte. Es war ein unsagbar herrliches Gefühl, die Sehne zurückzuziehen und das Kraftpotential in jenem starken, biegsamen Haselstock zu spüren. Als ich den Pfeil losschnellen ließ, schwang er sich in einem majestätisch riesigen und gleichmäßigen Bogen der Sonne entgegen und wieder hinab in ein dichtes, undurchdringliches Dickicht. Dieser schöne Pfeil war verloren. Ich sagte es niemandem.

Aus irgendeinem Grund setzte sich mein Vater in den Kopf, daß es Ian gewesen sein mußte, der den Pfeil verloren hatte. Als ich am nächsten Morgen auf das Gartengrundstück kam, war Ian in Tränen aufgelöst, und mein Vater versuchte wütend, ihn zu einem Geständnis zu bewegen. Ein Eisblock umschloß mein Herz, als das Weinen und Schreien immer mehr eskalierte. Worte kauerten elend in meinem Mund, zu verängstigt, um herauszukommen. Dann bekam mein Bruder eine Ohrfeige, und ich konnte es nicht länger ertragen. Die dünnste Stimme, die Sie in Ihrem Leben je gehört haben, sagte: „Papa, es war nicht Ian, der den Pfeil verloren hat, ich war es."

Mein Vater hatte schon seinen ganzen Zorn an Ian ausgelassen, so daß er mich nicht anschrie, aber es dauerte lange, bis das Eis geschmolzen war.

Arme alter Jona. Armer alter Ian.

Gebet

Herr, wenn in unserem Herzen Dinge verborgen sind, die uns frieren lassen, wenn wir an sie denken, gib uns den Mut, sie der richtigen Person zur richtigen Zeit zu gestehen.

Über Bord

Da sagte Jona: „Werft mich ins Meer! Dann wird es sich beruhigen und euch verschonen. Ich weiß: Dieses Unwetter ist nur durch meine Schuld über euch gekommen." Die Seeleute ruderten mit aller Kraft, um doch noch an Land zu gelangen. Aber sie schafften es nicht, weil der Sturm immer heftiger tobte. Da schrien sie zum Herrn: „Ach Herr, laß uns nicht umkommen, wenn wir jetzt das Leben dieses Mannes opfern müssen! Bestrafe uns nicht wie Mörder, die unschuldiges Blut vergießen! Denn du hast es ja so gewollt!" Sie nahmen Jona und warfen ihn ins Meer. Sofort legte sich der Sturm.

Jona 1, 12-15

Eine herzerwärmende Geschichte, nicht wahr? Mir gefallen die Burschen auf diesem Schiff. Ihr ganzer Gewinn war mit der Fracht über Bord gegangen; sie waren von einem furchtbaren Sturm durchgeschüttelt und in Angst und Schrecken versetzt worden, und dennoch bemühten sie sich, so gut sie konnten, es zu vermeiden, den Urheber ihres Unglücks ins Meer zu werfen. Natürlich müssen sie ein bißchen verwirrt gewesen sein. Wollte dieser mächtige Gott, der sogar das Wetter beherrschen konnte, denn *wirklich*, daß sie seinen Propheten ins Meer warfen? Würde sich dann sein Zorn nicht gegen sie kehren? Sie konnten nicht verstehen, genau wie Petrus es nicht verstehen konnte, als er den berühmten Satz „Geh weg von mir, Satan" von seinem Meister zu hören bekam, daß negative Ereignisse im Zusammenhang des Planes und der Voraussicht Gottes manchmal unumgänglich sind. Wenn wir an Jesu grausamen Tod am Kreuz denken, wird uns diese zentrale Wahrheit sehr deutlich, doch die Erleuchtung kommt meistens erst im Rückblick.

Ich wurde über Bord geworfen, als eine Krankheit mich meinen Job, meine Gemeinde und all meine Hoffnungen kostete. Hätten Sie mir damals gesagt, das gehöre alles zu Gottes Plan für mich, so wäre ich Ihnen an die Kehle gegangen. Ich schätze, auf dem kurzen Weg von der Reling des Schiffes in die brodelnde See muß Jona der Gedanke gekommen sein, daß er schon bessere Tage gehabt hatte. Aber er kannte Gott besser, als ich ihn kannte, als ich in meine Krise geriet. Ich bezweifle nicht, daß er große Angst hatte, aber es liegt eine Art bittere Wachheit in seiner tapferen Behauptung, der Sturm werde nachlassen, wenn die Seeleute ihn über die Reling würfen.

„Vielleicht werde ich ertrinken", hat er sich vielleicht gesagt, als er im Wasser versank, „aber irgendwie habe ich das dumme Gefühl, daß ich auf dem Weg nach Ninive bin ..."

Überlegung

Wir sind im Grunde nicht fähig, irgendeine Situation oder einen Umstand aus Gottes Perspektive einzuschätzen. Vielleicht ist es nützlicher, Vertrauen und Gehorsam zu entwickeln als Einsicht.

Der Moment des Aufschreis

Der Herr ließ einen großen Fisch kommen, der Jona verschlang. Drei Tage und drei Nächte war Jona im Bauch des Fisches. Dort betete er zum Herrn, seinem Gott: „Ich schrie zum Herrn, als ich nicht mehr aus noch ein wußte, und er half mir aus meiner Not. Ich war dem Tode nah, doch du, Herr, hast meinen Hilferuf gehört! In die Tiefe hattest du mich geworfen, mitten ins Meer, rings um mich türmten sich die Wellen auf; die Fluten rissen mich mit und spülten mich fort."

Jona 2, 1-4

Als die Schriftgelehrten und Pharisäer Jesus aufforderten, ihnen ein Zeichen zu geben, sagte er ihnen, das einzige Zeichen, das sie bekommen würden, sei das Zeichen des Propheten Jona.

An dem Tag, den wir Karfreitag nennen, erlaubte uns Jesus, ihn „über Bord zu werfen", so daß der Sturm des Zornes Gottes uns nicht vernichten würde. Er verbrachte drei Tage an einem Ort, der viel dunkler und trostloser war als der Bauch eines Wals. Vom Kreuz aus schrie er seinem Vater, der in diesem Moment des Aufschreis in der Ewigkeit seinem Sohn den Rücken zugekehrt hatte, seine Verlassenheit und Qual entgegen. Im Gegensatz zu Jona war Jesus unschuldig. Er ging, wohin er gesandt wurde, sagte, was ihm aufgetragen wurde, und starb, als es ihm befohlen wurde.

Ich muß sagen, ich verstehe die Kreuzigung nicht. Mir ist klar, daß das eher ein Maßstab meines Verständnisses ist als ein Kommentar über die Kreuzigung, aber ich vermute, daß es viele Leute gibt, die sich mit meinem mangelnden Verständnis identifizieren können. Ich meine nicht, daß ich die grundlegende Logik nicht nachvollziehen könnte, daß jemand die Schuld für das, was ich getan oder nicht getan habe, auf sich nimmt und dafür bestraft wird; und ich will damit auch nicht sagen, daß ich das, was Jesus getan hat, nicht akzeptiere oder nicht zu schätzen weiß. Wie könnte ich das? Die wortlose Wahrheit und Bedeutung des Kreuzes steckt mir in den Knochen, und ebenso in den Knochen jedes leidenden Körpers und jeder Leidenssituation, die es je gegeben hat. Ich glaube, ich meine einfach, daß dieses merkwürdige, kosmische Ereignis von einem großen Geheimnis umhüllt ist und daß mir dieses Geheimnis lieber ist als die halbgaren, glatten Erklärungen dessen, was da vor sich ging.

Was ist mit Jona? Ich frage mich, ob er überhaupt wußte, was das für eine dunkle, feuchte, bebende Höhle war, in die er da geraten war. Genau werden wir es nie wissen, doch eines geht aus dem leidenschaftlichen Gebet des Propheten nur zu deutlich hervor – nichts hilft einer persönlichen Erweckung so sehr auf die Sprünge, als von einem Wal verschluckt zu werden!

Gebet

Hab herzlichen Dank, Jesus, daß du gehorsam warst.

Rasend vor Wut auf Gott

„Ja, die Strudel zogen mich in die Tiefe, bis ich fast ertrank, Seetang schlang sich mir um den Kopf, bis zu den Fundamenten der Berge sank ich hinab in ein Land, dessen Tore sich auf ewig hinter mir schließen sollten. Aber du, Herr, mein Gott, hast mich vor dem sicheren Tod bewahrt und mir das Leben neu geschenkt!"

Jona 2, 6-7

Manchmal gehen mir ziemlich düstere Gedanken durch den Kopf, besonders an dem Tag vor Ostersonntag. Als ich diese Worte Jonas las, die er im Bauch des Wals sprach, fiel mir plötzlich jener grauenhafte Vorfall ein (über den die Medien seinerzeit ausführlich berichteten), als ein kleiner italienischer Junge auf dem Grunde eines nicht mehr benutzten Brunnens festsaß. Tagelang wurde versucht, den armen Kerl zu retten, während die ganze Welt über Zeitungen und Fernsehen zuschaute. Überall beteten Menschen, daß er lebendig wieder aus der Tiefe herausgeholt werden könnte. Aber es kam anders. Er starb auf dem Grunde des Brunnens, während oben seine Mutter weinte.

Ich war rasend vor Wut auf Gott. Ich haßte Gott. Ich sagte Gott, was ich von seiner Schwäche oder seiner Grausamkeit hielt, oder was immer es war, was ihn davon abgehalten hatte, etwas so Naheliegendes zu tun, insbesondere angesichts eines solchen Sperrfeuers von Gebeten aus allen Winkeln der Erde.

„Du mußt ihn doch gesehen haben!" tobte ich. „Wie konntest du nur zusehen, wie er das durchmachte, ohne etwas dagegen zu tun? Wie? Sag es mir!"

Ich spare mir die Mühe, die obligatorischen Antworten auf diese Fragen herunterzuleiern. Ich kenne sie. Ich habe sie selbst verwendet, wenn andere mich nach solchen Dingen fragten, und sie sind nicht wirklich befriedigend. Zwei Dinge helfen mir.

Erstens: Der Gott, dem ich in Jesus begegne, weint und leidet und nimmt Anteil und liebt. Ich habe gelernt, ihm zu vertrauen, auch wenn ich so zornig auf ihn werde. Das ist keine Antwort – es ist eine Beziehung.

Zweitens: Ich schöpfe Mut aus dem, was die Jünger an dem Abend nach dem Tod Jesu erlebten. Ich glaube, daß auch sie gegen Gott gewütet haben müssen, weil sie einfach nicht fassen konnten, daß er zugelassen hatte, daß ein Leben, das soviel verheißen hatte, so grausam und sinnlos vergeudet worden war. Wie konnte ein liebender Vater dabeistehen und zusehen, wie sein Sohn zwischen zwei Verbrechern an ein Stück Holz genagelt wurde? Was für eine Katastrophe! Was für eine Vergeudung! Was für eine dunkle Nacht der Tränen! Nichts würde je wieder einen Sinn haben.

Dann kam die Morgendämmerung.

Gebet

Halte meine Hand, Herr, es ist dunkel.

Fester Boden

Da befahl der Herr dem Fisch, Jona am Meerufer auszuspeien.

Jona 2, 11

Kaum hatte Gott ein Schwätzchen mit diesem sehr hilfsbereiten Wal gehalten, deponierte das Geschöpf Jona bereitwillig auf dem Trockenen, und zum ersten Mal, seit er aus dem Hafen von Jafo ausgelaufen war, spürte der Prophet festen Boden unter den Füßen.

Das ist es, worum es bei Ostern geht. Bis Jesus still triumphierend von den Toten auferstand, war die Welt eine Insel in der Schöpfung, die unter den Füßen jedes Mannes und jeder Frau versank, sobald ihre sterblichen Leiber zu alt wurden, um ihren Dienst zu tun. Die Auferstehung gab dem festen Boden eine neue Bedeutung. Jetzt spielt der Tod keine Rolle mehr, denn wir haben Zugang zu der wahren Wirklichkeit des ewigen Lebens bei Jesus an dem Ort, wo er mit seinem Vater lebt. Sobald der Tod überwunden war, wurde eine Rückkehr nach Eden – geistlich und körperlich – möglich.

Das alles, und dazu auch noch Schokoladeneier!

Ich war selten in der Lage, Ostern am Ostertag zu feiern, aber ich tue es bei all jenen Gelegenheiten, wo ich wie Jona wieder einmal von einem walfischgroßen Problem befreit werde, das dabei ist, mich zum Nichts zu verdauen. Ich weiß, daß ich ein für allemal gerettet bin, aber hin und wieder agiert das Auferstehungsprinzip als eine Struktur innerhalb meiner Verwirrung, und dann weiß ich, daß ich ganz von neuem gerettet bin.

Eine der wenigen Gelegenheiten, bei denen meine Stimmung zu diesem Tag paßte, war ein Ostersonntag, an dem ich morgens am Gottesdienst in der Kathedrale von Norwich teilnahm, einem meiner Lieblingsgebäude überhaupt. Es war einer jener unvergleichlichen Frühlingsmorgende voll von schillerndem Licht und voller Hoffnung. Die Kirche war brechend voll, der Gesang war herrlich, und die Gebete schienen bis zum Vibrieren erfüllt zu sein vom Willen Gottes. Der tiefe Baßton der Tradition und die hohe, liebliche, lebendige Gegenwart des Heiligen Geistes ließen mein Herz in die Höhe schweben. Tränen stiegen mir in die Augen, und obwohl ich selbst in den zwanglosesten Situationen fast nie meine Hände zur Anbetung erhoben habe, wollte ich plötzlich mitten in einem formellen anglikanischen Kathedralgottesdienst meine offenen Hände so hoch es nur ging in die Luft strecken. Ich habe es nicht getan. Hätte ich doch. Aber ich war ein Osterhühnchen. Ich wette, wenn die Wahrheit ans Licht kommt, stellt sich heraus, daß eine ganze Schar von uns dort war.

Gebet

Danke, daß du unsere Füße aufs Festland setzt. Möge Ostern immer in uns sein.

Das Ende des Schlenkers

Zum zweiten Mal sprach der Herr zu Jona: „Geh in die große und mächtige Stadt Ninive, und verkünde den Menschen dort die Botschaft, die ich dir auftrage!"

Jona 3, 1-2

Armer alter Jona! Wäre er nach Ninive gegangen, als es ihm zum ersten Mal aufgetragen wurde, so wäre er nicht in diesen Schlamassel geraten, nur um von Gott abermals genau die gleiche Anweisung zu bekommen wie zuvor. Die persönliche Rebellion des Propheten wurde im Keim erstickt, bevor sie richtig in Gang kommen konnte. Zweifellos war er erleichtert und dankbar, von einem feuchten Tod errettet worden zu sein, doch als er mit glucksenden Schuhen in Richtung jener feindlichen Festung davonstapfte, müssen all die alten Bedenken wieder über ihn gefallen sein wie ein Schatten.

Aber wie dankbar sollten wir dafür sein, daß Gott diese „Schlenker" in unserem Leben überhaupt zuläßt und sogar einplant. Haben Sie schon einmal einen Schlenker gemacht? Ich ja. Bei mindestens einer Gelegenheit in meinem Leben habe ich eine Richtung eingeschlagen, die dem Willen Gottes entgegengesetzt war. Eines Tages werde ich ein Buch mit dem Titel *Leben in Schlenkern* schreiben. Diese kleinen Irrwege und Abweichungen sind fast immer interessant (fragen Sie Jona!), aber mit der Zeit werden sie immer hohler, unbefriedigender oder schlicht und einfach gefährlich – sogar gefährlicher als die Dinge, vor denen sich die Welt am meisten fürchtet. Ich weiß nicht, ob Jona wirklich glaubte, er könne Gott entkommen, indem er seine geographische Position veränderte, aber hätte er sich wirklich von dem Schöpfer getrennt, wäre ein schlimmeres und auf grauenhafte Weise dauerhafteres Schicksal die Folge gewesen.

Ja, die gute Nachricht ist, daß Gott unsere Fehler und Irrwege wieder ins Lot bringen wird. Wäre er nicht bereit, sich mit den unvermeidlichen Tiefpunkten in unserem Verhalten und unseren Reaktionen auseinanderzusetzen, so hätte er sich gar nicht erst unserer angenommen. (Die meisten Propheten waren launenhafte, ungeschickte, leidenschaftliche Leute, die in den meisten unserer modernen Gemeinden keine zwei Minuten überdauern würden.)

Die schlechte Nachricht ist, daß der Auftrag, den wir ausführen sollen, sich nicht verändert. Soweit es Gott betrifft, bedeutet das Ende des Schlenkers, daß es weitergeht wie gehabt.

Ab nach Ninive!

Gebet

Danke, Herr, daß du uns tadelst, aber nicht aufgibst, wenn wir in Schlamassel geraten.

In Aktion

Diesmal machte sich Jona auf den Weg nach Ninive, wie der Herr es ihm befohlen hatte. Die Stadt war so groß, daß man drei Tage brauchte, um sie zu durchqueren. Jona ging in die Stadt hinein, und nachdem er einen Tag lang gelaufen war, rief er: „Noch vierzig Tage, dann legt Gott Ninive in Schutt und Asche."

Jona 3, 3-4

Haben Sie auch den Eindruck, daß Jona sofort anfing zu prophezeien wie ein Weltmeister, kaum daß er in Ninive eintraf? Nach meiner Erfahrung sind Propheten und Evangelisten nun einmal so. Sie können bisweilen stöhnen und klagen oder gar in mürrisches Schweigen verfallen (die modernen wie die alttestamentlichen), aber sobald sie anfangen, zu tun, wozu sie berufen und geboren sind, sind sie nicht mehr aufzuhalten. Eine Art geistlicher Professionalität treibt sie an. Eitelkeit und Angreifbarkeit treten ins zweite Glied zurück, während Gott den Zuhörern seine Botschaft einbleut. Ich bin ganz sicher, daß Jonas Warnung an die Bürger von Ninive durch seinen Widerwillen, dort zu sein, nicht ein kleines bißchen verwässert wurde. Sein „Dienst" war ein Teil von ihm, und das ist mehr, als viele von uns von sich sagen können.

Ich kenne mindestens zwei Leute, die den größten Teil ihres Lebens damit verbracht haben, einen Teil von sich selbst zu verleugnen (oder es zu versuchen), den Gott ganz sicher schon seit Jahren gerne gebrauchen möchte.

Einer von ihnen ist ein sehr talentierter Künstler, der sich, als er vor mehr als dreißig Jahren Christ wurde, durch das Klima christlicher Mißbilligung, das damals wie ein Nebel über den Künsten lag, davon abbringen ließ, seine Karriere als Maler fortzusetzen. Inzwischen hat er sich von seiner Torheit erholt, doch viele Jahre wurden vergeudet, während er versuchte, so zu tun, als sei ihm dieser wesentliche Teil seiner selbst schmerzlos amputiert worden und als schere er sich nicht darum. Gott scherte sich aber darum. Hätte

Jona den Auftrag gehabt, Bilder zu malen, so hätte er in Ninive nur seine Zeit verschwendet.

Mein anderer Freund ist Musiker – ein Cellist. Dieser Bursche will seit ewig und drei Tagen „etwas für Gott tun". Er wird richtig niedergeschlagen, wenn nichts daraus zu werden scheint. Erst jetzt kapiert er allmählich – mit beträchtlichem Erstaunen – daß der Herr von ihm will, daß er richtig gut Cello spielt, und zwar nicht nur „christliches Zeug".

Malen, Prophezeien oder Cello spielen – was immer das Richtige ist, ist richtig.

Eine Frage

Tun wir, was wir sind?

Und die Macht der Furcht

Da glaubten die Einwohner von Ninive an Gott. Sie beschlossen zu fasten, und alle, von den einflußreichsten bis zu den einfachsten Leuten, zogen als Zeichen ihrer Reue Kleider aus Sacktuch an. Auch dem König von Ninive war Jonas Botschaft ausgerichtet worden. Er stieg von seinem Thron und legte sein Herrschergewand ab. Statt dessen zog er Trauerkleider an und setzte sich in die Asche. In der ganzen Stadt ließ er ausrufen: „Hört, was der König und die führenden Männer anordnen: ‚Niemand darf etwas essen oder trinken, weder die Menschen noch die Rinder und Schafe. Menschen und Tiere sollen Trauertücher tragen und laut zu Gott schreien. Jeder muß von seinen falschen Wegen umkehren! Keiner darf dem anderen mehr Unrecht tun! Vielleicht läßt sich Gott noch umstimmen und hat Erbarmen mit uns; vielleicht wendet er seinen Zorn von uns ab, und wir kommen mit dem Leben davon.'"

Jona 3, 5-9

Wie konnte ein ungehorsamer kleiner Prophet bei einer so großen Bevölkerung eine so dynamische Wirkung erzielen? Was den Maßstab und die Tiefe dieser Reaktion angeht, läßt dieser Missionseinsatz Jonas eine Billy-Graham-Veranstaltung aussehen wie eine Quäker-Versammlung in einer Telefonzelle. Wie hat er das gemacht? Nun, zunächst einmal hat er es natürlich nicht gemacht. Seine Androhung der Zerstörung nach vierzig Tagen war mit der Vollmacht und Authentizität des Heiligen Geistes untermauert – wieder einmal eine Lektion für uns alle, daß es sowohl sinnlos als auch gefährlich ist, zu behaupten, wir sprächen für Gott, wenn wir in Wirklichkeit nur Vermutungen äußern.

Zweitens waren die Einwohner Ninives offensichtlich in Angst und Schrecken, und zwar gerade, weil die Prophezeiung so überzeugend war. Die moderne Evangelisation neigt dazu, den Schwerpunkt auf die Anziehungskraft der Liebe Gottes zu uns und der logischerweise wünschenswerten Vereinigung mit unserem Schöpfer zu setzen, und diese Schwerpunkte brauchen wir auch, um den Einfluß der Pharisäer, die uns umgeben, aufzuwiegen, doch die Furcht hat eine lange und beachtliche Geschichte im Umgang Gottes mit Männern und Frauen. Warum? Ganz einfach deshalb, weil Gott weiß, daß diejenigen, die nicht zu ihm gehören, eine ganze Menge zu fürchten haben. Wenn jemand, den Sie lieben, in Gefahr schwebt, dann warnen Sie ihn, und Sie hoffen inständig, daß er sich retten wird.

Die Menschen dieser Stadt stürzten sich auf die Inspiration und den Befehl ihres Königs hin, der eine Unterbrechung aller normalen Aktivitäten anordnete, während alle sich Gott zuwandten, mit ganzem Herzen in die Buße.

Eine Frage

Diese Art Buße mit Kopf, Herz und Körper ist heute selten geworden. Warum?

Wenn ihr nicht werdet ...

Gott sah, daß die Menschen von ihren falschen Wegen umkehrten. Da ließ er das angedrohte Unheil nicht über sie hereinbrechen.

Jona 3, 10

In einem Zeitschriftenartikel schilderte meine Frau eine Begebenheit, als ich, nachdem ich einige Tage in Deutschland gearbeitet hatte, zurück nach Heathrow flog, wo ich gegen sieben Uhr abends ankam. Bridget kam mit dem Wagen, um mich abzuholen, und brachte unsere beiden jüngeren Söhne mit. Joseph, der damals zwölf war, und David, elf, wußten, wie sehr ich mich darauf freuen würde, sie zu sehen. Sie drängten sich in die erste Reihe der Wartenden, damit ihre strahlenden Gesichter das erste wären, was ich sehen würde, wenn ich mit meinem Gepäck aus der Zollabfertigung kommen würde. Und ich freute mich riesig, sie dort zu sehen.

Der Gott, der diesen assyrischen Büßern so großzügig vergab und der sich selbst durch Jesus als ein Vater bezeichnet, freut sich ebenso sehr über unsere zutrauliche Gewißheit, daß er uns gerne sieht. Nicht, weil wir uns seine Zuneigung verdient hätten, und auch nicht aus irgendwelchen anderen Gründen, auf die wir persönlich stolz sein könnten, sondern weil wir, wie Joe und David auf dem Flughafen, genau wissen, daß er uns mit einer Leidenschaft liebt, die in der Geschichte vom verlorenen Sohn anschaulich geschildert wird. Erheben wir uns also nicht selbstgefällig über die üblen alten Sünder von Ninive. Wir alle müssen durch die Tür der Buße gehen, wenn wir von Gott umarmt werden wollen.

Was ist das für eine Tür, die Tür der Buße? Einmal habe ich einen wichtigen Hinweis dazu gefunden. Ein paar Meilen von uns aus an der Küste entlang gibt es eine Einrichtung namens „Jungle Tumble". Das ist ein grellbuntes Labyrinth aus Tunnels, Leitern, Netzen und Plastikbällen – ein kleines Paradies für Kinder, die sich einmal so richtig austoben wollen. Als Katy vier und David elf war, besuchten wir einmal diesen Ort, von dem wir so viel gehört hatten. Als wir ankamen, erfuhren wir, daß nur Kinder bis zu einer bestimmten Größe hineindurften. Katy war klein genug. David war schon zu groß. Was tun? Zum Glück forderte die Dame am Eingang David auf, seinen Kopf unter dem Balken hindurchzuducken. „Siehst du", sagte sie, „jetzt bist du klein genug!"

Wir beugen unseren Kopf und werden ein bißchen kleiner, bevor wir in die Freude eintreten.

Eine Überlegung

Chesterton sagte: „Ein Mann ist niemals so groß, wie wenn er sich verneigt."

Sauer auf Gott

Jona ärgerte sich sehr darüber, voller Zorn betete er: „Ach Herr, habe ich das nicht gleich geahnt, als ich noch zu Hause war? Darum wollte ich ja auch so rasch wie möglich nach Tarsis fliehen! Ich wußte es doch: Du bist ein gnädiger und barmherziger Gott. Deine Geduld ist groß, deine Liebe kennt kein Ende. Du läßt dich umstimmen und strafst dann doch nicht. Herr, laß mich sterben, das ist besser als weiterzuleben!"

Jona 4, 1-3

Na, was haben wir denn da für einen wütenden kleinen Propheten? Jona redet ziemlich freimütig mit Gott, nicht wahr? Wohlgemerkt, er muß ihn sehr gut gekannt haben. Es erinnert mich daran, wie einer meiner Söhne reagierte, wenn er ausgeschimpft wurde, als er noch ganz klein war. Nachdem er sich eine oder zwei Minuten lang meinen väterlichen Zorn angehört hatte, sah er mir in die Augen und sagte triumphierend: „Du hast mich doch sowieso lieb, also bist du auch gleich wieder nett zu mir ..." Ich würde das nicht unbedingt als Reaktion auf den Zorn Gottes empfehlen, aber ich bin froh, daß David wußte, daß ich ihn liebe, und ich finde, daß der Austausch zwischen Jona und Gott etwas erfrischend Wirkliches und Vertrautes hat. Der Prophet benimmt sich hier genau wie Basil Fawlty, wütend, daß Gott genauso gehandelt hat, wie er es befürchtet hat. Vergeben hat er denen! Bah!

Interessanterweise bestand Gott nicht darauf, daß Jona seine Absicht oder Motivation teilte, was Ninive betraf. Er wollte nur, daß er tat, was ihm gesagt wurde. Genau denselben Punkt unterstrich Jesus in seinem Gleichnis von den beiden Söhnen. Der eine sagte, er werde tun, wozu er aufgefordert wurde, tat es aber nicht. Der andere wurde kratzbürstig und weigerte sich zu gehorchen, aber dann ging er hin und tat, was ihm gesagt worden war. Und als Jesus den Zachäus von seinem Baum herunterrief, war der kleine Mann nicht angehalten, seine Einstellungen und sein Verhalten in Ordnung zu bringen, bevor er nach Hause eilte, um eine Mahlzeit vorzubereiten. In der ganzen Bibel wird dieser Punkt immer wieder betont. Die Gott lieben, das sind diejenigen, die ihm gehorchen.

Jetzt war die Zeit gekommen, um sich mit dem kleinen Problem mit Jonas Einstellung zu befassen.

Fragen

Vertraue ich Gott genug, um sauer auf ihn zu werden? Liebe ich ihn genug, um ihm zu gehorchen?

Weltmeister im Schmollen

Aber der Herr erwiderte: „Ist es recht von dir, so wütend zu sein?" Jona verließ Ninive. Östlich der Stadt machte er sich ein Laubdach und setzte sich in dessen Schatten nieder. Er wollte beobachten, was mit der Stadt geschehen würde.

Jona 4, 4-5

Gott gefällt mir sehr in dieser Geschichte. Nicht in allen alttestamentlichen Berichten gefällt er mir, besonders nicht dort, wo Massentötungen angeordnet werden, aber eines Tages werde ich sicher verstehen, was es damit auf sich hatte. Was mir an dieser Geschichte gefällt, ist daß Gott, nachdem er der riesigen Bevölkerung von Ninive solche Barmherzigkeit gezeigt und sich solche Mühe mit ihr gegeben hat, sich nun auf einen einzigen verwirrten Menschen konzentriert – Jona.

Wenn der ältere Bruder des verlorenen Sohnes der Schwergewichts-Schmoll-Weltmeister im Neuen Testament ist, muß der Prophet Jona einer der Titelfavoriten im Alten sein. Da sitzt er auf seinem Hang, murmelt vermutlich etwas von Jafo und Schiffen und Stürmen und Walen und Leuten, die nicht tun, was sie angekündigt haben ...

Gott versucht, mit ihm darüber zu reden, aber wie es scheint, ist Jona einer von den Leuten, die einfach ohne konkrete Beispiele oder anschauliche Lektionen nichts verstehen können. Der Wal war die erste und dramatischste dieser Lektionen, doch nun war es an der Zeit für etwas aus dem landwirtschaftlichen Bereich. Für mich war es in den letzten Jahren sehr erfrischend, zu sehen, daß Gott kein festes Arsenal unveränderlicher Verfahrensweisen hat, die er auf jeden anwendet, der in seine Reichweite kommt. Bei mir selbst zum Beispiel gab es Zeiten, wo meine ziemlich negative Erwartungshaltung mich mit einer göttlichen Ohrfeige als Reaktion auf mein nicht ganz vorbildliches Verhalten rechnen ließ. Doch weil er mich kennt und liebt, setzte Gott statt dessen Ermutigung und Humor ein, um mich aus meinem niederen Ich emporzuheben. Wohlgemerkt, wann immer die besagte Ohrfeige notwendig ist, scheint er auch keine Bedenken zu haben, sie mir zu verabreichen, und das muß wohl auch so sein, auch wenn es mir in dem Augenblick nicht gefällt.

Jona und Sie und ich mögen sehr unterschiedlich in unserer Sichtweise und Persönlichkeit sein, aber keine Sorge – obwohl wir alle zum Schluß am selben Ziel eintreffen werden, ist für jeden von uns eine individuelle und sorgfältig auf uns abgestimmte Route geplant.

Gebet

Danke, Vater, daß du mich ganz individuell liebst und Dinge eigens für mich planst.

Die abschließende Lektion

Da ließ der Herr eine Rizinusstaude über Jona emporwachsen. Sie sollte ihm noch mehr Schatten geben und seinen Mißmut vertreiben. Jona freute sich sehr über die Pflanze. Doch am nächsten Morgen kurz vor Sonnenaufgang ließ Gott einen Wurm die Wurzel des Rizinus zerfressen, und die Staude wurde welk und dürr. Als die Sonne aufging, schickte Gott einen glühend heißen Ostwind. Die Sonne brannte Jona so auf den Kopf, daß er erschöpft zusammenbrach. Er wünschte sich zu sterben und seufzte: „Tot sein ist besser als weiterleben." Da fragte ihn Gott: „Ist es recht von dir, wegen dieser Rizinusstaude so zornig zu sein?" Jona antwortete: „Mit vollem Recht bin ich wütend, am liebsten wäre ich tot!" Der Herr erwiderte: „Du hast dich mit dieser Staude keinen Augenblick abmühen müssen, nichts brauchtest du für sie zu tun. In einer Nacht ist sie gewachsen, und in der nächsten ging sie zugrunde. Trotzdem hättest du sie gerne verschont. Ich aber sollte Ninive nicht verschonen, diese große Stadt, in der mehr als 120 000 Menschen leben, die Gut und Böse nicht unterscheiden können, und dazu noch so viele Tiere?"

Jona 4, 6-11

Meine Schmollereien sind sehr leicht zu durchbrechen. Wenn mich jemand kitzelt oder etwas Absurdes sagt, wird mir wahrscheinlich mein trübsinniger Gesichtsausdruck entgleisen, und wenn ich erst einmal gelächelt habe, ist mein Schmollen ruiniert. Jona dagegen ist so entschlossen, Gott gegenüber nicht nachzugeben, daß er geradewegs in die logische Falle tappt, die ihm gestellt wird. Der Verfasser dieses Buches hat leider die Reaktion des Propheten auf das abschließende, vielsagende Argument, hundertzwanzigtausend Menschen müßten ja wohl mindestens ebenso wichtig sein wie eine Pflanze, nicht aufgezeichnet, aber ich habe keinen Zweifel, daß Jona begriff. Vielleicht gab die Erwähnung des Viehs am Ende den Ausschlag. Was für eine Verschwendung!

Eine traurige Fußnote zu dieser Geschichte, die nur wenige Seiten weiter im Buch Nahum niedergeschrieben ist, besagt, daß die Leute von Ninive nur sehr wenig aus ihrer großartigen Rettung lernten. Soweit wir feststellen können, kehrten sie zu ihrer Sünde zurück und wurden vernichtet.

Jona lehrt uns, daß Gehorsam wesentlich ist; daß Gott lieber vergibt als bestraft; daß er sich mit einzelnen ebensoviel Mühe macht wie mit ganzen Bevölkerungen und daß er sehr humorvoll und nett sein kann.

Eine Frage

Sind diese Eigenschaften Gottes auch bei mir zu finden?

Der Weg zum Himmel ist
von überall her gleich weit.
Thomas Morus

UNTERWEGS ZUM HIMMEL – WARUM HABEN WIR IHN ÜBERHAUPT VERLASSEN?

1. Korinther 15

Nachdem meine Mutter gestorben und ihr Leichnam verbrannt worden war, blieb uns eine schöne, polierte Holzurne, die nach den Worten des Bestattungsunternehmers ihre Asche enthielt. Jemand erzählte mir einmal, daß diese Urnen oft nicht wirklich die Asche des eigenen Verwandten enthalten, sondern eine Mischung aus der Asche aller Verstorbenen, die an dem betreffenden Tag verbrannt wurden. Ich habe keine Ahnung, ob das wahr ist, aber es spielte für mich auch keine Rolle. Jenes versiegelte Gefäß war eher ein Symbol als irgend etwas sonst, ein Mini-Sarg, den wir an einem Ort aufbewahren konnten, wo er uns vielleicht in Zukunft helfen würde, unsere Erinnerungen an Mama zu sammeln.

Es lag sogar ein gewisser Humor in der Art, wie wir als Familie auf dieses trübselige Objekt reagierten. Mein jüngerer Bruder Ian war derjenige, der es aus dem Büro des Bestattungsunternehmers in Tunbridge Wells abholte, und als Bridget und ich ihn ein paar Tage später zu Hause besuchten, sagte er: „Mama ist im Hinterzimmer.“ Aus irgendeinem Grund konnten wir beide uns ein Lachen nicht verkneifen, nicht zuletzt deshalb, weil die Vorstellung, in einem kleinen Behälter auf der Kommode aufbewahrt zu werden, für Mama selbst höchst amüsant gewesen wäre. Meine Mutter war einfach ein zu großer Charakter, um in irgend etwas Kleinem enthalten sein zu können.

Was sollten wir mit der Urne machen?

Nach einigen Diskussionen wurden wir uns einig, daß es Mama am liebsten gewesen wäre (vielleicht irrten wir uns, aber sie konnte sich wohl kaum noch mit uns darüber streiten), im Grab ihrer Eltern auf dem Friedhof einer kleinen nonkonformistischen Kapelle in der Nähe von Rushlake Green in East Sussex beigesetzt zu werden. Keiner von uns war seit unserer Kindheit dort gewesen, und obwohl die Kirchenbücher darauf hinwiesen, daß am Kopfende des Grabes ein Stein errichtet worden war, fanden wir keine Spur davon auf der Grabstätte, in der Mamas Eltern vor vielen Jahren bestattet worden waren.

Als Ian am Tag vor der Beerdigung an einem Ende des Grabes ein Loch für die Urne aushob, stieß er mit dem Spaten plötzlich gegen etwas Hartes, Unnachgiebiges. Eine behutsame Ausgrabung förderte den verschwundenen Grabstein zutage, der wohl im Lauf der Jahre allmählich in der weichen Erde versunken war, bis er völlig unter dem Gras verschwunden war, das das Grab bedeckte. Nachdem er gründlich abgespritzt worden war, wurden die Namen von John und Kitty Baker, meinen Großeltern, wieder sichtbar. Meinen Großvater hatte ich nie gekannt, doch Oma liebte ich mit jener besonderen Art unverblümt begeisterter Leidenschaft, die ich an kleinen Kindern heute so anziehend finde. Die Busfahrt nach Heathfield, um sie zu besuchen, war immer eine Reise in den Himmel gewesen. Mir gefiel der Gedanke, daß meine Mutter nun in einem symbolischen Sinn mit ihren Eltern vereint sein würde, hier auf diesem stillen Hang in Sussex, mit einer Aussicht, die sie immer besonders geliebt hatte.

Der nächste Tag, der Tag, den wir für die Bestattung der Urne ausgesucht hatten, war der windigste, feuchteste Tag des bisherigen Jahres. Es war, als ob die ganze Welt aus Mitleid mit uns weinte, als wir uns um jenes grasbewachsene Rechteck mit dem kleinen Flecken frisch aufgegrabener Erde am Ende drängten und versuchten, eine wilde, abgerissene Erfahrung in etwas zu verwandeln, was eine Form hatte. Als wir uns am Ende abwandten, kamen wir uns fast wie Verräter vor. So albern es auch sein mochte, sowohl Bridget als auch mir und vermutlich den anderen ebenso, fiel es schwer, Mama bei diesem Wind und Wetter auf jenem Hang allein zu lassen. Am liebsten hätten wir sie wieder mit nach Hause genommen.

Am St. Patrick's Day, Mamas Geburtstag, kamen wir wieder, um ein paar Osterglocken und Grünzeug auf das Grab zu stellen. Diesmal war es ein völlig anderes Gefühl. Die Frühlingssonne bedeckte den Hang mit leuchtender Hoffnung, und auf dem Feld neben dem Friedhof waren zwei Pferde, die sich rollten und galoppierten und übermütig herumtollten. Mama liebte Pferde. In der klaren Märzluft war der Blick über das Tal spektakulär, und ich blieb noch eine Weile, nachdem die anderen schon zurück zum Auto gegangen waren, einfach um zum Horizont hinüberzuschauen. Die Trauer, die ich über Mamas Abwesenheit in unserem Leben empfinde, ist nicht geringer geworden – ich versuche immer noch, auf einer ganz grundlegenden Ebene damit fertig zu werden –, aber als ich dort stand, wußte ich tief in mir, daß wir, die wir Jesus nachfolgen, ihn und seinen Tod und seine Auferstehung nicht verraten dürfen, indem wir den Tod als etwas Endgültiges akzeptieren. Wir finden uns mit unserem zeitlichen Verlust ab, weil das normale Leben es von uns verlangt, aber, wie David Watson wiederholt sagte, als er auf seinen Tod zuging, das Beste kommt noch. Als ich mich von dem Platz abwandte, den wir sicher oft aufsuchen werden, um uns an meine Mutter zu erinnern, und davonging, wußte ich mit seltener Überzeugung, daß ich sie und meine Großmutter wiedersehen werde, so sicher, wie jener verschwunden geglaubte Stein auf dem Grab meiner Großeltern wieder auftauchte, und daß wir einen neuen Körper und ein neues Verständnis haben werden, aber diese beiden Menschen, die mich liebten, werden zweifellos sie selbst sein, und ich werde sicherlich ich sein.

Wenn das nicht so ist, verschwenden wir nur unsere Zeit, und das ist das Hauptthema dieses großartigen Kapitels aus dem Neuen Testament.

Gebet

Vater, es ist eine Qual, Menschen zu verlieren, die wir lieben, aber wir wissen, daß Jesus gestorben ist, damit wir eines Tages wieder vereint sein können. Hilf uns, die richtige Balance in unserem Umgang mit dem Tod zu finden. Wir können nicht anders, als zu trauern, weil wir die, die wir verloren haben, so sehr vermissen; aber laß uns nicht die Hoffnung vergessen, die wir in dir haben, nicht nur als ein abstraktes Luftschloß, sondern als eine begeisterte Vorfreude auf echten Kontakt mit Menschen, die mit neuen Körpern ausgestattet sein werden, die nicht schmerzen können wie der meiner Mutter, weil es Körper für die Ewigkeit sind. Danke, daß du uns die Menschen geliehen hast, die uns geliebt haben. Hilf uns, sie dir zurückzugeben, so bereitwillig wir können. Möge das Bewußtsein, daß der Himmel auf uns wartet, in uns stark und unübersehbar sein, damit andere aus unserem Beispiel Mut schöpfen und wahrhaft glauben können, daß die Auferstehung Jesu aus dem Grab garantiert, daß alle, die ihm folgen, auf genau dieselbe Art auferstehen werden. Amen.

Die richtige Richtung

Liebe Brüder! Ich möchte euch an das Evangelium erinnern, das ich euch verkündigt habe. Ihr habt diese Botschaft angenommen und darauf euer Leben gegründet. Ganz gewiß werdet ihr durch sie ans Ziel eures Glaubens kommen, vorausgesetzt, ihr bewahrt die Botschaft genau so, wie ich sie euch überliefert habe. Sonst glaubt ihr vergeblich und erreicht das Ziel nicht. Zuerst habe ich euch weitergegeben, was ich selbst empfangen habe: Christus ist für unsere Sünden gestorben. Das ist das Wichtigste, und so steht es schon in der Heiligen Schrift. Er wurde begraben und am dritten Tag vom Tod auferweckt, wie es die Propheten angekündigt hatten. Als der Auferstandene hat er sich zuerst Petrus gezeigt und später den zwölf Aposteln. Dann haben ihn mehr als fünfhundert Brüder zur gleichen Zeit gesehen, von denen die meisten heute noch leben; einige sind inzwischen gestorben. Später ist er Jakobus und schließlich allen Aposteln erschienen. Zuletzt hat er sich auch mir gezeigt, der ich es am wenigsten verdient hatte.

1. Korinther 15, 1-8

Paulus ist entschlossen, die abirrenden Korinther wieder fest aufs Gleis zu setzen. Es gibt nur eine richtige Richtung, in die sie gehen können, und hier erinnert er sie daran, welche das ist.

Ich erinnere mich, wie ich einmal eine jener endlosen U-Bahn-Fahrten von der Londoner Innenstadt in irgendeinen namenlosen Vorort mitten in der Pampa machte. An der Baker Street stiegen zwei Geschäftsleute vom Typ „dynamischer Manager“ ein und begannen sich mit sonoren, übertrieben lauten Stimmen zu unterhalten. Sie sprachen von „Öl“ und „Produktivität“ und „Marktposition“ und „internationalem Wettbewerb“. Während ich ihrem selbstbewußten Gespräch lauschte und ihre überlegene Technik beim Festhalten an den Riemchen bewunderte, machte sich ein leichtes Gefühl der Minderwertigkeit in mir breit. Hier waren diese beiden ungeheuer kompetenten Drahtzieher der Industrie auf dem Weg, um irgend ein Multi-Millionen-Pfund-Geschäft unter Dach und Fach zu bringen, während ich wieder einmal mit einem Koffer voller Bücher, die ich verkaufen wollte, einem Vortragsabend entgegenrollte. Meine trübseligen Gedanken wurden unterbrochen, als der Zug etwa die dritte Haltestelle nach der Baker Street erreichte und einer der beiden Männer plötzlich erschrocken hinaus auf den Bahnsteig spähte.

„Wir fahren in die falsche Richtung!“ blökte er.

Die beiden Erfolgstypen hechteten aus dem Zug, während ich zurückblieb und über die Tatsache nachdachte, daß ich zwar vielleicht ein bißchen vertrottelt, aber immerhin in der richtigen Richtung unterwegs war.

Paulus erinnert seine Leser an die Grundwahrheiten des christlichen Glaubens. Jesus ist der Weg, und alles andere hängt davon ab, daß wir seiner Führung folgen. Was wir dazu brauchen, ist weniger Talent als Gehorsam.

Gedanke

Bin ich noch an Bord?

Prahlereien

Denn ich bin der unbedeutendste unter den Aposteln und eigentlich nicht wert, ein Botschafter Jesu zu sein; denn ich habe die Gemeinde Gottes verfolgt. Alles, was ich bin, bin ich allein durch Gottes vergebende Gnade. Und seine Gnade hat er mir nicht vergeblich geschenkt. Ich habe mich mehr als alle anderen eingesetzt, aber das war nicht meine Leistung, sondern Gott selbst hat dieses in seiner Gnade bewirkt. Doch ganz gleich, ob nun die anderen Apostel oder ich: Wir alle haben dieses eine Evangelium verkündet, und dadurch seid ihr zum Glauben *gekommen.*

1. Korinther 15, 9-11

Ich habe bisweilen gehört, wie Paulus von Kritikern als ein eingebildeter Evangelist bezeichnet wurde. Ganz abgesehen davon, daß das eine offensichtliche Tautologie ist, glaube ich, daß dies ein völliges Mißverständnis dieses Mannes darstellt. Das eigentliche Problem des Paulus ist, daß er an die Macht Gottes glaubt und keine Angst hat, die Wahrheit zu sagen. Das Ergebnis ist, daß er ohne jede Einbildung sagen kann, er habe sich „mehr als alle anderen eingesetzt", weil es seine ehrliche Überzeugung ist, daß jeglicher Erfolg, den er erreicht, auf die Gnade Gottes zurückzuführen ist, die in ihm wirkt. Es gibt eine Art kühner Freimütigkeit, die richtig ist, und davon gibt es in unserer Zeit viel zu wenig. Nur sehr wenige Menschen sind zerbrochen und demütig genug, um so natürlich und lautstark über Gott zu prahlen wie Paulus.

Ich sprach einmal auf einer Veranstaltung im Nordwesten Englands, die unter dem Titel „Im Kampf verwundet" stand. Dort berichtete ich von meiner eigenen Leidenserfahrung, davon, wie mir echte Freundschaft weitergeholfen hatte, von den Gefahren, die es mit sich bringt, wenn man nach schnellen Lösungen für langfristige Probleme sucht, und von den furchtbaren (und unzutreffenden) Gefühlen geistlichen Versagens, wenn es zu Depressionen oder einem Zusammenbruch kommt. Schon als ich aufstand, spürte ich den Schmerz, den viele der Anwesenden in sich trugen, und als ich fertig war, hing ihre Bedürftigkeit schwer in der Luft.

Dann stand der Veranstalter des Abends auf. „Sicher hat es uns allen viel Spaß gemacht, Adrian zuzuhören", sagte er, „und natürlich wissen wir auch, daß all diese Fragen und Probleme ihre Antwort finden, wenn der Herr Jesus Christus in unsere Herzen kommt ..."

Der Veranstalter fühlte sich vermutlich viel besser, nachdem er das gesagt hatte, doch unten im Saal fühlten sich eine Menge sehr unglücklicher Leute (die Jesus schon vor langer Zeit in ihr Leben eingeladen hatten) sofort viel schlechter. Ich weiß genau, daß ich in diesem Moment hätte anbieten sollen, mit den Leuten zu beten, oder zumindest sie einladen, miteinander zu beten. Ich habe es nicht getan, weil ich mich unzulänglich und „nicht geistlich genug" fühlte.

Ich wollte einfach nicht glauben, daß Gott mich gebrauchen könnte, solange ich nicht gut genug wäre. *Das* ist Einbildung!

Gebet

Tut mir leid, Herr. Gebrauche mich.

Dumme Schafe

Wenn also im Evangelium gesagt wird, daß Gott Christus von den Toten auferweckt hat, wie können da einige von euch behaupten: „Eine Auferstehung der Toten gibt es nicht!“ Wissen diese Leute eigentlich, was sie damit sagen? Wenn es keine Auferstehung der Toten gibt, dann kann ja auch Christus nicht auferstanden sein. Wäre Christus nicht auferstanden, so hätte unsere ganze Predigt keinen Sinn, und euer Glaube wäre völlig wertlos. Mit Recht könnte man uns dann vorwerfen, wir seien Lügner und keine Zeugen Gottes. Denn wir behaupten doch: Gott hat Christus auferweckt. Das kann ja gar nicht stimmen, wenn mit dem Tode alles aus ist.

1. Korinther 15, 12-15

Christen sind wie Schafe. Eigentlich, vermute ich, ist das eine gute Sache, oder? Schließlich wurde diese Metapher auf ziemlich hoher Ebene ausgewählt. Probleme gibt es nur, wenn falsche oder fehlgeleitete Hirten auftreten und die blökende Herde auf eine vergiftete Weide führen. Es ist kaum zu fassen, daß diese Korinther sich tatsächlich hatten einreden lassen, daß einem Leben des Glaubens und der Disziplin am Ende die völlige Vergessenheit folgen würde. Was für ein Druck muß auf sie ausgeübt worden sein, daß sie eine so dumme Verzerrung akzeptierten?

Ich habe einen jungen Freund, der zu einer sehr lebendigen und ultra-charismatischen Gemeinschaft im West Country gehört – einer Gemeinde von der Art, wo man keinen Kanarienvogel besitzen darf, falls er nicht von neuem geschlüpft ist. David erzählte mir, wie ein nordeuropäischer Evangelist vierzehn Tage lang diese Gemeinde besucht hatte, der die Überzeugung mitbrachte, Gott wolle durch ein Wunder die Zahnfüllungen seiner Anhänger von trübem Grau in massives Gold verwandeln. Mit weit aufgerissenen Augen hörte die Versammlung seiner Botschaft zu, und die Zuhörer schlossen sich dann allesamt dem Gebet des Evangelisten an,

Gott möge ihre Kiefer anrühren wie eine Art göttlicher Midas. Darauf folgte großer Jubel, als der Redner verkündete, Gott habe in der Tat in den Mündern vieler Großes getan. So ungemein positiv war die Atmosphäre in der Gemeinde, daß sich David am folgenden Tag überreden ließ, öffentlich die Metamorphose seiner eigenen Zahnfüllungen zu bezeugen – und das, obwohl sein Badezimmerspiegel ihm einen klaren Beweis des Gegenteils lieferte.

Tief beschämt ließ er später einen (sehr engen) Freund seine Füllungen untersuchen und bekannte vor der Gemeinde, daß sein vorheriges Zeugnis falsch gewesen sei. Seltsamerweise stellte er fest, daß er damit nicht allein war ...!

Hüten Sie sich! Gott ist durchaus in der Lage, mit Zahnfüllungen zu machen, was er will, aber Techniken und die Pflege einer bestimmten Atmosphäre sind kein Ersatz für geistliche Wirklichkeit.

Gedanke

Schafe müssen gleichzeitig Schlangen und Tauben sein. Was für eine Menagerie!

Was wäre, wenn ...?

Wenn der Glaube an Christus uns nur für dieses Leben Hoffnung gibt, sind wir die bedauernswertesten unter allen Menschen. – Bei euch haben sich einige stellvertretend für Menschen taufen lassen, die schon gestorben sind. Welchen Sinn hätte das, wenn die Toten gar nicht auferstehen? Warum begeben wir uns denn immer wieder in Gefahr, wenn wir Gottes Botschaft weitergeben? Tag für Tag riskiere ich mein Leben. So gewiß ihr zum Glauben gekommen seid, kann ich vor Christus stolz auf euch sein. Hätte ich mich wohl in Ephesus in Lebensgefahr begeben, wenn ich nicht an die Auferstehung glauben würde? Wenn die Toten nicht auferstehen, dann haben alle recht, die sagen: „Freut euch des Lebens, denn morgen ist alles vorbei!“ Hütet euch vor solchen Parolen, denn: „Schlechter Umgang verdirbt gute Sitten!“ Kommt endlich zur Besinnung, und sündigt nicht länger. Denn zu eurer Schande muß ich feststellen, daß einige von euch Gott im Grunde noch gar nicht kennen.

1. Korinther 15, 19. 29-34

Dieser Abschnitt im Brief des Paulus fordert mich in einem dunklen und gefährlichen Teil meiner selbst heraus, und ich würde gern offen über diese Herausforderung sprechen, weil ich glaube, daß viele andere sich mit meiner Erfahrung identifizieren werden. Es geht um die letzte Barriere zwischen einer teilweisen und einer totalen Hingabe an die Ansprüche Jesu auf den innersten Kern meines Willens. Paulus schert sich nicht mehr darum, sein Leben im weltlichen Sinn zu erhalten. Warum sollte er auch, wo er doch einem dynamischen, Freude verbreitenden Gott begegnet ist, der ihn zu einer Ewigkeit einlädt, in der alles unvorstellbar gut und richtig ist? Er erlebt fürchterliche körperliche Strapazen und wird am Ende hingerichtet werden, weil er dem Pfad des Gehorsams folgt. Egal – er läßt sich nicht beirren. Er wird mit Jesus leben. Diese Gewißheit ist es, die ihn so fassungslos darüber macht, daß die Korinther das Christentum ohne Auferstehung akzeptieren. Wozu der Aufwand?

Manchmal kriecht eine kalte Furcht durch meine Glieder. „Was ist", frage ich mich, „wenn ich total falsch liege? Was ist, wenn ich meine Energie und Zeit und Konzentration für etwas einsetze, was ich mir nur erträumt habe – etwas, das sich in Finsternis auflösen wird, wenn das Ende kommt? Was ist, wenn es keine Auferstehung *gibt*?"

Diese Ängste (oder Lügen, wenn Sie so wollen) begleiten mich nicht ständig, und ich habe großes Vertrauen zu Jesus, aber ich weiß, daß ein kleiner Teil meines Willens vor dem Abgrund des totalen Vertrauens zurückschreckt, aus Angst, ich würde, wenn ich hinaustrete, vielleicht nicht aufgefangen werden.

Gebet

Vater, hilf uns, die Welt aufzugeben und dadurch alles zu gewinnen. Vergib uns, daß wir dir nicht vertrauen.

Der Buchstabe tötet,
aber der Geist macht lebendig.
2. Korinther 3, 6

TROST FÜR MÜDE WANDERER

Der Heilige Geist

Als ich mich hinsetze, um die Einleitung zu diesem Abschnitt zu schreiben, ist es sieben Uhr morgens. Ich bin als erster aufgestanden, denn ich hatte für halb sieben einen Weckruf gebucht und mußte aus dem Bett springen und zum Telefon rennen, bevor es alle anderen aufweckte. Das Telefon in unserem Schlafzimmer stand drüben auf dem Klavier neben der Tür. Es hätte auch näher am Bett stehen können, wäre ich nicht durchaus imstande, meine Hand auszustrecken, den Hörer abzunehmen, „danke vielmals" zu sagen, aufzulegen und wieder einzuschlafen. Heutzutage werden Bridget und ich meist von unserem neuen automatischen Teekocher ins Bewußtsein zurückgerufen (den wir letztes Weihnachten anschafften als ein tapferes Eingeständnis, daß wir anfangen zu akzeptieren, daß wir jetzt im mittleren Alter sind), aber da Bridgets Eltern für ein paar Tage zu Besuch hier sind, haben wir ihnen das Gerät geliehen.

Nach einer Dusche (unsere Dusche hat nur zwei Einstellungen – „kochend" und „arktisch") ging ich zurück ins Schlafzimmer, um mich anzuziehen, und sah, daß Bridget inzwischen ebenfalls aufgestanden war. „Der Letzte macht das Bett", heißt die Regel in unserem Schlafzimmer. Diese Tradition führte gelegentlich schon zu einem unziemlichen Gerangel, um der erste zu sein, der mit dem Fuß den Boden berührt, doch heute morgen hatte ich um Längen gewonnen, und das Bett war bereits gemacht. Auf dem Sofa am anderen Ende des Zimmers genoß eine kleine Gestalt immer noch den entspannten Schlaf der Unschuldigen. Katy, zehn, hat ihr Zimmer für ein paar Tage an ihren Bruder David abgetreten, damit Oma und Opa in *seinem* Zimmer schlafen können. Klingt kompliziert, funktioniert aber, nicht zuletzt deshalb, weil Katy viel lieber auf dem Sofa in unserem Zimmer schläft als in ihrem eigenen Bett. Nachdem ich mich angezogen hatte, beugte ich mich herab und küßte meine Tochter sanft auf die Wange. Sie räkelte sich und warf mir durch ein halb geöffnetes Auge einen drohenden Blick zu, bevor sie sich wieder zum Schlafen zusammenrollte. Unten hatte meine Frau dafür gesorgt, daß der Kessel seine gewohnte Aufgabe versah, und bald darauf hatte ich die erste Tasse Tee am Morgen, diejenige, die wahrhaft auferweckt, in der Hand.

Und nun sitze ich am Computer und tippe diese Worte. Katy ist aufgestanden und hat sich in den lebensentscheidenden täglichen Kampf gestürzt, sich ihre Haare genau so zurechtzumachen, wie sie aussehen sollen; Joe, der einen Ferienjob hat, ist aus seinem Bett im dritten Stock gekrochen und gibt ein leises, aber sonor durchdringendes Stöhnen der Verzweiflung von sich angesichts der Aussicht auf weitere acht Stunden in dem unaufhörlichen Lärm und der Langeweile der Plastikfabrik; Bridget versucht, gleichzeitig Brote für Joe zu machen, den Frühstückstisch zu decken und Katys Haarreif zu finden; Bridgets Mutter hat gerade die Treppe herabgerufen, ob sie jetzt ins Bad könnten, und David liegt immer noch, der Welt abgestorben, oben in Katys Zimmer. Durch das Fenster neben mir sehe ich, daß einer jener superfrischen frühen Frühlingstage sich behutsam zusammenfügt, und in mir regt sich der Wunsch, ich wäre nicht diszipliniert genug, auf diesem Stuhl sitzen zu bleiben, bis ich mein tägliches Pensum von tausend Wörtern geschrieben habe.

Gerade kam Katy herein, lehnte sich auf meine Schulter und fragte mich, worüber ich schreibe; dann ging sie angewidert weg, weil ich ihr sagte, ich würde über das schreiben, was sie gerade gesagt hätte.

Ein durchschnittlicher Tag im Hause der Familie Plass nimmt seinen Lauf.

Was hat der Heilige Geist mit alledem zu tun? Nun, der Punkt ist eher, daß er, wenn er mit dieser alltäglichen Situation nichts zu tun hat, eigentlich mit gar keiner Situation zu tun hat. Zwischenmenschliche Beziehungen in einer Familie wie der unseren sind voller Komplexitäten, Spannungen und Feinheiten, die durch das praktische Wirken des Heiligen Geistes geformt, bestimmt oder verändert wurden. Falls sich das zu vage anhört: Ich meine, daß Bridget und ich im Lauf der Jahre eine Million mal für unsere Kinder und füreinander gebetet haben, manchmal unter Tränen; wir haben ihn beschworen, uns zu helfen, gegen Impulse in uns anzukämpfen, die äußerst negative Auswirkungen haben könnten; wir haben versucht, ganz konkrete Situationen durch den unmittelbaren Einfluß des Heiligen Geistes verändern zu lassen, manchmal mit dramatischen Ergebnissen; kurz, es ist sicher keine Übertreibung, wenn wir sagen, daß wir als Familie überlebt haben, weil der Heilige Geist hier bei uns ist, wie Jesus bei seinen Jüngern war.

Vieles von der Verwirrung und Enttäuschung, die man unter Christen antrifft, scheint aus dem Widerstreben zu entspringen, sich einzugestehen, daß es gerade die alltäglichen Lebensumstände sind, in denen wir höchstwahrscheinlich erleben werden, wie Gott seine Ziele verfolgt. Als junger Christ habe ich Qualen durchlebt, weil es so ungeheuer schwierig erschien, all die Lebendigkeit und Lebhaftigkeit der formellen Situationen auf den Ort zu übertragen, wo ich tatsächlich war, in den dunklen Raum der Einsamkeit, den Teil von mir, der *zu Hause* war, wo Religion nichts zu bedeuten hatte und ich einen Gott brauchte, der bereit war, eine kleine, freundliche Person zu werden, die meine Schwäche duldete und einfach bei mir war. Heute verstehe ich viel besser, daß er tatsächlich dort war – und er war immer dort –, doch diese Klärung meines Blickes und meiner Wahrnehmungsfähigkeit dauerte – dauert – mein ganzes Leben lang an. Was ich jedoch sicher sagen kann, ist, daß der Heilige Geist in seiner einflußreichsten Rolle ein Hausgast ist.

Gebet

Vater, wir möchten, daß der Heilige Geist mitten in unserem Leben wirksam ist. Wir laden ihn ein, zu uns zu kommen, wenn wir ganz gewöhnlich und wehrlos sind, und wir danken dir, daß du uns einen Tröster gesandt hast, der genauso bei uns ist, wie Jesus vor zweitausend Jahren bei seinen Anhängern war. Schenke uns, daß wir keine Angst haben, in unseren trostlosesten, verzweifeltsten Momenten seine Hilfe zu suchen; in den Momenten, in denen Religion nichts bedeutet und wir einfach einen Freund brauchen. Amen.

Göttliche Trivialität

Sie kamen im oberen Stockwerk des Hauses zusammen, wo sie sich auch sonst immer trafen, und beteten miteinander. Es waren Petrus, Johannes, Jakobus, Andreas, Philippus, Thomas, Bartholomäus, Matthäus, Jakobus, der Sohn des Alphäus, Simon, der ehemalige Freiheitskämpfer, und Judas, der Sohn des Jakobus. Zu ihnen gehörten auch einige Frauen, unter anderem Maria, die Mutter von Jesus, und seine Brüder. An einem dieser Tage hatten sich etwa hundertzwanzig Menschen dort versammelt. Da stand Petrus auf und sagte: „Liebe Brüder! Die Voraussage der Heiligen Schrift über Judas, der Jesus an seine Feinde verriet, mußte sich erfüllen. Es ist so gekommen, wie es der Heilige Geist durch David vorhergesagt hat. Judas gehörte zu uns und erhielt denselben Auftrag wie wir. Von dem Geld, das er für seinen Verrat bekam, kaufte er sich ein Stück Land. Aber Judas hat ein schreckliches Ende gefunden. Kopfüber stürzte er zu Tode, sein Leib wurde zerschmettert, so daß die Eingeweide heraustraten."

Apostelgeschichte 1, 13-18

Ich habe an anderer Stelle über die Leichtigkeit geschrieben, mit der die scheinbare Gewöhnlichkeit des Lebens uns dazu verführen kann, an der Wirklichkeit einer geistlichen Dimension zu zweifeln. Wenn Sie von einer erhebenden christlichen Versammlung zurückkehren und feststellen, daß der Hund mitten auf den Wohnzimmerteppich gemacht hat oder daß die Kinder etwas so unsäglich Furchtbares angerichtet haben, daß Ihnen der Kragen platzt und Sie auf ebenso unsägliche Art reagieren – oder beides – kann leicht der Eindruck entstehen, daß das erhebende Gefühl nur aus einer Art religiöser Seifenblasen bestand.

In Wirklichkeit jedoch ist Gott gewöhnlicher als die gewöhnlichste Sache, die wir uns vorstellen können. Er hat diese Welt gemacht, und er bewohnt sie auf eine viel breitere und weltlichere Art, als es die Gemeinden tun. Eine der wirkungsvollsten Täuschungen des Teufels ist die fest in den Köpfen vieler Christen verankerte Vorstellung, es gäbe bestimmte Bereiche, die geistlich, und andere, die nicht geistlich seien. In Verbindung mit der subtilen Irrlehre, der Heilige Geist wirke in uns, ohne daß wir das Geringste dazu tun, ergibt sich daraus das leider häufig anzutreffende Phänomen des gelähmten Christen. Wenn der Geist in uns wirkt, geschieht es niemals ohne unsere Zustimmung. Diese Zustimmung erfordert die Tugend, die Jesus so hoch bewertete – Gehorsam. Zu tun, was einem gesagt ist, kann wahrhaftig sehr schwer sein.

In diesem frühen und dramatischen Stadium der christlichen Gemeinde steht Petrus auf, erfüllt vom Heiligen Geist, um gehorsam die Aufgabe zu erfüllen, die in diesem Moment von ihm gefordert ist, aber machen wir uns nichts vor. Der Heilige Geist beschränkt sich (im Gegensatz zu manchen Rednern) nicht auf große Versammlungen. Wir haben vielleicht keine Feuerzungen herabfahren sehen, und wir werden vielleicht auch nie aufgerufen sein, als Dreh- und Angelpunkt für die Geschichte der Gemeinde Jesu zu agieren, aber der Heilige Geist ist bei uns ebenso eifrig auf der Suche nach Bereichen in unserem persönlichen Leben, in denen er, unsere gehorsame Mitarbeit vorausgesetzt, ein Leben oder eine Situation zum Besseren verändern kann, so trivial oder gewöhnlich uns diese Situation auch erscheinen mag.

„Und Adrian, erfüllt vom Heiligen Geist, stand auf in der Küche und wurde nicht reizbar und schmollte, wie er es normalerweise getan hätte, und die es sahen, waren erstaunt und sagten: ‚Er ist voll von süßem Wein.‘ War er aber nicht (diesmal nicht). Er tat nur zur Abwechslung einmal, was ihm gesagt war ...“

Gebet

Heiliger Geist, inspiriere mich in den alltäglichen Dingen.

Die geringste der Gaben

Also meine Brüder, setzt alles daran, Gottes Weisungen weiterzugeben, und hindert keinen, in unbekannten Sprachen zu beten. Aber sorgt dafür, daß alles anständig und ordentlich vor sich geht.

1. Korinther 14, 39-40

Ich habe bisher wenig über das Zungenreden geschrieben, obwohl diese Gabe zu einem sehr wichtigen Teil meines Lebens geworden ist. Für diese Zurückhaltung gibt es zwei Gründe, von denen einer ziemlich wertlos ist, der andere jedoch einem echten Anliegen entspringt.

Der wertlose Grund hängt mit den Blicken zusammen, die man manchmal erntet, wenn dieses Thema zur Sprache kommt. „Wieder mal einer für die Klapsmühle", scheinen sie in etwa zu sagen. Diese negative Reaktion hat sich leider dadurch verstärkt, daß diese Gabe zu einem Status erhoben worden ist, den sie eigentlich nie haben sollte. Wie dumm, zu glauben, daß jeder Christ diese Gabe haben müsse. Ich bekenne, daß ich in der Vergangenheit manches Mal meinen Mund gehalten habe, wenn die Rede auf die Geistesgaben kam, nur um nicht für einen Spinner gehalten zu werden. Ich hätte etwas sagen sollen, aber ich habe es nicht getan.

Der vernünftigere Grund für meine Zurückhaltung (selbst jetzt noch, wo für einen Spinner gehalten zu werden mein geringstes Problem ist) ist das Bewußtsein, daß die Liebe die Gabe der Gaben ist und ich lieber über dieses große Meer der Großzügigkeit sprechen möchte als über einen kleinen, wohltuenden Tropfen, so schön er auch glänzen mag. Ein ungesunder Appetit auf „Magie" hat in der Vergangenheit eine Menge Probleme verursacht.

Trotz alledem bin ich froh, daß an einem Donnerstagabend vor mehr als fünfundzwanzig Jahren eine gläubige Freundin namens Marian die neue Gabe demonstrierte, die sie empfangen hatte, so daß ich anfangen konnte, zu verstehen, wovon sie redete, wenn sie sagte, der Heilige Geist tue neue und unerwartete Dinge in ihrem Leben. Seit jener Zeit habe ich unzählige Male in einer Sprache, die ich nicht verstehe, zu Gott gesprochen, und zwar immer (abgesehen von einer bemerkenswerten und erschreckenden Gelegenheit, über die an anderer Stelle berichtet wird) für mich allein.

Wie kann ich dieses Erlebnis beschreiben? Nun, alles, was ich sagen kann, ist, daß es Momente gibt, in denen mir das Gebet und das Verständnis und die Intelligenz und so ziemlich alles andere ausgeht. Wenn das geschieht, ruft aus meinem Innern ein Kind – vielleicht ein Baby – nach seinem Papa, und seine Sprache oder sein Babygebrabbel ist das, was wir Zungenrede nennen. Manchmal – in meinem Fall nicht oft, weil ich ein elender Bettler bin – ist es ein Überfließen schierer Freude.

Dennoch bin ich skeptisch gegenüber mancher Zungenrede, die ich in Gemeinden höre, und gelegentlich auch gegenüber meiner eigenen, und ich weiß, daß es nur eines von vielen Werkzeugen in der geistlichen Werkzeugkiste ist, aber es ist für mich wirklich immer eine sehr hilfreiche Gabe gewesen, und ich bin Gott dankbar dafür.

Gebet

Herr, wenn du diese Gabe denen hinzufügen möchtest, die ich bereits habe, dann hilf mir, sie anzunehmen. Wenn nicht, hilf mir, mich für die zu freuen, die sie empfangen haben.

Ein wenig Wein?

Sträubt euch nicht gegen das, was der Herr von euch erwartet; begreift endlich, was er von euch will! Betrinkt euch nicht; das führt nur zu einem liederlichen Leben. Laßt euch vielmehr von Gottes Heiligem Geist erfüllen.

Epheser 5, 17-18

Die Aussicht, mich in einem Zustand ständiger geistlicher Trunkenheit zu befinden, spricht mich ungemein an. Tatsache ist jedoch, daß gar nicht wenige von uns Christen sich auf die Krücke des Alkohols stützen anstatt auf die Kraft des Heiligen Geistes. Könnte es vielleicht sein, daß wir in unserem Eifer, uns nicht von kleinlicher Gesetzlichkeit beherrschen zu lassen, zu weit gegangen sind? Unter vielen Gläubigen, die ich kenne, hat sich eine robuste Weintrinkerkultur entwickelt. Ich bin sogar sicher, daß ich dieser Entwicklung Vorschub geleistet habe. Ich genieße es sehr, mit guten Freunden gut zu essen und guten Rotwein zu trinken. Daran ist auch nichts verkehrt, aber es gibt Momente, in denen, wie ausgelassen die Stimmung auch sein mag, eine leise Stimme mir ins Ohr zu flüstern scheint: „Du hattest schon vor einiger Zeit genug – das kleine bißchen Kontrolle, das du verloren hast, ist zuviel."

Warum reicht uns die Stimulation durch den Kontakt mit dem Heiligen Geist manchmal nicht aus? Wollen wir vielleicht ein bißchen Ehrlichkeit walten lassen, wenn wir die jeweiligen Vorzüge dieser beiden Quellen der Berauschung miteinander vergleichen?

Nun, die flüssige Sorge kann man gleich an der Straßenecke für wenig Geld kaufen. Man braucht nicht in einem besonderen Geisteszustand oder besonders tugendhaft zu sein oder irgend etwas Bestimmtes zu glauben, um sich Wein zu beschaffen. Man muß nur über achtzehn sein und genug Geld haben. Man kann ihn mit Freunden teilen, ohne sich vorher zu vergewissern, daß sie im gleichen geistlichen Zustand sind, und man kann immer hingehen und sich mehr davon holen, wenn er einem ausgeht. Er ist ein leichter, vielleicht fauler Weg, um schnell in Stimmung zu kommen und eine gemütliche Atmosphäre zu erzeugen. Die Nachteile (persönlich gesprochen) sind, daß man, wenn man ein bißchen zuviel trinkt, am nächsten Morgen Kopfschmerzen und einen trokkenen Mund hat und sich möglicherweise erinnert, Dinge gesagt zu haben, die keine Chance haben, im kalten Licht des Tages einer Überprüfung standzuhalten. Das Schlimmste jedoch ist das Gefühl, daß man sich hat breitschlagen lassen, eine Fälschung zu akzeptieren, nur weil sie leichter erreichbar war oder zu sein schien als das Echte.

Das Echte – trunken zu sein vom Geist – ist die reinste Erfahrung, die ich je kennengelernt habe, obwohl ich es erst wenige Male erlebt habe. Es ist mir passiert, wenn ich ganz eng mit Jesus ging, und hinterher gab es keinen Kater, keine Spur von Bedauern, keine Kopfschmerzen und kein Gefühl, übervorteilt worden zu sein. Es ist ein Geschmack von Freude und Ewigkeit. Warum lasse ich mich überhaupt je auf etwas anderes ein? Ist es mir zu mühsam? Zu teuer? Ach, das sind die Fragen, die mir vorgelegt werden, während ich schreibe ...

Gebet

Bleib bei mir, Vater. Hilf mir, aufzuwachsen und auf dich hinzuwachsen.

Wessen Agenda?

„Schreib alles auf, was du siehst: das, was jetzt schon geschieht und was in Zukunft geschehen wird. Die sieben Sterne in meiner Hand und die sieben goldenen Leuchter, die du gesehen hast, haben folgende Bedeutung: Die sieben Sterne sind die von Gott beauftragten Leiter der sieben Gemeinden, und die sieben Leuchter sind diese Gemeinden selbst."

Offenbarung 1, 19-20

Auf einem großen christlichen Festival, das kürzlich auf dem europäischen Festland stattfand, erzählte mir ein Freund, daß die Anzahl der Leute, die sich um ein Gespräch mit dem Seelsorgeteam vor Ort (in dem er mitarbeitete) bemühten, beträchtlich niedriger sei als in den Jahren zuvor. Mein Freund konnte sich diese Veränderung nicht erklären, aber als ich eine gewisse Bandbreite der Redner auf dem Festival gehört hatte, hatte ich den Eindruck, einen Hinweis gefunden zu haben. Tatsache war, daß man, wenn man sich die richtigen Seminare und Podiumsdiskussionen aussuchte und andere sorgfältig mied, so ungefähr für jede Sichtweise, die man gerne einnehmen wollte, eine Rechtfertigung hören konnte.

Homosexualität und Christentum ist ein gutes Beispiel. Ein großer Teil derer, die in vergangenen Jahren das Seelsorgeteam in Anspruch nahmen, suchte Hilfe bei Problemen in diesem Bereich. Viele von ihnen hatten den Eindruck, daß die Bibel und die Gemeinde Jesu eine Norm der Mißbilligung gegenüber der praktizierten Homosexualität aufgerichtet hatten, die manchmal mit nicht verurteilender Liebe und Barmherzigkeit gewürzt war, aber leider sehr oft nicht. Jene homosexuellen Christen, die diese Sicht als Ausdruck des Willens Gottes akzeptierten, durchlebten quälende Gefühle der Schuld und des Grolls, die sie oft gegenüber den Mitgliedern des Seelsorgeteams zum Ausdruck brachten. Jetzt jedoch, wo sich das Meinungsklima in der Gemeinde so rapide verändert, war es möglich, in einem Zelt einen Redner kategorisch sagen zu hören, praktizierte Homosexualität sei mit dem christlichen Glauben problemlos zu vereinbaren, während im nächsten Zelt die gegenteilige Ansicht vorgetragen wurde, weniger dogmatisch vielleicht (die Politik macht sich überall breit, nicht wahr?), aber mit ebenso fester Überzeugung. Warum sollte man sich um Seelsorge zu einem Problem bemühen, von dem ganz offen und unmißverständlich gesagt wird, es sei überhaupt kein Problem?

Dieselbe Spaltung der Sichtweisen zeigte sich in dem allgemeinen Bereich der außerehelichen Sexualität. Mir geht es hier nicht darum, meine Ansicht zu diesen Fragen zu äußern. Ich möchte nur zwei Dinge sagen: erstens, wie sehr wir es nötig haben, zu hören, was der Geist den Gemeinden in dieser Zeit sagt, im Gegensatz zu dem, was wir uns ausdenken, um unsere eigenen Neigungen zu untermauern. Ich wünschte mir, daß Gott uns ein klares Wort sagen würde. Wo sind die verrückten, tapferen, echten, unpopulären, wirksamen Propheten dieser Zeit? Zweitens, sind jene, die aufstehen und für sich in Anspruch nehmen, für Gott zu sprechen – auf welcher Seite welcher Diskussion auch immer, ich selbst eingeschlossen – bereit, ihre Meinung zu ändern, sich anzupassen oder ihre Vorstellungen völlig über Bord zu werfen, wenn der Geist ihnen sagt, daß sie sich irren? Wenn nicht – was soll dann das Ganze?

Gebet

Heiliger Geist, sprich deine Wahrheit in die Gemeinde hinein. Gib uns die Gnade, daß wir hören und antworten.

Die Gaben gebrauchen

„Und so lautet mein Gebot: Ihr sollt einander so lieben, wie ich euch geliebt habe. – Doch glaubt mir: Es ist besser für euch, wenn ich gehe. Sonst käme der nicht, der meine Stelle einnehmen soll, um euch zu helfen und zu trösten. Wenn ich euch verlassen habe, werde ich ihn zu euch senden."

Johannes 15, 12; 16, 7

Ein Mann namens Bill hatte zwei Töchter, die Imogen und Sally hießen. Imogen, ein hübsches, unpraktisch veranlagtes Mädchen, das mit einer wunderbaren Phantasie begabt war, stand vielleicht ein bißchen zu sehr unter Spannung, als daß es ihr oder anderen gut getan hätte. Sally, die jüngere Schwester, war ein entspanntes, intelligentes Mädchen mit anziehendem Lächeln und einer Menge gesundem Menschenverstand. Von Zeit zu Zeit brachte sie Imogen zur Weißglut damit, daß sie nicht nur recht hatte, sondern auch noch nett dabei war.

Eines Tages mußte Bill weg. Er stand früh auf, machte sich fertig, weckte dann seine Töchter und redete freundlich mit ihnen.

„Mädels, ich muß eine Weile weg, und ich habe zwei Dinge zu sagen, bevor ich gehe. Vor allem möchte ich, daß ihr nett zueinander seid. Verglichen damit spielt alles andere kaum eine Rolle, okay?"

Beide Mädchen nickten, aber nur Sally nahm richtig auf, was ihr Vater sagte.

„Das andere", fuhr Bill fort, „ist, daß ihr in der Küche ein Geschenk finden werdet oder besser gesagt ein paar Geschenke, die es euch leichter machen werden, an mich zu denken und zu tun, worum ich euch gebeten habe. Und jetzt muß ich gehen."

Wenig später schlichen sich die Mädchen aufgeregt in die Küche, wo sie auf dem Tisch eine brandneue Sammlung von Töpfen und Pfannen entdeckten.

„Oh, Sally!“ rief Imogen, „was für eine wunderbare Erinnerung an Vater! Jeden Tag werden wir die Töpfe und Pfannen auf den Tisch stellen und anschauen und daran denken, wie sehr wir ihn lieben, und dann, nachdem wir sie ordentlich poliert haben, stellen wir sie wieder weg bis zum nächsten Tag.“

„Du machst Witze“, lachte Sally. „Wir werden sie nicht nur anschauen – dazu sind sie nicht da.“

„Nun, wozu sind sie denn da, du Schlaumeierin?“ brummelte Imogen.

„Zum Kochen natürlich. Das hat Vater gemeint. Er möchte, daß wir jeden Tag füreinander etwas Leckeres kochen. Wir sollen sie benutzen, nicht nur dasitzen und sie ansehen! Du bist ja lustig.“

Imogen war entsetzt. „Diese schönen Sachen, die Vater uns geschenkt hat, mit ekligen alten Essensresten besudeln und dann abwaschen müssen? Niemals!“

„Komm schon“, lockte Sally, „laß mich heute abend etwas für dich kochen.“

Doch Imogen klammerte die Utensilien an sich und starrte ihre Schwester feindselig an. „Verschwinde aus der Küche!“ rief sie. „Du gehörst nicht hierher – mit den Töpfen kochst du nur über meine Leiche!“

Gedanken

Was passiert, wenn Bill zurückkommt?
Wenn eine Gemeinde Gaben hat, aber keine Liebe, ist sie vielleicht eine Leiche.

Zu dritt

Ich wünsche euch, daß die Gnade unseres Herrn Jesus Christus, die Liebe Gottes und die Gemeinschaft des Heiligen Geistes euer Leben bestimmt.

2. Korinther 13, 13

Wie stellen Sie sich die Personen der Dreieinigkeit vor? Glauben Sie, es ist schlimm, wenn wir sie uns in einem menschlichen Zusammenhang vorstellen? Ich wüßte nicht, inwiefern.

Schließlich ist vor zweitausend Jahren genau das passiert. Gott wurde Mensch. Das sind die drei Worte, die die Welt verändert haben. Und wenn Sie es doch schlimm finden – nun, dann sollten Sie jetzt in dieser Andacht nicht weiterlesen. Tschüs!

Es ist spät am Abend. Drei Gestalten sitzen rund um ein Feuer am Ufer des Sees Genezaret, freuen sich an dem Flug der Funken und dem Duft der frisch gefangenen Fische, die über den Flammen brutzeln. Dies ist keine Bottle-Party. Die drei haben einen Großteil zu der Gnade, Liebe und Gemeinschaft beigetragen, die die Spezialitäten dieses Hauses sind. Der Vater ist ein älterer Mann (seien wir fair – das muß er sein, nicht wahr?), eine bärtige, stille Persönlichkeit mit tiefen Augen, in dem ein reiches Potential zu erderschütterndem Zorn oder überschwenglicher, alles umfassender Liebe schlummert. Er blickt in die flackernden, orangefarbenen und roten Flammenzungen, den Kopf gefüllt mit einer Ewigkeit von Gedanken.

Auf der anderen Seite sitzt, mit einem Stock das Feuer schürend und wie immer verantwortlich für die Fische, weil er praktische Erfahrung damit hat, Jesus, der Sohn, der einzige, der je erfahren hat und je wissen wird, wie es ist, Gott mit einer echten menschlichen Haut zu sein. Diese Haut ist immer noch mit den Narben des Todes gezeichnet, und sie werden dort bleiben, bis der Sieg, der bereits errungen ist, von der geringsten aller verlorenen Seelen in Anspruch genommen wurde. Er hat ein wunderbares Lächeln, von Schmerzen gemildert.

Das dritte Mitglied der Runde ist schwerer zu beschreiben, nur daß er wie eine der Flammen im Feuer ist – lebendig und rastlos, schön, beweglich, ständig seine Form verändernd, abwechselnd das Licht reflektierend und scheinbar in den Schatten verschwindend. Der Heilige Geist ist derjenige, der ständig unterwegs und beschäftigt ist – aber Fisch mag er auch.

Wenn nun die Fische gar und verspeist sind und die Familie zur Sache kommt, was wird wohl der Gegenstand ihres intensiven, ernsten Gespräches sein? Die Antwort, ob Sie es glauben oder nicht, lieber Leser, ist: Sie reden über – Sie.

Gebet

Die Gnade unseres Herrn Jesus Christus und die Liebe Gottes und die Gemeinschaft des heiligen Geistes sei mit uns allen! Amen.

Gebeamt

Nachdem sie aus dem Wasser gestiegen waren, entrückte der Geist des Herrn den Philippus. Der Äthiopier sah ihn nicht mehr, aber er reiste mit frohem Herzen weiter. Philippus wurde danach in Asdod gesehen. Von dort aus zog er von Stadt zu Stadt und predigte überall das Evangelium von Jesus, selbst im entfernten Cäsarea.

Apostelgeschichte 8, 39-40

Was für eine erstaunliche Phase der Kirchengeschichte das war! Und für jemanden wie mich, der viele Stunden in Zügen und Autos zubringt, ist die Geschwindigkeit und Leichtigkeit, mit der Philippus nach Erfüllung seiner Aufgabe an einen anderen Ort gelangt, höchst beneidenswert. – Doch wenn ich diese Geschichte lese, drängt sich mir eine jener Fragen auf, auf die man eigentlich nie eine vollkommen befriedigende Antwort erwarten kann.

Wenn der Heilige Geist zu einem so dramatischen Eingreifen fähig ist – einem Eingreifen zudem, das sich mit Leichtigkeit über die Gegebenheiten der Natur hinwegzusetzen scheint –, warum bringt er dann nicht einfach alle Probleme der Schöpfung mit einer Serie göttlicher Zaubertricks in Ordnung? Die übliche Antwort ist natürlich, daß den Menschen ein freier Wille verliehen ist und daß Gott seine Macht nie gebrauchen würde, um Menschen zu verändern, die sich nicht verändern lassen wollen. Ich will dieses Argument keineswegs von der Hand weisen – ein besseres habe ich bisher nicht gehört –, aber es erklärt immer noch nicht ganz, warum Gott nicht häufiger auf dramatische und wunderbare Weise eingreift, um den Menschen all die Informationen zu bringen, die sie brauchen, um ihr Denken und Verhalten so zu ändern, wie es nach der Bibel so dringend notwendig ist. Warum organisiert er nicht Tausende von Damaskus-Erlebnissen für Leute, die unsicher oder schwankend sind oder wie Saulus sich verzweifelt dem Bewußtsein widersetzen, daß der Glaube in ihnen wächst. Wie wäre es mit riesigen Botschaften, von unsichtbarer Hand an den Himmel geschrieben wie Daniels Schrift an der Wand? Und warum wirft er nicht hin und wieder einen Blitz oder zwei auf bekannte Übeltäter? Wie wäre es mit ein paar spektakulären öffentlichen Heilungen? Ich hätte jede Menge Ideen. Wie wäre es zum Beispiel mit –

„Genug!" sagt die leise, nachdrückliche Stimme, die manche meiner weniger produktiven geistigen Spaziergänge unterbricht. „Meine Wege sind nicht deine Wege. Meine Lösungen sind nicht deine Lösungen. Du stellst nicht einmal die richtigen Fragen – ich wüßte nicht, wie du die Antworten verstehen solltest. Am Ende wirst du nur andere Leute abschrecken. Sag ihnen lieber etwas, das du genau weißt, wie zum Beispiel, daß ich dir jedesmal vergebe, wenn du nicht dafür zur Verfügung stehst, die Dinge zu tun, die einen Menschen näher zu mir bringen könnten."

„Tut mir leid."

„Schon gut."

Gebet

Danke für die Dinge, die wir wissen. Wir werden weiterhin Fragen stellen, aber hilf uns bitte zu akzeptieren, daß die Antworten manchmal zu hoch für uns sind.

Jedem das Seine

Als aber Petrus später nach Antiochia kam, mußte ich ihm öffentlich widersprechen, weil er sich einfach falsch verhalten hatte.

Galater 2, 11

„Macht Ihnen doch nichts aus, wenn ich Ihnen etwas sage, oder?"

Einige Leute waren noch zum Reden geblieben, nachdem sie mich hatten sprechen hören. Jetzt waren noch zwei übrig, ein Mann und eine Frau, die die Frage gestellt hatte.

„Nein", erwiderte ich mit meiner Immer-offen-für-konstruktive-Kritik-Miene, „natürlich macht mir das nichts aus. Nur zu."

„Nun", sagte sie, „ich wollte Ihnen nur sagen, daß ich es nicht gut finde, die Sünde zu banalisieren, wie Sie es tun. Ehebruch ist nichts, worüber man Witze reißt. Viele Leute verletzt es sehr, wenn so etwas passiert."

Ich wußte, worauf sie anspielte. Ich hatte über die ehebrecherische Beziehung zwischen David und Batseba und Davids spätere Konfrontation mit dem Propheten Nathan gesprochen. Nichts Banales dabei, aber dann hatte ich ungefähr folgendes gesagt:

„Also, alle, die zur Zeit Ehebruch begehen, mal bitte die Hand heben – nein, nicht! Das war nicht ernst gemeint!"

Ich konnte verstehen, wie sie auf den Gedanken kam, ich würde diese Sünde als banal ansehen, aber die Erfahrung hat gezeigt, daß zumindest in meiner Arbeit so ein Vorgehen viel wirksamer ist, als den Leuten einfach eine Strafpredigt zu halten. Trotzdem, vielleicht hatte die Dame recht – vielleicht war ich im Irrtum.

„Danke", sagte ich (ganz schön demütig, was?), „ich werde bestimmt darüber nachdenken."

Ich merkte schon, daß der Mann, der darauf wartete, mit mir zu sprechen, ziemlich unruhig wurde. Die Frau ging, und ich wandte mich ihm zu.

„Hallo", sagte ich.

„Hallo", sagte er. „Ich habe mit der Frau meines Nachbarn Ehebruch begangen", und damit brach er in Tränen aus.

Wir beteten zusammen, und dann ging er mit Jesus davon, um mit der Welt, dem Fleisch und dem Teufel zu kämpfen. Ich erzähle diese Geschichte, weil sie mich wieder einmal in meiner wachsenden Überzeugung bestätigt, daß Gott einen Petrus, einen Paulus, eine Felicity, eine Agnes, einen Bert oder einen Adrian nimmt und sagt: „Der Heilige Geist wird durch die Persönlichkeiten dieser Leute wirken, und wenn auch der Stil dieses Wirkens von Person zu Person anders sein wird, werden die Früchte dieselben sein. Also laßt einander in Ruhe."

Gebet

Vater, ich mag keine Kritik, aber ich brauche sie. Hilf mir, zuzuhören und aus dem, was andere mir sagen, zu lernen. Aber hilf mir auch, der Aufgabe treu zu bleiben, die du mir gegeben hast, und sie so zu erfüllen, daß es dich ehrt. Ich werde versuchen, die Art und Weise zu respektieren, in der meine Brüder und Schwestern für dich arbeiten, wie seltsam und anders es mir auch erscheinen mag.

Lügen und verdammte Lügen

Aber Petrus durchschaute ihn. „Ananias“, fragte er, „warum hast du es zugelassen, daß der Satan von dir Besitz ergreift? Warum hast du den Heiligen Geist betrogen und einen Teil des Geldes unterschlagen? Niemand hat dich gezwungen, das Land zu verkaufen. Es war dein Eigentum. Sogar das Geld hättest du behalten können. Wie konntest du nur so etwas tun! Du hast nicht Menschen betrogen, sondern Gott selbst.“ Bei diesen Worten brach Ananias tot zusammen. Alle, die davon hörten, waren entsetzt.

Apostelgeschichte 5, 3-5

Gute Stelle, nicht wahr?

„Nein“, geben Sie zurück, „das ist keine ‚gute Stelle‘, das ist eine grauenhafte Stelle. Diese beiden Leute werden abgemurkst, weil sie geschwindelt haben. Furchtbar!“

Niemand mag diese Geschichte besonders. Ich habe in vielen Bibelarbeiten gesessen und zugesehen, wie Leute mit der Vorstellung kämpften, daß der Gott, dessen Name Liebe ist, fähig sein soll, wegen einer Lüge den Tod eines Menschen herbeizuführen. Offen gesagt, macht mir dieser Aspekt gar nicht so sehr zu schaffen – ich stöhne zwar gelegentlich über Gott, aber tief in mir vertraue ich darauf, daß er weiß, was er tut. Was mich interessiert, ist so eine Ahnung, die ich habe, daß die meisten von uns mehr Lügen von uns geben, als wir uns eingestehen wollen. Vielleicht ist es das, was diese Geschichte so unbeliebt macht.

Nehmen Sie mich zum Beispiel. Ich lebe praktisch davon, die Wahrheit zu sagen, und ich bemühe mich sehr, so ehrlich wie möglich zu sein, wenn ich schreibe oder spreche, aber wie bei so vielen anderen gibt es auch bei mir schattenhafte Bereiche, über die einfach nicht gesprochen wird. Und die Art und Weise, wie Ehemänner und Ehefrauen sich gegenseitig schützen, ist ein weiteres Beispiel. Im Lauf der Jahre haben meine Frau und ich uns angewöhnt, die Wahrheit nötigenfalls ein bißchen zu verbergen oder zu verbiegen, wenn einer von uns besonders verwundbar ist oder unter dem Beschuß der Außenwelt steht. Machen das alle Ehepaare so? Keine Ahnung. Ist es falsch? Nun, ich habe mir immer gesagt, daß es eine Art Sonderfall ist – Unehrlichkeit, die durch die Tatsache geläutert wird, daß wir einander schützen. Aber ist das dasselbe, was bei Ananias und Saphira geschah? Uns wird gesagt, daß sie genau wußte, was los war, und bereitwillig, vielleicht fast automatisch, seinen Versuch, den Heiligen Geist zu betrügen, unterstützte. Vielleicht war sie einfach nur loyal, aber das kam am Ende auf dasselbe heraus.

Ich vermute, daß hier vielleicht eine subtile Gefahr lauert. Sicher werden wir gelehrt, daß Mann und Frau ein Fleisch werden, aber wo die individuelle Entwicklung und Verantwortung vernachlässigt wird, kann es zu Akten kollektiver Unehrlichkeit kommen, die vielleicht in dem Moment vergleichsweise geringfügig und beruhigend familiär erscheinen, aber – nun, lesen Sie die Geschichte noch einmal.

Gebet

Vater, hilf uns, daran zu denken, daß wir vor allem anderen dir Rechenschaft schuldig sind.

Unter dem Strich

Darum, liebe Brüder, müssen wir nicht länger den Wünschen und dem Verlangen unserer alten menschlichen Natur folgen. Denn wer ihr folgt, ist dem Tode ausgeliefert. Wenn du aber auf die Stimme Gottes hörst und ihm gehorchst, werden die selbstsüchtigen Wünsche in dir getötet und du wirst leben. Alle, die sich vom Geist Gottes regieren lassen, sind Kinder Gottes. Denn der Geist Gottes führt euch nicht in eine neue Sklaverei; nein, er macht euch zu Gottes Kindern. Deshalb dürft ihr furchtlos und ohne Angst zu Gott kommen und ihn euren Vater nennen. Gottes Geist selbst gibt uns die innere Gewißheit, daß wir Kinder Gottes sind. Als seine Kinder aber sind wir – gemeinsam mit Christus auch seine Erben. Und leiden wir jetzt mit Christus, werden wir einmal auch seine Herrlichkeit mit ihm teilen.

Römer 8, 12-17

Ein Kritikpunkt, der gegen die Kirche im viktorianischen England vorgebracht wird, ist, daß sie den Widerstandswillen der Armen schwächte. Die Prediger ermahnten die Gläubigen, vorauszuschauen auf eine Ewigkeit der Freude, in der sie das Elend und die Härte dieses Lebens völlig vergessen würden; ein Geistlicher, dessen Predigt ich gelesen habe, behauptete gar, der Hungertod eines kleinen Jungen sei in Wirklichkeit eine Art Heilung. Freilich ist das Pendel seither weit in die andere Richtung ausgeschlagen, zum Teil aus dem sehr guten Grund, daß vielen Christen inzwischen bewußt geworden ist, daß soziale Fragen nicht nur eine weltliche Sache sind; zum Teil aus dem sehr schlechten Grund, daß die Leute starr vor Angst (ein sehr passender Ausdruck) vor dem Sterben sind und nach einem Glauben suchen, der sich mehr mit diesem als mit dem kommenden Leben befaßt. Diese Pendelschwingung hat manchmal eine eher seltsame Form des Christentums hervorgebracht. Sie läßt sich am besten charakterisieren durch eine leicht umgeschriebene Version einer berühmten Schriftstelle:

„Denn so sehr hat Gott die Welt geliebt, daß er seinen eingeborenen Sohn gab, damit jeder, der an ihn glaubt, sich die Nase sauberhält und einen bedeutsamen, aber vernünftig ausgewogenen Beitrag zum Gemeindeleben in Form von Zeit und Geld leistet, eine solide materielle Absicherung, gute körperliche Gesundheit und dauerhaftes Gedeihen im Bereich seiner Berufstätigkeit und seiner emotionalen Beziehungen erwarten und mit göttlicher Führung rechnen kann, soweit und wo sie nötig ist, damit Möglichkeiten in all diesen Bereichen nicht übersehen oder vergeudet werden. Ach ja – und als Zugabe gibt es noch das ewige Leben."

Ist Ihnen schon einmal aufgefallen, wie biestig Christen werden können, wenn in ihrem Leben nicht mehr alles glatt läuft? Ich weiß es genau, denn ich habe das selbst schon getan. Wie konnte Gott zulassen, daß mir das passiert? Ich mußte das Auto verkaufen. Ich muß meine Ersparnisse antasten ...

Ich will diese Probleme nicht herabsetzen, aber vielleicht ist das Pendel zu weit ausgeschlagen. Jesus ist gestorben, damit wir „seine Herrlichkeit mit ihm teilen". Das ist es, was er für uns erkauft hat – nicht eine Doppelhaushälfte in Bromley. Unter dem Strich bleibt für uns, die wir durch den Geist Gottes *Abba*, lieber Vater rufen, daß wir für immer mit ihm im Paradies leben werden, und dann werden wir herausfinden, was „Herrlichkeit" eigentlich bedeutet.

Gebet

Danke für das ewige Leben. Hilf mir, es zu meiner obersten Priorität zu machen.

Das Wichtigste von allem

„Nicht, wer mich dauernd ‚Herr' nennt, wird in Gottes Reich kommen, sondern wer den Willen meines Vaters im Himmel tut. Am Tag des Gerichts werden zwar viele sagen: ‚Aber Herr, wir haben doch deine Wahrheit gepredigt! Wir haben doch in deinem Namen Dämonen ausgetrieben und mächtige Taten vollbracht!' Aber ich werde ihnen antworten: Ihr habt nie wirklich zu mir gehört. Was ihr getan habt, das habt ihr ohne mich getan. Geht mir aus den Augen."

Matthäus 7, 21-23

Hier ist vielleicht die ominöseste Warnung von allen, ausgesprochen von Jesus selbst, daß das, was allgemein als Wirken des Heiligen Geistes bezeichnet wird, vollkommen nutzlos ist, wenn es nicht von Liebe begleitet oder motiviert ist. Und nicht nur nutzlos – es kann sogar sehr gefährlich sein.

Eine ältere Freundin von mir, eine hingegebene Christin, die bisweilen einen ungewöhnlichen geistlichen Scharfblick hat, erzählte mir davon, wie sie vor vielen Jahren eine spirituelle Versammlung unter Leitung eines berühmten „Heilers" besuchte, der ein guter Bekannter von ihr war. Meine Freundin gab sich keinen Illusionen über die spirituelle Gemeinde hin und hätte nie zugelassen, daß dieser Mann für sie betete, doch gelegentlich ging sie zu seinen Versammlungen, um still für ihn und alle Anwesenden zu beten. Bei dieser Gelegenheit saß sie in einer vollbesetzten Reihe und war völlig eingenommen von einem Rückenschmerz, unter dem sie hin und wieder litt. Ohne Vorwarnung (und ohne vorher von ihrem Leiden zu wissen), legte ihr Sitznachbar ihr seine Hand auf den Rücken und betete, daß der Schmerz aufhören möge. Der Schmerz verschwand sofort, aber meine Freundin war sehr zornig. Sie hatte nicht darum gebeten, daß man für sie betete, und hätte es auch von einem Mitglied einer solchen Gemeinde niemals angenommen. Später bestätigte sich ihre Besorgnis vollkommen. Sie brach in ihrer Küche vor dem Spülbecken zusammen, da die Warnung durch den Schmerz, der ihr normalerweise sagte, daß sie sich für eine oder zwei Stunden hinlegen mußte, ausgeblieben war. Wie war es zum Verschwinden des Schmerzes gekommen? Ich tue nicht so, als wüßte ich es, aber ich weiß, daß ich keinen gefälschten Segen aus derselben Quelle haben will.

Das Beunruhigende ist, daß ähnliche Dinge in solchen Gemeinden geschehen, die evangelikale Christen als „gesund" bezeichnen würden. Lassen Sie uns nie müde werden, uns selbst und andere daran zu erinnern, daß wir unseren Appetit auf geistliches Feuerwerk zügeln müssen, bis wir gelernt haben, uns wirklich umeinander zu kümmern. Der Himmel ist nicht das Hauptquartier des Magischen Zirkels, er ist das Zuhause der Liebe.

Gebet

Möge Jesus für uns das Allerwichtigste sein oder werden.

Die Angst an sich drücken

Denn der Geist Gottes führt euch nicht in eine neue Sklaverei; nein, er macht euch zu Gottes Kindern. Deshalb dürft ihr furchtlos und ohne Angst zu Gott kommen und ihn euern Vater nennen. Gottes Geist selbst gibt uns innere Gewißheit, daß wir Kinder Gottes sind.

Römer 8, 15-16

Solange ich mich erinnern kann, waren Dunkelheit und Licht stets nur einen Schritt von dem Ort, wo ich bin, entfernt. Manchmal erscheint es leichter und sicherer, absolut stillzustehen.

Als ich klein war, war das nicht nur eine Metapher, sondern auch eine Tatsache. Es gab viele Nächte, in denen ich aufwachte und spürte, wie die Dunkelheit auf mir lastete wie ein schweres Gewicht. So verängstigt war ich, daß ich das Gewicht zur Seite hievte, aus dem Bett kletterte und mich hinaus auf den Treppenabsatz schlich, um mich ins Zimmer meiner Eltern zu flüchten. Auf diesen Treppenabsatz drang durch das Milchglasfenster oben über der Treppe nur sehr wenig Licht, und viele Male erstarrte ich einfach auf halbem Wege. Wenn ich die Augen schließe, spüre ich noch heute die kalte, verputzte Wand, an die ich meine linke Handfläche legte, und den eisernen Heizkörper, auf dem meine rechte Hand lag, während ich gelähmt dastand, zu verängstigt, um auch nur einen Schritt vorwärts oder rückwärts zu gehen. Und das, obwohl ich wußte, daß die Tür zum Zimmer meiner Eltern ganz nah war und daß, sobald ich sie öffnete, das Licht, das durch ihr großes Frontfenster hereindrang, den Weg in die Sicherheit erleuchten würde. Es lag eine Intensität der Furcht in jenen erstarrten, reglosen Minuten, die von keiner Erfahrung seither übertroffen wurde, aber da war auch noch etwas anderes. Wie kann ich diese zusätzliche Empfindung beschreiben, ohne mich komplett übergeschnappt anzuhören? Da war etwas Behagliches in dieser Hülle aus schwarzem Samt, in der ich stand wie eine menschliche

Statue, zusammengesetzt aus Unabhängigkeit und Erregung, weil niemand wußte, daß ich dort war, und, so lächerlich es sich anhört nach allem, was ich bisher gesagt habe, eine Art Geborgenheit. Ich war nirgendwo, und bei der Art von Kindheit, die ich hatte, war das kein schlechter Aufenthaltsort.

Ich war schon immer, solange ich mich erinnern kann, nur einen Schritt von Dunkelheit und Licht entfernt, und ich bin immer noch in Versuchung, genau da zu bleiben, wo ich bin.

Gebet

Vater, es liegen echte Gefahren darin, unsere Ängste an uns zu drücken. Wir sollen freie Kinder Gottes sein, aber ein Mangel an Vertrauen hindert uns daran, den Schritt zu tun, der alles verändern könnte. Führe uns behutsam vom Treppenabsatz ins Licht, Herr. Führe uns in die Art von Geborgenheit, in der solche Spielchen überflüssig sind.

Brütender Geist

Am Anfang schuf Gott Himmel und Erde. Noch war die Erde leer und ohne Leben, von Wassermassen bedeckt. Finsternis herrschte, aber über dem Wasser schwebte der Geist Gottes.

1. Mose 1, 1-2

Der Herbst ist eine wilde Antwort
an jene, die dein brütend Herz noch immer leugnen
Flammender Tod, schwindendes Licht der Sonne
Alljährlich werden Freude, Trauer, Schmerz zu Mulch
Ein Ast, entkleidet
behutsam schwebt sein abgeriss'nes Kleid herab
bleibt liegen, um so schöner durch sein Sterben
Regen durchschwebt den Regenbogen
Der letzte Atemhauch
der leise flüsternd sagt „genug"
Erinnerungen fall'n herab wie Blätter
auf alte, holperige Pfade
so lieblich
Sieh, mein Atemhauch steht in der Luft
und du, ältester Freund, bist da
wenn nun der Abend kommt
Wir gehen durch das große Tor des Parks
den Schleichweg in die Stadt
Ein Zittern geht durch Kinderschaukeln
Die Erde, weich und schwarz und schwer
wie Weihnachtskuchen
Wir wissen, daß das Gras
wohl dieses Jahr nicht mehr geschnitten wird
Und weiter über Pflasterstraßen
durch Menschenströme
vielleicht auf eine Tasse Tee

in dem Café, das uns'res war, doch sich verändert hat
Wenn auch die herbstlich-frühe Dunkelheit
hungrig durch Bleiglasfenster stiert
in denen künstliches Kaminfeuer sich spiegelt
sind wir doch gerne hier mit unserm Tee
und freu'n uns, daß wir wieder lachen
erleichtert, wieder wir zu sein
Mich hatte eine Angst verfolgt
es wäre alles fort
der Freundschaft Fingerspitzen kalt und taub
Doch Herbst ist eine Jahreszeit, die immer wiederkehrt
voll Hoffnung auf den Tod der Schmerzen
und das, mein Freund, werden auch wir
Geist, du hast gut gebrütet
Herbstschönheit, melancholisch
und der Frühling vor uns

Gebet

Die Schöpfung ist immer noch schön, Vater, selbst in diesem gefallenen Zustand. Hilf uns, die Botschaft zu hören, die der Geist uns durch die Jahreszeiten sendet. Wie wunderbar muß es gewesen sein, als alles neu war. Wie wunderbar wird es sein, wenn es wieder neu ist.

In der Auferstehung wird jeder die körperliche Gestalt bekommen, die er in seiner Blüte hatte, auch wenn er als alter Mensch gestorben ist.

Augustinus

KRAFT ZUM DURCHHALTEN

Das Wunder der Auferstehung

Haben Sie von Bert Hinkler gehört?

Ich wollte gerade sagen: „Nein, ich bis vor einem Jahr auch nicht“ – aber ich vermute, daß es ein paar gibt, die antworten: „Ja, habe ich.“ Es gibt doch immer ein paar Schlaumeier, die uns allen Bescheid sagen, nicht wahr? Sie wissen, was für Leute ich meine. Das sind diejenigen, die zuschauen, wie Quizsendungen im Fernsehen gemacht werden, und die richtige Antwort in den Saal rufen, wenn die Kandidaten nicht weiter wissen und der Quizmaster sagt: „Geben wir die Frage weiter an unser Publikum.“ Es sind diejenigen, denen schon seit Jahren klar ist, daß ein geschlechtsreifes weibliches Rind „Färse“ heißt, aber nur bis zum Ende der Laktationsperiode nach dem ersten Kalb. Es sind diejenigen, die, als sie aus dem Mutterschoß kamen, nicht etwa mit einem guten alten vulgären Schrei ihre Lungen reinigten, sondern indem sie die gesamte Liste der Könige und Königinnen von England herunterratterten, diejenigen, die schon in den Genen darauf programmiert sind, zu wissen, daß die Luren ein Volksstamm im nördlichen Sagrosgebirge sind. Es sind diejenigen, die, wenn sie je selbst an einem Fernsehquiz teilnehmen, als ihr Spezialgebiet „Allgemeinwissen“ angeben.

Aber lassen wir diese Leute aus dem Spiel. All denen, die ehrlich genug sind, zuzugeben, daß sie kein enzyklopädisches Wissen über Bert Hinkler besitzen, möchte ich erzählen, wie Bridget und ich von ihm gehört haben und welche ungewöhnliche Auferstehung zu seinen Ehren organisiert wurde.

Im Sommer 1996 nahmen wir drei unserer Kinder mit auf eine Vortragsreise, die uns für drei Wochen nach Australien, für eine Woche nach Neuseeland und für eine Woche nach Amerika führte. Während unseres Aufenthaltes in Australien besuchten wir zum zweiten Mal den Bundesstaat Queensland, eine riesige Landschaft, die uns sehr lieb geworden ist, nicht nur, weil sie ein schöner, faszinierender Teil der Welt ist, sondern auch, weil wir viele gute Freunde dort haben (und ich kann sogar fast den Akzent nachahmen). An einem Abend sollten wir in Bundaberg sprechen, einer kleinen Küstenstadt, die wir schon während unserer vorherigen Reise kennengelernt hatten. Das einzige, was wir im Grunde über Bundaberg wußten, war, daß dort ein sehr gutes Ingwerbier hergestellt wird, das in seinen kompakten Glasflaschen überall in Australien zu kaufen ist – auf unseren langen, heißen Autofahrten durch Aussie-Land haben wir so manche Gallone eiskaltes Ingwerbier aufgesogen.

Dieser Abend hatte für Bridget und mich eine besondere Bedeutung. Der erste August war unser sechsundzwanzigster Hochzeitstag, und die Kinder waren mit einem Freund in dem Sunshine-Coast-Apartment geblieben, das unser Hauptquartier war, während wir uns in Queensland aufhielten.

Ein großes Schild über dem Eingang zu dem Motel, in dem wir untergebracht waren, informierte uns und den Rest der Welt, daß es schlicht und einfach „The Bert Hinkler Motor Inn“ hieß. Noch während wir eincheckten und unterwegs zu dem Zimmer waren, in dem wir übernachten würden, ging mir beiläufig die Frage durch den Kopf, ob Bert Hinkler der Eigentümer einer ganzen Motelkette war oder irgendein berühmter früherer Einwohner von Bundaberg, dessen Namen wir womöglich an Parkhäusern und Restaurants und Gedenkstätten überall in der Stadt wiederfinden würden, so ähnlich wie den Namen König Arthurs in Tintagel.

Unser Zimmer war gut ausgestattet und behaglich, bis auf ein Detail, nämlich das Wasser-Doppelbett, ein Möbel, mit dem bisher keiner von uns Erfahrungen hatte. Ich legte mich vorsichtig auf eine Seite, nur um festzustellen, daß auf der anderen sozusagen sofort die Flut hereinkam und sie emporsteigen ließ wie eine Welle. Nervös stellte ich mich, zu Recht, wie sich erwies, darauf ein, daß es leichter sein würde, sich auf dem Bauch eines Riesen mit Darmentzündung zu entspannen als auf diesem Ding zu schlafen. Bridget warf nur einen Blick auf meine übergewichtige, tief in den Gummigraben eingesunkene Gestalt, und sagte leidenschaftslos: „Na, da können wir uns den Ausflug nach Harvey Bay zu den Walen ja sparen."

Sehr amüsant. Bestrebt, das Thema zu wechseln, ergriff ich in meinem wäßrigen Grab das Wort.

„Wer, glaubst du, ist Bert Hinkler?"

„Keine Ahnung. Was meinst *du* denn, wer er ist?"

„Keine Ahnung. Deshalb habe ich dich ja gefragt."

Im Hause Plass gibt es ständig solch blitzgescheiten Gespräche. So ist das nun einmal bei Schriftstellern.

Unser Auftritt am Abend ging gut über die Bühne. Es war eine jener sehr lokal begrenzten Veranstaltungen, wo jeder jeden kennt, und alle waren von zu Hause in der festen Absicht aufgebrochen, einen richtig netten Abend zu verbringen, was immer auch geschah. Es war lustig und freundlich, und wir fühlten uns wohl. Als unser Gastgeber uns ins Motel fuhr, fragten wir ihn, wer Bert Hinkler sei.

„Das zeige ich euch morgen", sagte er.

Nach einer leidenschaftslosen Nacht auf unserem Wasserbett (Ein Stegreifkomiker hätte es sich zweifellos nicht verkneifen können, zu sagen, daß wir auseinanderdrifteten), checkten wir aus und machten uns mit unserem Gastgeber auf den Weg in einen anderen Teil der Stadt, wo wir ein ausgedehntes, sehr schön gepflegtes Gelände voller Ziergärten fanden, das ausschließlich dem Andenken eben jenes Bert Hinkler gewidmet war. Direkt in der Mitte dieses Geländes stand ein Haus, und dieses Gebäude erschien meinen Augen so seltsam, daß ich einen Moment lang ganz still stehenblieb und versuchte, mir einen Reim auf das zu machen, was ich da sah. Denn diese bescheidene kleine Villa mitten in einer Kleinstadt in Queensland auf halber Höhe der Ostküste Australiens, fünfzehntausend Meilen von den britischen Inseln entfernt, war ohne den geringsten Zweifel ein typisch englisches Haus, erbaut vermutlich etwa Mitte der zwanziger Jahre. Da stand es unverkennbar vor mir – ein englisches Haus.

„Kommt herein und schaut euch um“, sagte unser Gastgeber.

Drinnen stellten wir fest, daß die Möbel und Dekorationen aus derselben Zeit stammten und daß das Haus eine Art Museum war – mehr als das, ein Schrein – zum Andenken an Bert Hinkler, des einstigen Bewohners der Stadt Bundaberg und Pioniers der internationalen Luftfahrt.

Wir entdeckten jede Menge Fakten über ihn.

1892 in Bundaberg geboren, hatte Bert Hinkler mit neunzehn Jahren bereits sein eigenes Segelflugzeug gebaut und geflogen. Er aß, schlief, atmete und träumte das Fliegen. Als er gerade bei Ausbruch des Krieges in England eintraf, meldete er sich freiwillig zum Royal Naval Air Service und wurde angenommen. Nach hundertzweiundzwanzig Flügen über Frankreich, darunter sechsunddreißig nächtliche Bombenangriffe, verlieh man ihm 1919 die Distinguished-Service-Medaille und musterte ihn aus, nachdem er sich als Pilot qualifiziert hatte.

Sodann konzentrierte Hinkler sich darauf, Flugrekorde aufzustellen, darunter 1928 einen neuen Rekord für die Reise von England nach Australien – für den Flug von Croydon nach Darwin brauchte er fünfzehneinhalb Tage. Bislang hatte der Rekord bei neunundzwanzig Tagen gelegen. Weitere Unternehmungen, Abenteuer und Rekorde folgten, bis Hinklers Maschine 1933 auf einem weiteren Flug nach Australien in den italienischen Alpen abstürzte und er beim Aufprall getötet wurde. Die italienische Nation zeigte großes Mitgefühl und organisierte auf eigene Kosten ein Begräbnis mit vollen militärischen Ehren am Montag, dem ersten Mai 1933, in Florenz.

Zu seinen Lebzeiten hatte die *Times* von Hinklers außergewöhnlichem Geschick gesprochen, seiner wagemutigen Urteilskraft und seiner an einen sechsten Sinn grenzenden Genialität bei der Entdeckung navigatorischer Fakten, und hatte hinzugefügt, daß das „britische Volk“ auf seine Triumphe zu Recht stolz sein mußte.

Und ich hatte noch nie von ihm gehört.

Langsam gingen wir von Zimmer zu Zimmer durch das kleine Haus, studierten die verblaßten alten Fotos von Bert, wie er die Presse begrüßte, Bert neben seiner Maschine, wie er vor einem neuen Rekordflug zum Abschied winkte, und Bert, wie er von einem lange toten Würdenträger eine Auszeichnung verliehen bekam. Es gab Kleidungsstücke und andere Gegenstände, die Bert selbst gehört hatten, sowie eingerahmte Dokumente verschiedenster Art, die alle mit seinen Leistungen und Erfolgen zu tun hatten. Es gab keinen Zweifel, daß Bert Hinkler zu seiner Zeit eine echte Berühmtheit gewesen war, nicht nur in Australien, sondern auch in Großbritannien (wir entdeckten, daß er lange Zeit in Southampton gewohnt hatte) und in anderen Teilen der Welt.

Als ich innehielt, um aus einem der Fenster im oberen Stockwerk hinaus auf die Gärten zu blicken, spürte ich eine plötzliche Welle der Traurigkeit und einen momentanen Schauder von etwas wie Furcht. Das Innere jenes Hauses war so intim und Bert-Hinklerisch. Er und dieses Haus waren einst so wichtig gewesen. Konnte es möglich sein, daß er einfach nicht mehr existierte und daß eigentlich kaum jemand sich darum scherte, ob er je existiert hatte oder nicht? Sein Name hatte mir nicht das Geringste gesagt, bevor wir am Vorabend in unserem Motel eingetroffen waren. Ich hatte gemutmaßt, er müsse eine Art Motel-Manager sein. Ich hatte mich geirrt, aber was für einen Unterschied machte das überhaupt? All jener Ruhm und Presserummel, all die Aufregung und schiere Intensität des Lebens waren in England, wo er einst offenbar sehr bekannt gewesen war, mehr oder weniger vergessen. Ich fragte mich, wie viele Australier wohl seinen Namen und seine Großtaten noch kannten.

Plötzlich fiel mir ein, daß ich das Rätsel um das Haus noch nicht gelöst hatte.

„Warum", frage ich die Dame, die am Eingang saß und das Eintrittsgeld kassierte, „haben sie hier in Australien eine Kopie eines englischen Hauses errichtet?"

„Das haben wir nicht", erwiderte sie.

„Nicht?"

„Nein. Dies ist keine Kopie eines englischen Hauses, dies *ist* ein englisches Haus."

„Aber wie –?"

„Dies ist das originale Haus, das Bert Hinkler gehörte, als er in England lebte. Das ganze Gebäude wurde Stein für Stein abgetragen, einzeln numeriert, aufgelistet und eingepackt, und dann hat man alles hierher nach Australien transportiert und wieder genauso zusammengesetzt, wie es in Southampton stand. Erstaunlich, nicht wahr?"

Ich nickte. „Ja, das kann man wohl sagen."

Danach ging ich hinaus, lehnte mich für einen Moment unter der hellen Sonne von Queensland gegen einen Zaun und hing einem kleinen Tagtraum nach. Angenommen, dachte ich, Bert bekäme einen kleinen Urlaub von da, wo immer er jetzt war – hoffentlich im Himmel –, und dürfte seiner alten Heimatstadt Bundaberg einen kurzen Besuch abstatten. Er wandert durch die Straßen, bestaunt all die altvertrauten Bilder und Geräusche, die er einst so gut kannte, bis er plötzlich wie angewurzelt stehenbleibt. „Donnerknittel!" ruft er verdattert, „das sieht ja aus wie mein altes Haus in England! Wie zum Kuckuck kommt so etwas hier nach Bundaberg?"

Langsam kommt er näher und mustert das Haus eingehend, und seine Verwirrung steigt immer mehr, als ihm allmählich dämmert, daß das hier nicht nur so *aussieht* wie sein altes Haus. Dies *ist* sein altes Haus. Wie war sein Southamptoner Haus nach Bundaberg gekommen, um alles in der Welt? Wie war das möglich? Da wird irgendein Engel bestimmt schön was zu hören kriegen, wenn der Chef merkt, daß da beim Lesen der Wirklichkeits-Rekonstruktions-Pläne geschlampt wurde.

Ich glaube, sobald er herausgefunden hätte, was tatsächlich passiert war, hätte sich Bert bestimmt sehr gefreut, meinen Sie nicht? Was für eine Ehre für ihn, daß die Bürger von Bundaberg es der Mühe wert fanden, sein Haus wie einen gigantischen Baukasten zu nehmen und auf die andere Seite der Welt zu transportieren, um es in der Stadt wieder aufzubauen, die stolz darauf ist, ihn als ihren Sohn beanspruchen zu können.

Natürlich ist es ihnen nicht gelungen, Bert Hinkler wiederauferstehen zu lassen, obwohl ich glaube, wenn sie könnten, hätten sie es getan. Der Versuch war schon mal nicht schlecht, nicht wahr?

Die folgenden Andachten handeln von der Auferstehung, die für jeden von uns noch viel umfassender und spektakulärer sein wird als Berts Auferstehung in Bundaberg. Wir werden wieder leben, bis ins letzte Detail mit unseren einzigartigen Persönlichkeiten, völlig bewußt und fähig, einander zu erkennen und miteinander zu kommunizieren. Wir werden nicht in Bundaberg sein, so schön diese Stadt auch ist, sondern an einem noch besseren Ort, wo Gott selbst uns stolz als zurückgekehrte Söhne und Töchter willkommen heißen wird, und dann werden wir unsere rechtmäßigen Plätze als Bürger des Himmels einnehmen.

Ich hoffe, Bert wird auch dabeisein.

Gebet

Vater, manchmal werden wir ein bißchen unsicher bezüglich der Wirklichkeit der Auferstehung und des ewigen Lebens. Hilf uns, die Worte Jesu so festzuhalten, als klammerten wir uns in einer dichten Menschenmenge an sein Gewand. Danke für das teuer bezahlte und unendlich kostbare Geschenk des Lebens im Himmel mit dir, das er uns gemacht hat. Amen.

Eine veränderte Landschaft

Am ersten Tag nach dem Sabbat, früh am Morgen, als es noch dunkel war, ging Maria Magdalena zum Grab. Als sie sah, daß der Stein nicht mehr vor dem Eingang des Grabes lag, lief sie zu Simon Petrus und dem anderen Jünger, den Jesus liebte. Aufgeregt berichtete sie ihnen: „Sie haben den Herrn aus dem Grab geholt, und wir wissen nicht, wohin sie ihn gebracht haben." Da beeilten sich Petrus und der andere Jünger, um möglichst schnell zum Grab zu kommen. Gemeinsam liefen sie los, aber der andere war schneller als Petrus und kam zuerst am Grab an.

Johannes 20, 1-4

Ein Freund von mir hatte als Jugendlicher einmal ein erschreckendes Erlebnis. Als er im Dunkeln nach einer ausgedehnten Party nach Hause ging, fiel ihm plötzlich auf, daß die Landschaft in der Nähe seines Elternhauses „ganz falsch" war. Auf einem Feld, das vor zwölf Stunden noch leer dagelegen hatte, stand nun etwas, das in dieser bewölkten, sternenlosen Nacht aussah wie ein schloßähnliches Gebäude. Simon stand einen Moment lang stocksteif da, während er vergeblich versuchte, diese logische Unmöglichkeit zu verarbeiten. Dann schoß er, von heillosem Entsetzen gepackt, davon in die Sicherheit seines Hauses, wo er von seinen amüsierten Eltern erfuhr, daß das „Schloß" in Wirklichkeit ein riesiges Festzelt war, das für eine Veranstaltung am folgenden Tag errichtet worden war.

Marias Erlebnis war vermutlich noch schlimmer. Der Stein war weg, die Soldaten waren weg, und der Leichnam war weg. *Alles* war falsch, und das muß sie mächtig erschüttert haben. Geheimnisvolle leere Gräber in dunklen Nächten sind der Stoff, aus dem Gruselfilme gemacht werden. Kein Wunder, daß sie geradewegs zu Petrus und Johannes rannte und ihnen, als sie ankam, keuchend die naheliegende Hypothese vortrug, daß jemand den Leichnam weggenommen habe. Was für ein Schock ihre Nachricht für die Jünger war!

Ungewaschen und mit dunklen Rändern unter den Augen rafften der Steve Ovett und der Sebastian Coe des Neuen Testaments ihre Rockschöße hoch und rannten, was sie konnten. In der letzten Kurve überholte Johannes Petrus und kam als erster am Grab an, wo er nach all der explosiven Anstrengung abrupt stehenblieb und es nicht über sich brachte, es tatsächlich zu betreten. Was für ein Tumult von Gefühlen, Fragen und Spekulationen muß den Verstand und das Herz des Jüngers, den Jesus liebte, erfüllt haben.

Eine Frage

Gibt es irgend jemanden oder irgend etwas auf der Welt oder im Universum, wofür ich so rennen würde?

Momente der Wahrheit

Ohne hineinzugehen, sah er in die Grabkammer und bemerkte die Leinentücher, die dort lagen. Dann kam auch Simon Petrus. Er ging in das Grab hinein und sah ebenfalls die Leinentücher zusammen mit dem Tuch, das den Kopf Jesu bedeckt hatte. Es lag nicht zwischen den Leinentüchern, sondern zusammengefaltet an der Seite. Jetzt ging auch der andere Jünger, der zuerst gekommen war, in die Grabkammer. Er sah sich darin um, und nun glaubte er, daß Jesus vom Tod auferstanden war. Denn bis zu diesem Zeitpunk hatten sie die Stelle in der Heiligen Schrift noch nicht verstanden, in der es heißt, daß Jesus von den Toten auferstehen wird. Die Jünger verließen das Grab und gingen nach Jerusalem zurück.

Johannes 20, 5-10

Einer der bedeutsamsten Momente meines Lebens ereignete sich in der oberen Kabine eines Doppeldeckerbusses, als ich etwa zehn Jahre alt war. An diesem Morgen hatte ich in irgendeinem obskuren Buch die Worte „Jeder ist ich“ gelesen, und seither beschäftigte mich unentwegt die Frage, was das wohl bedeuten mochte. Als der Bus in Tunbridge Wells eintraf und an einem Zebrastreifen hielt, schaute ich hinab, und während ich einer alten Dame zusah, wie sie mühsam die Straße überquerte, ging mir plötzlich die Wahrheit auf. Jene Dame war für sich selbst ebenso wichtig wie ich für mich. Ich war nicht *der* Starspieler im Universum, und der Rest der Welt bestand nicht aus meinen Zuspielern. Diese Erkenntnis veränderte meine ganze Wahrnehmung von Grund auf.

Ein weitaus berühmterer Moment der Erkenntnis ereignete sich in Israel, als Malcolm Muggeridge, angewidert und zynisch von dem Kommerzialismus und Touristenrummel um die (angebliche) Stätte der Geburt Jesu, allmählich darauf aufmerksam wurde, wie sich die Gesichter der Pilger dort verwandelten durch die Vorstellung, an dem Ort zu sein, wo dieses große Leben begann. Muggeridge erkannte an jenem Tag eine lebenswichtige Wahrheit, von der er persönlich zutiefst berührt war.

Solche Momente der Erkenntnis vermitteln ein Wissen, das nicht auf normale Weise gelehrt werden kann, und sie verändern Menschenleben.

Hier, in dem leeren Grab, starren Petrus und Johannes mit wachsender Klarheit die Grabtücher an, die wie unberührt daliegen, als ob der Leichnam einfach dahingeschmolzen wäre. Zumindest im Verstand des Johannes läutete die ehrfurchtgebietende Wahrheit auf wie himmlische Glocken. Es war *nicht* alles vorüber. Die Geschichte war *nicht* zu Ende. Irgendwo, irgendwie – war Jesus am Leben!

Eine Frage

Haben wir anderen von den bedeutsamen Momenten der Erkenntnis in unserem Leben erzählt? Vielleicht denken wir, daß sie nicht geistlich genug waren.

Blinde Trauer

Inzwischen war auch Maria zurückgekehrt und blieb voll Trauer vor dem Grab stehen. Weinend schaute sie in die Kammer und sah plötzlich zwei weißgekleidete Engel an der Stelle sitzen, an der Jesus gelegen hatte; einen am Kopfende, den andern am Fußende. „Warum weinst du?“ fragten die Engel. „Weil sie meinen Herrn weggenommen haben. Und ich weiß nicht, wo sie ihn hingebracht haben“, antwortete Maria. Als Maria sich umdrehte, sah sie Jesus vor sich stehen. Aber sie erkannte ihn nicht.

Johannes 20, 11-14

Maria muß ziemlich zäh gewesen sein, daß sie dem Traumata dieses außergewöhnlichen Tages standhielt. Als sie das Grab erreichte, erlebte sie zwei Begegnungen, die mein Sohn (mit der für ihn typischen Respektlosigkeit) als „Knaller“ bezeichnen würde. Die erste war die Begegnung mit zwei Engeln.

Wenn wir lesen, daß Maria, immer noch weinend, sich herabbeugte und zwei Engel im Grab sitzen sah und sich dann ein wenig mit ihnen unterhielt, neigen wir dazu, die Dramatik und Spannung in dieser Situation zu vergessen. Das liegt teilweise an der Kürze, in der dieses Ereignis berichtet wird, und teilweise an der trostlosen Darbietung der biblischen Texte, die wir seit Generationen zugelassen und erduldet haben. Öffentliche Lesungen aus der Bibel werden nun schon so lange in einem so begräbnishaft monotonen Leierton vorgetragen, daß allgemein der Eindruck herrscht, biblische Gestalten seien zweidimensionale, emotionslose Pappkameraden, die mit halb benebelter Stimme die ihnen zugewiesenen Zeilen daherleiern.

Diese völlig verstörte Frau muß sich nahezu an der Decke des Grabes den Kopf aufgeschlagen haben, als sie diese beiden seltsamen Gestalten sah, die sich zu beiden Seiten der Stelle postiert hatten, wo Jesu Leichnam gelegen hatte. Wußte sie, daß es Engel waren? Ich weiß es nicht, aber ein so merkwürdiges Verhalten wäre auch bei menschlichen Wesen nicht weniger erschreckend gewesen.

Doch vielleicht war die Trauer stärker als die Furcht. Sobald ihr klar wurde, daß diese beiden Wesen nicht wußten, wo der Leichnam zu finden war, wandte sich Maria ab, um woanders zu suchen. Was für eine Ironie, daß die Engel ihre „dumme" Frage stellten, warum sie denn weinte – sie sahen ja Jesus hinter ihr stehen! Ihre Sicht war von den Tränen verschwommen, als sie sich umdrehte. Sie erkannte ihn nicht.

Eine Frage

Betrauern wir seine Abwesenheit, während er doch vor uns steht?

Die Spannung steigt

„Warum weinst du?“ fragte er sie. „Und wen suchst du?“ Maria hielt Jesus für den Gärtner und fragte deshalb: „Hast du ihn weggenommen? Dann sag mir doch, wohin du ihn gebracht hast. Ich will ihn holen.“ „Maria“, sagte Jesus nun. Da fuhr sie zusammen und erkannte ihn. „Rabbuni!“ rief sie (das ist Hebräisch und heißt: Mein Meister). Doch Jesus wehrte ab: „Halte mich nicht länger fest! Denn ich bin noch nicht zu meinem Vater zurückgekehrt. Gehe aber zu meinen Brüdern und sage ihnen: Ich gehe zurück zu meinem Vater und zu eurem Vater, zu meinem Gott und eurem Gott!“

Johannes 20, 15-17

Ich habe Filme, Bilder und mimische Darstellungen dieser wunderbaren Begegnung gesehen, des zweiten und umwerfendsten von Marias „Knallern“. In den meisten dieser Präsentationen steht Jesus da wie das Produkt eines Präparators, das eine bemerkenswert zurückhaltende Maria, die versucht hat, ihn auf elegante, heiligmäßige Weise zu berühren, mit steifer Geste von sich weist. Sollte es sich *wirklich* so ereignet haben, lassen Sie uns alle aufgeben und Froschanbeter werden. G. K. Chesterton unterstrich, daß Gläubige wie Ungläubige große Schwierigkeiten damit haben, wirklich die Tatsache zu akzeptieren, daß Jesus Mensch wurde. Die göttliche Gewöhnlichkeit Jesu sollte eine unserer größten Tröstungen sein. Statt dessen ist sie für viele ein ernsthafter Stolperstein; vielleicht, weil sie uns die Wirklichkeit Gottes so nahe bringt, daß wir gezwungen sind, aus dem Herzen heraus zu reagieren statt nur mit einem Stück unseres Verstandes.

Glauben Sie wirklich, daß Jesus *nicht* breit lächelte, als er Maria fragte, warum sie weine und wen sie suche? Glauben Sie wirklich, daß Maria sich *nicht* in die Arme ihres geliebten Freundes und Meisters werfen wollte, nachdem er sie auf seine ganz eigene Weise beim Namen genannt hatte? Und meinen Sie nicht, daß er wohl schmunzelnd, beide Arme ausgestreckt, zurückgewichen sein muß, als er sie davor warnte, ihn zu berühren, da er noch nicht zu seinem Vater aufgefahren sei?

Wir brauchen dringend etwas von Marias Erregung in der modernen Gemeinde Jesu, jener Erregung, die sich aus *wirklichen* Begegnungen mit dem *wirklichen* Jesus ergibt, der bodenständiger ist als viele seiner Anhänger.

Können Sie sehen, wie sie rennt und springt, die Augen jetzt feucht von Freudentränen, unterwegs, um es den Jüngern zu erzählen?

Gebet

Wir möchten gern erregt sein, Herr.

Wer braucht wen?

An diesem Sonntagabend hatten sich alle Jünger versammelt. Aus Angst vor den Juden ließen sie die Türen fest verschlossen. Plötzlich war Jesus bei ihnen. Er trat in ihre Mitte und grüßte sie: „Friede sei mit euch!" Dann zeigte er ihnen die Wunden in seinen Händen und an seiner Seite. Als die Jünger ihren Herrn sahen, freuten sie sich sehr. Und Jesus sagte noch einmal: „Friede sei mit euch! Wie mich der Vater in diese Welt gesandt hat, so sende ich euch in die Welt!" Dann hauchte er sie an und sprach: „Empfanget den Heiligen Geist! Wem ihr die Sünde erlaßt, dem ist sie erlassen. Und wem ihr die Schuld nicht vergebt, der bleibt schuldig."

Johannes 20, 19-23

Weder Johannes' Erkenntnis der Wahrheit noch Marias Bericht über jene erste, strahlende Begegnung scheinen den Jüngern irgendwelchen Mut eingeflößt zu haben. Hier sehen wir sie am Abend desselben Sonntags, sicher verbarrikadiert aus Angst, die jüdischen Behörden könnten ihnen auf die Spur kommen, und kauten vermutlich eines ums andere Mal die Ereignisse des Tages durch, ohne in der Lage zu sein, irgend etwas zu *tun* ohne die direkte Führung und Leitung Jesu.

Eine Menge Gebetsgruppen, Gemeinden und Gemeinschaften sind in derselben Lage. Zu einigen davon habe ich gehört. Ich habe sogar eine oder zwei davon geleitet. Ich persönlich bin der Meinung, daß es viel besser ist, darauf zu warten, daß Jesus kommt, als eine religiöse Aktivität zu fabrizieren oder zu spielen, ohne die Vollmacht oder den Auftrag dazu zu haben. Es ist interessant, daß Jesus die Jünger sendet, wie er selbst vom Vater gesandt worden ist. Mit anderen Worten, er fordert sie auf zu der Art Liebe und Gehorsam, die sein eigenes Wirken kennzeichneten – eine ziemliche Zumutung für die meisten von uns, hätten wir nicht den Trost und die Hilfe des Heiligen Geistes. William Barclay weist darauf hin, wie wir aus dieser Rede lernen, daß Jesus die Gemeinde und die Gemeinde Jesus braucht. Unsere scheiternden Gruppen täten vielleicht gut daran, die Religion sein zu lassen und Jesus einzuladen, sich in ihre Mitte zu stellen.

Wieder einmal kommt die Dramatik des Augenblicks in der Formulierung des Verfassers – „als die Jünger ihren Herrn sahen, freuten sie sich sehr“ – nur unzulänglich zum Ausdruck. Ich bin ganz sicher, daß ihre Reaktionen von benommenem Schweigen zu wilder, überschwenglicher Freude reichten. Diese Leute waren keine Figuren aus einem Mosaikfenster. Jesus war am Leben – alles war möglich.

Eine Frage

Glauben wir, daß Jesus uns braucht? Brauchen wir ihn?

Ehrlich bleiben

Thomas, einer der zwölf Jünger, der auch Zwilling genannt wurde, war nicht dabeigewesen, als dies geschah. Deshalb erzählten sie ihm: „Wir haben den Herrn gesehen!" Aber zweifelnd antwortete er: „Das glaube ich erst, wenn ich seine durchbohrten Hände gesehen habe. Mit meinen Fingern will ich sie fühlen, und meine Hand will ich in die Wunde an seiner Seite legen. Eher werde ich es nicht glauben."

Johannes 20, 24-25

Mir gefällt Thomas. Mag ja sein, daß er nicht gerade eine Stimmungskanone war („Laßt uns mit ihm gehen, daß wir mit ihm sterben"), aber er war ehrlich und geradeheraus und nur zu gern bereit, sich ganz hinzugeben, als die Beweislage klar war. Wir könnten heute in den Gemeinden mehr Leute wie ihn gebrauchen.

Ein Freund von mir mußte an einem Grundlagenkurs einer Gemeinschaft in den Midlands teilnehmen (die Teilnahme war verpflichtend für alle, die in die Gemeinde eintreten wollten). Der Leiter las 1. Johannes 3, 6 vor und sagte dann, das bedeute, daß jeder, der Christ würde, aufhören würde zu sündigen. Mein Freund (der seit vielen Jahren Christ war) warf ein: „Sie wollen doch nicht etwa sagen, daß Christen nie sündigen, oder? Denn sie tun es ja doch, nicht wahr?"

Tadel, christliche Vergebung, demütiger Widerspruch und stark verschleierte menschliche Verärgerung vereinigten sich in dem faltigen Lächeln des Leiters. „Wenn es so in der Schrift steht", erwiderte er, „dann muß es die Wahrheit sein, ist es nicht so?" „Nun, ich sündige noch", sagte mein Freund, „Sie nicht? Und außerdem steht in demselben Brief an einer anderen Stelle, daß, wenn wir *doch* sündigen –" „Ich glaube, wir sollten uns lieber darauf einigen, daß wir unterschiedlicher Meinung sind, mein

Freund“, unterbrach der Leiter, „wir reden hinterher darüber, okay?“

Das taten sie – und was meinen Freund entsetzte, war, daß es nicht nur ein Fall von irrtümlicher Lehre war.

„Ganz unter uns“, sagte der Leiter, „natürlich sündigen Christen, aber ich wollte all die neubekehrten Christen in dem Kurs nicht irreführen.“

Vielleicht war es falsch von Thomas, daß er wegging, um mit seiner Trauer allein zu sein (ich hätte Jesu erstes Erscheinen auch verpaßt), doch er blieb sich selbst treu, als er mit der emotionalen Intensität des Erlebnisses der anderen konfrontiert war. Er würde nichts sagen, das er nicht tatsächlich glaubte, so sehr er sich auch wünschte, daß es wahr wäre. Ich mag ihn.

Ein Gebet

Vater, hilf uns, ehrlich und liebevoll zu sein wie Thomas, und hilf denen unter uns, die dazu neigen, Einzelgänger zu sein, ein Teil der Gemeinde zu werden, um deinetwillen. Wir wollen nichts Gutes versäumen!

Eine Botschaft aus der Vergangenheit

Acht Tage später hatten sich die Jünger wieder versammelt. Diesmal war Thomas bei ihnen. Und obwohl sie die Türen wieder abgeschlossen hatten, stand Jesus auf einmal in ihrer Mitte und grüßte sie: „Friede sei mit euch!" Dann wandte er sich an Thomas: „Leg deinen Finger auf meine durchbohrten Hände! Gib mir deine Hand und lege sie in die Wunde an meiner Seite! Zweifle nicht länger, sondern glaube!" Thomas antwortete nur: „Mein Herr und mein Gott!" Doch Jesus sagte zu ihm: „Du glaubst, weil du mich gesehen hast. Wie glücklich können erst die sein, die nicht sehen und trotzdem glauben." Die Jünger erlebten noch viele andere Wunder Jesu, die nicht in diesem Buch geschildert werden. Aber die hier aufgezeichneten Berichte wurden geschrieben, damit ihr glaubt, daß Jesus Christus der Sohn Gottes ist, und ihr durch den Glauben an ihn das ewige Leben habt.

Johannes 20, 26-31

Acht Tage nach seinen ersten Erscheinungen stand Jesus wieder mitten unter seinen Jüngern, ein wirklicher Mensch, den man berühren konnte. Doch die Bibel sagt nichts davon, daß Thomas ihn berührte, und ich bezweifle, daß das noch nötig war. Der Mann, der vor ihm stand, der Mann, der während der letzten acht Tage jeden seiner Gedanken beherrscht hatte, während die anderen Jünger endlos über die jüngsten Ereignisse diskutierten, war Jesus. Er lebte.

„Mein Herr und mein Gott!" Thomas war ebenso direkt und kompromißlos in seinem neugefundenen Glauben, wie er es in seinem Zweifel gewesen war. Wie gesagt, Thomas (und all die anderen, die hinter jenen verschlossenen Türen dabei waren) hatte Glück. Sie begegneten dem auferstandenen Jesus und wußten, daß der Tod besiegt worden war. Doch nun spricht Jesus eine Botschaft aus, die über die vergangenen zweitausend Jahre hinweg an uns gerichtet ist, die wir damals nicht dabeisein konnten.

„Wie glücklich können erst die sein, die nicht sehen und trotzdem glauben.“ Das sind wir, Leute! Wir können dem auferstandenen Jesus in der Bibel, im persönlichen oder gemeinsamen Gebet und im Leben anderer Menschen begegnen, aber wir (abgesehen von einer winzigen Minderheit) können ihm nicht von Angesicht zu Angesicht gegenüberstehen, wie es die Jünger taten. Jesus sagt, daß wir glücklich sind, wenn wir auch ohne diesen Vorzug an ihn glauben. Seien wir doch ehrlich, wir können ja noch so gut im Debattieren sein, letztlich ist es nur unsere persönliche Erfahrung mit dem auferstandenen Jesus, die andere von der Wahrheit überzeugen wird.

Eine Überlegung

Skeptiker: *Und warum hat Gott das Böse erschaffen?*
Jünger: *Keine Ahnung, aber Jesus ist von den Toten zurückgekehrt …*

Arbeiten und Warten

Später erschien Jesus seinen Jüngern noch einmal am See von Tiberias; und zwar geschah das so: Simon Petrus, Thomas, der Zwilling genannt wurde, Nathanael aus Kana in Galiläa, die beiden Söhne des Zebedäus und zwei andere Jünger waren dort zusammen. Simon Petrus sagte: „Ich werde jetzt fischen gehen!" „Wir kommen mit", meinten darauf die anderen. Sie stiegen ins Boot und fuhren hinaus auf den See. Aber während der ganzen Zeit fingen sie keinen einzigen Fisch.

Johannes 21, 1-3

Ich hab' die Schnauze voll – ich gehe fischen!" Das mag zwar keine exakte Wiedergabe des griechischen Textes sein, aber ich vermute, es faßt Petrus' Gefühle und Einstellung treffend zusammen. Wie lange würde ein explosiver Charakter wie er es aushalten, hinter verschlossenen Türen darauf zu warten, daß sich etwas tat? Jesus hatte gesagt, er würde seine Jünger aussenden, damit sie Sünden vergeben und behalten, bevollmächtigt durch den Heiligen Geist, aber irgendwie fehlte immer noch der Startschuß. Vielleicht machte Petrus auch insgeheim immer noch seine dreifache Verleugnung zu schaffen. War er dadurch disqualifiziert? War ihm vergeben worden? Würde das je wieder zur Sprache kommen? Petrus war weder der erste noch der letzte Mann, der einen Tag lang fischen ging, um vor seinen Sorgen zu flüchten. Sie verbrachten die ganze Nacht im Boot, doch sie fingen nichts. Ich wette, es hat ihnen trotzdem Spaß gemacht. Ein bißchen harte, körperliche Arbeit kann ein vorzügliches Mittel gegen das Gift emotionaler oder geistlicher Verwirrung sein. (Das gilt besonders für übergewichtige, ständig sitzende Schriftsteller, die sich nur beim Essen bewegen.)

Was immer sonst noch im Herzen dieser Jünger vor sich ging, während sie sich mit ihren Netzen abmühten, sie müssen von einer ständigen, summenden Erregung erfüllt gewesen sein, die aus dem Wissen entsprang, daß Jesus jederzeit und überall auftauchen konnte. Vielleicht würde er ja einfach über die Wasserfläche zu ihnen kommen, wie er es schon einmal getan hatte. Vielleicht würde Petrus es diesmal auch schaffen, zu seinem Meister zu gelangen und mit ihm ein kleines Freudentänzchen auf dem See Genezareth hinzulegen.

Das christliche Leben ist in seinen besten Momenten so, nicht wahr? Jesus kann in jeder Situation auftauchen und sie verändern, und Sie und mich ebenso. Als die Dämmerung anbricht, steht genau das dem Petrus bevor.

Eine Frage

Halte ich Ausschau nach ihm? Rechne ich mit ihm?

Bedingungslose Liebe

Im Morgengrauen stand Jesus am Ufer. doch die Jünger erkannten ihn nicht. Jesus rief: „Habt ihr denn nichts gefangen?" „Nein", antworteten sie. Da forderte er sie auf: „Werft das Netz auf der rechten Seite des Bootes aus, dann werdet ihr einen guten Fang machen!" Sie folgten diesem Rat und fingen so viele Fische, daß sie das Netz nicht mehr einholen konnten. Jetzt sagte der Jünger, den Jesus liebte, zu Petrus: „Das ist der Herr!" Kaum hatte Simon Petrus das gehört, zog er sich an (während der Arbeit war er nämlich nackt), sprang ins Wasser und schwamm an das Ufer. Die andern Jünger waren noch etwa hundert Meter vom Ufer entfernt. Sie folgten Petrus mit dem Boot und zogen das gefüllte Netz hinter sich her.

Johannes 21, 4-8

Wenn Sie wissen wollen, worum es im christlichen Glauben wirklich geht, wird Ihnen dieser Vorfall eine so gute Antwort bieten, wie Sie sie sich nur wünschen können. Es geht um jene spontane, nichtreligiöse, überschwengliche Liebe und Zuneigung, die die wahren Nachfolger Jesu seit vielen Generationen motiviert.

Zuerst, im Zwielicht der Morgendämmerung, erkennen die Jünger Jesus nicht. Für sie war er nur ein Fremder, der ihnen vom Ufer aus Ratschläge zurief (was offenbar durchaus nicht selten vorkam), und wie sich erwies, waren es sehr gute Ratschläge.

Dann, als der Himmel sich aufhellte und die Sicht besser wurde, blickte Johannes zum Ufer, als er sich für einen Moment von seinen Anstrengungen ausruhte, und etwas an der Silhouette und der Haltung der einsamen Gestalt am Strand kam ihm ungemein vertraut vor.

„Es ist der Herr!" flüsterte er Petrus zu. Sekunden später muß er im Kielwasser seines Fischerkollegen geschaukelt haben, der sich gerade noch die Zeit nahm, sich ein paar Kleider überzuwerfen, bevor er ins Wasser sprang und auf Jesus zuplanschte. Petrus, an dieser Stelle völlig verwirrt über die Bedeutung des bisherigen Wirkens Jesu, unsicher in bezug auf die Gegenwart, völlig ratlos, was die Zukunft bringen mochte, und immer noch mit dem Knoten jener drei Verleugnungen im Bauch, wollte nichts als mit der Person zusammensein, die er liebte. Gott schenke uns dasselbe bedingungslose Verlangen danach, bei Jesus zu sein.

Gebet

Vater, hilf uns, Jesus zu erkennen, wenn er uns in alltäglichen Dingen hilft. Wir möchten ihn gern so sehr lieben, wie Petrus es tat.

Gott in seiner eigenen Welt

Als sie aus dem Boot stiegen, sahen sie ein Kohlenfeuer, auf dem Fische brieten. Auch Brot lag bereit. „Bringt ein paar von den Fischen her, die ihr gerade gefangen habt!" bat Jesus die Jünger. Simon Petrus ging zum Boot und zog das Netz an Land. Es war gefüllt mit hundertdreiundfünfzig großen Fischen. Und obwohl es so viele waren, zerriß das Netz nicht. „Kommt her und eßt!" sagte Jesus. Keiner von den Jüngern wagt zu fragen: „Wer bist du?" Aber sie alle wußten: Es ist der Herr. Jesus ging auf sie zu, nahm das Brot und verteilte es an sie, ebenso die Fische. Dies war das dritte Mal, daß Jesus nach seiner Auferstehung vom Tod den Jüngern erschienen war.

Johannes 21, 9-14

Im Zusammenhang mit Marias erster Begegnung mit ihrem auferstandenen Meister habe ich bereits die göttliche Gewöhnlichkeit Jesu erwähnt. Hier, in dieser kleinen Szene am Strand, wird diese Eigenschaft auf noch dramatischere Weise deutlich. Wie wunderbar, daß Gott solche Momente in seiner eigenen Geschichte nicht handhabt, als wäre er ein Monumentalfilm-Produzent. Keine aufwühlende Musik, keine Tausende von Statisten, keine apokalyptischen Visionen am Himmel. Der auferstandene Jesus – Gott selbst, die Herrlichkeit des Universums – machte Frühstück für seine Freunde. Wirklich und greifbar fachte er das Feuer an und wandte das Gesicht ab, um keinen Rauch in die Augen zu bekommen. Gewöhnlich. Friedvoll.

Wie das Aufwachen nach einem Alptraum fühlt sich eine echte Begegnung mit Gott fast immer an wie eine herrlich beruhigende Rückkehr zur vertrauten und warmen Empfindung wahrer Wirklichkeit. Deshalb ist es so wichtig, Nichtgläubigen deutlich zu machen, daß sie ihr Herz nicht irgendeinem fremden, weit entfernten, irrelevanten Gedankengebäude geben sollen. Vielleicht wären sie eher bereit, ihr Herz einem Gott zu geben, der weiß, wie man ohne Streichhölzer und Paraffin ein offenes Feuer in Gang bekommt. Dies ist die Welt, die *er* gemacht hat. Er und sie sind Teile derselben Wirklichkeit.

Kommen Sie sich manchmal unwissend vor, wenn Sie die Bibel lesen? Mir geht es oft so. Darum mußte ich erst einmal herausfinden, was andere Autoren über die Bedeutung der hundertdreiundfünfzig Fische dachten, die die Jünger fingen, und ich habe gestaunt über die Anzahl ausgeklügelter Erklärungen, die im Lauf der Jahre angeboten wurden. Meinen Sie, es könnte sein, daß es ihnen einfach Spaß machte, ihren großen Fang zu zählen? Wäre das eine mögliche Erklärung? Nein – zu gewöhnlich, was?

Eine letzte Frage

Was ist „wirkliches Leben"?

Es muß gesagt werden

Nach diesem Essen fragte Jesus den Simon Petrus: „Simon, Sohn des Johannes, liebst du mich mehr als die anderen hier?" „Ja, Herr", antwortete ihm Petrus, „du weißt, daß ich dich liebhabe." „Dann hüte meine Lämmer", sagte Jesus. Jesus wiederholte seine Frage: „Simon, Sohn der Johannes, liebst du mich?" „Ja, Herr, du weißt doch, daß ich dich liebe", antwortete Petrus noch einmal. „Dann hüte meine Schafe." Und zum dritten Mal fragte Jesus: „Simon, Sohn des Johannes, hast du mich wirklich lieb?" Jetzt wurde Petrus traurig, weil Jesus ihm nicht zu glauben schien und zum dritten Mal gefragt hatte: „Hast du mich lieb?" Deshalb antwortete er: „Herr, du weißt alles. Du weißt doch auch, wie sehr ich dich liebe!" Darauf sagte Jesus: „Dann hüte meine Schafe. Merke dir, was ich dir jetzt sage: Als du jung warst, hast du getan, was du wolltest, und du hattest deine eigenen Ziele. Im Alter aber wirst du deine Hände ausstrecken, und ein anderer wird dich führen; dorthin, wo du nicht hingehen willst." Damit wollte Jesus andeuten, durch welchen Tod Petrus Gott verherrlichen würde. Dann forderte Jesus ihn auf: „Folge mir nach!"

Johannes 21, 15-19

Eine junge Freundin rief mich an, um mir einen Besuch bei ihrer Großmutter in Deutschland zu schildern. Die alte Dame ist matriarchalisch, stur und voll starker Überzeugungen – eine Persönlichkeit, mit der man es sich nicht verscherzen sollte. Greta, meine Freundin, ist ebenfalls eine äußerst beeindruckende Persönlichkeit, aber bei dieser Gelegenheit war sie sich eigentlich über gar nichts mehr sicher. Seit ihr Baby gestorben war, hatte sie sich mühsam wieder zu einer gewissen hoffnungsvollen Einstellung hochgekämpft. Offenbar hatte Großmutter entschieden, daß dieser Prozeß sich durch eine detaillierte Analyse aller Fehler, Schwächen und kürzlichen Mißerfolge von Greta beschleunigen ließe, und sie war es, die diese Aufgabe übernehmen wollte. Greta hörte sich dieses Sperrfeuer der Kritik an, bis sie es einfach nicht mehr ertragen konnte. „Selbst wenn das alles stimmt, Oma“, sagte sie „warum sagst du nicht auch ein paar nette Sachen? Warum sagst du mir nicht, daß du mich liebhast? Das ist es, was ich hören muß.“ „Dir sagen, daß ich dich liebhabe?“ sagte ihre Großmutter. „Das brauche ich dir nicht zu sagen. Das versteht sich von selbst.“ Tat es aber nicht. Liebe muß ausgesprochen und gehört werden. Petrus mußte seine Liebe zu Jesus ausdrücken. Seine Worte besiegelten die totale Hingabe, die von ihm verlangt werden würde, wenn er seinem Meister bis in den Tod folgen wollte.

Ein Gedanke

Gott muß gesagt bekommen, daß er geliebt wird.

Achte nicht auf ihn

Petrus wandte sich um und sah hinter sich den Jünger, den Jesus liebte, der beim letzten Abendessen neben Jesus gesessen und ihn gefragt hatte: „Herr, wer von uns wird dich verraten?“ Da fragte Petrus: „Herr, was wird denn aus ihm?“ Jesus erwidert: „Was soll diese Frage? Wenn ich will, daß er so lange lebt, bis ich wiederkomme, was geht es dich an? Folge mir nach!“ So entstand unter den ersten Christen das Gerücht: „Dieser Jünger wird nicht sterben.“ Aber das hatte Jesus überhaupt nicht gesagt, sondern: „Wenn ich will, daß er so lange lebt, bis ich wiederkomme, was geht es dich an?“ Eben dieser Jünger ist es, der all das bezeugt und hier aufgeschrieben hat. Und wir wissen, daß alles, was er bezeugt, wahr ist. Es gibt noch vieles andere, was Jesus getan hat. Aber wollte man das alles eins nach dem anderen aufschreiben, so wäre wohl auf der ganzen Welt nicht genügend Platz für die vielen Bücher, die dann geschrieben werden müßten.

Johannes 21, 20 – Ende

Es ist ein wenig entmutigend, zu sehen, daß die Mißverständnisse in der christlichen Gemeinde schon so früh begannen. Und seither sind wir ziemlich beständig drangeblieben, nicht wahr? Wie haben wir es nur geschafft, so verwirrt und verschroben und gespalten zu sein über Fragen wie Heilung und Zungenrede und Konfessionen und Abendmahl und die Anordnung der Stühle?

Über Jesu Antwort auf die Frage des Petrus gibt es jedoch nicht das geringste Mißverständnis: „Achte nicht auf ihn – ich kümmere mich schon um ihn. Folge du mir nach.“ Ist es nicht schwierig, andere Leute das sein zu lassen, was sie sind, ohne ihr Verhalten zu kommentieren oder verändern zu wollen? Jesus war sich völlig klar darüber, was er mit diesen beiden Jüngern vorhatte. Petrus sollte ein Hirte für die Nachfolger des Erlösers werden, und Johannes sollte ein Zeuge der Dinge werden, die Jesus gesagt und getan hatte. Beide Aufgaben waren wesentlich, und jede wurde einer Person zugewiesen, die dafür eigens von Gott auserwählt war.

So viel zu tun, aber auch soviel Kraft und Leitung zu unserer Verfügung, wenn wir bereit sind zu folgen. Der letzte Vers des Buches betont die grenzenlose Weite des Wirkens Jesu in unserer Welt.

Gebet

Vater, hilf uns, demütig genug zu sein, daß wir die Arbeit, die andere für dich tun, schätzen und ehren. Wir brauchen einander so sehr. Lehre uns, wie wir die Gemeinde stark machen können.

Bibelstellen-Register